Martin Schmiedbauer:
„Rühr uns an mit deiner Kraft"

Zum Autor:

Martin Schmiedbauer wurde 1950 als erstes von fünf Kindern einer Landarbeiterfamilie in Krottendorf/Ligist geboren; er wuchs in Graden bei Köflach auf, wo seine Eltern eine sogenannte „Hubenmoarstelle" – einen kleinen bäuerlichen Betrieb in Pacht – bekamen.

Nach der Matura am bischöflichen Gymnasium in Graz studierte er Theologie (Mag. Dr. theol.) und Germanistik. 1976 wurde er zum Priester geweiht. Nach Kaplansjahren in Mürzzuschlag wirkte er als Lehrer und Erzieher am Bischöflichen Seminar und Gymnasium. Von 1978–1990 war er als Seelsorger in St. Elisabeth-Webling tätig. Seit 1985 ist er Direktor des Volksbildungsheimes und Schulwerkes St. Martin; seit 1992 auch Familienseelsorger für die Steiermark und Religionsinspektor für die Landwirtschaftlichen Fach- und Berufsschulen. Neben seiner beruflichen Tätigkeit schloss Martin Schmiedbauer 2005 das Studium der Volkskunde ab.

Bisherige Veröffentlichungen:

„Mosaik auf Zeit", Gedichte, 1970 (Eigenverlag)

„Wandle die Nacht", Gedichte, ²1995, Verlag für Sammler

„Es wird ein Tag, ein Licht wird sein", Österliches Oratorium, Text: Martin Schmiedbauer, Musik: Kurt Muthspiel, 1996 Wien-München, 2001 (Doblinger)

Beiträge in verschiedenen Zeitungen u. Zeitschriften

Nicht von Verlagen veröffentlichte, aber aufgeführte Werke:

„Die sieben letzten Worte des Erlösers am Kreuz", Meditationstext, 1993

„Ein kleines Lied vom Frieden", Festspiel, 1993

„St. Martiner Festmesse", vertont von Kurt Muthspiel, 1994

„Der Mantel", Festspiel, 1994

Martin Schmiedbauer:

Rühr uns an mit Deiner Kraft

Segnen – Benedeien – Berühren
Segensgesten durch Berühren

Reihe:
Religion heute

2. Auflage, 2005

Titelfoto: Martin Schmiedbauer
Druck: E. Becvar GmbH, Wien

Alle Rechte der Verbreitung vorbehalten.

© „Edition Neue Wege"
A 3482 Gösing
Tel. u. Fax: +43 02738/8760
e-mail: *edition.weinviertel@utanet.at*

Das gesamte Verlagsprogramm finden Sie unter
www.edition-weinviertel.at

ISBN 3-902061-05-7

INHALTSVERZEICHNIS

Altbischof Johann Weber: Zum Geleit   7

Einleitung   9

1. Theologische Grundlegung   *13*
    1.1. Begriffsklärung   13
    1.2. Biblische Zeugnisse   17
    1.3. Segnen als Heils-Handeln der Kirche   32
    1.4. Inkarnatorischer Aspekt: Segnen im Berühren
        als erlebbare Fortsetzung der Menschwerdung und
        Zuwendung der Menschenliebe Gottes   52

2. Anthropologischer Ansatz   *57*
    2.1. Effata – Tu dich auf! –
        Öffnen der Sinne für die Sinn-Erschließung   57
    2.2. Erfahrung der Begrenztheit dieser Welt   125
    2.3. Berührung als Brücke in einer als begrenzt akzeptierten Welt –
        Zuwendung weckt und stärkt Vertrauen und
        Hoffnung auf Zukunft   144

3. Segensgesten durch Berühren. Praxisorientierter Teil   *147*
    3.1. Segnende Hände   150
    3.2. Benetzen (Berühren) mit (Weih-)Wasser   196
    3.3. Verwendung von Weihrauch im Zusammenhang mit Segnen   206
    3.4. Berühren mit Segenszeichen   207
    3.5. Berühren mit Segenszweigen   228
    3.6. Lebens- und Erlebnisräume   243

4. Segnen als lebensbegleitendes Ritual   *249*
    4.1. Gesegneter Ort – Gesegnete Wege   249
    4.2. Gesegnete Zeit. Jahrlauf und Lebenslauf   253

Abschließende Gedanken   265

Literaturverzeichnis   271

Ausführliches Inhaltsverzeichnis   287

Zum Geleit

Es gibt Dinge, die man offenbar nicht gewohnt wird. Noch so oft getan und doch nicht fade Routine. Ich kenne das nach über 50 Jahren als Priester. Zumal bei der Feier der Sakramente habe ich es erfahren. Ob Messe oder Firmung, Trauung oder Taufe, oft die haargleichen Worte und doch jedes Mal irgendwie neu. Dafür bin ich sehr dankbar, es ist eine große Hilfe, seinen Weg halbwegs glaubhaft und mit Anstand zu gehen.

Und da muss auch das Segnen genannt werden. Alles Mögliche wird gesegnet. Weil jemand darum ersucht, weil man es selber vorschlägt. Und es sind keineswegs immer Leute und Anlässe, die den Ton der Kirchlichkeit als Beglaubigung vorweisen.

Manchmal zögert man. Es geht einem nicht gut, wenn sozusagen eine überirdische Garantie erwartet wird – dieses Haus kann gar nicht abbrennen, dieses Auto wird nie einen Unfall haben, diesem Kind wird nie etwas auf dem Schulweg passieren. Und doch tue ich es. Und hoffe dabei, es würde verstanden, dass Segnen nicht im Klerusmonopol steht. Dass es eigentlich jeder tun sollte, der es gut und ernst meint. Auf jeden Fall sind dann ein paar Gesichter oder eine ganze Festversammlung vor einem mit einer ganz eigenen und nicht kommandierbaren Sammlung. Und auch mit einem guten Ton der Heiterkeit – dazu braucht man bloß einmal bei einer steirischen Osterspeisenweihe dabei sein.

Jedenfalls ist das Segnen so etwas wie ein Urbedürfnis, ganz in der Nähe von Essen und Trinken.

Nun hat der Priester unserer steirischen Diözese, Dr. Martin Schmiedbauer, aus dem Schatz seiner Verantwortung als Volksbildner dieses Buch geschrieben. Als ehemaliger und in der Diözese weit gereister Bischof bin ich ihm von Herzen dankbar. Er hat mit großer Sachkenntnis und mit dem Ton eines aufmerksamen Herzens ein manchmal am Wegrand des Lebens unseres Volkes beinahe vergessenes Juwel aufgehoben und seine Schönheit nicht nur beschrieben – woher es kommt, was damit gemeint ist und wofür es unendlich gut ist. Ich denke, er hat Denken und Ahnen vom nahen und berührenden Gott geduldig angefacht.

Ich ermuntere, dieses Werk zu lesen. Es hilft, die Dürre bloßer mühsamer Theorien mit den Blumen und Fruchtbäumen der Gnade zu überwinden.

Nochmals: Danke!

+ *Johann Weber*
Altbischof von Graz-Seckau

Einleitung

Zwiespältig, wie unsere Welt und unsere Zeit sich gibt, hat sie „aufgeklärt", fortschritts- bewusst und modern viele Gepflogenheiten, Bräuche und „altüberkommene" Denk- und Verhaltensmuster als „von gestern" abgetan, verdrängt oder als Relikt für die Geschichtsbetrachtung archiviert, in Museen zu bestaunen oder in manchen „Wiederentdeckungen" von folkloristischen und touristisch vermarktbaren „Events" mit völlig neuen Verzweckungen einen „Bühnenauftritt" zu bekommen.

Auch das Segnen hat besonders seit der Aufklärung und Säkularisation einen Rückgang erfahren, es hat sich aus der Öffentlichkeit (z. B. Familie als Haus- und Elternsegen, Hof- und Flur-, Wetter- und Erntesegen) weitgehend in die Sakralräume und Liturgie in den Kirchengebäuden zurückgezogen.

Segnen ist deshalb fast ausschließlich „Sache" der „Amts-" Priester geworden, während umgekehrt die priesterliche Sendung durch die Taufe, ua auch das Segnen, weitgehend aus dem Bewusstsein der Getauften verschwunden ist.

Begünstigt wurde diese Entwicklung auch durch eine starke Landflucht und einen Wandel von der Agrar- zur Industrie- und Dienstleistungsgesellschaft, wo die Verwurzelungen mit den Abläufen der Natur, des Lebens nicht mehr als eine unmittelbare Abhängigkeit und Verwobenheit mit der Existenz und Sinnstiftung des Menschen erlebt werden.

Äußerungen aus dem Alltag wie z. B. das Grüßen spiegeln diese Entwicklung wider. Vormalige Segenswünsche als Gruß wie z. B. das „Grüß Gott" oder „Pfüat Gott" (Behüt dich Gott) ist einem banalen „Hei", „Hallo", „Ciao" oder „Tschüss"[1] gewichen.

Gegenläufig zu dieser Säkularisation und der modernen Aufgeklärtheit, die solche „religiöse Krücken" nicht mehr für nötig erklärt, ist in den letzten Jahren ein spürbar neu aufkeimendes Interesse für eine neue Religiosität zu konstatieren[2], die freilich mit einer immer geringeren Bindung an Kirchen und Kirchlichkeit einhergeht.

Der moderne Lebensstil, der sich immer weniger an die Rhythmen von Tag und Nacht, geregelten Mahlzeiten, Werktag und Feiertag gebunden weiß, ist in Gefahr, in eine allgemeine, von Medien und anderer Unterhaltungsindustrie gegängelten Verflachung, Verödung und Fadisierung[3] abzugleiten, ohne Höhepunkte, auf die man mit Vorfreude und gesteigerter Lebensenergie zugeht. Daher kommt in jüngster Zeit eine neue Sehnsucht nach Ritualen hoch, zumal auch bei jüngeren Menschen, wobei die globale Zugänglichkeit durch elektronische Medien (TV, Internet) auch eine Mixtur an Anleihen aus den verschiedensten Religionen und Kulturen der Welt ermöglicht. Rituale aus östlichen Kulturen wie dem Buddhismus werden ebenso z. T. unreflektiert aufgenommen wie solche der Druiden aus der Kelten- und Germanenmythologie, aus der Geisteswelt der Indianer oder der Schamanen. Auch Praktiken aus den Hochreligionen haben dabei Platz. Oft steckt dahinter das Bedürfnis über eine total rationalisierte und technisierte, verkabelte und verzweckte Welt hinaus, einen Raum des Irrationalen, des Mystischen, der Begegnung mit dem Jenseitigen in einer neuen Suche nach Transzendenz zu finden. Auch Segensrituale sind neu gefragt.

---

1) Dieses aus dem 19. Jh. stammende Abschiedswort hat zwar ursprünglich noch mit dem französischen Segenswort „adieu" (spanisch „adios") = „zu Gott", oder „geh mit Gott" zu tun, ist aber heute als solches nicht mehr rekonstruierbar. Vgl. H. Küpper: Illustriertes Lexikon der deutschen Umgangssprache, Bd. 1, S. 195.

2) Vgl. P. M. Zulehner in seinen Europäischen Wertestudien, wie z. B. „Vom Untertan zum Freiheitskünstler" (1991) oder „Das Gottesgerücht" (1989).

3) Vgl. N. Postman: Wir amüsieren uns zu Tode, S. 190.

Einleitung

Das Zweite Vatikanische Konzil hat in seiner vom prophetischen Mut der Erneuerung und Öffnung der Kirche in die Erfordernisse unserer Zeit geprägten Neuorientierung sich auch mit der Erneuerung des Verständnisses und der Praxis des Segnens beschäftigt[1]. Das Konzil hat wieder bei den Wurzeln der jüdischen Berakah/Lobpreis-Segensfeier angeknüpft, die biblischen Zeugnisse und das Beispiel Jesu ans Licht gerückt und von manchen Verengungen und Verirrungen in apotropäische und magische Praktiken gereinigt, sowohl was Texte als auch Segensgesten betrifft. Segnen wird wieder als Feier der Gemeinschaft und als ein öffentliches Preisen der Großtaten Gottes betont, im Gegensatz zu irgendwelcher in der Abgeschiedenheit einer Sakristei vollzogenen, undurchschaubaren und als okkultisch-magisch verstandenen elitären (durch den Kultpriester vollzogenen) Machtausübung über böse Kräfte und Geister.

Durch diese Neubewertung des Segnens durch das Konzil besteht die große Chance einer Neu-Aktivierung des Segnens nicht nur in den liturgischen Feiern der Mess- und Sakramentenfeiern in den Kirchenräumen, sondern auch in einer Haus- und Familienliturgie, einer Heiligung des Alltags, der Lebensabläufe, -zeiten und -orte. Durch die Menschwerdung Gottes (Inkarnation) in Jesus Christus hat Gottes Segen uns Menschen und seine Schöpfung insgesamt leib-haftig berührt (Gott kommt zur Welt). Segnen hat deshalb immer auch die Gestalt des Berührtwerdens durch das zugesagte befreiende, ermutigende wohlwollende Wort (bene-dicere) wie auch das unseren Leib berührende sichtbare und spürbare Zeichen (signare). Menschwerdung Gottes setzt sich gerade im Kommunizieren und Einverleiben der Menschenliebe Gottes in unsere konkrete Alltagswelt fort. Es soll deshalb in dieser Arbeit das Segnen besonders unter dem Aspekt der Berührung, unter dem *inkarnatorischen Aspekt* beleuchtet werden.

Von einer *theologischen Grundlegung („Gott")* ausgehend, wird über den *anthropologischen Zugang („Welt")* die Bedeutung von Segensgesten durch Berühren erschlossen und begründet. Berührungen werden in ihrer Vielfalt (Hautkontakt, Hände, Salbung,

---

[1] Konstitution über die heilige Liturgie („Sacrosanctum Concilium"), 3. Kapitel: Die übrigen Sakramente und Sakramentalien. Art. 59 - 82.

Liebkosung, Wasser, Segenszeichen und Segenszweige) als *Segensgesten* dargestellt. Unter dem Aspekt von Ort und Zeit wird Segnen schließlich als *lebensbegleitendes Ritual* dokumentiert.

Eine *ökumenische Zusammenschau*, insbesondere zur Tradition der Ostkirchen (Orthodoxie), wird durchgehend als Herausforderung unserer Zeit mitbedacht.

Dem Thema entsprechend werden im Sinne einer integrativen Annäherung an das vielschichtige Phänomen verschiedene *Methoden* angewandt. Von der deduktiven (dogmatisch-systematischen) aus Offenbarung und Glaubensaussagen (biblisch und historisch) abgeleiteten bis zur induktiven, aus menschlicher Erfahrung, zum Teil auch aus der aktuellen Feldforschung[1] eingebrachten Ergebnisse liefernden Methode spannt sich ein großer Bogen.

Ziele dieser Arbeit sollen sein, einerseits dem Segnen im kirchlichen Bereich, wie es seit dem 2. Vatikanischen Konzil einem neuen *Verständnis*, einer neuen *Aktualisierung* und *Gemeinschaftsbezogenheit* geöffnet worden ist, Nachdruck und Ermutigung zu geben, andererseits besonders einer Erneuerung des Segnens im Bereich der *Haus- und Familienliturgie* Impulse zukommen zu lassen.

---

1) Methode der Volkskunde.

1. THEOLOGISCHE GRUNDLEGUNG

1.1. BEGRIFFSKLÄRUNG

Segnen gehört zu den Urgesten des Menschen, die man in allen Religionen antreffen kann. Religionsgeschichtlich versteht man unter Segen gemeinhin einen „formelhaften Wunsch, der häufig von einer entsprechenden symbolischen Handlung begleitet wird und nach den Vorstellungen dessen, der ihn äußert, entweder aus sich selbst heraus oder durch das Wirken einer Gottheit für einen Dritten zum Guten"[1] bzw. beim Fluch zum Schlechten wirksam werden soll. Von den Vorstellungen über die Wirksamkeit von Segen (und Fluch) können diese von der Form eines fürbittenden (deprecativen) Gebets über Befehlsformen (wie im Exorzismus) bis hin zu Zauberspruchformeln (Magie) reichen.

In alten archaischen Kulturen war besonders die negative Form, die des Fluches verbreitet. Er galt als „Mittel zum Selbstschutz und zur Selbstverteidigung für gesellschaftlich-rechtlich oder körperlich Schwächergestellte"[2], wobei jedoch aus egoistischen Gründen durchgeführte Verfluchungen im Rahmen eines Schadenzaubers wegen ihrer gemeinschaftszerstörenden Wirkung oft streng bestraft wurden.

Segens- und Fluchformeln, sowie Segensgesten begegnen uns in allen Kulturen. Es würde den Rahmen dieser Arbeit sprengen, im

---
1) Vgl. B. Maier in: Theologische Realenzyklopädie, Bd. 31, S.75.
2) Ebda.

einzelnen auf Segenspraktiken verschiedener Völker und Kulturen näher einzugehen.

Die alttestamentlich hebräische Sprache[1] verwendet die Stammform *brk*, die ein breites Bedeutungsspektrum kennt: für das Loben Gottes, das Grüßen, Beglückwünschen, Geschenk, freundliche Zuwendung, die im Schalom, im Frieden ihren tiefsten Ausdruck findet. Die griechische Septuaginta übersetzt das Wort mit *eulogia*, im Lateinischen finden wir das Wort *benedicere* (die wohlwollende Zusage), von dem unser eingedeutschtes *benedeien*[2] stammt, und das Wort *signare*[3] (bezeichnen), das vor allem auf das Kreuz als Heils- und Segens-Zeichen (signum) verweist. Das deutsche Wort *Segen* ist einerseits aus dem lateinischen *signare* entlehnt, findet sich aber in vielen indogermanischen Sprachen mit der gleichen Stammwurzel und in den Bedeutungen von Zeichen, Segen, Glück, Zauber[4].

Aus den Bezeichnungen für das Segnen lassen sich *zwei Grundelemente* des Segnens heraushören:
> das zugesprochene gute *Wort (bene-dicere)* und
> das berührende *Zeichen (signare/segnen)*.

Segenstexte finden sich in den Heiligen Schriften der Offenbarungsreligionen und anderer Religionen und Kulturen, aber auch in Werken der sog. Profanliteratur. Wir finden sie in Form von Lob- und Fluchpsalmen, Preisungen, in Grußadressen, in Eidesformeln und Vertragstexten, in literarischen Sammlungen wie den „Merseburger Zaubersprüchen", auf Post- und Glückwunschkarten, in Türtafeln, auf Marterln und Grabsteinen, usw.

Die Kirche hat für den liturgischen Bereich eigene Bücher, sogenannte „Benediktionale" als Rituale[5] für Segenshandlungen mit allen Texten und Rubriken[6] erstellt.

---

1) Vgl. Theologisches Wörterbuch zum AT. Stuttgart (Kohlhammer) 1973, S.808 - 841.
2) Heute noch im „Gegrüßet seist du Maria ... du bist gebenedeit unter den Frauen" in Verwendung.
3) Ursprüngliche Bedeutung: eingeschnittene Marke, Kerbe.
4) Vgl. Kluge: Etymologisches Wörterbuch der Deutschen Sprache, S. 697.
5) Vgl. „Rituale Romanum" 1984.
6) In roter Farbe geschriebene Anweisungen für die liturgischen Handlungen.

Begriffsklärung

Segnungen zählen im Verständnis der Kirche zu den sog. „Sakramentalien"[1], die ihrerseits von den Sakramenten zu unterscheiden sind. Das Heilshandeln Gottes ist in Jesus Christus in einer einmaligen und unüberbietbaren Weise den Menschen leibhaftig sichtbar vermittelt worden. Christus ist deshalb gleichsam das Ur-Sakrament, von dem aus die Kirche das Heils-Werk Jesu Christi durch die Zeit hin fortsetzt. Sie tut das durch die Verkündigung der Frohen Botschaft (Evangelium), durch das Zeugnis der Liebe und durch sichtbare Heilszeichen, die Sakramente. Über Auffassung und Zahl der Sakramente gab es im Lauf der Kirchengeschichte recht unterschiedliche Positionen, bis sich die 7-Zahl ab dem 12. Jahrhundert und besonders (nach den Auseinandersetzungen mit den Reformatoren) auf dem Konzil von Trient (1545-63) durchsetzte. Sie gelten als „von Christus eingesetzt" und effiziente „ex opere operato" (d. h. durch ihren Vollzug) heilswirksame Gnadenmittel; sie vermitteln die heiligmachende Gnade.[2] Zum Unterschied von den 7 Sakramenten gehen die Sakramentalien, darunter der große Bereich der Benediktionen (Segnungen), nach der Lehre der Scholastik nicht aus-

---

1) Vgl. R. Meßner in: Theologische Realenzyklopädie, Bd. 29, S. 648: „Eine systematische Lehre von den Sakramentalien gibt es erst in der neuscholastischen Theologie der zweiten Hälfte des 19. und der ersten Hälfte des 20. Jhdts."

2) Diese Definition aus der Scholastik ist heute so wohl nicht mehr zu vermitteln. Das 2. Vatikanische Konzil hat sich in ihrer Kirchenkonstitution „Lumen gentium", insbesondere im ersten Kapitel über „Das Mysterium der Kirche", dem aus der Vätertradition (Patristik), wie ihn die Ostkirche beibehalten hat, bevorzugten soteriologischen Begriff „Mysterion" wieder angenähert und die Verwirklichung der göttlichen Oikonomia (Gottes Heilshandeln in der Erlösung durch Jesus Christus) zum Heil der ganzen Welt als Wesensauftrag der Kirche definiert. Damit hat sie auch den in der Scholastik erstarrten juridischen, institutionellen Charakter des Begriffes „sacramentum" einer dynamischen, pneumatologischen Auffassung des „sakramentalen" Handelns der Kirche geöffnet, durch das Wirken des Hl. Geistes. Vgl. G. Larentzakis: Im Mysterium leben. Entwicklungen in der Mysterientheologie des Westens aus der Sicht eines orthodoxen Theologen. Sonderdruck aus: Orthodoxes Forum, 2. Jg., 1, St. Ottilien 1988.

drücklich auf einen Auftrag Jesu zurück und vermitteln auch nicht die heiligmachende Gnade. Sie sind dennoch in einem den Sakramenten untergeordneten Maße für die Heiligung des christlichen Lebens heilsam und durch die vermittelnde Kraft des Gebetes der Kirche wirksam.[1]

„An Gottes Segen ist alles gelegen", sagt der Volksmund.

„Der Mensch ist segensbedürftig. Er verlangt nach Heil, Schutz, Glück und Erfüllung seines Lebens. Darum sprechen sich Menschen gegenseitig Segen zu: Sie wünschen sich Gutes. Vor allem erhoffen und erbitten sie Segen von Gott".[2]

Freude und Wohlwollen des Herzens möchten wir gerne anderen zeigen und mitteilen. Glückwünsche, Geschenke und Segenszeichen sind beredter und berührender Ausdruck dafür. Aber auch in dunklen Stunden, an ausgesetzten und bedrohten Wegverläufen unseres Lebens greifen wir nach Haltegriffen des Vertrauens, der Segensbitte und der heilenden Hand. Während das Wünschen das zwischenmenschliche Bedürfnis und Mitteilen im Blick hat, bezieht das Segnen immer auch das Vertrauen auf Gottes gebende Menschenfreundlichkeit ein. Der Segnende und der Gesegnete öffnen sich bewusst dem Heilswirken Gottes und erschließen sich und einander daraus Segen und Heil. Segnen ist ein „dialogisches Geschehen zwischen Gott und Mensch. Der Gesegnete 'behält' den Segen nicht für sich, sondern gibt ihn als Lobpreis an den zurück, dem er ihn verdankt".[3] So gehört Segnen zum „priesterlichen" Dienst, zu dem jeder Mensch, der auf Gott vertraut, ermächtigt und berufen ist.

---

1) Vgl. 2. Vat. Konzil, Liturgiekonstitution „Sacrosanctum Concilium", Art. 61: „Die Wirkung der Liturgie der Sakramente und Sakramentalien ist also diese: Wenn die Gläubigen recht bereitet sind, wird ihnen nahezu jedes Ereignis ihres Lebens geheiligt durch die göttliche Gnade, die verströmt vom Pascha-Mysterium des Leidens, des Todes und der Auferstehung Christi, aus dem alle Sakramente und Sakramentalien ihre Kraft ableiten. Auch bewirken sie, dass es kaum einen rechten Gebrauch der materiellen Dinge gibt, der nicht auf das Ziel ausgerichtet werden kann, den Menschen zu heiligen und Gott zu loben."
2) Vgl. Benediktionale, Pastorale Einführung, S. 11.
3) Vgl. A. Heinz, H. Rennings: Heute segnen, S. 15.

Segen ist zunächst immer auf den Menschen (Personal-Benediktion) und über ihn auf sein Beziehungsfeld zu anderen Personen und schließlich zu den Dingen (Real-Benediktion) dieser Welt gerichtet, wobei den Dingen nicht eine (magische) Verwandlung[1] zum Besseren (alles, was Gott geschaffen hat, ist gut!) erwirkt werden soll, sondern die Beziehung des Menschen zu ihnen aus einer dem Schöpfungsauftrag entsprechenden Verantwortung vertieft und ihre Verwendung zum Segen für alle gereichen möge. Die Dinge sollen uns in rechter Weise dienen, uns nicht in Besitz nehmen oder gar besessen machen. Dazu aber ist es hilfreich, zu den Quellen des christlichen Segensverständnisses in den biblischen Aussagen zurück-zufragen.

1.2. BIBLISCHE ZEUGNISSE

1.2.1 Segnen im AT und im Judentum

Gott ist die Quelle alles Guten und allen Segens, vermittelt uns bereits Gen 1,22.28. Das hat das Volk Israel vielleicht deutlicher (als „auserwähltes Volk") erfahren als andere Völker. Segen mehrt das Leben, während Fluch es mindert, das lässt sich vorweg über Aussagen dazu im AT entnehmen. Der Segen Gottes ist Anfangs- und begleitende Gabe Gottes an die Menschen und die ganze Schöpfung.

Von der Wurzel *brk* gebildet, treffen wir im AT 68-mal auf das Wort „*baruk*", gepriesen, gelobt, gesegnet, 235-mal auf das Wort „*berak*", segnen, loben, 3-mal auf die Form „*nibrak*", gesegnet werden, 7-mal auf „*hitbarak*", einander Segen wünschen, 68-mal auf das Substantiv „*berakah*", Segen, 7-mal in der Bedeutung

---

1) Bei der Segnung von Eheringen in der Trauungsliturgie wird nicht der Materialwert (Karat Gold) verändert, sondern denen, die sie tragen, werden sie zum Zeichen (Symbolwert) ihrer unverbrüchlichen Treue, begleitet von der Liebe und Treue Gottes. Eheringe haben zum Zeitpunkt der Goldenen Hochzeit oft an Material eingebüßt (sind dünner geworden), das „Gold" der Liebe und Treue des Jubelpaares ist umso „gewichtiger" und bedeutsamer geworden.

Geschenk. Somit kommt das Zeitwort über 300-mal vor und mit dem Substantiv zusammen an die 400-mal; es zählt zu den häufigsten Wörtern der Hl. Schrift.

Schon in der Genesis erhalten die beiden Worte „*bara*" (erschaffen) und „*berak*" (segnen) eine besondere Heraushebung und Zuordnung, beide stehen „für Gottes analogielose Tätigkeit"[1].

Leben, Lebensfülle und Segen sind Gaben Gottes, wobei unter Leben und Lebensfülle in den weiteren Kapiteln der Genesis zahlreiche Nachkommenschaft (Gen 12,3), Reichtum, insbes. Herdenbesitz (Gen 13,2; 15,1f), Ansehen (Name), hohes („gesegnetes") Alter, Erfolg, Sieg über die Feinde, Friede (Schalom) verstanden werden (Gen 24,60; 27,27-29). Begriffe wie „zahlreich werden", „reifen", „gelingen", „Frieden", „Heil" werden mit Segen verbunden, und der Segen breitet sich vom einzelnen Gesegneten auf seine Umgebung aus, auf sein Haus, seinen Stamm, sein Volk. Der Gesegnete wird zum Segen für alle, die ihm begegnen.

Während anfangs der Segen besonders auf den Patriarchen Abraham, Isaak, Jakob und seinen Söhnen ruht, verlagert sich später Träger- und Vermittler-Rolle auf die Priesterschaft als in besonderer Weise bevollmächtigte, wie im Aaronitischen Segen (vgl. Num 6,22-27) deutlich wird: „Der Herr segne dich und behüte dich (...) so sollen sie (Aaron und seine Söhne) meinen Namen auf die Israeliten legen und ich werde sie segnen."

Der Segen wurde mit dem *Gruß* bei der Begegnung mit Menschen wie bei ihrem Abschied durch Wort, Geste und Gabe (Dank-Geschenk) zum Ausdruck gebracht. Segnen war eindeutig nicht an den liturgischen Ort des Tempels oder später der Synagoge gebunden, obwohl er dort natürlich eine bevorzugte Rolle erhielt. Dem Segnen der Eltern als Geber des Lebens und dem Segen des Sterbenden als Lebens-Vermächtnis wurde eine hervorgehobene Stellung eingeräumt.

Segnungen begannen zumeist mit der Formel „*baruk JHWH*" – „*gepriesen sei der Herr*", womit für den gläubigen Juden immer

---

1) Vgl. J. Baumgartner: Gläubiger Umgang mit der Welt, S. 15.

Gott als der Gesegnete[1] auch als der Urgrund und einzige Spender des Segens außer Frage stand. Der um den Segen Bittende dankte zuerst für die göttliche Gegenwart, die ihm die Quelle der Lebensfülle, des Heiles, des Schalom erschließen konnte.

Im Bereich des Gesegnet Seins wurde vor allem in spät-alttestamentlicher Zeit durch die Bedeutung des Tempels die Weihe als besonderer Aspekt der Verfügbarkeit dieser Welt für Gott herausgehoben. Das Wort „heilig" („kadesch"), das als Eigenschaft Gottes übertragen wurde auf alles, was für Gott ausgesondert, zu Gottes Sondereigentum wurde, wie z. B. auf jeden männlichen Erstgeborenen, auf den Tempel, auf die Leviten, Priester und Könige. Ein eigener Weiheritus durch Salbung mit Öl machte diese Auserwählung (durch Gott) deutlich. Die Bundestreue des Volkes Israel zu JHWH-Gott war Ausdruck und Garant des Segens Gottes für sein Volk, durch Untreue handelte es sich Fluch und Tod ein.

Einige Textstellen aus dem AT mögen als Beispiel und Illustration des bisher Ausgeführten dienen:

1) Genesis 1,22: Segen über die Tiere
„Gott segnete sie (die Tiere) und sprach: Seid fruchtbar und vermehrt euch, und bevölkert das Wasser im Meer, und die Vögel sollen sich auf dem Land vermehren."

2) Genesis 1,28: Segen über den Menschen
„Gott segnete sie (Mann und Frau), und Gott sprach zu ihnen: Seid fruchtbar und vermehrt euch, bevölkert die Erde, macht sie euch dienstbar und herrscht über die Fische des Meeres, über die Vögel des Himmels und über alle Tiere, die sich auf dem Land regen."

3) Genesis 2,3: Segen über den Sabbattag
„Gott segnete den siebten Tag und erklärte ihn für heilig."

4) Genesis 5,2: Segen über den Menschen
„Als Mann und Frau erschuf Gott sie, er segnete sie und nannte sie Mensch an dem Tag, da sie erschaffen wurden."

---

1) Vgl. W. Homolka: „Baruch" und „Beracha" – Segen im Judentum. In: Una Sancta. 58. Jg., 3/2003: Segen erfahren und Segen sein, S. 170ff.

5) Genesis 9,1: Segen über Noach
„Gott segnete Noach und seine Söhne und sprach zu ihnen: Seid fruchtbar, vermehrt euch und bevölkert die Erde!"

6) Genesis 12,2f: Segen über Abraham
„Ich will dich segnen und deinen Namen groß machen. Ein Segen sollst du sein. Ich will segnen, die dich segnen. Durch dich sollen alle Geschlechter der Erde Segen erlangen."

7) Genesis 22,17f: Segen für Abraham nach dem Opfer auf Morija
„Ich will dir Segen schenken in Fülle und deine Nachkommen zahlreich machen wie die Sterne am Himmel und den Sand am Meeresstrand. Deine Nachkommen sollen das Tor ihrer Feinde einnehmen. Segnen sollen sich mit deinen Nachkommen alle Völker der Erde, weil du auf meine Stimme gehört hast."

8) Genesis 27,27-29: Erstgeburtssegen Isaaks an Jakob
„Jakob trat näher und küsste Isaak. Isaak roch den Duft seiner Kleider, er segnete ihn und sagte: Ja, mein Sohn duftet wie das Feld, das der Herr gesegnet hat. Gott gebe dir vom Tau des Himmels, vom Fett der Erde, viel Korn und Most. Dienen sollen dir die Völker, Stämme sich vor dir niederwerfen, Herr sollst du über deine Brüder sein. Die Söhne deiner Mutter sollen dir huldigen. Verflucht, wer dich verflucht. Gesegnet, wer dich segnet."

9) Genesis 28, 14f: Segenstraum (Jakobsleiter)
„Durch dich und deine Nachkommen werden alle Geschlechter der Erde Segen erlangen. Ich bin mit dir, ich behüte dich, wohin du auch gehst, und bringe dich zurück in dieses Land. Denn ich verlasse dich nicht, bis ich vollbringe, was ich dir versprochen habe."

10) Genesis 32,27: Jakob ringt mit Gott
„Ich lasse dich nicht, es sei denn, du segnest mich."

11) Genesis 48,14-16: Jakob segnet die Söhne Josefs (Enkelsegen)
„Israel streckte seine Rechte aus und legte sie Efraim auf den Kopf, obwohl er der jüngere war, seine Linke aber

legte er Manasse auf den Kopf, wobei er seine Hände überkreuzte, obwohl Manasse der Erstgeborene war. Er segnete Josef und sprach: Gott, vor dem meine Väter Abraham und Isaak ihren Weg gegangen sind, Gott, der mein Hirt war mein Lebtag bis heute, der Engel, der mich erlöst hat von jeglichem Unheil, er segne die Knaben."

12) *Numeri 6,24-26: Aaronsegen*
„Der Herr segne dich und behüte dich. Der Herr lasse sein Angesicht über dich leuchten und sei dir gnädig. Der Herr wende sein Angesicht dir zu und schenke dir Heil."

13) *Deuteronomium 31,7f: Moses Segen über Josua*
„Empfange Macht und Stärke: Du sollst mit diesem Volk in das Land hineinziehen, von dem du weißt: Der Herr hat ihren Vätern geschworen, es ihnen zu geben. Du sollst es an sie als Erbbesitz verteilen. Der Herr selbst zieht vor dir her. Er ist mit dir. Er lässt dich nicht fallen und verlässt dich nicht. Du sollst dich nicht fürchten und keine Angst haben."

14) *Deuteronomium 33,1-29: Segen Moses über die Stämme Israels*
„Sein Land sei vom Himmel gesegnet mit Köstlichem des Himmels, mit Tau, mit Grundwasser, das in der Tiefe lagert ..." (33,13)

15) *1 Könige 8,57f: Segen Salomos über das Volk*
„Der Herr, unser Gott, sei mit uns, wie er mit unseren Vätern war. Er verlasse uns nicht und verstoße uns nicht. Er lenke unsere Herzen zu sich hin, damit wir auf seinen Wegen gehen und die Gebote, Befehle und Anordnungen befolgen, die er unseren Vätern gegeben hat."

16) *Psalm 67: Dank für den Segen Gottes*
„Gott sei uns gnädig und segne uns. Er lasse über uns sein Angesicht leuchten ..."

17) *Psalm 128: Haussegen*
„... drinnen in deinem Haus ... rings um deinen Tisch ... gesegnet, der den Herrn fürchtet und ehrt ..."

18) *Psalm 134: Gute-Nacht-Segen*
„... zu nächtlicher Stunde ... preiset den Herrn! Es segne dich

der Herr von Zion her, der Himmel und Erde gemacht hat."

Die freundliche Zuwendung des Segnenden zu seinem Gegenüber bedeutete immer auch dessen Aufnahme in eine Solidargemeinschaft bzw. die Bestätigung einer solchen bestehenden Gemeinschaft (der Fluch schloss aus dieser Gemeinschaft aus). So war ein elementarer Wirkungskreis des Segens die Hausgemeinschaft, die Familie, deren innere Solidarität über den Tod des Hausvaters hinaus durch einen unwiderruflichen Segen gesichert werden konnte (vgl. Gen 27).

Grabbeigaben beweisen, dass man auch den Segen für Verstorbene (nämlich für ihr Weiterleben) für wichtig erachtete. Prinzipiell kommen als menschliche Vermittler des Segens jede beliebige Person oder Gruppen in Frage, mit Vorliebe jedoch Menschen, denen man eine besondere Beziehung zu Gott zusprach, heidnische Mantiker, wie Bileam in Num 22,6, charismatische Führer wie Mose in Dtn 33 und Josua (Jos 14,13), die frommen Könige David und Salomo und in späterer Zeit vor allem die Priester. Das Segnen vollzieht sich durch Gottes unmittelbares *Handeln* als *benefactio* oder seltener durch sein *Wort* als *benedictio*. Der menschliche Segen wird in der Regel verbal vermittelt (als von Gott abgeleitet), daher die Bezeichnung „eulogia" und „benedicere" mit der Betonung auf das Wort. Die angemessene menschliche Antwort auf den erfahrenen Segen Gottes ist das Loben Gottes, indem der Mensch Gott als den Ursprung alles Guten, allen Heiles und Segens anerkennt.

Das Judentum hat auch nach der Zerstörung des Tempels von Jerusalem sich in der Synagogen- und vor allem in der Hausliturgie einen starken Rückhalt für sein religiöses Leben bewahrt. Sowohl in der allwöchentlichen Schabbat-Feier als auch beim alljährlichen Seder-Abend/Pessah ist die Berakah ein wesentlicher Teil des Feierns. Das sog. Achtzehngebet im Gemeindegottesdienst vor und nach dem „Schema Israel" (Dtn 6,4ff), Tischsegen, Segensgruß, Kindersegen sind uns über Talmud und Mischna bezeugt. In nachtalmudischer Zeit sind vor allem traditionelle Segenswünsche zu freudigen Anlässen wie Geburt oder Hochzeit (mazel tov), Neujahrswünsche, Elternsegen mit Auflegung der Hände, Haussegen, Tafeln u. a. bekannt.

1.2.2. Struktur der jüdischen Segensfeier (Berakah)

Natürlich gibt es im Laufe der Geschichte Entwicklungen im Ablauf der jüdischen Segensfeier. Generell können dem Umfang nach zwei Grundformen unterschieden werden:

1) Die *Kurzberakot*, Segnungen, die aus zwei Teilen bestehen: a) Die Anrede Gottes „Gepriesen seist du, Herr unser Gott, König des Alls ..." und b) Die Erwähnung einer Heilstat „... der du in deiner Güte an uns gedacht hast, uns errettet hast" usw.

Der Segens-(Lob-) Spruch über Wein und Brot bei der Eröffnung des Schabbat (Quiddush) etwa lautet: „Gepriesen seist du, Herr unser Gott, König des Alls, der die Frucht des Weinstocks hervorbringt... der das Brot aus der Erde wachsen lässt."[1] Ein Musterbeispiel einer solchen Kurzberakah finden wir in Gen 24,26-27, wo Abrahams Knecht im Zuge seiner Brautschau für Isaak für Gottes Hilfe dankt: „Gepriesen sei JHWH, der Gott meines Herrn Abraham, der seine Liebe und Treue meinem Herrn nicht entzogen hat! Mich hat JHWH geradewegs zum Haus des Bruders meines Herrn geführt."

Segnung ist hier nicht, wie wir aus unserem Verständnis oft meinen, vordergründig Segens-Bitte, sondern danksagende Lobpreisung, Nennen, Be- und Anerkennen der Größe Gottes.

2) Die *Langberakot* sind Segnungen, die vor allem im Tempel- und Synagogen-Gottesdienst ihren Platz hatten, die aber auch beim feierlichen Tischsegen an Festtagen (Birkat ha-mazon), vor allem bei der Erhebung des dritten Bechers (vgl. Pessah-Feier „Segensbecher") Verwendung finden.

Sie sind in der Regel vierteilig, beginnen mit a) dem Lobpreis für die Schöpfung „Gepriesen seist du, Herr, unser Gott, König[2] des

---

1) Man vgl. dazu die Texte bei der Darbringung der Gaben in der römischen Messliturgie: „Gepriesen bist du, Herr, unser Gott, Schöpfer der Welt. Du schenkst uns das Brot ..., den Wein ..."
2) Die häufigste Form der Anrede Gottes unmittelbar nach der Einleitungsformel ist die sog. „malkut" (Königsherrschaft) Gottes, die ab dem 2. Jh. n. Chr. nachweisbar ist und wohl als bewusste Abgrenzung zum römischen Kaiserkult verstanden wurde.

Alls; du nährst die ganze Welt in deiner Güte, Freigebigkeit und Barmherzigkeit. Gepriesen seist du, Herr, der du alles ernährst". b) Es folgt ein längerer Dank für die Großtaten Gottes in der Heilsgeschichte, die in Erinnerung gerufen werden (Anamnese, Memoriale). Man nennt auch den gleichbleibenden Lobpreis am Beginn (a) als Konstante und die Anamnese (b) als Variable, weil unter den Großtaten Gottes den Anlässen entsprechend unterschiedliche Heilstaten Gottes zur Sprache gebracht werden. c) Daran schließt sich als dritter Teil die Bitte für Jerusalem „Gott möge auch in Zukunft ... schenken". d) Den Abschluss bildet ein Schluss-Lobpreis (Schlussdoxologie).[1]

Der Glaube an die Wirkkraft des Wortes war in der Antike viel größer als heute. Wörter wurden als „Waffen" eingesetzt, um Gutes (Segen) oder Böses (Fluch) zu bewirken. Die jüdische Berakah als Grundgestalt des Betens wusste sich immer rückverbunden (religio) mit dem Ursprung der Welt im Schöpfergott und im Einklang mit ihm in der gegenwärtigen und immerwährenden Danksagung. Das ganze Dasein wurde zu einem ununterbrochenen Akt des Aufmerkens auf Gott, und in allen Ereignissen wurde seine Gegenwart proklamiert. So brachte die Berakah den Umgang mit den Dingen dieser Welt wieder ins „rechte Lot", in Bezug zu ihrem Ursprung, dem Schöpfer.

„Alles, was Gott geschaffen hat, ist gut, und nichts ist verwerflich, wenn es mit Danksagung (eucharistia = berakah) genommen wird", heißt es in 1 Tim 4,4.

1.2.3. Segnen im NT: Jesus und die frühe Kirche

Der Arzt und Evangelist Lukas bringt in seiner Vorgeschichte zum öffentlichen Wirken Jesu ausführlichere Texte um die Geburt Jesu Christi und in diesem Rahmen zwei Lobpreisungen nach dem Muster der jüdischen Berakah, das *Magnifikat*[2], „Meine Seele preist die

---

1) Der Kanon der römischen Messfeier ist ebenso wie die Anaphora der Johannes Chrysostomus- und Basilius-Liturgie der Ostkirchen nach diesem Grundschema aufgebaut.
2) Lk 1,46-55.

Größe des Herrn, und mein Geist jubelt über Gott, meinen Retter. Denn auf die Niedrigkeit seiner Magd hat er geschaut...", und das *Benediktus*[1], „Gepriesen sei der Herr, der Gott Israels! Denn er hat sein Volk besucht ...". Elisabeth grüßt Maria mit dem Segenswunsch: „Gesegnet bist du mehr als alle anderen Frauen, und gesegnet ist die Frucht deines Leibes."[2]

Über eine Segnung durch den irdischen Jesus wird uns in der Perikope von der Kindersegnung[3] erzählt. Kinder werden zu Jesus gebracht, dass er sie mit der Hand *berühre und segne*. Jesus, der sich über das abweisende Verhalten seiner Jünger ärgert, spricht den Kindern gleich den Armen das Reich Gottes zu, umarmt und segnet sie, indem er ihnen die Hände auflegt.

Der Geschichte von der Kindersegnung kam vermutlich innerhalb der Jesus-Bewegung die Funktion zu, angesichts des afamilären Ethos der Nachfolge die Zugehörigkeit der Kinder zum Reich Gottes zu unterstreichen.[4]

Jesus segnete bei der Brotvermehrung Brot und Fische, pries Gott nach der Rückkehr der 72 Jünger (Lk 10,21f) und vor der Auferweckung des Lazarus (Joh 11, 41f). Das Hohepriesterliche Gebet in Joh 17 kann als eine einzige große Berakah verstanden werden.

Im Rahmen eines Mahles und einer Tisch-Berakah stiftet Jesus sein Gedächtnismahl, die Eucharistie. Vor seiner Himmelfahrt segnet Jesus seine Jünger (Lk 24,50f), wie es der Hohepriester am Ende der Liturgie tut (Lev 9,22; Sir 50,20f).

Als Segensgestus, der göttliche Kraft überträgt, kann die Handauflegung bei der Wahl der Sieben (Diakone, Apg 6,6), bei der Aussendung von Missionaren (Apg 13,3), bei der Herabrufung des Hl. Geistes (Apg 8,17) und im Zusammenhang mit der Taufe (Hebr 6,2)

---

1) Lk 1,68-79.
2) Lk 1,42.
3) Mk 10,13-16; Mt 19,13-15; Lk 18,15-17.
4) Vgl. W. Zager in: Theologische Realenzyklopädie, Bd. 31, S. 80: „Möglicherweise diente diese Erzählung später zur Legitimation einer kirchlichen Kindersegnung, die dann vom 2./3.Jh. an als selbständiger Akt aus der liturgischen Tradition verschwunden und mit der Kindertaufe verbunden worden ist".

verstanden werden. Die Geste der Handauflegung als Segenshandlung wird auch im Verständnis einer Ordination (Beauftragung zum Leitungsdienst) verwendet (1 Tim 4,14;5,22; 2 Tim 1,6).

Die Paulusbriefe verwenden immer wieder als Gruß zum Beginn und Schluss eines Briefes Gnaden- (charis), Friedens- (eirene) und Segenswünsche. Dabei wird der Segensgruß des Auferstandenen (vgl. Joh 20,21) fortgesetzt und erweitert. Er wird Bestandteil der Liturgie und dürfte von dort her auch wieder in den Briefen seinen Niederschlag gefunden haben. So erhielt der Gnadenwunsch aus 2 Kor 13,13[1] im kirchlichen Sprachgebrauch die Bezeichnung „Apostolischer Segen", und er findet sich bis heute in liturgischen Segensformeln des Westens wie des Ostens.

Im Zuge der Missionsinstruktion wird dem Boten beim Betreten eines Hauses der Segensgruß aufgetragen (Lk 10,5). Findet dieser Friedenswunsch Gehör und Aufnahme, so wird seine segnende Kraft über die Bewohner kommen, sie damit in den Heilsbereich der eschatologischen Gottesherrschaft aufnehmen. Andernfalls kehrt der Friede auf die Boten zurück.

In 2 Kor 9,5 bezeichnet Paulus sogar die Kollekte (Spendengelder) für die Gemeinde in Jerusalem als Segensgabe (eulogia), weil sie die dankbare Antwort der Glaubenden auf den Segen Gottes ist, eine werktätige Antwort auf die Liebe Gottes, die uns in Christus geschenkt worden ist.

Der segnende Lobspruch über Speisen ist in der apostolischen Zeit in enger Verbindung mit der jüdischen Tisch-Berakah selbstverständlich (vgl. Apg 27,35; 1 Kor 10,31; 14,16; Jak 3,9).

Sowohl in der Didache[2], bei Polykarp von Smyrna als auch in der „Apostolischen Überlieferung" des Hippolyt[3] (ca. 215 n. Chr.) ist die jüdische Berakah-Tradition in der frühen Kirche noch stark erkennbar. Lobpreis und Danksagung über Öl, Milch, Honig, Was-

---

1) „Die Gnade Jesu Christi, des Herrn, die Liebe Gottes und die Gemeinschaft des Hl. Geistes sei mit euch allen!"
2) Vgl. Fontes Christiani, Bd.1, S.51.
3) Vgl. Fontes Christiani, Bd.1, Traditio Apostolica, S.202-204, 229, 287.

ser, die Lampe für das Nachtmahl, den Agape-Becher, die Erstlinge der Früchte, über Trauben, Feigen, Granatäpfel, Oliven, Blumen (Rosen und Lilien) werden genannt.[1]

Allerdings sind bereits um diese Zeit Bedeutungsverschiebungen[2] erkennbar, wenn etwa die Segnung-Lobpreisung hinübergleitet zur Segnung-Heiligung, z. B. das Öl muss erst für seinen Dienst (zum Exorzismus) gereinigt und geheiligt werden. Die Doxologie nimmt immer klarer die trinitarische Formel an (Lobpreis an den dreieinigen Gott).

Einzelne Benediktionen (Krankenöl, Käse, Oliven) werden in die Eucharistiefeier im Anschluss an die Anaphora eingefügt[3], woraus deutlich wird, dass das Hochgebet der Eucharistie (in den Ostkirchen die Anaphora) als Grundmuster allen Segens galt.

Eine Benediktion aus dem Euchologium des Serapion[4] von Thumis († nach 362) gibt eine *Segnung der Felder* wieder: Der erste Teil einer *Anamnese* beginnt mit den Worten „Schöpfer des Himmels und der Erde, du hast den Himmel durch den Reigen der Sterne gekrönt und durch Lichter erleuchtet ..." Daran schließt sich ein zweiter Teil der *Bitte* „Wir bitten: Sende belebenden Regen in Fülle ..." und schließt mit einer *Doxologie* „Durch deinen Einziggezeugten, Jesus Christus, durch den dir die Ehre und die Macht ist im Hl. Geist jetzt und in alle Ewigkeit. Amen."

„Wenn die Kirche segnet, handelt sie im Auftrag des auferstandenen Herrn und in der Kraft seines Hl. Geistes, den er ihr als bleibenden Beistand verliehen hat. Sie preist Gott für seine Gaben. Sie ruft seinen Segen auf die Menschen herab und auf das, was sie schaffen und was ihnen dient. So bezeugen auch die Segnungen der Kirche die liebende Sorge Gottes um den Menschen und seine Welt."[5]

---

1) Segnungen dieser Dinge werden bis heute in der Liturgie der Ostkirchen wahrgenommen.
2) Wohl unter dem Einfluss gnostischen, griechisch-dualistischen und manichäisch-leibfeindlichen Denkens.
3) Vgl. heute noch die Weihe der Hl. Öle in der Chrisam-Messe.
4) Vgl. M. E. Johnson: The prayers of Serapion of Thumis, OCA 249. Rom 1995, S.74f.
5) Benediktionale, Pastorale Einführung, S. 12f.

1.2.3.1. Die Berührung bei Jesus in seinem segnenden und heilenden Umgang mit den Menschen

Mit der Menschwerdung Gottes in Jesus Christus hat Gott nicht bloß sein schöpferisches Wort am Anfang gesprochen, nicht bloß sein auf- und heimrufendes Wort durch die Propheten verkündet, sondern dieses „Wort" in einmaliger Weise in seiner Schöpfung „Fleisch" werden lassen. In Christus hat Gott seine Schöpfung nicht nur „von oben herab" aus seiner Allmacht und Herrlichkeit angesprochen, sondern leibhaftig berührt, eingeborgen im Mutterschoß Mariens, als Kind in eine Krippe gelegt, an der Hand der Eltern geführt, von der Hand der Eltern liebkost und gesegnet und in ihrer Glaubensvermittlung auf Gott hin erschlossen.

So wird dieser „Jesus von Nazareth", menschlich gesprochen, zu einem Liebhaber Gottes, den er zärtlich „abba", Vater nennt, und der seine göttliche Berufung erkennen und ausführen kann, der im Namen und Auftrag Gottes seine Menschenliebe unter den Menschen sichtbar und erlebbar macht, indem er auf die Menschen zugeht und sie durch seine Begegnungen und Berührungen aufrichtet und heilt. Nicht von ungefähr berichten daher alle Evangelisten von den Berührungen Jesu mit der Welt und den Menschen:

Mt 8,3: „Jesus streckte die Hand aus, *berührte* ihn (den Aussätzigen) und sagte: Ich will – werde rein!"

Mt 8,15: „Da *berührte* er (Jesus) ihre (Schwiegermutter des Petrus) Hand, und das Fieber wich von ihr."

Mt 9,18: „Komm doch, *leg ihr* (der Tochter des Synagogenvorstehers) *deine Hand auf*, dann wird sie wieder lebendig."

Mt 9,20f: „Da trat eine Frau, die schon 12 Jahre an Blutungen litt, von hinten an ihn heran und *berührte* den Saum seines Gewandes; denn sie sagte sich: wenn ich auch nur sein Gewand *berühre*, werde ich geheilt."

Mt 9,25: „Als man die Leute hinausgedrängt hatte, trat er (Jesus) ein und *fasste* das Mädchen *an der Hand*; da stand es auf."

Mt 9,29: „Darauf *berührte* er (Jesus) ihre Augen und sagte: Wie ihr geglaubt habt, so soll es geschehen" (Heilung von zwei Blinden).

Mt 14,13ff: Für die Speisung der Fünftausend *nimmt* Jesus die fünf Brote und zwei Fische *in seine Hände, segnet sie und teilt sie aus*; sie reichen für alle.

Mt 14,31: „Jesus *streckte* sofort *seine Hand aus, ergriff* ihn (Petrus) und sagte zu ihm: Du Kleingläubiger, warum hast du gezweifelt?" (Jesu Gang über dem Wasser).

Mt 14,36: „Man bat ihn (Jesus), er möge sie (die Kranken) wenigstens den Saum seines Gewandes *berühren* lassen. Und alle, die ihn *berührten*, wurden geheilt."

Mt 15,32-39: Speisung der Viertausend (sieben Brote und die Fische nimmt Jesus in die *Hand, segnet* sie, *teilt* sie aus, und es reicht für alle).

Mt 17,7: „Da trat Jesus zu ihnen (drei Apostel bei der Verklärung), *fasste sie an*, und sagte: steht auf, habt keine Angst!"

Mt 19,15: „Dann *legte* er (Jesus) ihnen (den Kindern) *die Hände auf* und zog weiter."

Mt 20,34: „Da hatte Jesus Mitleid mit ihnen (den zwei Blinden in Jericho) und *berührte* ihre Augen. Im gleichen Augenblick konnten sie sehen, und sie folgten ihm."

Mt 26,6-13: Die Salbung von Betanien: Jesus lässt sich *berühren* von einer Frau und *Salböl* über sein Haar ausgießen.

Mt 5: Seligpreisungen: „Gesegnet, die …"

Mk 1,31: „Und er (Jesus) ging zu ihr (Schwiegermutter des Petrus), *fasste sie an der Hand* und richtete sie auf."

Mk 1,41: „Jesus hatte Mitleid mit ihm (Aussätzigen); er streckte die *Hand* aus, *berührte* ihn und sagte: Ich will es – werde rein!"

Mk 3,10: „Denn er (Jesus) heilte viele, sodass alle, die ein Leiden hatten, sich an ihn herandrängten, um ihn zu *berühren*."

Mk 5,23: „Komm und *leg ihr* (der Tochter des Jairus) die *Hände auf*, damit sie wieder gesund wird und am Leben bleibt."

Mk 5,27f: „Nun drängte sie (eine Frau, die schon 12 Jahre an Blutungen litt) sich in der Menge von hinten an ihn heran und *berührte* sein Gewand. Denn sie sagte sich: wenn ich auch nur sein Gewand *berühre*, werde ich geheilt."

Mk 5,41: „Er (Jesus) *fasste* das Kind (Tochter des Jairus) *an der Hand* und sagte zu ihm: Talita kum!; das heißt übersetzt: Mädchen ich sage dir, steh auf!"

Mk 6,41: Brotvermehrung, Speisung der Fünftausend, vgl. Mt 14,13ff.

Mk 6,56: „Er (Jesus) möge sie wenigstens den Saum seines Gewandes *berühren* lassen. Und alle, die ihn *berührten*, wurden geheilt."

Mk 7,32f: „Da brachte man einen Taubstummen zu Jesus und bat ihn, er möge ihn *berühren*. Er nahm ihn beiseite, von der Menge weg, *legte ihm die Finger in die Ohren* und *berührte* dann die Zunge des Mannes mit Speichel... Effata, öffne dich!"

Mk 8,1-10: Speisung der Viertausend (vgl. Mt 15,32-39).

Mk 8,22-26: „Sie kamen nach Betsaida. Da brachte man einen Blinden zu Jesus und bat ihn, er möge ihn *berühren*. Er nahm den Blinden *bei der Hand und bestrich seine Augen* mit Speichel, *legte* ihm die *Hände auf* ..."

Mk 9,27: „Jesus aber *fasste ihn* (den besessenen Jungen) *an der Hand* und richtete ihn auf, und der Junge erhob sich."

Mk 10,16: „Und er (Jesus) *nahm die Kinder in seine Arme; dann legte er ihnen die Hände auf und segnete sie.*"

Mk 14,3-9: Salbung in Betanien (vgl. Mt 26,6-13).

Lk 2,28: „... nahm Simeon das *Kind in seine Arme* ..."

Lk 4,39: „Er (Jesus) trat zu ihr (Schwiegermutter des Petrus) hin, *beugte sich über sie und befahl* dem Fieber zu weichen."

Lk 5,13: „Da streckte Jesus die *Hand* aus, *berührte ihn* (den Aussätzigen) und sagte: Ich will es, werde rein!"

Lk 7,14: „Dann ging er (Jesus) zu der Bahre hin und *fasste ihn* (den Jüngling von Nain) an ..."

Lk 7,36-50: Die *Salbung* der Füße Jesu durch die Sünderin: „... müsste er wissen, was das für eine Frau ist, von der er sich *berühren* lässt." (7,39).

Biblische Zeugnisse

Lk 8,44: „Sie (die blutflüssige Frau) drängte sich von hinten an ihn heran und *berührte* den Saum seines Gewandes."

Lk 8,46: „Jesus erwiderte: Es hat mich jemand *berührt*, denn ich fühlte, wie eine Kraft von mir ausströmte."

Lk 8,54: „Er (Jesus) aber *fasste sie* (Tochter des Jairus) an der Hand und rief: Mädchen, steh auf!"

Lk 9,16: Speisung der Fünftausend (vgl. Mt 14,13ff).

Lk 10,34: Der barmherzige Samariter „ging zu ihm hin, *goss Öl und Wein auf seine Wunden und verband sie.*"

Lk 13,13: „Und er (Jesus) *legte ihr* (der Frau mit dem gekrümmten Rücken) *die Hände auf ...*"

Lk 14,4: „Da *berührte* er (Jesus) den Mann (der an Wassersucht litt), heilte ihn und ließ ihn gehen."

Lk 15,20: „Er (der barmherzige Vater) lief dem (verlorenen) Sohn entgegen, *fiel ihm um den Hals und küsste ihn.*"

Lk 22,51: „Jesus aber sagte: Hört auf damit! Und er *berührte* das Ohr (des Malchus) und heilte den Mann „(bei der Gefangennahme am Ölberg).

Joh 6,11: Die wunderbare Speisung der Fünftausend am See von Tiberias.

Joh 8,6: „Jesus aber *bückte sich und schrieb mit dem Finger auf die Erde.*" (Ehebrecherin).

Joh 9,6: „... *spuckte* er (Jesus) *auf die Erde*; dann machte er mit dem *Speichel* einen Teig, *strich ihn dem Blinden auf die Augen.*"

Joh 12,3: Salbung in Betanien.

Joh 13,5: Jesus *wäscht den Jüngern die Füße.*

Joh 20,27: „Dann sagte er (Jesus) zu Thomas: *Streck deinen Finger aus* – hier sind meine Hände! *Streck deine Hand aus und leg sie in meine Seite*, und sei nicht ungläubig, sondern *gläubig!*"

Apg 3,7: „Und er (Petrus) *fasste ihn* (den Gelähmten) an der Hand und richtete ihn auf."

Apg 8,17: „Dann *legten sie ihnen die Hände auf,* und sie empfingen den Hl. Geist."

Apg 9,17: Hananias „*legte Saulus die Hände auf ...*"

Apg 9,41: „Er (Petrus) gab ihr (Tabita) die *Hand* und ließ sie aufstehen."

Aus dieser Fülle von biblischen Belegen lässt sich aufzeigen, wie sehr die Menschwerdung in Jesus Christus ein „berührendes Ereignis" zwischen Himmel und Erde, eine leibhaftige Erfahrung des menschenliebenden und heilvermittelnden Gottes wurde. In der Auferweckung Jesu hat Gott für uns alle ihn als seinen geliebten Sohn, den Gesalbten (Messias, Christos) bezeugt, ihn zum „Gesegneten" schlechthin, zum Segen für die ganze Schöpfung gemacht, die in Geburtswehen liegt und auf ihre Vollendung wartet.

In Christus hat Gott Himmel und Erde mit sich versöhnt, in ihm berühren einander Himmel und Erde in einmaliger und unüberbietbarer Weise. Durch ihn, der als der Erhöhte alles an sich ziehen will[1], sind die Menschen und die ganze Schöpfung in sein segensvolles Wirken einbezogen, eingeladen, seinen Weg in die Vollendung beim Vater zu gehen.

1.3. Segnen als Heils-Handeln der Kirche

1.3.1 Entwicklungen im Lauf der Kirchengeschichte

Einerseits als bewusste Abgrenzung zur jüdischen Synagoge, andererseits durch den Einfluss der griechisch-römischen und später auch der germanischen Kultur verloren manche aus den jüdischen Wurzeln stammende Elemente an Bedeutung bzw. erfuhren eine ständige Umgestaltung. Das trifft auch auf die Segnungen zu. Während im eucharistischen Hochgebet (bzw. in der Anaphora der Ostkirchen), in der Taufwasserweihe, Konsekration der Hl. Öle und in Ordinationsgebeten die alte Grundform der jüdischen Berakah mit

---

1) Vgl. den Begriff „Christogenese" bei T. de Chardin: Das göttliche Milieu.

der Betonung des Lobpreises weitgehend erhalten blieb, gewinnen seit Beginn des Mittelalters in den Segnungen die *Bittgebete eine immer stärkere Rolle*, zumal in der römischen Kirche. Die Ostkirchen haben bis heute die Berakah-Struktur mit dem Lobpreis Gottes in ihren Sakramentenfeiern und Segnungen beibehalten.

Diesen „Klimawandel" kann man am Beispiel des Gelasianums[1] aus dem 7. Jahrhundert sehr gut erkennen, wenn etwa bei „Orationes ante cibum" (Tischsegen) die Segensbitte ohne vorausgehenden Dank oder Lobpreis für die Gaben der Schöpfung unvermittelt mit „Gib uns ..." beginnt.

Ein anderer Wandel, der für die Entwicklung der Segnung eine große Bedeutung erhält, vollzieht sich in der Bewertung der Schöpfung und der irdischen Gaben insgesamt. „Die römische Liturgie ist *nicht besonders schöpfungsfreundlich.*"[2] Die Liturgien des Ostens (etwa die griechische Markus-Anaphora der ägyptischen Liturgie) preisen Gott, der Himmel und Erde, Quellen, Flüsse, Meer und alles, was in ihm ist, geschaffen hat. Die Auseinandersetzung mit Gnosis und Manichäismus, aber besonders die Rezipierung des Platonismus mit seinem *Dualismus* führten im Westen dazu, „anstatt in die Laus creationis einzustimmen (...) für die *Kreatur, die im Argen liegt*, zu flehen."[3] Die Betonung der Erbsündenlehre und das daraus abgeleitete Verständnis vom gefallenen und heilsbedürftigen Menschen zog die gesamte Kreatur, die Materie insgesamt immer mehr in den Geruch des Pro-Fanen (außerhalb des Heiligen) und deshalb Segnungsbedürftigen, da erst der Segen die Dinge für den Menschen brauch-bar machte.

Dahinter verbirgt sich ein nicht geringes Misstrauen an den guten Schöpfergott, der uns „unfertige" Sachen, eine mit Mängeln und Makeln behaftete Welt überließ. Ein solches Denken führte unweigerlich zu einem gewaltigen Ansteigen der Zahl der Benediktionen, vor allem der Real- oder Sachbenediktionen. Alle Gegenstände be-nötig-ten nun einen eigenen Segen.

---

1) Vgl. Das Fränkische Sacramentarium Gelasianum, 3. verb. Aufl., 1971, S. 242 am Beispiel „Benedictiones super populum".
2) J. Baumgartner: Gläubiger Umgang mit der Welt, S. 77.
3) Ebda, S. 78.

Die Zuspitzung des zentralen Geschehens der Messe in der Fokussierung des röm. Hochgebetes auf die Wandlung förderte das Denken, dass die Konsekration von Brot und Wein in weiterer Folge auf alle irdischen Gaben analog auszudehnen sei, ein *Konsekrationsbedarf*, der durch eigene Benediktionen zu erfüllen sei.

So verlagerte sich das Verständnis des Segnens weg von den Lebensvorgängen[1] (lobpreisende und sich verdankende Beziehung des Menschen zum Schöpfergott) hin zu den Dingen. Bereits das schon oben erwähnte Gelasianum bringt neue Segens-Anliegen, z. B. für Bäume, über die ersten Bohnen, usw. Das spätere Gregorianum[2] führt zum ersten Mal einen Segen für kranke Tiere unter seinen Benediktionen an.

An der Wende des 7. zum 8. Jh. tauchen auch die ersten Formulare mit Benediktionen für Kelche und Patenen, Altäre und Kirchengebäude auf.[3] Das römisch-deutsche Pontifikale des 10. Jahrhunderts enthält bereits eine umfangreiche Sammlung von Sachbenediktionen (für Geräte, Gefäße, Schiffe, Gewänder, Kruzifixe, usw.)[4]

Die *konsekratorische Tendenz* wollte aus den gewöhnlichen (und mit Makel behafteten) Dingen durch ihre Heiligung (Sanktifikation) Träger übernatürlicher Kräfte machen, das Salz etwa durch die Salzweihe zu vollkommener Medizin.

Alle diese Entwicklungen förderten zugleich eine wachsende *exorzistische, „antidämonische Reinigungstendenz"*.[5] Durch das

---

1) So gilt der Lichtsegen in der jüdischen Abendfeier, gilt das Luzernar in der Großen Vesper der Ostkirche nicht den Lampen, sondern des gedenkenden Lobpreises auf Christus, der unser Leben erleuchtet.
2) Vgl. Sacramentarium Gregorianum Hadrianum 1161, 1162. S. 222. In: Das Sacramentarium Gregorianum. Hrsg. von D. Hans Lietzmann. Münster, 4. Aufl. 1967.
3) Für die frühe Kirche galt die erste mit bzw. in ihnen gefeierte Eucharistie zugleich als ihre Benediktion.
4) Das Rituale von 1614 als Folge der Auseinandersetzungen mit den Reformatoren und der Tridentinischen Reformen nahm erstmals eine drastische Reduktion der schier ausufernden Zahl der Sachbenediktionen vor.
5) Vgl. Gottesdienst der Kirche, Teil 8, S. 255.

Segnen als Heils-Handeln der Kirche

Segnen sollten die Dinge gleichsam der Macht des Bösen entrissen werden. Der Exorzismus lässt sich in die frühe Kirche zurückverfolgen im Bereich der Tauffeier und der Taufwasserweihe. Bereits bei Tertullian[1] (um 200 n. Chr.) ist diese Tendenz erkennbar, wenn durch die Herabrufung des Hl. Geistes das Wasser der Macht Satans entrissen und für die Taufe mit der heiligenden Kraft ausgestattet sein soll.

54-mal verwendet das oben erwähnte römisch-deutsche Pontifikale das Verb „exorcizo" und 34-mal den Titel „Exorzismus", die Segnungen sind zunehmend zu Sachbeschwörungen geworden. „Hier hatte sich eine pessimistische Weltsicht durchgesetzt gegen das biblische Verständnis von der guten Schöpfung (vgl. Gen 1; 1 Tim 4,4), die ganz dem Herrn gehört."[2]

Die auf Christus gründende Überzeugung, dass an sich nichts unrein ist[3], wird von einer Dämonisierung der Welt und einer Verängstigung der Welt, weitab von der befreienden Botschaft des Evangeliums, überschattet. Dies verstärkte allerdings auch eine zwanghafte Abhängigkeit des „gläubigen" Volkes von der Hierarchie, die ihrerseits mit immer neuen, „notwendig gebrauchten" Benediktionen und Exorzismen sich als einzige Abhilfe und „Er-Löser" anbot. Auf besondere Verirrungen wie die sog. „Gottesurteile" braucht hier nicht eingegangen zu werden.

Die ursprünglich in enger Verbindung mit der Eucharistiefeier stehenden Benediktionen entwickelten sich von dieser weg, zu eigenständigen liturgischen Feiern, was wiederum förderte, dass für jeden Bedarf jederzeit eigene Segnungen entstanden[4]. Das Abtriften in den immer mehr privaten[5] Charakter solcher Segenshandlungen

---

1) Ebda, S. 282.
2) Ebda, S. 256.
3) Vgl. Apg 10, 15: „Was Gott für rein erklärt, nenne du nicht unrein!"
4) Eine „Benedictio ad omnia quae volueris" findet sich seit dem späten 8. Jh., z. B. im Gregorianum.
5) Damit verbunden „ist die faktische und theologische Individualisierung des Gottesdienstes: Aus der Feier der die ganze Kirche aller Zeiten und Orte symbolisierenden Ortsgemeinde wird im Mittelalter das 'Gnadenmittel', durch das die Kirche, seit der Gregorianischen Reform zuneh-

verstärkte die Vorstellung, dass es sich um Magie (Schutzzauber) handle. Vom christlichen Denken weit entfernte apotropäische[1] Praktiken standen vor allem in der Vorstellung des einfachen Volkes im Vordergrund.

Segnungen – Korrektur durch die Reformatoren

Es ist nur allzu verständlich, dass die Reformatoren (Martin Luther, Huldrych Zwingli und Johannes Calvin) gerade an solchen Benediktionspraktiken schärfste Kritik übten und sie als übles Machwerk abtaten. M. Luther ging so weit, dass er die Sakramentalien als teuflische Imitationen der Sakramente, ja als „Sakramente des Teufels"[2] bezeichnete. In seiner lateinischen Messe „Formula Missae" und drei Jahre später in seiner „Deutschen Messe" nahm er den aaronitischen Segen (Num 6,24-26) auf, von dem er sagte, dass er vom Herrn Jesus Christus angeordnet worden sei, und der in den reformierten Kirchen bis heute eine beherrschende Rolle spielt.

Aber auch andere biblische Texte, vor allem Segensgruß- und Segenswunschformeln aus den Briefen des NT (2 Kor 13,13; Phil 4,7; Hebr 13,20f) fanden Einzug in verschiedene liturgische Agenden.

Der Kanzelsegen (vor und nach der Predigt), der auf die Bettelorden zurückgeht (Predigten außerhalb der Messe) wurde von Luther selbst nicht in die Liturgie, jedoch 1639 in die lutherischen Gottesdienste aufgenommen. Der aaronitische Segen hat sich dafür ab 1700 weithin durchgesetzt, auch deshalb, weil viele Gottesdienstteilnehmer die Kirche ohne Abendmahl nach der Predigt verließen (war also zugleich Schlusssegen).

---

mend hierarchisch-klerikal enggeführt, dem einzelnen Christen das individuelle Seelenheil vermittelt. Die Gemeinde als (menschlicher) Träger des Gottesdienstes löst sich zunehmend auf in den 'Spender' und den bzw. die 'Empfänger' der Sakramente." (R. Meßner: Sakramentalien. In: Theologische Realenzyklopädie, Bd. 29, S.655.

1) Böse Geister abwehrende.
2) M. Luther in seiner Schrift „Von den Konziliis und Kirchen", S. 22-43. In: Luther Deutsch, Bd. 6: Martin Luther. Kirche und Gemeinde.

Der Trauungsgottesdienst (Luther zählt die Ehe nicht zu den Sakramenten) ist in erster Linie als eine „Einsegnung" zu verstehen. Im Vordergrund steht in den reformatorischen Kirchen stets das Segens-*wort*, zurückhaltend ist man mit Segensgesten, obwohl es dazu in letzter Zeit wieder eine breitere Zustimmung gibt (Handauflegung, Kreuzzeichen).

Insgesamt kann man festhalten, dass die Kirchen der Reformation den Weg einer Erneuerung der Benediktionen konsequent gegangen sind und diesbezüglich den Ursprüngen sicher näher sind als es die lateinische Kirche bis zum 2. Vatikanischen Konzil war. Die Segensgebete beginnen mit einer längeren „Praedicatio" des göttlichen Heilswerkes und mit dem Dank. Jede konsekratorische und exorzistische Tendenz wird vermieden. Segnungen sind eingebettet in eine längere gottesdienstliche Feier.[1]

Herausgefordert durch die Auseinandersetzung mit den Reformatoren hat die römisch-katholische Kirche in ihrem *Reformkonzil von Trient* (1545-63) auch eine Neuordnung bezüglich der Benediktionen angestrebt. Leider gelang dies nur halbherzig und unzureichend. Die gröbsten Missstände konnten durch eine Beschränkung der Benediktionen beseitigt werden. So finden sich im Pontificale Romanum von 1596 31 statt 46 Benediktionen im Pontifikale des Durandus von Mende († 1296). Im Rituale Romanum 1614 befinden sich 29 Benediktionen, von denen 18 jeder Priester vornehmen darf, während 11 dem Bischof reserviert sind. In den diözesanen Eigenritualien jedoch gibt es nach wie vor eine Fülle von Sachbenediktionen.

Die Zeit der Aufklärung bringt einen vorübergehenden Einbruch in der Segensausübung, diese steigt aber mit der Zeit der Romantik im 19. Jh. wieder an. Insgesamt hat sich bis zum 2. Vatikanischen Konzil in der Segenspraxis der römischen Kirche, abgesehen von kleinen Korrekturen bei revidierten Neuauflagen von Ritualien, nicht Wesentliches verändert.

---

1) Vgl. eine Agende der evangelisch-lutherischen Kirchen in Deutschland heute mit vier Formularen des Muttersegens und elf Einweihungshandlungen für kirchliche und außerkirchliche Geräte und Baulichkeiten.

In der theologischen Auseinandersetzung ist die römische Kontroverstheologie (Bellarmin, Suarez) im 16. Jh.zu nennen, die sich gegen die reformatorische Bestreitung bzw. Infragestellung der Zeremonien erhebt. Eine ausführliche systematische Behandlung der Sakramentalien gibt es seit der 2. Hälfte des 19. Jhdts.[1]

Der Codex Iuris Canonici (CIC) von 1917 gibt eine klare Begriffsbestimmung wieder: „Sakramentalien sind Sachen oder Handlungen, deren sich die Kirche in einer gewissen Nachahmung der Sakramente zu bedienen pflegt, um dadurch auf Grund ihres Gebets bestimmte Wirkungen, besonders geistlicher Art, zu erlangen."

Die Kirchen des Ostens (Orthodoxie) sind, wie schon erwähnt, der biblischen „Berakah"-Tradition weitgehend treu geblieben. Der Dreischritt „Lobpreis Gottes – Segensbitte – Trinitarische Doxologie" ist Grundlage aller Segensfeiern. Freilich ist manche sehr stark auf die typologische Einbeziehung alttestamentlicher Texte Gewicht legende Formulierung nicht davor gefeit, Denkmuster der damaligen Welt (mit kultischen Reinigungsvorschriften) mitzuübernehmen.[2]

1.3.2. Neuorientierung durch das 2. Vatikanische Konzil: Die erneuerte Segensfeier

Abseits einer neuscholastischen Sakramententheologie hat die sog. *Liturgische Bewegung* (Joh. Pinsk, R. Guardini, P. Parsch, B. Reetz u. a.) im 20. Jh.eine Neubesinnung der liturgischen Feiern und damit den geistigen Hintergrund für die Erneuerung durch das 2. Vatikanische Konzil vor- und aufbereitet.

Ausgehend vom Ostermysterium, als Anfang aller Sakramente und Sakramentalien der Kirche, ist es das Ziel einer consecratio mundi, Inkarnation, Leben, Sterben und Auferstehen Christi als Neue Schöpfung zu erfahren. Der Feier der Heilsmysterien[3] kommt dabei eine wichtige Rolle als Medium der Gottesbegegnung zu, in

---

1) Neuscholastik.
2) So kann man Formularen für den Muttersegen am Tag der Geburt und 40 Tage nach der Geburt nicht ohne Vorbehalt begegnen, wenn es da heißt, wie „Befreie sie von der körperlichen Befleckung", „Reinige sie von aller Sünde und aller Befleckung."
3) Vgl. Odo Casel: Die Liturgie als Mysterienfeier.

der Gott Lobpreis dargebracht und dem Menschen Gottes Heil geschenkt wird. Eine Rückbesinnung auf die Wurzeln ist eindeutig erkennbar. Papst Pius XII. hat die Intentionen der Liturgischen Bewegung 1947 in seiner Enzyklika „Mediator Dei" ausdrücklich anerkannt und gewürdigt.

Diese fruchtbare Vorarbeit wurde schließlich im 2. Vatikanischen Konzil zu einem Neuaufbruch im Grundansatz für das Denken und Handeln der Kirche.

In der am 4. 12. 1963 (1.) feierlichen Verkündigung der Konstitution über die Heilige Liturgie[1] ist bereits im Vorwort der „neue Ton" erkennbar. Eine Erneuerung der Liturgie, die dem tieferen (bewussten, tätigen) Mitvollzug aller Feiernden (deshalb in der Muttersprache) dient, ist das Ziel. Nach einem eigenen (2.) Kapitel über das heilige Geheimnis der Eucharistie werden von dieser als sakramentaler Mitte aus im 3. Kapitel die übrigen Sakramente und die Sakramentalien behandelt. Segnungen werden wieder stärker in die Gemeinde-Liturgie im Rahmen eines Wortgottesdienstes eingebunden, dem Lobpreis und der Schlussdoxologie wird wieder eine herausgehobene Bedeutung eingeräumt, apotropäische oder exorzistische Formulierungen werden fast zur Gänze eliminiert.

Die Liturgie baut auf dem Grundanliegen auf, durch die Teilnahme am Pascha-Mysterium allen die Heiligung ihres Lebens zu ermöglichen, wie es im Effata-Ritus der Tauffeier heißt „zum Heil der Menschen und zum Lobe Gottes". Daher sind auch Gesänge (Antiphonen, Psalmen, Loblieder, österl. Halleluja, usw.) in der Segensfeier einbezogen, um den Charakter der Lobpreisung zu verstärken („Singen ist doppeltes Gebet").

Auch Laien sollen „gewisse Sakramentalien" spenden dürfen. Dies wird angesichts des herrschenden Priestermangels nicht so sehr eine Frage des „Dürfens" bleiben.

Nur sehr wenige Benediktionen sollen Bischöfen und Ordinarien reserviert sein. Aus der Kirchenkonstitution „Lumen Gentium" geht hervor, dass es zur Aufgabe der Diakone zählt, Sakramentalien zu spenden.[2]

---

1) „Sacrosanctum Concilium".
2) Lumen Gentium, Artikel 29.

„Die rechte, vom Einzelvollzug ausgehende und ihm entsprechende Einordnung in einen gestuften Kosmos symbolischer Vollzüge, welche das eine große Mysterium/Sakrament Gottes, Christus in seinem Leben, Sterben und Auferstehen, in der Geschichte wahrnehmbar und erfahrbar machen: in den unterschiedlichsten Situationen des Lebens und in den verschiedenen Bereichen der Welt, vor allem auch – und das ist die Domäne der 'Sakramentalien', besonders der Benediktionshandlungen – der materiellen, leiblichen Welt, welche das einzige Medium der Gotteserfahrung und -begegnung ist. (...) Im Zentrum dieser Vielfalt symbolischer Handlungen (sakramentlicher Feiern) stehen die kirchen-begründenden Vollzüge Taufe und Eucharistie, von denen her und auf die hin alle anderen zu verstehen sind."[1]

Die *Taufe* ist somit Modell für alle *Personalbenediktionen*, die nichts anderes als Entfaltungen der Taufe sind. Im Wesentlichen können drei Reihen von Personalbenediktionen unterschieden werden:

1) Die „Einsegnung" christlicher Lebensvollzüge
   a) In der Trauung (für das eheliche Leben)
   b) In der Ordensprofeß (für das Ordensleben)
   c) Die Jungfrauenweihe (für das ehelose Leben auch außerhalb des Ordens)

2) Die „Einsegnung" in bestimmte geistliche Leitungsämter (z. B. Abtbenediktion) und segnende Beauftragung zu Diensten in der Gemeinde (Lektoren, Akolythen)

3) Segnung von Personen in herausgehobenen Situationen (z. B. Lebensschwellen): Neugeborenes Kind, Mutter vor und nach der Geburt, Jugendweihe (Konfirmation), Segnung von Kranken und Sterbenden, Reise-/Pilgersegen, Segnungen in der Familie, usw.

Für die *Realbenediktionen* (Sachsegnungen) wird die *eucharistische Konsekration* zum Grundmodell, nachdem alle gesegneten Dinge Symbole der neuen Schöpfung im Reich Gottes werden. Die Segnung von materiellen Dingen ist immer „ad usum" ausgerichtet,

---

[1] R. Meßner: Sakramentalien. In: Theologische Realenzyklopädie, Bd. 29, S. 656.

d. h. dass die im Segen über die Dinge erbetene neue symbolische Situation (z. B. die Eheringe) sich im rechten, schöpfungsgemäßen Gebrauch der Dinge verwirklicht.

„Entscheidend für das Verständnis und für die Gestalt der Sachbenediktionen ist das Segensgebet, dessen Modell das eucharistische Hochgebet ist. Segen besteht in den Akten des Lobpreises Gottes des Schöpfers, dem die Dinge gehören, und des Erlösers, der die Welt und damit auch die materiellen Dinge in ihrer proto- und eschatologischen Bestimmung führen wird, 'gute Schöpfung' zu sein, d. h. Ort der Begegnung von Gott und Mensch (wie prototypisch das Paradies), sowie der Epiklese, der Herabrufung des Hl. Geistes, der die zu segnenden Dinge mit der 'guten Schöpfung' Gottes symbolisch identifiziert und somit die materielle Welt der Dinge zu einem Ort seiner Energien, seines Wirkens macht."[1]

Zum gesprochenen Segensgebet (Wort) kommen entsprechende Segenszeichen (Kreuzzeichen, Besprengen mit Weihwasser, Beräuchern mit Weihrauch, Berührungsgesten), auf die später noch ausführlicher einzugehen sein wird.

Wie die Eucharistiefeier in besonderer Weise den Sonntag „heiligt", so sind auch viele Sakramentalien/Segnungen mit der Heiligung besonderer Zeiten im Tages- und Jahres- sowie im Lebenslauf verbunden.

1.3.3. Das neue römische Benediktionale

1.3.3.1. Arbeit der Studiengruppen nach dem Konzil und das deutsche Benediktionale 1978

Auf Grund der Neuorientierung durch das 2. Vatikanische Konzil und dessen direktem Auftrag[2], die Absichten des Konzils konkret umzusetzen, wurden Arbeits- und Studiengruppen eingesetzt, um

---

1) R. Meßner: Ebd., S. 657.
2) Vgl. Sacrosanctum Concilium, Art. 79: „Die Sakramentalien sollen überarbeitet werden, und zwar im Sinne des obersten Grundsatzes von der bewussten, tätigen und leicht zu vollziehenden Teilnahme der Gläubigen und im Hinblick auf die Erfordernisse unserer Zeit." (Zit. nach K. Rahner: Kleines Konzilskompendium, S. 75).

eine grundlegende Überarbeitung der bisherigen Ritualien zu bewerkstelligen. Das Benediktionale (Buch der Segnungen), in der zuletzt herausgegebenen Form des Rituale Romanum aus dem Jahr 1952, wurde radikal erneuert, die Texte aus Spätantike, Mittelalter und Neuzeit von Engführungen und möglichen magischen Missverständnissen gereinigt und einer heute verständlichen Formulierung zugeführt. Die Kommissionen arbeiteten mit unterschiedlicher Intensität, und die römische Arbeit geriet mehrmals ins Stocken.

Im deutschen Sprachgebiet signalisierten 1974 fünf mit Erlaubnis des jeweils zuständigen Bischofs erschienene Bücher mit Segenstexten ein neu erwachtes Bedürfnis nach Segensfeiern. Diese verstehen sich nicht als fertige Segensformulare, sondern als hilfreiche Bausteine[1], gehen immer von der Struktur einer Wortgottesdienstfeier aus und geben zu allen Segnungen eine Hinführung „Vom Sinn der Segnung" und „Wie wir segnen". Das von der Diözese München herausgegebene „Buch der Segnungen" (von P. Wollmann) ist in vier Bereiche gegliedert:

1) Segnungen im Kirchenjahr der Gemeinde
2) Einrichtungen der Öffentlichkeit (mit besonderer Berücksichtigung moderner Einrichtungen in Verkehr und Tourismus sowie Sozialeinrichtungen)
3) Segnungen von Glaubenszeichen in der Familie (Haus- und Tischsegen, Segnung von Mutter und Kind, Kreuzfeier, Krankensegen) und
4) Segnung von Andachtszeichen.

Noch 1974 wurde eine Studiengruppe von der „Internationalen Arbeitsgemeinschaft der liturgischen Kommissionen im deutschen Sprachgebiet" mit der Erarbeitung eines deutschen Benediktionale beauftragt. Die römische Kongregation für die Sakramente und den Gottesdienst erklärte sich am 27. Februar 1976 grundsätzlich damit einverstanden und genehmigte am 21. Februar 1977 den Gebrauch der erarbeiteten *Studienausgabe*, bis ein römisches Benediktionale vorliegt.[2]

---

1) Vgl. P. Wollmann: Buch der Segnungen, S. 9.
2) Vgl. Gottesdienst der Kirche. Teil 8, S. 260.

Diese „Studienausgabe" erschien 1978, sechs Jahre vor dem „Rituale Romanum" und enthält Formulare für 99 verschiedene Segensfeiern mit folgender Untergliederung:

I. Segnungen im Leben der Pfarrgemeinde (50 Segnungen)
 1) Segnungen im Lauf des Kirchenjahres (14)
 2) Segnungen bei besonderen Anlässen (24)
 3) Segnungen religiöser Zeichen (12)
II. Segnungen im Leben der Familie (10)
III. Segnungen im Leben der Öffentlichkeit (38)
 1) Öffentliche und soziale Einrichtungen (8)
 2) Arbeit und Beruf (12)
 3) Bildungseinrichtungen (5)
 4) Verkehrseinrichtungen (9)
 5) Freizeit, Sport, Tourismus (4)
IV. Allgemeine Segnung (jeglicher Dinge)

Folgende Prinzipien liegen dem Buch zu Grunde:
  Segensfeiern sollen grundsätzlich in einer versammelten Gemeinde oder Haus- und Familiengemeinschaft erfolgen.
  Die Leitung der Segensfeier obliegt dem jeweils zuständigen Verantwortungsträger: für Haus und Familie den Eltern, für die Pfarrgemeinde dem Pfarrer und für überpfarrliche Einrichtungen dem Bischof, diese können nach eigenem Ermessen auch delegieren.
  Keine Segnung soll ohne Verkündigung des Wortes Gottes erfolgen, daher ist die Vollform der Segensfeier ein Wortgottesdienst mit Schriftlesung, Predigt, Gesang, Allgemeinem Fürbittgebet und Vater unser und Segensgebet mit Zeichenhandlung (Kreuzzeichen, Weihwasser, usw.).

Strukturell beginnen alle neuen Segensgebete nicht sofort mit der Segensbitte (benedic Domine – Segne, o Herr), sondern wie in der jüdischen Berakah mit einem Lobpreis Gottes.

Der Versuchung, mit der Segensfeier den Beteiligten moralische Botschaften einzuschärfen (moralisierende Verkündigung), wurde nicht ganz widerstanden. Insgesamt kann von einer wirklich tiefgreifenden „zum Segen" gereichenden Reform gesprochen werden.

1.3.3.2 Das neue römische Rituale 1984 und das ökumenische Benediktionale 1997

1984 erschien das römische Modellbuch der Studiengruppe „De benedictionibus", das der deutschen Studienausgabe weitgehend ähnlich ist. Interessanterweise wird darin auf die direkte Bitte um Segnung der Dinge überhaupt verzichtet zu Gunsten eines an die die Dinge gebrauchenden Menschen gerichtete Segensbitte. R. Meßner stellt dazu die kritische Anfrage: „Ob gerade in unserer Zeit, in der eine anthropozentrische Sicht der Schöpfung angesichts des zerstörenden Umgangs des Menschen mit der materiellen Welt immer fragwürdiger wird, diese anthropozentrische Konzeption der Segnung am Platz ist?"[1]

Indessen haben, durch die ökumenische Öffnung nach dem Konzil ermutigt und dem Bedürfnis der jüngsten Zeit entsprechend, Segensfeiern und Segenshandlungen auch in den evangelischen Kirchen zunehmend an Beliebtheit gewonnen. Das Votum des theologischen Ausschusses der Arnoldshainer Konferenz „Gottes Segen und die Segenshandlungen der Kirche" ordnen die Benediktionen in eine Schöpfungstheologie ein.

Obwohl die evangelischen Kirchen die seit der Reformation durchgängige Zurückhaltung gegenüber Sachsegnungen aufrecht erhalten, erscheint 1997 als deutliches Zeichen der ökumenischen Konvergenz ein ökumenisches Benediktionale *„Ökumenische Segensfeiern"*, das auf der Grundlage des römisch-katholischen Benediktionale von 1978 erstellt ist. Die Formulierung z. B. für „Segne diese Brücke" ist hier allerdings durch „Wir danken dir für diese Brücke" ersetzt. Die anthropozentrische und moralisierende Tendenz teilt dieses Buch mit seinen römisch-katholischen „Schwester-Büchern".[2]

Im ökumenischen Bemühen ist die römisch-katholische Kirche durch ihre Erneuerung der Segnungen im Rückbesinnen und Wiederbeleben der jüdischen Berakah-Tradition den Ostkirchen wieder

---

1) R. Meßner: Sakramentalien. In: Theologische Realenzyklopädie, Bd. 29, S. 658.
2) Vgl. R. Meßner, ebda, S. 659.

näher gekommen, die an dieser Tradition mit großer Treue festgehalten haben.

Wenn etwa die Anaphora der byzantinischen Basilius-Liturgie[1] nach den Einsetzungsworten an Stelle einer Bitte um die Verwandlung von Brot und Wein die Herabrufung des Hl. Geistes in der Epiklese mit folgenden Worten ausdrückt: „Heiliger der Heiligen, dein Hl. Geist komme nach dem Wohlgefallen deiner Güte auf uns und auf diese Gaben hier, er segne sie, heilige sie und *offenbare* das Brot als den Leib und den Wein als das Blut Christi"[2], so wird die Segnung als Offenbarungsgeschehen, als Epiphanie Gottes dargestellt. Indem die römische Kongregation für die orientalischen Kirchen vereinzelt Priestern die Zelebration im byzantinischen Ritus erlaubt, wird das ökumenische Signal unterstützt, die Brücken zur ostkirchlichen Tradition zu intensivieren. Ähnliches gilt vom Weltkatechismus[3] in seinen häufigen Querverweisen auf die Ostkirchen.

Ein fruchtbarer interkonfessioneller Dialog, ein Entdecken und Wertschätzen der Vielfalt der Glaubensvollzüge, gerade auch in den Bereich der Segensfeiern hinein, kann für alle Kirchen zu einer Vertiefung und geistlichen Bereicherung führen.

1.3.4. Segen als Teil der Gemeindeliturgie

Das 2. Vatikanische Konzil hat die Segnungen bewusst wieder stärker in den Gemeinschaftsbezug und damit in die gottesdienstliche Gemeinde eingebunden, sodass Segnen wieder stärker den Charakter des Feierns erhält.

Da die zentrale Glaubensfeier in der Eucharistie auch zur ausdeutenden Grundlage für Segensfeiern betrachtet wird, soll kurz hingewiesen werden, dass gerade in der *Eucharistiefeier* eine Fülle von Segenselementen enthalten ist.

Im Eröffnungsgottesdienst wird gleichsam der Dialog zwischen dem Zelebranten und der Gemeinde mit einem Segenswunsch „Der Herr sei mit euch", „Und mit deinem Geiste" oder einem anderen

---

1) Sie wird auf den Hl. Basilius den Großen (330-379 in Cäsarea in Kappadozien) zurückgeführt.
2) Vgl. Mysterium der Anbetung, Bd. 1, S. 430.
3) Katechismus der Katholischen Kirche. München (R. Oldenbourg) 1993.

Segenswort (Gruß/salutatio als Segenswunsch) eröffnet. dieser Gruß wird in der römischen Liturgie bis zu neun Mal wiederholt.

In der „Göttlichen Liturgie" der Ostkirche fordert der Diakon den Priester am Beginn auf: „Gib den Segen, Herr!", worauf der Priester den Altar und das Anteminsion mit dem Evangelienbuch segnet, mit den Worten „Gepriesen sei das Reich des Vaters und des Sohnes und des Hl. Geistes, jetzt und immerdar und von Ewigkeit zu Ewigkeit." Die mitfeiernden Gläubigen bekreuzigen sich während der Liturgie vielmals, immer bei der Nennung der Dreieinigkeit, z. B. auch bei den Rufen der Ektenien (Große und Kleine Bittgebete).

Die evangelischen Kirchen kennen auch einen Segensgruß vor der Kollekte.

Vor dem Verkünden des Evangeliums wird ein weiterer Segensgruß gesprochen, die Gemeinde antwortet nach dem Vortrag des Evangeliums mit dem Ruf „Lob sei dir, Christus" (nach der Lesung: „Dank sei Gott"). In der ostkirchlichen Chrysostomus-(„Göttlichen")Liturgie lautet der Segensgruß: „Weisheit! Stehet aufrecht! Lasset uns das Heilige Evangelium hören. Friede sei mit euch allen!" Das Volk (bzw. der Chor) antwortet vor und nach dem Verlesen des Evangeliums mit dem „Ehre sei dir, Herr, Ehre sei dir!" In der Ostkirche gibt es auch einen Segen für den Verkünder der Lesung und des Evangeliums.

Der Kanzelsegen vor und nach der Predigt hat sich in den evangelischen Kirchen, nicht aber in der römisch-katholischen Kirche erhalten. Die Ostkirchen kennen ihn auch.

Der Friedensgruß (Segenswunsch mit Handreichen, Umarmen oder Friedenskuss) wird in der Ostkirche vor dem Glaubensbekenntnis (Versöhnung als Voraussetzung für die Einheit im Glauben) gespendet (und nach dem Vater unser, vor der Kommunion wiederholt). Die Kopten verbeugen sich mit Berührung der Finger. Die römisch-katholische Kirche hat den liturgischen Friedenswunsch heute vor der Kommunion.

Der Dialog am Beginn der Präfation, der schon auf Hippolyt zurückgeht, wird wieder mit dem Segenswunsch „Der Herr sei mit euch" eröffnet.

Der Schlusssegen am Ende der Liturgie[1] ist in allen Kirchen besonders ausgeprägt, wobei mit dem Sendungswort deutlich gemacht wird, dass der Gottes-Dienst nicht mit dem Ende der Liturgie schließt, sondern sich in den Alltag hinein fortsetzt.

Auf die Segnung der (eucharistischen) Gaben, des Weihrauchs und der liturgischen Gewänder während des Ankleidens (besonders in der Ostkirche) sei kurz hingewiesen.

Dazu kommen die Segnung (Weihe) des (Tauf-)Wassers (zu Epiphanie, Osternacht), des Feuers (Osternacht), der Kerzen (Lichtmess), der Asche (Aschermittwoch), der Palmzweige (Palmsonntag), der Adventkränze (1. Adventsonntag), des Weines (27. 12., Hl. Johannes; Trauungsfeier), der Osterspeisen (Ostern), der Kräuter (15. 8., Heimgang Mariens), der Erntegaben (Erntedank), der Gräber (Allerheiligen/Allerseelen), der Laternen (11. 11., Hl. Martin), des Brotes zu bestimmten Anlässen (z. B. 13. 6., Hl.Antonius). Kirchweih, Altar-, Glocken- und Orgelweihe oder Segnungen über kirchliche Orte, Kapellen, Kreuzwege, Kreuze, liturgische Geräte und Gewänder, religiöse Zeichen sind ebenso in erster Linie eingebunden in die Gemeinde-Liturgie, entweder im Rahmen einer Eucharistiefeier oder eines Wortgottesdienstes. Die Weihe der Hl. Öle (Chrisam-Myron in der Ostkirche, Katechumenen- und Krankenöl) ist einer eigenen Messe unter Leitung des Bischofs (Chrisam-Messe am Gründonnerstag) vorbehalten.

Dass Kindersegnungen, Muttersegen (vor und nach der Geburt), Segnung der Schulanfänger, Segnung von alten und kranken Menschen, von Jubelpaaren, Pilgern und Reisenden Teil der Gemeinde-Liturgie sind, hebt auch das Mitverantwortungsbewusstsein der Gemeinde für verschiedene Anliegen ihrer Glieder hervor. Dasselbe gilt auch für die Sakramentenfeier wie Taufe, Firmung, Buße, Ehe, Priesterweihe und Krankensalbung – die Eucharistie wurde bereits oben angesprochen –, oder auch für die kirchliche Begräbnisfeier. Das Bemühen, diese liturgischen Feiern stärker in den Gemeindebezug einzubinden, sind nur teilweise gelungen. Individualistische

---

1) Ursprünglich ein Vorrecht des Bischofs. Vgl. J. A. Jungmann: Missarum Sollemnia, Bd. 2, S. 533.

Wünsche sind oft diametral diesem Bemühen entgegengerichtet. Alle diese Segnungen (und Weihen) sind immer Teil einer entfalteten Gemeinde-Liturgie; das Segensgebet ist sehr unterschiedlich, am Beginn, nach dem Evangelium, vor dem Abschluss der Liturgie eingefügt.

Auf diese Weise werden die Segnungen wieder klarer als ein *Heilshandeln* und eine *Feier der Kirche* erlebbar, sie werden einem magischen Miss-Verständnis entzogen, das z. B. an Wallfahrtsorten sehr leicht durch Privat-Benediktionen in der Sakristei (man gibt Andachtsgegenstände zur Segnung ab und holt sie später nach privatim erfolgter Benediktion wieder) entstehen konnte. Auch die Verwendung der Muttersprache und das verstehende Mittvollziehen der Segenstexte hat viel zur Ent-Zauberung (Ent-Magisierung) der Segnungen beigetragen. Eine gewisse Schwierigkeit bereitet diesbezüglich noch die Verständlichmachung der Zeichen, da der Umgang mit Symbolen und Zeichenhandlungen nicht als Verstehenshorizont für alle vorausgesetzt werden kann. Eine entsprechende Deutung der Zeichen ist jedenfalls immer angeraten, wobei es wertvoll ist, über Brücken zur alltäglichen Verwendung von Substanzen (z. B. Salben, Ölen) einen Zugang für den heutigen Menschen zu erschließen.

Der *Dienst der Leitung von Segensfeiern* ist nicht auf hierarchische Ämter beschränkt. Ausgehend von den oben erwähnten Verantwortungszuständigkeiten sind Bischöfe, Priester, Diakone bevorzugte Segensspender. Jedoch ist der Segen nicht auf diese begrenzt. Jeder, der aus seinem Gottvertrauen sich anderen wohlwollend, heilend, versöhnend, friedenstiftend, menschenliebend zuwendet, ob Mann oder Frau (bei Gott gibt es keinen Geschlechter-Unterschied) ist auf Grund seiner Berufung durch die Taufe zum „priesterlichen Dienst" des Segnens befähigt, beauftragt und bevollmächtigt. Es ist erfreulich, dass das neue Benediktionale darauf klar hinweist.[1]

---

1) „Auf Grund des allgemeinen oder besonderen Priestertums oder eines besonderen Auftrages kann jeder Getaufte und Gefirmte segnen." Benediktionale, Pastorale Einführung, S. 16.

1.3.5 Segen als Teil der Haus-Liturgie

Das Judentum hat nach der Zerstörung des Tempels von Jerusalem und der Zerstreuung in die ganze Welt (Diaspora) geistig-kulturell nur überlebt, weil es sich eine starke Tradition einer Haus- und Familienliturgie bewahrt hat (Schabbat, Pesach usw.).

In den ersten christlichen Jahrhunderten (vor Konstantin) gab es für die Christengemeinden keine öffentlichen Kirchengebäude; sie versammelten sich „in den Häusern" zum Gebet und zum „Brotbrechen".[1] Haus-Vater oder -Mutter leiteten die „Gottes-Dienste", auch die Feier des Herrngedächtnisses, die Eucharistie, bis sich allmählich eine Kirchenämterstruktur und schließlich eine Weiheämter-Hierarchie entwickelte.

Eine Haus-Liturgie war außerdem von den jüdischen Wurzeln her vertraut, sodass es eine Grundordnung des Tages und seiner Gebete, Lobpreisungen und Segnungen gab.

Es ist als sehr positiv zu vermerken, dass das 2. Vatikanische Konzil und in der Folge das „Benediktionale" die Bedeutung der Haus-Liturgie und im Bereich der Segnungen die sog. „Laien" als Segens-Spender neu, oder besser gesagt wieder legitimiert und beauftragt sieht.

Denn bereits die „Traditio Apostolica" Hippolyts hält fest, dass der Lehrer der Taufbewerber (Katechumenen), auch wenn er *Laie* ist, diesen die *Hände auflegt* und für sie betet.[2]

Leider ist in den späteren Jahrhunderten das Bewusstsein, dass jeder Christ zum Segnen berufen ist, durch eine Klerikalisierung der Kirche zurückgedrängt worden.

Alle, die sich in der „ecclesia" zu den durch die Taufe von Christus in das österliche Leben der Erlösten „herausgerufen" wissen,

---

1) Vgl. Apg 2,46b: Sie „brachen in ihren Häusern das Brot und hielten miteinander Mahl in Freude und Einfalt des Herzens."

2) „Nach dem Gebet legt der Lehrer den Katechumenen die Hand auf, betet und entlässt sie dann, gleichgültig, ob er Kleriker oder Laie ist, der Lehrer soll dies in jedem Fall tun." Traditio Apostolica, S. 253. In: Fontes Christiani, Bd. 1. Vgl. auch A. Heinz, H. Rennings: Heute segnen. Werkbuch zum Benediktionale, S. 106.

dürfen nicht bloß aus diesem Geheiligtsein (für sich) leben, sondern davon missionarisch anderen weiterschenken, ein Segen sein für alle, die ihnen begegnen, ein Segen für die Schöpfung, die ihnen anvertraut ist.[1)]

Vor allem in der bäuerlichen Haus- und Hofkultur haben sich bis heute Segensbräuche erhalten. So wird vielfach das Brot gesegnet, indem Vater oder Mutter vor dem Anschneiden des Brotlaibes (vielfach früher von der Aussaat bis zum Backen aus autarker hauseigener Erzeugung) ein Kreuz (mit der Messerspitze) über den Laib zeichnet. Der Elternsegen für die Kinder, denen vor dem Schlafengehen oder dem Verlassen des Hauses (bis zur Segnung der Braut am Hochzeitstag oder bei der sog. Aussegnung für den Verstorbenen) oder vor wichtigen Lebensabschnitten oder -entscheidungen ein Segenskreuz mit der Hand auf die Stirn gezeichnet wird, zählt zu den schönen „priesterlichen" Beauftragungen für die Eltern. Hier verbinden sich, wie später ausführlicher zu zeigen sein wird, die zärtlich liebende menschliche Zuneigung mit der „Gottes-Berührung" als inkarnatorischem Ereignis. Der Elternsegen, der übrigens in allen Kulturen verbreitet ist, geht auf die frühen Wurzeln unseres Glaubens, die Zeit der Patriarchen (Abraham, Isaak und Jakob) im AT zurück.

---

1) Leider ist der neue römische Codex Iuris Canonici (1983) in diesem Punkt wieder hinter die Konzilsbeschlüsse des 2. Vatikanums zurückgefallen, wenn es im Can. 1169 heißt, dass nur Papst, Bischöfe, Priester und Diakone, nicht aber Laien, Segensfeiern leiten dürfen. Der Can. 1168 erlaubt („Kann-Bestimmung") unter gewissen Bedingungen nach dem Ermessen des Ortsordinarius für einige Sakramentalien auch Laien als Spender, dies ist jedoch unter dem „Notfall", dass kein Kleriker zur Verfügung steht, eher als „Notnagel-Funktion" denn als ordentliche Beauftragung zu sehen. Vgl. auch Can. 230 §3: „Wo es ein Bedarf der Kirche nahe legt, weil für diese Dienste Beauftragte nicht zur Verfügung stehen, können auch Laien (...) nach Maßgabe der Rechtsvorschriften bestimmte Aufgaben derselben erfüllen, nämlich den Dienst am Wort, die Leitung liturgischer Gebete, die Spendung der Taufe und die Austeilung der Kommunion".

Das neue Benediktionale führt unter „Segnungen im Leben der Familie" an: Segnung einer Familie, Segnung der Kinder, eines kranken Kindes, Segnung Jugendlicher vor besonderen Lebensabschnitten, Verlobung, Segnung eines Kranken, Tisch- und Brotsegen, Segnung eines Hauses, einer Wohnung; darüber hinaus werden Silberne und Goldene Hochzeit, Muttersegen (vor und nach der Geburt), Segnung für Schulanfänger und Segnung alter Menschen, die im Benediktionale unter „Segnungen im Leben der Pfarrgemeinde" geführt werden, auch für den Haus- und Familienbereich ausgewiesen.

Dadurch wurde einerseits „ein Stück Familienbrauchtum zur offiziellen Liturgie"[1], andererseits die sog. „Haus-Liturgie" als von der Gesamtkirche (wieder) anerkannte Liturgie der „ecclesiola" (Kirche im Kleinen, Hauskirche) rehabilitiert.

Es kann sein, dass der Priestermangel einerseits und die gesellschaftliche Entwicklung einer noch stärkeren Individualisierung und Abwendung von (Macht-)Institutionen andererseits die pastorale Notwendigkeit hin zu einer Stärkung der Hausliturgie erforderlich macht.

Hier gibt es übrigens bereits ermutigende neue Entwicklungen, die einerseits abseits der Amts-Kirche, andererseits aber ganz aus dem „Grundwasser" eines christlichen Denkens und Dankens kommen, eine gewisse Eigendynamik entwickeln und – wenn die Hirten der Kirche wirklich bei ihrer Herde sind – von diesen als wunderbare Bereicherung mit Wertschätzung aufgenommen werden können.

Wichtig ist, dass die Kirche diese Entwicklung wahrnimmt und den Gläubigen ihre Bevollmächtigung zum Segnen bewusst macht und sie dazu bestärkt und ermutigt. Schon bei Trau- und Taufgesprächen muss dieses Thema zur Sprache gebracht werden. Unverzichtbar ist aber auch, den Eltern praktische Handreichungen in Form von Segensbehelfen[2] zu vermitteln, sie in Eltern- und Familienrunden, Predigten und anderen Glaubensunterweisungen, bei Tisch-

---

1) Vgl. H. Hollerweger, Das neue Benediktionale, S. 177.
2) Die Diözese Graz-Seckau brachte zu diesem Zweck einen Behelf „Wünschen und Segnen" heraus, der inzwischen in 2. Auflage erschienen ist.

mütter- und Firmrunden konkret dazu auszubilden. Auch in der kategorialen Seelsorge wie Kranken-, Behinderten-, Alten-, Schul-, Bildungs-, Sozialdienste- Pastoral (von den Kindergärten bis zu den Geriatrischen Einrichtungen) wäre die Thematik „Segnen als Heilsdienst" ein wichtiger Ermutigungsschub und ein Anlass, Mitarbeiter dieser Einrichtungen dafür zu befähigen.

Im ökumenischen Feld gibt es zur Hausliturgie viele positive Erfahrungen, die unter den verschiedenen Kirchen ausgetauscht werden können, denn alle Kirchen haben einen nicht unerheblichen Schatz, den sie für sich, aber auch im „geschwisterlichen Teilen" entfalten können.

1.4. INKARNATORISCHER ASPEKT:
Segnen im Berühren als erlebbare Fortsetzung der Menschwerdung und Zuwendung der Menschenliebe Gottes

Den Texten der Hl. Schrift zu Folge offenbart sich Gott in den Werken seiner Schöpfung[1], in Zeichen und Wundern seiner Rettungs- und Heilstaten an seinem Volk[2], im besonderen in Theophanien wie am Berg Sinai[3], in bevorzugter Weise jedoch durch sein Wort, das sich als ein schöpferisches (vgl. Gen 1-2,3 „Gott sprach ... und es wurde ..."), ein Weg-weisendes (vgl. Ex 20,1-17 in den 10 Geboten), ein aus Liebe um Treue werbendes[4], durch die Propheten Unheil androhendes und zur Umkehr mahnendes erweist. Doch Gottes Reden allein schien für seine „Pädagogik"[5] nicht ausreichend genug zu sein, um sein liebstes Geschöpf, sein Ebenbild, auf den Weg des Heils zu führen.

---

1) Vgl. Röm 1,20.
2) Vgl. z. B. Ex 1-17.
3) Vgl. Ex 19ff.
4) Vgl. Hos 11,1-4: „Als Israel jung war, gewann ich ihn lieb (...) ich nahm ihn auf meine Arme, (...) ich war für sie da wie die Eltern, die den Säugling an ihre Wangen heben. Ich neigte mich ihm zu und gab ihm zu essen."
5) Vgl. unser landläufiges „Reden allein hilft nicht!"

Inkarnatorischer Aspekt

„Er selbst wird kommen und euch erretten. Dann werden die Augen der Blinden geöffnet, auch die Ohren der Tauben sind wieder offen. Dann springt der Lahme wie ein Hirsch, die Zunge des Stummen jauchzt auf."[1]

Der Hebräerbrief des NT knüpft daran an: „Viele Male und auf vielerlei Weise hat Gott einst zu den Vätern gesprochen durch die Propheten; in dieser Endzeit aber hat er zu uns gesprochen durch den Sohn, den er zum Erben des Alls eingesetzt hat und durch den er auch die Welt erschaffen hat; er ist der Abglanz seiner Herrlichkeit und das Abbild seines Wesens."[2]

Der Prolog des Johannes-Evangeliums fasst es hymnisch und theologisch verdichtet zusammen in dem Satz „Und das Wort ist Fleisch geworden und hat unter uns gewohnt, und wir haben seine Herrlichkeit gesehen, die Herrlichkeit des einzigen Sohnes vom Vater, voll Gnade und Wahrheit."[3]

Indem Gott in seiner liebenden Sorge um seine Schöpfung selbst seine Herrlichkeit verließ[4], um aus der Ewigkeit in unsere Zeit einzutreten, mit uns Menschen Geschichte zu machen, aus der Allmacht in die Ohnmacht des Kindes im Stall von Bethlehem[5] und des mit dem Tode ringenden Jesus am Kreuz, in seiner radikalen Katabasis bis in das Reich des Todes, damit der Auferstandene allen die rettende Hand zu Auferstehung (Anastasis) und ewigem Leben reiche.[6] Im fleischgewordenen Gottessohn wurden Himmel und

---

[1] Jes 35,4-6. – Das Wirken Jesu erweist sich als Erfüllung dieser Verheißungen.
[2] Hebr 1,1-3a.
[3] Joh 1,14.
[4] Vgl. K. Rahner: Inkarnation. In: Herders Theologisches Taschenlexikon, Bd. 3, S. 347: „Gott schafft das 'Außen', um das 'Innen' seiner Liebe mitzuteilen."
[5] Vgl. den Hymnus der Laudes (Stundengebet) in der Weihnachtszeit: „Der Herr und Schöpfer aller Welt / hüllt sich in arme Knechtsgestalt, / im Fleische zu befrein das Fleisch, / vom Tod zu retten, die er schuf. / Er scheut es nicht, auf Stroh zu ruhn, / die harte Krippe schreckt ihn nicht. / Von einer Mutter wird gestillt, / der allem Leben Nahrung gibt."
[6] Vgl. die Auferstehungs-Ikonen der Ostkirchen.

Erde, Gott und Mensch miteinander versöhnt, somit alle zu Söhnen und Töchtern Gottes erhoben[1], dem Menschen dadurch die „Schönheit des ersten Schöpfungstages" wiedergegeben, an dem er uns formte nach seinem Bild, wie es ein ostkirchlicher Bußhymnus sehr schön ausdrückt.

In der Menschwerdung (Inkarnation) des Gottessohnes in Jesus von Nazareth (zugleich der Menschensohn) hat Gott den Menschen, ja seine ganze Schöpfung leibhaftig berührt[2], geheiligt und sich als ein Gott-mit-uns (Immanuel) gezeigt, nicht nur im Wort akustisch vernehmbar, sondern sichtbar[3], anfassbar und greifbar.

Jesus offenbart sein göttliches Wirken – schließlich nicht nur in seiner Wort-Verkündigung (seine Predigten, Gleichnisse, usw.) sondern vor allem durch sein *Tun, Zeichen* seiner Vollmacht.[4]

„In der Inkarnation (die den Vollzug des menschlichen Lebens Jesu, seinen Tod und seine Auferstehung einschließt: ➤ Erlösung) ist die Geschichte der Welt als siegreiche Heils- und nicht Unheilsgeschichte entschieden und in diesem Charakter offenbar geworden."[5]

Jesu Zuspruch und Berührung der Menschen ist für das sakramentale Handeln der Kirche in Wort und Zeichenhandlungen in Fortsetzung des Heilswirkens Jesu für die Feier der Sakramente und Sakramentalien konstitutiv. Das zugesprochene Wort und die Zei-

---

1) Vgl. Joh 12,32: „Wenn ich über die Erde erhöht bin, werde ich alle zu mir ziehen."

2) Gott hat Windhauch und Regen, den heißen Wüstensand, den verletzenden spitzen Stein unter den Füßen, Erdreich und Gräser, die mütterlich bergende und wärmende, stillende Brust Marias und die Nägel der Bosheit am Kreuz verspürt. Er hat Spuren in unsere Erde gesetzt (nur der leibhaftige Eintritt in die Weltgeschichte macht dies möglich).

3) Das Sichtbarwerden Gottes in Jesus Christus ist für die christliche Ikonographie der klare Anlass, ab dem 3. Jh. entgegen dem alttestamentlichen Bilderverbot „Du sollst dir von Gott kein Bild machen" (Ex 20,4) Christus-Bilder zu malen: In Christus hat Gott uns sein Bild (Ikone) geschenkt.

4) Vgl. „Er lehrte sie wie einer, der (göttliche) Vollmacht hat, nicht wie die Schriftgelehrten." (Mk 1,22) „Die Werke, die ich im Namen meines Vaters vollbringe, legen Zeugnis für mich ab." (Joh 10,25).

5) K. Rahner: Herders Theologisches Taschenlexikon, Bd. 3, S. 347.

chensetzung durch unmittelbare Berührung mit dem Segnenden oder mit Elementen der Schöpfung (z. B. Wasser) setzen das Heilswirken Gottes durch die Inkarnation (Ein-ver-Leib-ung) der Materie in die Berührung mit Gott fort. Alle Sakramente beinhalten deshalb eine unmittelbare leibhaftige Berührung mit der (durch die Inkarnation) geheiligten Materie: die Taufe mit dem Wasser, die Firmung mit dem Salböl, die Eucharistie mit Brot und Wein, die Buße mit dem versöhnenden Einander-die-Hände-Reichen, die Krankensalbung mit dem Krankenöl, die Segnung und Krönung der Ehe mit den Kränzen oder Kronen (Ostkirche) und den Ringen (lateinische Kirche) und die Weihe zu den Dienstämtern mit Salbung, Evangelienbuch, den liturgischen Geräten und Gewändern.

Auch die Sakramentalien (Segnungen) sind geprägt von dieser Grundstruktur des zugesagten Segenswortes und der Zeichenhandlungen, die verschiedene Elemente der Materie miteinbezieht. Das „In ihm leben wir, bewegen wir uns und sind wir"[1] wird damit stets gegenwärtig gehalten und zugleich in die Schöpfungsverantwortung gehoben. Nietzsches Aufruf im Zarathustra „Bleibt mir der Erde treu mit der ganzen Kraft eurer Tugend!"[2] ist im Verständnis einer Inkarnations-Theologie völlig legitim. Teilhard de Chardin hat den Gedanken der Inkarnation in seiner „Christogenese" konsequent weitergedacht, wenn er in seiner „Hymne an die Materie" schreibt: „Ich grüße dich, mit schöpferischer Kraft geladenes, göttliches Milieu, vom Geist bewegter Ozean, von dem inkarnierten Wort gekneteter und beseelter Ton."[3] „Da Gott sich überall in der Welt überreich verströmt und hindurchscheint durch die Dinge und Wesen, denke ich nicht, dass man ihn wirklich finden wird, wenn man auf den 'Umweg' durch seine materielle Schöpfung verzichtet", folgt der ägyptische Jesuit und Mystiker H. Boulad[4] mit seinem Plädoyer für eine Mystik der Inkarnation seinen Spuren. „Die Inkarnation bedeutet das Einsinken Gottes ins Innerste des in sich begrenzten Menschen. Sie vollzieht und verwirklicht die defi-

---

1) Vgl. Apg 17,28.
2) Fr. Nietzsche: Also sprach Zarathustra, S. 64.
3) P. Teilhard de Chardin: Lobgesang des Alls, S. 89.
4) H. Boulad: Dimensionen der Liebe, S. 48.

nitive Anwesenheit Gottes im Menschen und zwar vollständig und bis zur Einswerdung mit ihm."[1]

Der letzte Sinn der Inkarnation ist: „Die Menschwerdung Gottes hat stattgefunden, um die Welt zu heiligen, die menschliche Begegnung zu heiligen, die Liebe zu heiligen, die Menschheit zu heiligen und den einzelnen zu heiligen. Der Gott der Inkarnation ist der Gott von Brot und Wein, er ist aber auch der Gott des Alltags, der Gott der Begegnung. Und ein Sakrament ist nichts anderes als eine Fortsetzung der Menschwerdung Gottes."[2] Nicht bloß die Inkarnation ist ein einzigartiges und unwiederholbares Ereignis, sondern „das Leben jedes Menschen (ist) einzigartig und unwiederholbar."[3]

Daher gewinnt nicht nur jeder Mensch in seiner Einmaligkeit und Unwiederholbarkeit seine Würde, sondern jede menschliche Begegnung wird zu einem „kairos", einer einmaligen und unwiederbringbaren „Heimsuchung", „Herbergsuche", einem gesegneten Zu- und Auseinandergehen. So haben ja auch in der Gastfreundschaft einige, „ohne es zu ahnen, Engel beherbergt."[4]

Die Welt ist durch die Menschwerdung Gottes in besonderer Weise zu einem Ort der Begegnung mit Gott geworden, bis in die Alltäglichkeit des Lebens hinein. Deshalb ist auch der Ort des Segens, der Segensfeier ganz in alle Lebens-Situationen hinein, alle Dinge des (alltäglichen) Lebens einbeziehend, wichtig geworden. Von der liebkosenden Berührung des Partners, der Kinder bis zu den banalsten Gebrauchs-Gegenständen unseres Lebens kann uns die Menschenliebe Gottes spürbar und als Auftrag für die Mitverantwortung im Reich Gottes signalisiert werden. Darauf soll im folgenden Kapitel konkret eingegangen werden.

Zusammenfassend kann gesagt werden, dass der inkarnatorische Aspekt sowohl die *Struktur der Segensfeier* betrifft (Wort und sichtbare Zeichenhandlungen unter Einbeziehung der Materie) als auch ihre *Wirkung*, in dem sie den Menschen in seiner Ganzheit (Leib und Seele) berührt.

---

1) H. Boulad, ebda, S. 125.
2) H. Boulad: Mystische Erfahrung und Soziales Engagement, S. 22.
3) H. Boulad: Alles ist Gnade, S. 76.
4) Hebr 13,2.

2. Anthropologischer Ansatz

2.1. Effata – Tu dich auf!
Öffnen der Sinne für die Sinn-Erschließung

Der Mensch ist ein „homo viator", ein wandernder, suchender, fragender, forschender. Die Zeit eines Menschenlebens reicht nicht aus, um sich selbst, einander oder die „Rätsel" der Welt ganz zu erkennen[1], zu ent-decken, zu ergründen und zu durchschauen.[2] Erst hinter dem Vorhang des Todes erwarten wir das „Schauen von Angesicht zu Angesicht".

Unsere Sinne sind das Tor, die uns den Zugang zueinander und zu unserer Welt und letztendlich zu Sinn-Zusammenhängen erschließen. Schon das kleine Kind greift noch unbeholfen nach den Dingen, führt es zuerst zum Mund, um sich davon eine erste abtastende Vorstellung zu machen, später be-greift es die Dinge, um sie

---

1) Von Jubelpaaren einer Goldenen Hochzeit (50 Jahre Ehejubiläum) höre ich oftmals: „Jetzt kennen wir uns schon so lange und wissen viel von unseren Stärken und Schwächen. Aber kennen tun wir uns noch immer nicht ganz. Deshalb freuen wir uns auf das Morgen, was wir noch entdecken können".

2) Vgl. 1 Kor 13,12 „Jetzt schauen wir in einen Spiegel und sehen nur rätselhafte Umrisse, dann aber schauen wir von Angesicht zu Angesicht. Jetzt erkenne ich unvollkommen, dann aber werde ich durch und durch erkennen, so wie ich auch durch und durch erkannt worden bin."

im Nahabstand zu den Augen von allen Seiten zu betrachten und sich eine Kenntnis, ein Wissen[1] von ihnen anzueignen. Aus seiner pränatalen Geschichte der neun Monate im Mutterleib kann das Kind nach der Geburt die Tonschwingungen der *Stimme* der Mutter wiedererkennen. Auch die Stimme des Vaters, die, weil tiefer, auf das Kind noch beruhigender wirkt, kann das Kind nach der Geburt erkennen, wenn der Vater während der Schwangerschaft mit Mutter und Kind durch zärtliche Berührung und guten Zuspruch in Dialog getreten ist.

Wie sehr das *Wort*, das Angesprochenwerden für die Entwicklung des Menschen von größter Bedeutung ist, zeigt das Negativbeispiel Kaiser Friedrichs II. (1215-1250). Durch ein außergewöhnliches Experiment wünschte er mit fast naturwissenschaftlichem Interesse die Ursprache der Menschen zu erforschen und ordnete daher an, eine größere Anzahl von Neugeborenen bei besten alimentären und sanitären Bedingungen in einem Hospital zu internieren. Gleichzeitig verbot er dem Pflegepersonal jeden verbalen und körperlichen Kontakt mit den Kindern. Das Ergebnis ist heute als sogenannter Hospitalismus bekannt: Ein großer Teil der Kinder starb ohne erkennbaren äußeren Anlass, die Überlebenden hatten ausnahmslos schwere körperliche und seelische Schäden davongetragen.

Vom Wort „durchtönt" (per-sonare) kann der Mensch zur Person und zur Persönlichkeit reifen, um Ant-Wort gleichsam als Echo auf das (schöpferische) Wort (Gottes) zu finden und zu geben. Menschen, die zur Liebe fähig werden, die einander lieben, entwickeln ein besonders gutes *Gehör* füreinander, das auch auf die feinsten Unter- und Obertöne eingeht, auch zwischen den Zeilen, auch das nur unzulänglich mit Worten Mitgeteilte wahr-nehmen zu können.[2]

Dennoch wissen wir, dass gerade unser Gehörsinn relativ rasch abgestumpft werden kann. Dinge, die man nur hört (nicht auch sieht

---

1) Das Wort „Wissen" hängt in allen indogermanischen Sprachen mit dem Wort „Sehen" zusammen. Vgl. das indische „veda", das griechische „oida" und das lateinische „video".

2) Brautleuten habe ich das bei der Trauungsfeier schon oft als Wunsch mitgegeben: Menschen, die einander gern haben, *gehören* zusammen, sie haben offenbar ein gutes *Gehör* füreinander.

oder angreift), haben im Gedächtnis eine geringe Dauer und Nachhaltigkeit.[1]

Wie für das Kleinkind das Angesehen-Werden durch das vertraute, verlässliche Gesicht der Mutter, der Eltern für die Bildung seines Ur-Vertrauens wichtig ist, so gilt das für die Entwicklung des Menschen insgesamt: Angesehen-Werden schafft *Ansehen*.[2] Die Hl. Schrift verwendet das Bild von der Zuwendung des Angesichts immer wieder, gerade auch für die mütterlich und väterlich segnende Zuneigung Gottes zum Menschen. Der sog. Aaronsegen ist ganz durchdrungen von diesem Bild: „Der Herr segne dich und behüte dich. Der Herr lasse sein Angesicht über dich leuchten und sei dir gnädig. Der Herr wende sein Angesicht dir zu und schenke dir Heil."[3] Auch die Psalmen verwenden dieses Bild häufig. Im Lobpreis Marias, dem Magnifikat, heißt es: „Auf die Niedrigkeit seiner Magd hat er (Gott) geschaut"[4] – welch „große Frau" konnte aus Maria werden!

Wie sehr das Schauen zu „Einsicht" bis hin zum prophetischen „Seher" führt, die Ein-Bildung, die Bilder der Kunst, das Gebildet-Sein, immer verweist es auf das visuelle Tor als Ausgangspunkt für menschliches Wissen. Die „an-schaulichen" Gleichnisreden Jesu gehören in diese Pädagogik.

Der Geruchs- und Geschmackssinn werden zumeist als Sinne, die uns Lebensfreude (genießen, perfrui) und -orientierung markieren, genannt. Liebende können einander gut „*riechen*", wer einen guten „Riecher" hat, kann schneller auf eine Situation reagieren.

Der „gute *Geschmack*" bewährt sich über gut gewürzte Speisen hinaus in vielen Lebenssituationen (Kleidung, Beurteilung von

---

1) Deshalb wird eine Liturgie, die fast ausschließlich auf das Element „Wortverkündigung" ausgerichtet ist, sehr bald als dürr und von geringer Resonanz empfunden. Liturgie lebt von der Einbeziehung aller Sinne.
2) Auf wen im Kleinkinderalter gut „geschaut" wird, der braucht später nicht krampfhaft um sein „Ansehen" kämpfen.
3) Num 6, 24-26.
4) Lk 1,48.

materiellen und geistigen Werten usw.). Mit Lust und Freude die Gaben der Erde genießen, ist von Seiten der Kirche leider nicht selten mit Moralinsäure vergällt worden.

Am deutlichsten verweist wohl der Tastsinn auf das gute *„Gespür"* für den Umgang miteinander und mit den Dingen. Davon soll noch eingehender die Rede sein.

Wenn Jesus mit einem besonderen „Gespür" für die Anliegen der Menschen dem Taubstummen die Finger an die Ohren legt, die Zunge des Mannes mit Speichel berührt, zum Himmel aufblickt, seufzt und dann zu ihm spricht: Effata! d. h.: Öffne dich![1], so wird ein *heilendes Ritual mit Einbeziehung aller Sinne* dargestellt und zugleich das Aufschließen und Öffnen der Sinne aus ihrer Verschlossenheit als befreiende Tat für den Taubstummen gezeigt, dem eine neue Lebensqualität, mündig und ohne Abhängigkeit, ermöglicht wird.

In der Feier der Taufe berührt der Priester Ohren und Mund des Täuflings mit denselben Worten: Effata! Tu dich auf! Mit diesem Ritus wird die geistige und geistliche Ebene signalisiert, indem den Betreffenden die Ohren gleichsam als Antennen für das göttliche Wort und der Mund zu größerer Freiheit des Gotteslobes und Bekennens des Glaubens sich öffnen mögen, „zum Heil der Menschen und zum Lobe Gottes"[2], womit der Sinn des menschlichen Lebens in diesen zwei Zielen sehr kurz und prägnant zusammengefasst ist.

2.1.1. Die Bedeutung des Wortes und der Kommunikation

Auf die Wichtigkeit des Wortes in der Entwicklung des Menschen wurde oben bereits kurz hingewiesen.

Sprache, Sprechen, der Umgang mit dem Wort ist eines der konstitutiven Merkmale des Mensch-Seins, des Humanums, menschlicher Kultur. Sie ist wesentlich auf das Miteinander (Kommunikation) ausgerichtet und Ausdruck einer communio (Gemeinschaft) von Völkern und Kulturen. Das Wort ist zunächst eine Abstrahierung

---

1) Vgl. Mk 7,32-37.
2) Vgl. Die Feier der Kindertaufe, S. 69.

eines Bildes (vgl. auch die Bilderschrift) bzw. die Möglichkeit, ein Ding gegenwärtig zu setzen, ohne es realiter vor sich zu haben und darauf hinzeigen zu müssen. Immer hat die Sprache daher *Zeige-Charakter*, als Zeichen (-Kürzel) für nicht jederzeit vorzeigbare Dinge.

Sprache und Wörter können daher oft *mehrdeutig* sein, das gesprochene Wort kann beim Hörer etwas anderes auslösen als beabsichtigt, es kann miss[1]- oder auch unverständlich sein. Der Mangel an sprachlicher Ausdrucksfähigkeit führt schneller zu Ersatz-Erwiderungen in Aggression und gewaltsamen Tätlichkeiten; der Sprachgewandte verteidigt sich mit der „Waffe" des Wortes.

Trotz einer immer enger vernetzten globalen Medien-[2] und Nachrichtentechnik nehmen Sprachlosigkeit und Kommunikationsarmut zu. Man ist über Geschehnisse auf den Antillen bis in Details informiert, findet aber immer seltener die Tür zum Nachbarn. Hier hat die Kirche als gemeinschaftsstiftende und -fördernde Institution einen wichtigen Auftrag.

Je nach sachlicher oder emotionaler Verwendung kann das Wort informativ, appellativ, ermutigend oder kränkend, beleidigend sein. Die sog. Fachsprache kann oft nur wenigen Spezialisten, die Alltagssprache möglichst allen verstehbar sein.

Gerade die Verwendung einer kircheneigenen liturgischen Sprache (Latein) durch viele Jahrhunderte hat oft zu einer Entfremdung zwischen dem „abgehobenen" Liturgen als (magisch empfundenen) Zeremonienmeister und dem der Sprache, des Verstehens weitgehend unkundigen (daher Laien), zur passiven Anwesenheit verurteilten Volk, geführt.

Die Zulassung der Muttersprache für die Liturgie hat zur Zeit der Reformation verständlicherweise viele zur lutherischen Bewegung gezogen.

Es war daher höchst an der Zeit, dass das 2. Vatikanische Konzil die Verwendung der Muttersprache auch als Teil seiner Reformziele der Liturgie für eine aktive, lebendige Mitfeier (statt passive Messpflichtabsolvierung) als Grundvoraussetzung erachtet hat. Ob die

---

1) Die Sprache ist der Anfang aller Missverständnisse.
2) Vgl. N. Postman: Wir amüsieren uns zu Tode.

gewünschte rege Kommunikation tatsächlich schon zur Vollform eines dialogischen Ablaufs gediehen ist, sei dahingestellt. Die Erfahrung zeigt, dass für viele Gläubige das Verständnis jahrtausendealter Texte wie der Hl. Schrift oder die Symbolsprache mancher Riten auf nicht geringe Schwierigkeiten, ja z. T. auf Unverständnis stößt. Insgesamt ist mit der Erneuerung durch das Konzil jedoch eine erhebliche Aufwertung des Wortes (Gottes, größere Auswahl an Schriftlesungen), der Verständigkeit und der Dialog-Struktur (z. B. Wechselgesänge) geschehen. Die Wortverkündigung hat in allen gottesdienstlichen Feiern eine zentrale Rolle, Dialog-Predigten sind zwar wieder ganz selten geworden (geschehen z. T. in predigtvorbereitenden Gesprächsrunden), dem feierlich herausgehobenen Wort im Gesang wird viel Aufmerksamkeit (im verstärkten Volksgesang) geschenkt.

Dem Umgang mit dem Wort entspricht nicht bloß das Gehört- und Verstandenwerden und die Antwort, sondern auch das Raumgeben für das *Schweigen*.[1] Es kann das ehrfurchtsvolle Verstummen vor der Größe und Heiligkeit Gottes sein, das Nachklingenlassen gewichtigen Wortes in die meditative Stille oder auch das Zeitnehmen für persönliche Besinnung und persönliches Gebet. Die Verteilung auf verschiedene liturgische Rollen, auf verschiedene Sprecher bis hin zu spielerischen Darstellungen (Liturgie ist ja heiliges „Spiel") ermöglichen ein breiteres kommunikatives Geschehen, ist unser Gottesdienst doch weitgehend auf der einen Achse zwischen Zelebranten und Volk und umgekehrt verlaufend recht eindimensional.

Eine wichtige Aufgabe kommt dem die Symbolhandlungen und Zeichen *ausdeutenden Wort* zu. Da oft geklagt wird, der Mensch von heute fände zu alten Riten und Symbolen keinen Zugang mehr[2], kommt dem Wort der Verkündigung in der Predigt, aber

---

1) Es ist gerade in der Begegnung mit Gott, im Reden mit ihm, öfters angezeigt, das viele Reden einzustellen und zu schweigen. Vgl. Sören Kierkegaard (1813-1855): „Schafft mehr Schweigen!"

2) Vgl. Heinz, A., H. Rennings: Heute segnen, S. 59: „Die Sorge um das Heil der Menschen drängt in unserer Zeit viele in der Pastoral stehende Priester und Laien zu ganz bestimmten Fragen: Ob der heutige Mensch der Sprache der Sakramente und Sakramentalien noch mächtig sei".

auch den die liturgischen Handlungen begleitenden Texten eine wichtige Helferfunktion für die Verdolmetschung in das heutige Verständnis zu. Wenn gottesdienstliches Feiern vom inkarnatorischen Aspekt geleitet sein soll, ist es unendlich wichtig, dass das gesprochene Wort beim Hörer „ankommt", von ihm verstanden und aufgenommen werden, in ihm „in Fleisch und Blut" übergehen, sein Leben prägend und auferbauend in ihm „Mensch werden" kann.

Insgesamt erfordert der Umgang mit dem geoffenbarten Wort Gottes auch eine entsprechende Grundkenntnis, eine dankbare Ehrfurcht und Wertschätzung. Die besonders reich verzierte Ausgestaltung der Evangeliare, die feierliche Evangelienprozession der Ostliturgie, die besonders festliche Form der Verkündigung (Singen) heben dies hervor. Es wäre wünschenswert, wenn diese Hochachtung sich bis in unsere Häuser und Familien (Ort der Aufbewahrung der Hl. Schrift, ihre Verwendung) und bis zum leider oft schimpflichen Umgang mit der Gratis-Schulbibel durch unsere Schüler auswirken könnte.

Zur Verstärkung der Kommunikation lassen sich insbesondere im Rahmen von Segensfeiern (z. B. in den Häusern) Glaubensgespräche einbinden, die von der aktuellen Lebenssituation ausgehen, die zum Anlass der Segensfeier geführt haben, ohne zeitliche Überlänge natürlich.

Bis zum 2. Vatikanischen Konzil wurde am Schluss der Messe immer der Johannes-Prolog gelesen. Es ist ein bisschen schade, dass dies seitdem nicht mehr vorgesehen ist. Aber viel dichter und komprimierter kann man es wohl kaum sagen, als mit den Worten aus diesem Prolog: „Im Anfang war das Wort, und das Wort war bei Gott, und das Wort war Gott. Im Anfang war es bei Gott. Alles ist durch das Wort geworden, und ohne das Wort wurde nichts, was geworden ist. In ihm war das Leben, und das Leben war das Licht der Menschen. (...) Und das Wort ist Fleisch geworden und hat unter uns gewohnt."[1]

---

1) Joh 1,1-4.14

2.1.2 Die Haut und der Hautkontakt: Berührung als Mitteilung

Leben heißt In-Beziehung-Stehen, In-Bewegung-Sein, ein Empfangen und Geben.

Wir kommunizieren nicht nur mit dem Wort, mit unserer Sprache, sondern auch mit unseren Gesten und Gebärden, mit dem Ausdruck unseres Körpers (Körpersprache).

Der Haut und dem Hautkontakt kommt dabei eine ganz entscheidende Rolle zu.

Die Haut ist eines der großartigsten Organe unseres Körpers. Sie regelt den *Austausch zwischen Innen und Außen*, ist also das *Beziehungsorgan* schlechthin. Der Mensch kann ohne Magen, mit nur einer Niere, mit nur einem Lungenflügel leben, aber der Verlust eines Drittels seiner Haut (z. B. durch Verbrennung) ist für ihn tödlich. Die Haut wiegt beim Erwachsenen ein Sechstel des Körpergewichtes (ca. 11 kg), sie ist 9 mm dick und umspannt den Körper in einer Oberfläche von 2 m². Allein pro cm² bilden 6 Mio. Zellen die Außenhaut, insgesamt 120 Mrd. Zellen.

Die Fülle der *Leistungen der Haut* vergegenwärtigen das Wunderwerk dieses menschlichen Organs:

   a) sie übernimmt einen geringen Teil der Atmung (1,5% der Lungenatmung)

   b) sie erfüllt eine Menge an Schutzfunktionen:

   Schutz vor Austrocknen des Körpers (15 Talgdrüsen/cm²),

   Schutz vor innerer Überhitzung (durch Schwitzen entsteht Verdunstungskälte, täglich werden mindestens 3/4 Liter Wasser über die Haut abgegeben),

   Schutz vor Kälte (z. B. Gänsehaut), die Haut reagiert wunderbar auf die Außentemperatur (schafft Ausgleich in einem Temperaturbereich von über 70° C Hitze-Kälte; die Haut-Haarblutgefäße versorgen die Haut mit 1/5 der Gesamtblutmenge),

   Schutz vor schädlicher Strahlung (Sonne, UV, radioaktive Strahlung der Erde und der Luft) durch Pigmente,

   Schutz vor Infektionen (Poren verschließen den Zutritt, Kraft zur Reinigung, z. B. Schleimhäute), mit dem Schwitzen werden Kochsalz, Milch- und Harnsäure, Kohlendioxyd und Giftstoffe ausgeschieden,

Schutz vor Verbluten: Die Schmerzpunkte dienen gleichsam als Alarmanlage, die Haut hat eine selbstschließende Funktion, zusammen mit dem Gerinnungsstoff des Blutes (Thrombozyten = Blutplättchen).

c) Schließlich bildet die Haut ein dichtes Netz an Empfangs- und Sendestationen (Nachrichtenwesen, Kommunikations-Austausch) durch eine Fülle von Nervenenden, die mit Wärme/Kälte-Punkten, Schmerz- und Tastpunkten für Empfindungen und Wahrnehmungen ausgestattet sind. Allein der Tastsinn in den Finger- bzw. Handinnenflächen ist ein Wunder besonderer Art. 1233 Druck-, 471 Berührungs- und 284 Vibrationsrezeptoren sind allein in einem Finger[1]) dicht geballt vorhanden.

Vom „Zauber der *Berührungen*" schreiben Allan & Barbara Pease[2]), dass Untersuchungen von Harlow und Zimmermann gezeigt haben, dass ein Mangel an Berührungen bei Affenbabies Depressionen, Krankheiten und den vorzeitigen Tod zur Folge hatten. Untersuchungen ergaben auch, dass Babies von Müttern, die ihre Kinder streichelten, weniger an Erkältungen und Magen- und Durchfallerkrankungen litten. Gesellschaften, in denen Kinder nur selten zärtlich berührt werden, haben die höchsten Quoten an im Erwachsenenalter verübter Gewalt[3]) aufzuweisen. In vielen Kulturen, in denen man sich wenig berührt (z. B. Engländer), hält man sich gerne Katzen und Hunde, um sich bei ihnen die nötigen Streicheleinheiten[4]) zu holen. Unsere Haut enthält insgesamt ca. 500.000 Druck- und Berührungsrezeptoren. Von Geburt an reagieren Mädchen stärker auf Berührungen als Buben, mindestens 10-mal berüh-

---

1) Es sei hier außerdem auf den Fingerabdruck als prägendes Mal der Einmaligkeit jedes Menschen hingewiesen.
2) Vgl. Allan & Barbara Pease: Warum Männer nicht zuhören und Frauen schlecht einparken, S. 70-75.
3) Vgl. Die „Rache der ungeliebten Generation".
4) Vgl. bei uns „Streichelzoos" und „Therapietiere" (Hunde, Katzen, Pferde, Schafe ...).

rungsempfindlicher sind Frauen im Erwachsenenalter als Männer. Die weibliche Haut ist dünner als die männliche. Männer sind berührungsabweisender, Frauen berührungsempfänglicher. Das Hormon, das das Bedürfnis, berührt zu werden, auslöst und unsere Tastzellen auf „Hochtouren" bringt, ist das Oxytozin.

Man könnte das Staunen über diese biologischen Daten noch in weiteren Details fortsetzen.

Berührung stellt eine der ursprünglichsten Therapieformen in der Medizingeschichte überhaupt dar, und viele andere körperbezogene, naturheilkundliche oder nicht heilkundliche Methoden und Therapieformen (Chirurgie, Physiotherapie, Chiropraktik, Osteopathie) haben sich daraus entwickelt. Berührung wurde schon von jeher von den meisten Kulturen und Völkern der Erde, wie anthropologische und ethnologische Forschungen beweisen, als einfachste und unmittelbarste Maßnahme zur Herstellung des Gleichgewichtes, nicht nur bei körperlichen Problemen und Krankheitszuständen, sondern auch bei familiären, partnerschaftlichen, sozialen oder gesellschaftlichen Problemen und bei Problemen psychischer, geistiger Art eingesetzt und gepflegt. Berührung fungiert also nicht nur als Zeichen der Zuneigung (Händedruck, Umarmung) und des Mitgefühls, sondern ist auch als verbindendes, vermittelndes Element, nicht nur zwischen den Menschen, einer Gemeinschaft, sondern oft auch im metaphysischen Sinne als Zeichen der Verbundenheit mit dem Kosmos (Berühren der Erde, der Bäume, Gebetshaltung, Meditationshaltung usw.) bedeutsam – im Sinne eines Austausches zwischen Mensch und Natur, zwischen kosmischen und terrestrischen Energien, in deren Wechselspiel der Mensch eingebunden ist.

Wir haben also die Tatsache, dass Berührung ganz allgemein den *sozialen Kontakt* herstellt und im speziellen Falle die Beziehung zum Kranken (Zuwendung, Mitgefühl, Hilfe) signalisiert. Andererseits weiß man, dass die mit der Berührung einhergehende entsprechende Einstellung, Haltung bzw. die Heilbemühung des anderen schon alleine physiologische Heilprozesse in Gang bringen kann.

Bei vielen sog. Naturvölkern ist Berührung auch heute noch das Mittel erster Wahl zur Behandlung von Krankheiten und der schnellste Weg zur Genesung. Aber auch im westlichen Kulturkreis spielt Berührung nach wie vor eine große Rolle. Nicht umsonst ist es Brauch, kranken Menschen am Krankenbett die Hände zu halten, sich bei traurigen Anlässen zu umarmen und die Hände zu schütteln. Der Druck der Hände vermittelt Vertrauen, soziale Geborgenheit, aber auch Kraft, Stärke, Hoffnung, Anteilnahme. Er vermittelt Verbundenheit, das Gefühl, nicht alleine zu sein, bzw. Hilfe zu erhalten und von menschlicher Wärme und Nähe umgeben zu sein.

Auf dem Gebiet der *Neonatologie* (Neugeborenen-Medizin) wurden in den letzten Jahren verblüffende Erkenntnisse in Bezug auf den *Umgang mit Frühgeborenen* (sog. „Brutkasten"-Kindern) gemacht, welche gezeigt haben, dass sowohl das körperliche Gedeihen (das Wachstum, das Gewicht usw.) als auch das subjektive Wohlbefinden der Säuglinge durch *regelmäßiges Berühren und Stillen* (was bislang aus Gründen der Hygiene und Vorsicht nicht und nur in Ausnahmefällen praktiziert worden ist) bzw. durch häufigen Kontakt mit der Mutter oder anderen Bezugspersonen deutlich zugenommen haben. Die Morbidität (Krankheitsanfälligkeit) bzw. die Mortalität (Sterblichkeitsrate) der Kinder konnten dadurch deutlich gesenkt werden. Seitdem wird diese Praktik des frühen Frühgeborenen-Kontaktes (sog. „Känguruh-Methode") in vielen Kliniken der Welt mit Erfolg praktiziert. Nirgendwo ist die besondere Bedeutung der Berührung so offensichtlich wie im Umgang mit unseren Kindern, vor allem mit den Säuglingen. Gerade hier erweisen sich der direkte Hautkontakt, der soziale Umgang, die Berührung als heilsamere Faktoren als die bloße Nahrungszufuhr oder die Befriedigung anderer Bedürfnisse.

Frédéric Leboyer entfachte in der Geburtshilfe eine Revolution, indem er die „sanfte" Geburt propagierte – die Säuglinge unmittelbar nach der Geburt, noch vor der Abnabelung, den Müttern auf den Bauch gelegt wurden oder indem das „Bonding" (die frühe Bindung) und „Rooming in" (der Säugling schläft bei der Mutter) in Nachahmung alter Kulturen und alter Traditionen wieder eingeführt wurde. Auch das Mitherumtragen der Kleinkinder am Rücken oder vorne an Bauch und Brust der Mutter/des Vaters wird von alten Kulturen abgeschaut und vereinzelt bei uns wieder praktiziert.

Verfolgt man den Gedanken der *Massage* bis zu den Ursprüngen[1] zurück, so sieht man, dass die Berührung, der Körperkontakt als wesentliches soziales Element im Verhalten der Menschen gepflegt wurden. Der direkte Kontakt mit der Haut stimuliert nicht nur lokal die Strukturen der Körperoberfläche, sondern auch reflektorisch über die peripheren Sensoren und Rezeptoren das Zentralnervensystem und bewirkt damit eine Beeinflussung aller wichtigen Organfunktionen wie Verdauung, Herz-Kreislauf, Stoffwechsel, Atemleistung usw. im positiven Sinne. Kleinkinder, die ohne Berührung aufwachsen, werden kontaktscheu, lebensuntauglich und neigen nicht nur vermehrt zu körperlichen Erkrankungen (Autoaggression) sondern auch zu aggressivem Verhalten, wie zahlreiche wissenschaftliche Untersuchungen bestätigen.

Berührung *festigt das Urvertrauen*, das Selbstvertrauen, das Selbstbewusstsein des Menschen und hilft ihm, sich selbst annehmen zu können, fördert den Bezug zur Umwelt, den sozialen Kontakt, erhöhte Leistungsfähigkeit, Flexibilität, die Lebenstüchtigkeit, sie beeinflusst sogar in deutlichem Maße die Entwicklung der Intelligenz und stärkt das Immunsystem, legt also in hohem Maße den Grundstein zu körperlicher Gesundheit.

In südlicheren Ländern, wo spontaner Umgang mit den Mitmenschen gepflegt wird (Italien, Spanien, Brasilien, Frankreich), Emotionen wesentlich körperbezogener artikuliert werden und Berühren ein vielfach integrierender Bestandteil des täglichen sozialen Umgangs ist, findet sich nachweislich eine geringere Selbstmordrate und eine deutlich niedrigere Alkoholismusrate als z. B. in nordischen Ländern (Norwegen, Finnland, Großbritannien, Schweden, Deutschland usw.), wo dies nicht praktiziert wird.

Berührung ist also über den medizinischen Sinn hinaus ein Ausdruck der Kommunikation, der Lebensfreude und ein wichtiger Maßstab für Mitmenschlichkeit und soziales Verhalten.

1) Auch in der Tierwelt gibt es eindrucksvolle Beispiele für die Wichtigkeit der Massage: das Lecken der Wunden des Körpers bei Verletzungen, bei Krankheit; das Ablecken, Stupsen, Stoßen der Jungtiere nach der Geburt durch das Muttertier, behutsames Reiben des Körpers im Sand, im Gras oder an Bäumen.

Effata – Tu dich auf!

Die *Entwicklung der Beziehungsfähigkeit* eines Menschen wird deshalb bereits mit dem Hautkontakt in der frühen Kindheit grundgelegt. Nach dem Verlassen des bergenden Uterus bei der Geburt ist der Mensch zunächst schutzlos einer völlig widerwärtigen und „kalten" Welt ausgesetzt und bedarf als Ersatz einer „Nestwärme" durch die Mutter, den Vater und später auch anderer Beziehungspersonen (sozialer Uterus). In der Vermittlung durch Wärme (im Hautkontakt mit der mütterlichen Körperwärme), in den Umarmungen, Liebkosungen, im Streicheln wird dem Kind die Gewissheit zuteil: Hab keine Angst, du bist in guten Händen geborgen, beheimatet, geliebt, wir schauen auf dich (vgl. „angesehen werden"), die vertraute Stimme (der Mutter) ist da, du kannst ihren (der Mutter) warmen Atem, ihren Pulsschlag spüren (ihr Herz schlägt für dich, sie „herzt" dich usw.). Über das Berührtwerden und Berühren laufen die ersten Welt-Entdeckungen jedes Menschen, vom Angreifen gelangen wir zum Be-greifen der Welt und ihrer Zusammenhänge. „Streicheleinheiten" (durch Berühren oder verbal durch Lob und Anerkennung usw.) bleiben in der Erziehung, ja bis ans Ende des Lebens für den Menschen ein wichtiger Faktor für seine Vergewisserung: Du bist gebraucht, geschätzt, geliebt. Auf den Bereich der Erotik und Sexualität kann hier nur verwiesen werden.[1] Vom erfüllten Leben[2] sprechen wir, wenn wir etwas hautnah, intensiv und beglückend erleben, am eigenen Leib, an der eigenen Haut[3] verspüren.

Mit dem In-die-Welt-Treten Gottes (Inkarnation) hat auch er Abgewiesen-Sein und Aufnahme, Beziehungsarmut und geglückte Beheimatung (Jesus in seiner Familie) erfahren. Er hat die kantigen Stolpersteine am Weg ebenso wie das Zutrauen der Menschen in ihrer Hilfsbedürftigkeit gespürt. Die heilenden Berührungen Jesu werden in den sakramentalen Handlungsgestalten der Kirche fortgesetzt. Mit dem Berührtwerden von der Menschenliebe Gottes wird

---

1) Vgl. K. Ledergerber: Die Auferstehung des Eros.
2) Vgl. Joh 10: „Ich bin gekommen, dass sie das Leben haben und es in Fülle haben".
3) Vgl. die Redensarten „Jemand steckt in einer guten Haut", ist selbst „eine gute Haut" (edle Seele) usw.

uns gleichsam eine neue „Haut"[1] (im weißen Taufkleid) geschenkt, die uns gegen alle Beziehungskälte und den Beziehungstod bis über den leiblichen Tod hinaus zu einem neuen und ewigen Leben[2] begnadet. Durch das Berührtwerden mit Chrisamöl werden wir, um es in der Sprache der Mechaniker zu sagen, gegen einen allfälligen „Verreiber" (Getriebestillstand) in Schutz genommen, denn mit der Hilfe Gottes kann unser Leben „laufen wie geölt". Alle Berührungsgesten in den Sakramenten- und Sakramentalien-Feiern (und damit auch Segensfeiern) setzen die Inkarnation, die Menschwerdung Gottes in dieser Welt fort, setzen das Heilswirken Jesu in der Kirche fort mit der Zusage: Gott ist hautnah an deiner Seite; fürchte dich nicht! Hab Vertrauen! Gottes Liebe, sein Heil, sein Segen wird uns leibhaftig und hautnah verspürbar. Darum sind die Zeichen, die mit dem Hautkontakt zu tun haben, vom Händereichen über Umarmung, Kuss, Handauflegung, Salbungen usw. im Dienst des Segnenden, Beziehung herzustellen und wachsen zu lassen, Beziehungsfähigkeit zu stärken sowohl für die (horizontale) zwischenmenschliche Beziehungsebene als auch für die (vertikale) Beziehungsebene zu Gott ein wahrhaft heilender, ein Heils-Dienst an der beziehungsarmen[3] Welt. Die Kirche tut gut daran, sich ihrer vielfältigst zu bedienen.[4]

---

1) Gewandmetapher: das Gewand (Kleidung) als erneuerte Haut.
2) Bei den Azteken Mexikos gab es alljährlich ein Frühlingsritual (um den Sieg der Sonne, des Lebens über den Tod zu feiern), indem einem alten Schamanen die Körperhaut eines Jünglings (der dafür sterben musste) übergestülpt wurde. Eingenäht in diese junge Haut musste der den ganzen Tag in einem ekstatischen Tanz den Sieg des Lebens beschwören, bis er ohnmächtig zusammenbrach.
3) Vgl. das Wort „Sünde" von „Aus-Sonderung", Herausfallen aus dem von Gott gut und zum Heil des Menschen geschaffenen Beziehungsnetz.
4) Dass die Sehnsucht danach groß ist, wird im Zulauf zu manchen gruppendynamischen, psychotherapeutischen bis hin zu esoterischen „neuen Ritualen" offenkundig.

2.1.3 Das „Sakrament" der Hände für das Heils-Handeln in der Welt

Was vorhin über die Haut und den Hautkontakt gesagt wurde, kann im Schauen auf die Hände[1] nochmals einen hervor-ragenden und besonderen Akzent bewusst machen. Mehr als ein Drittel unserer Tastrezeptoren sind in unseren Händen konzentriert. Vom Greifen und Be-Greifen, vom Fassen und Er-Fassen, vom Handeln und Be-Handeln, vom Hand-Anlegen und Hand-Auflegen, vom Ver-Handeln und Hände-Reichen, vom Handstand und Handball bis zum Handy – unsere Sprache ist voll von verschiedenen Bezugspunkten zur Hand.

Die Hände wurden vom ursprünglichen Tast- und Sinnes- bzw. Fortbewegungs- und Greiforgan immer mehr zum Mittelpunkt der Kommunikation mit der Umwelt. Ihr Funktions- und Handlungsspektrum hat sich über Jahrhunderte und Jahrtausende von Jahren vervielfacht, die Motorik immer mehr verfeinert, immer mehr und immer verschiedenartigere „Handgriffe" und „Techniken" wurden erlernt und von Generation zu Generation weitergegeben. Durch die Aufrichtung der Wirbelsäule, durch die polare Ausrichtung des Menschen zwischen oben und unten, zwischen Erdverbundenheit, Erdbezogenheit (Füße) einerseits – die Füße repräsentieren die Verwurzelung im Erdhaften mit und in der Materie, die „Stellung" des Menschen in dieser Welt – und durch die zunehmende Orientierung in den kosmischen Raum und die damit verbundene Erweiterung des Blickfeldes und die veränderte, wesentlich intensivere Umfeldbeziehung andererseits – wurden die Hände immer mehr zum Vermittler, zum *Medium* des Ausdrucks *schöpferischer Gestaltung*, geistiger Kraft sowie soziokulturellen und religiösen Verhaltens und wichtigster Ausdruck der Individualität.

In unseren Händen manifestiert sich wie in keinem anderen Organ sonst der Wille zum Überleben, die Freude und die Trauer des Augenblicks – hier drückt sich unsere ganze Beziehung zur Umwelt,

---

1) Eine Anregung für das tägliche Morgenlob: Die Hände anschauen und für dieses Kunst- und Wunderwerk danken.

zum Mitmenschen, unsere Einstellung, unsere „Lebenshaltung" in mannigfaltiger Weise aus. Wir greifen aktiv in die Umwelt ein, wir ergreifen und begreifen über unsere Hände – wir können über unsere Hände auch in Besitz nehmen, etwas festhalten, „behalten".

Aber auch die Inspiration unseres Geistes, die schöpferische Kraft der Gedanken und die Tiefe der Empfindung können sich durch unsere Hände ausdrücken, sich mit ihrer Hilfe umsetzen, ihnen Gestalt und Form verleihen. Das Innere kann sich sozusagen im Äußeren durch die Arbeit, durch den Ausdruck unserer Hände hervorkehren, sich mitteilen.

Unsere Hände sind also auch ein *Spiegel unserer Seele* – unseres Denkens und Empfindens. Wir teilen uns über sie mit und sie sprechen zu uns, in der Kunst, Musik, Malerei, in der Wissenschaft, im alltäglichen Leben, in der zwischenmenschlichen Beziehung. Hände können Kraft und Vitalität ausdrücken oder Schwäche und Resignation. In ihrer Haltung ist der Ausdruck von Freude, von Liebe, von Hoffnung aber auch von Trauer, von Kummer, von Schmerz, von Gleichgültigkeit oder Hoffnungslosigkeit enthalten. Liebe in der Beziehung zu unseren Mitmenschen teilt sich nirgendwo unmittelbarer mit als über unsere Hände, in einer *zärtlichen Berührung*, in einer innigen Umarmung oder im Ausdruck gebender, helfender Gesinnung. Hände verbinden, vereinen, verstärken, festigen die Beziehung zu den Menschen. Wir schütteln uns zur Begrüßung die Hände und reichen uns die Hände zum Abschied. Sie verdeutlichen und veranschaulichen, bekräftigen unseren sprachlichen Ausdruck, wir klatschen und applaudieren, wenn uns etwas gefällt und machen eindrückliche Gesten, wenn wir unser Missfallen ausdrücken wollen. Wir erheben sie zur Siegespose als Ausdruck des Stolzes und des Selbstbewusstseins oder wir verbergen sie in unserer Verlegenheit und Unsicherheit. Mit nichts anderem kann sich auch Hass, Gewalt und Zerstörung, Vernichtung so ausdrücken wie durch sie.

Hier offenbart sich die „Dynamis" der Lebenskraft, ihr „Fließen", der Tanz des Gebens und Nehmens von Aufnahme und Abgabe am offensichtlichsten und unmittelbarsten.

Auch im spirituellen, religiösen Sinne sind die *Hände Ausdruck des Gebens und Empfangens* (Meditations- und Gebetshaltung, Mudras, Weihe, Segnung, Handauflegung usw.).
Das Falten der Hände im Gebet zum Beispiel verbindet die rechte mit der linken Körperhälfte. So wird der Kreislauf der Energie geschlossen. Die Fingerspitzen zeigen, Antennen gleich, nach oben. Es drückt die Bereitschaft aus, sich mit dem ganzen zu verbinden. So manifestiert sich das Geistige in der Materie, die Energie in der Form, der Makrokosmos im Mikrokosmos. Die geistige Kraft kann in den Körper einfließen.

Auch große Künstler, Dichter und Maler nahmen die Ausdruckskraft der Hände als besonderes Zeichen der seelischen und geistigen Gesinnung zum Anlass für viele ihrer Werke (z. B. die „Hände" von Dürer, Zeichnungen und Gemälde von Michelangelo usw.).

Chirologen (Handleser) bemühen sich seit Menschengedenken um die Gewinnung von Erkenntnissen aus den Linien der Hand und versuchen hier Vergangenheit, Gegenwart und Zukunft zu deuten. Interessanterweise sind die Handlinien schon ab dem 4. Schwangerschaftsmonat ausgebildet und entwickeln sich nicht erst nach zunehmender Tätigkeit in der Außenwelt. Die Chirologen unterscheiden z. B. eine Lebenslinie, eine Kopflinie, eine Schicksalslinie oder eine Herzlinie, denen verschiedene Deutungsversuche zugeschrieben werden.

Auch in der Akupunkturlehre werden sechs „Meridiane" beschrieben, welche an den Händen beginnen bzw. enden. Meridiane sind nach chinesischer Auffassung der Medizin Energiebahnen, welche entweder zu einem bestimmten Organ in Beziehung stehen oder gewisse funktionelle, den Organen übergeordnete Regulationsmechanismen inne haben. Auf der Handinnenfläche werden die Lungen-, Herz- und Herzbeutelmeridiane geortet.
Die Weisheit vom Ausdruck der Hand als Symbol, als Zeichen des Innenlebens, ist so alt wie die Menschheit selbst und ein unwiderrufbares Zeugnis menschlicher Entwicklung und Erfahrung.
Graphologen werten die Schriftzüge der Hand zur Beurteilung des Charakters.

Auch die Kriminalistik verwendet den Fingerabdruck der Hand als besonders einzigartiges und spezielles Merkmal zur Erkennung und Identifizierung des Menschen.

Seher und Medialbegabte können aus Händen lesen wie aus einem Buch.

Heiler und Handaufleger versuchen die Vermittlung von Heilenergie und Heilinformation über ihre Hände.

Die Hand ist Schlüsselpunkt und Zentrum von Energie, von Kraft.

Unsere Hände sind ein „Sakrament", ein wirkendes und wirksames Heils-Instrument besonderer Art. Sie sind unser weltgestaltender Körperteil schlechthin: Die Materie formend, knetend, modellierend mit der Hand des Töpfers[1], empfangend und gebend, zum Brückenschlag der Versöhnung ausgestreckt und zur Faust des Zerschlagens geballt, sanft, streichelnd, liebkosend, tröstend und zugleich grob und verletzend, Brot austeilend und andernfalls am Abzug des Gewehres oder am Drücker eines Schaltpultes zur atomaren Vernichtung.

In unseren Handinnenflächen sind Wärme-, Tast- und Energiepunkte in besonders hoher Konzentration gebündelt, sodass Hände *immer heilende Hände* sind, nicht bei jedem Menschen gleich stark ausgeprägt. Aber es weiß die Mutter, die am Bett bei ihrem fiebernden Kind wacht, dass sie ihm ihre Hand auf die heiße Stirn legt, ihm mit ihrer vergewissernden Zusage „Ich bin ja bei dir" das Vertrauen auf das Gesundwerden stärkt, sodass das Kind beruhigt und in Frieden einschlafen kann, die körpereigenen Kräfte gegen die Krankheit sich durchsetzen können, um Heilung[2] zu bewirken. Ärzte und Krankenpersonal gehen nicht am Kranken vorüber, nur um die Fieberkurve und die eingesetzte Medikamenten-Therapie zu kontrollieren, sie werden sich dem Kranken zuwenden, ihn an der Hand

---

1) Vgl. Gen. 2,7, in dem dieses Bild auf das menschenformende Schaffen Gottes angewendet wird.

2) Vgl. die Berührungen Jesu und seine heilende Anwesenheit, die das Vertrauen der Kranken stärkte, und sein abschließendes Wort: „Dein Glaube hat dir geholfen."

ergreifen, berühren und in ihm die Hoffnung und das Vertrauen auf die heilende Hilfe bestärken.

„Mit Händen heilen" wird heute auch durch viele Massagetechniken[1] transportiert. In fast allen Religionen und Kulturen gibt es die Gebetshaltung, wo die Hände mit ihren Innenflächen nach oben (zur Sonne) erhoben werden, um gleichsam wie „Sonnenkollektoren" die „Kraft von oben" aufzunehmen, sie dann Menschen und Dingen segnend zuzuwenden, durch Handauflegung.

Deshalb sind auch die *Handauflegung*, das Berühren (und Bezeichnen z. B. mit dem Kreuzzeichen) und Liebkosen (Streicheln) bevorzugte Segensgesten, in denen die Menschenliebe Gottes spürbar werden kann. Auch die Bischofsmütze (Mitra/Infel) kann dahingehend gedeutet werden: als zwei wie ein schützendes Dach[2] über die anvertraute Herde giebelnde Hirtenhände – auf keinen Fall soll sie als „Amtskappel" missverstanden werden.

Untersuchungen haben ergeben, dass während des Handauflegens die Anzahl der roten Blutkörperchen bei beiden (Segnendem und Gesegnetem) ansteigt. Bei einer Intensivierung des Hämoglobinspiegels erhalten die Körpergewebe mehr Sauerstoff. Die Zunahme der Sauerstoffversorgung führt einem Menschen mehr Energie zu und kann im Krankheitsfall den Regenerationsprozess unterstützen und beschleunigen.

Die Handauflegung galt auch immer als Zeichen der Übertragung von Verantwortung und Dienstämtern (Priesterweihe, Königssalbung, Sendung, Elternsegen bei der Hofübergabe, usw.). Wenn die Kirche das durch das Berühren der Hände Jesu in die Welt gesetzte Heils-Handeln durch die Zeit fortsetzt, ist sie insbesondere mit den Zeichenhandlungen der Handauflegung, des leibhaftigen Berührens[3] ganz in seiner inkarnatorischen Intention, die bis dahin

---

1) Akupressur, tibetische Massage, Hand- und Fußreflexzonenmassage, Aromaölmassage, Bauchmassage, Chakra-Energiemassage ... Vgl. D. Chang: Mit Händen heilen.
2) Vgl. P. M. Zulehner: Ein Obdach der Seele.
3) Vgl. Lk 6,19: „Alle Leute versuchten ihn zu berühren; denn es ging eine Kraft von ihm aus, die alle heilte."

reicht, nur den „Saum seines Gewandes"[1] zu berühren. Das Segnen mit der Hand wie das Segnen mit verschiedenen Gegenständen und Segenszeichen ist deshalb eine legitime Form, der heilenden und aufrichtenden Hand des Erlösers Jesus Christus zu begegnen. Wenn (Konferenz-)*Tisch und Händereichen* weltweit zu den Symbolen der Verständigung, der Friedenssehnsucht und des Friedensschlusses zählen, ist die zeitlose Manifestation und Proklamation dieser Grundsymbole in der Feier der Eucharistie von der Kirche hochzuhalten. Sie können dies auch in prophetisch einmahnender Weise, „bis du (Christus) kommst in Herrlichkeit", als Zukunftsperspektive mit der Welt präsent halten.[2]

Offene Hände sind ein Segen, empfangend wie eine Schale, die leer ist für das Erfülltwerden vom Wirken des Geistes Gottes, freigebend aus der Fülle der Gaben, die uns geschenkt sind, damit in der geschwisterlichen Weltsolidarität nach Gottes Willen niemand zu Grunde oder verloren geht.

2.1.4. Die Erfahrung der Grundelemente der Schöpfung (Erde, Wasser, Feuer, Luft, ...)

2.1.4.1. Erde

„Erde, Du! Wie lieb ich dich. Dank dir, dass ich lebe", so beginnt der 2001 verstorbene Grazer Lyriker Alois Hergouth den „Epilog der Liebe" zu Kurt Muthspiels „Brennt ein Licht drinn im Stall".[3]

Die Erde, unser Planet, als Teil des sichtbaren Universums, die alle Mineralien enthält, ist bis heute der einzige bekannte Lebens-Raum, auf dem Gott nach den Worten der Genesis[4] alle organischen Wesen, Pflanzen und Tiere hervorgehen ließ. Der Mensch, aus dem Ackerboden geformt, durch den Atem Gottes belebt, als Abbild Gottes verbindet in sich gleichsam Himmel und Erde (geistige und

---

1) Vgl. Lk 8,44.
2) Weshalb die Feier der Eucharistie das Testament Jesu und das Herzstück der christlichen Glaubensgemeinschaft Sonntag für Sonntag in Stellvertretung für die ganze Welt vollzieht.
3) K. Muthspiel: Licht wird sein, S. 48.
4) Gen 1,11.

materielle Welt). Durch den Sündenfall verlor der Mensch seine unmittelbare Beheimatung bei Gott, und auch die Erde spiegelt diese Entfremdung wieder, indem Mühsal und Dornen sich dem Menschen und seiner Arbeit entgegenstellen. Vergeblichkeit und Zurückfallen zu Staub und Asche im Tod sind dem Menschen unausweichlich in dieser Welt. Im christlichen Verständnis ist die Erde daher im doppelten Sinn „Mutterschoß": „Ihr entkeimt das Leben, und aus ihr, dem Acker Gottes, sollen dereinst alle Menschen zu neuem Leben auferstehen."[1)]

Schon in der vorchristlichen griechisch-römischen Welt wurde die „Mutter Erde" (Tellus Mater, Ge-Meter oder Gaia) besonders verehrt, als All-Geberin (Pandora), die alle beschenkt, oder als Demeter (vgl. Ge-Meter) unter dem Akzent der Fruchtbarkeit der Felder (Ceres bei den Römern). Der Gedanke einer Prä-Existenz, dass alle „Kinder ihrer Heimat" (der Erdmaterie) seien, führte zu dem Brauch, die neugeborenen Kinder, sobald sie gebadet und gewickelt sind, auf die bloße Erde zu legen, von welcher der Vater sie aufhebt und anerkennt (Vater-Land). Dieser Ritus galt als Konsekration an die „Erde als die eigentliche Mutter des Kindes, damit sie es legitimiere und beschütze."[2)] Ähnliche Gedanken führten zu der Sitte, Säuglinge in Erdwiegen (Gruben, die mit Asche, Stroh und Blättern belegt waren) zu legen. Auch Kranke und Sterbende wurden und werden bis heute in manchen Mönchsgemeinschaften auf die Erde gelegt[3)], um auf die Neugeburt aus dem Tod hinzuweisen.

Im Buch Hiob wird auf diese Vorstellung von der Erde als Mutter Bezug genommen, wenn es heißt: „Nackt kam ich hervor aus dem Schoß meiner Mutter, nackt kehre ich dahin zurück."[4)]

Erde bedeutet in der Hl. Schrift sowohl „Gesamtheit der Menschen", „Land der Lebenden", als auch „Heiliger Boden".[5)] Der

---

1) Vgl. D. Forstner: Die christlichen Symbole, S. 82.
2) Vgl. D. Forstner, ebda, S. 83.
3) Vgl. den Tod des Hl. Franziskus vor dem Kirchlein Portiunkula.
4) Hb 1,21.
5) Ex 3,5.

geheilte Syrer Naaman erbittet sich, Erde vom Land Israel mitnehmen zu dürfen, um fortan den wahren Gott auf „Heiliger Erde" verehren zu können.

Durch die Inkarnation des Ewigen Wortes im Gott-Menschen Jesus Christus werden Himmel und Erde – durch die Sünde der Menschen entzweit – in neuer und den ersten Gnadenstand überbietender Weise verbunden und die Erde neu „gesegnet". Maria ist der „neue Erdboden", in dem das „Weizenkorn" des schöpferischen Geistes Gottes fällt, um die neue Schöpfung hervorzubringen.

„Wie Christus einst durch seine Taufe im Jordan alle Gewässer geheiligt hat, so heiligte er auch die Erde durch die *Berührung seiner Hände und Füße*, durch das Herabträufeln seines kostbaren Blutes und durch seine dreitägige Ruhe im Grabe."[1] Durch seine Fleischwerdung hat Christus seine (An-)Teilnahme an der Erde gezeigt, durch sein Grab hat er die Erde zum „fruchtbaren Boden" umgestaltet, aus dem neues Leben erwächst. Sowohl die Segnung des Friedhofes als auch die Segnung eines Grabes im Rahmen der Begräbnisfeier nehmen darauf Bezug. Mit einem Schatz, den wir „in irdenen Gefäßen"[2] tragen, wird die Aufnahmebereitschaft für Gottes Wort verglichen.

In der Kunst wird Christus oft als Pantokrator dargestellt, indem er die Erdkugel als Sitz oder Fußschemel verwendet, oft wird die Erdkugel auch im Zeichen des Reichsapfels in oder unter der Hand des Christus-Königs symbolisiert.

Als ausdrücklich *nicht gesegnetes*, unfruchtbares *Land* wird die *Wüste* empfunden, als für den Menschen bedrückend. Die großartige Weite der Wüste ängstigt und fasziniert den Menschen zugleich. Sie wird als der Bereich des Bösen, der Dämonen und Drachen, des Hungers und des Durstes erlebt.[3] Das AT kennt den Versöhnungsritus mit dem Sündenbock, der die Sünden des Volkes Israel in die

---

1) D. Forstner, ebda, S. 84.
2) 2 Kor 4,7.
3) Vgl. auch Jesus in der Wüste.

Wüste tragen sollte.[1] Als Ort der Versuchung und der Prüfung wird die Wüste sowohl dem Volk Israel im AT als auch Jesus im NT vertraut. Sie ist Ort der Entscheidung für oder gegen Gott, wie am Beispiel Sinai auch Ort intensivster Gottesbegegnung. Deshalb finden wir Johannes den Täufer und Jesus in der Wüste, die Aszeten der frühen Kirche suchen über Einsamkeit und Buße hinaus eine tiefinnere Gotteserfahrung und daraus Läuterung für ihr Leben. Bis in unsere Tage ist die Wüste als faszinierender Anziehungspunkt für orientierungssuchende Menschen aktuell geblieben; Wüstentage sind insbesondere Teil von spirituellen und geistlichen Exerzitien und Einkehrwochen.

Berge haben zu allen Zeiten beeindruckt und zur religiösen Vorstellung angeregt. Viele Mythologien haben ihren „Heiligen Berg" als Mitte der Welt und als *Berührungspunkt zwischen Himmel und Erde* angesehen, als Wohnsitz der Götter. Alle Religionen kennen zu allen Zeiten solche heilige Berge (Taishan in China, Kailash in Tibet, Fudschijama in Japan, Popocatepetl in Mexiko, Kilimandscharo in Afrika, Olymp in Griechenland, Sinai/Horeb, Karmel, Moria, Berg Sion im Judentum, Berg Athos, u. v. a.).

Städte wurden auf Anhöhen und Bergen errichtet, z. B. Rom auf 7 Hügeln. In verschiedenen *Tempelbauten* versuchte der Mensch gleichsam *künstliche „Götterberge"* zu errichten, z. B. die Pagoden der östlichen Religionen als Symbol des mythischen Weltenberges Meru.

Die Stufenpyramiden des Zweistromlandes, Ägyptens oder auch der Sonnentempel der Azteken, Mayas und Inkas in Lateinamerika sind Zeugen dafür. Die Stufen (deren Anzahl oft mit astronomischen Einheiten wie z. B. 365 für ein Sonnenjahr und andere Zahlensymboliken verknüpft war) sollten die Gottheit(en) einladen zu den Menschen herniederzusteigen, die Menschen (meist vertreten durch den König oder durch eigene Kultpriester) stiegen zu Gott hinauf, um Opfer darzubringen und die Gottheit günstig zu stimmen, im Ritus der „Heiligen Hochzeit" („hiaros gamos") die Verbindung mit Gott einzugehen. Vor allem die babylonischen Tempel-Türme,

---

1) Vgl. Lev 16,21f.

„Zikkurat" genannt, waren dafür ein herausragendes Beispiel. In Babylon (Name „bab-ili" heißt „Tor der Götter") stand die große Tempelanlage des Gottes Marduk mit dem riesigen Tempelturm „Etmenanki" („Tempel des Grundsteins von Himmel und Erde"). Die Bibel Israels deutet den babylonischen Turm[1] als Werk des Hochmuts gegen Gott und als Folge dieser Gigantomanie als Anfang für die Sprachenverwirrung.

Das AT bringt noch andere Zeugnisse über die Berge als Orte der Gottesbegegnung: die Opferung Isaaks auf dem Berg Moria, die Gottesbegegnung auf dem Berg Horeb/Sinai, Jerusalem als Stadt Davids auf dem Berg Sion, die Gottesverehrung am Berg Garizim, das Gottesurteil auf dem Berg Karmel. Jesus hält eine längere „Bergpredigt", erwählt seine Jünger und zieht sich in die Bergeinsamkeit zurück, er wird auf dem Berg Tabor verklärt, er leidet Todesangst am Ölberg und stirbt auf dem Berg Kalvaria; der Ölberg ist auch der Ort seiner Himmelfahrt. Er verweist jedoch das Gebet aus der Verknüpfung an bestimmte Orte (auch Berge) der Anbetung in eine neue spirituelle Ebene „im Geist und in der Wahrheit"[2], d. h. überall und jederzeit.

Dennoch haben sich seit der frühen Kirche bestimmte Orte der Betrachtung und des Gebetes ausgebildet, im frühen Eremiten- und Mönchstum z. B. in der Wüste, auf Säulen erhöht sog. „Styliten" (Säulensteher) oder in Berghöhlen, Höhlen- und Bergklöstern. Kirchen- und Wallfahrtsorte lösten keltische und römische Bergheiligtümer ab (z. B. Magdalensberg in Kärnten), und bis heute gibt es viele Bergkirchen, -kapellen und -kreuze, die unabhängige Mönchsrepublik am Berg Athos, den Karmel am Hl. Berg bei Bärnbach, Montserrat, der vom Granitfelsen Corcovado auf Rio de Janeiro segnende Christus usw.

Als *„kleine Berge"* dienten vielfach auch aufgerichtete Steinmale als *Kultsteine* (Megalith-Kultur), wofür besondere Steine wie (vom Himmel gefallene) Meteorite (z. B. Kaaba in Mekka) oder aus

---

1) Gen 11,1-9.
2) Vgl. Joh 4,20-24.

der Landschaft besonders bizarr herausragende Felsgebilde (vgl. „Teufelsstein") ausersehen wurden. Besonders bekannt sind aus prähistorischer Zeit in der Bretagne die sog. Dolmen (dol = Tisch, men = Stein) oder „Steintische" und Menhire (men = Stein, hir = lang), vertikal aufgepflanzte Felsen konischer, zylindrischer oder spindelförmiger Gestalt, meist roh oder auch behauen oder geglättet, manchmal als „cromlech" (Kranz von Menhiren um eine Kultmitte) auf größerer Fläche anzutreffen (der größte in Stonehenge bei Salisbury in England).

Die Steine dienten als Opfertische zum Schlachten von Opfertieren, sie wurden mit deren Blut bestrichen oder auch mit Öl gesalbt, um sie herum fanden heilige Prozessionen und rituelle Tänze statt. Zahlreiche Konzilsverordnungen haben die sog. „Steinanbeter" von alten Kult-, Wackel- und Orakelsteinen durch viele schon vom Christentum dominierte Jahrhunderte hindurch versucht zu „bekehren".[1] Steinkreuze, wie man sie in Irland oder auch in der Bretagne antrifft, später auch andere Kreuze, sollten die Brücke zum christlichen Verständnis und Glauben schlagen.

Im AT finden wir dazu eine sehr prägnante Erinnerung an ein Steinheiligtum in Jakobs Traum aus der Zeit des 17. Jahrhunderts vor Christus: Ein Stein, der Jakob für den Schlaf als Kopfstütze dient, währenddessen er einen Traum von der „Himmelsleiter"[2] (Himmelstreppe) hat, deren Spitze den Himmel *berührt*[3] und auf der die Engel Gottes auf- und niedersteigen. Aus dem Schlaf erwacht, äußert Jakob: „Wirklich, der Herr ist an diesem Ort, und ich wusste es nicht. Furcht überkam ihn, und er sagte: wie ehrfurchtgebietend ist doch dieser Ort! Hier ist nichts anderes als das Haus Gottes und das Tor des Himmels."[4] Jakob setzt den Stein als „Denk-

---

1) Vgl. C. Caminada: Die verzauberten Täler, Steinkultus, S.103-160.
2) Die Ostkirche besingt in ihrem großen Marienhymnus „Akathistos" Maria als „Himmelsleiter, darauf Gott herniederstieg."
3) Das Bild nähert sich den Vorstellungen der babylonischen Stufentürme.
4) Vgl. Gen 28,16 ff. „Quam terribilis est locus iste; non est hic alliud nisi domus Dei et porta coeli." Diesen Text fand ich auch auf einer Tafel über schwindelerregendem Abgrund auf dem schmalen Grat knapp unter dem zweithöchsten Alpengipfel, der Dufourspitze (4.634 m) in der Schweiz.

stein", als „Erinnerungsmal" auf, übergießt seine Spitze mit Öl und nennt den Ort „Betel" (Haus Gottes). Bis in Riten der Grundsteinlegung, Einweihung von Heiligtümern (Kirchen und Altären) ist diese Salbung mit Öl bis heute erhalten geblieben.

Die gewaltigen Monolithe, die wie „Sonnennadeln" das Zentrum der ägyptischen Sonnentempel-Anlagen markierten, nannten die Griechen despektierlich „Obelisken" („Bratspießchen").
Steinmale waren aber auch sehr früh (seit ca. 4000 v. Chr. haben wir Zeugnisse) als *Grabmäler* angelegt wie die ägyptischen Pyramiden, die Steingräber von Carnac in der Bretagne u. a. Bis heute sind Grabsteine in vielen Kulturen verbreitet (bei Erdbestattung wie im Judentum und Christentum).

Für den Menschen wurde auch der *Weg* als Sinnbild seines Lebens auf dieser Erde bedeutsam. Das Leben ist ein Kommen und Gehen, eine Wegstrecke, die unter unseren Füßen zurück-gelegt wird zur Vergangenheit, und die vor uns liegt als Zukunft. Wanderrouten, Verkehrswege, Handels-, Heeres- und Triumphstraßen (via regia), aber auch Bilder- und Prozessionswege (via sacra), heilige und Heils-Wege kennen alle Religionen und Kulturen. In der Bibel sind besonders die Wanderung der Partriarchen, der Auszug aus Ägypten in das „Gelobte Land", die Heimkehr aus dem babylonischen Exil, Mariä Heimsuchung und Herbergsuche (Weg von Nazareth nach Judäa), das Wandern Jesu von Galiläa nach Jerusalem und die sog. Missionsreisen des Hl. Paulus hervorzuheben. Jesus bezeichnet sich selbst als „der Weg"[1], der einlädt, ihm nachzufolgen (Weg = seinen Weisungen folgen), als Ent-Scheidung (Wahl zwischen verschiedenen Wegen), um auf dem „letzten Weg" mit dem „viaticum" (Wegzehrung = Kommunion) gestärkt den Pilgerweg zum himmlischen Jerusalem zu vollenden. Die Kirche hat deshalb in ihrer Liturgie den Weg-Charakter in vielen Prozessionen (vom Einzug zur Messe bis zu vielen Pilgerwegen) dargestellt (Lichterprozession zum Fest Darstellung des Herrn/Mariä Lichtmeß, Kreuzweg, Palmprozession, Bitt- und Flurprozessionen, Fronleichnam, Friedhofsgang bei der Beerdi-

---

1) Joh 14,6.

gung usw.). Wege versinnbilden unser Leben als Prozess, als Bewegung auf ein Ziel hin (Lebens-Lauf), als Unterwegssein, allein oder in solidarischer Weg-Gemeinschaft.

Nicht immer hat der Mensch den Schöpfungsauftrag „Macht euch die Erde dienstbar"[1] recht verstanden. Die Kirche selbst hat lange Zeit dem Fluch nach dem Sündenfall[2] gemäß zu einer Abwendung von der „bösen" Welt geraten, vor einer Welt-Vergötzung gewarnt, selbst zwar ganz gerne Reichtum angehäuft, aber Armut und Weltverneinung gepredigt.

Dadurch entstand eine gewisse Schizophrenie im Umgang mit den Gütern der Erde.

Solange eine Agrarkultur dominant war, wurde die Erde und was aus ihr hervorgeht als lebensnotwendige Grundlage für den Menschen geschätzt und geachtet. Der bäuerliche Mensch war eingebunden in den Kreislauf von Werden und Vergehen, der Jahreszeiten, der Aussaat und der Ernte, er erlebte die Bedrohung durch Naturgewalten, Unwetter, Hitze und Frost.

Wie in den Naturreligionen die Erde noch als „Gute Mutter" (Pachamama) verehrt wird, ist auch in der Rede des Häuptlings Seattle vor den Indianerverträgen mit dem Präsidenten der Vereinigten Staaten von Amerika 1855 noch zu hören: „Wir sind ein Teil der Erde und sie ist ein Teil von uns."[3] „Die Erde ist unsere Mutter. Was die Erde befällt, befällt auch die Söhne der Erde. Wenn Menschen auf die Erde spucken, bespeien sie sich selbst. Denn das wissen wir, die Erde gehört den Menschen, der Mensch gehört zur Erde."[4]

Diese kosmische Einheit des mit der Natur verbundenen Menschen zerbrach endgültig mit dem Niedergang der Agrarkultur.[5]

---

1) Gen 1,28. Vgl. G. v. le Fort: Plus ultra, S. 30: „Allein wer die Erde formen und regieren soll, der darf sie nicht verachten, sondern der muss diese Erde lieben und umarmen können."
2) Vgl. Gen. 3,17 ff: „So ist verflucht der Ackerboden deinetwegen ..."
3) Seattle: Wir sind ein Teil der Erde, S. 10.
4) Seattle, ebda, S. 25.
5) Das Wort Kultur (lat. colere) kommt ursprünglich vom Bebauen des Ackerbodens.

Heute sind in der Landwirtschaft EU-weit nur noch unter 5% der Erwerbstätigen beschäftigt. Die Industrie- und Dienstleistungsgesellschaft hat zwar, da sie noch stark von Menschen vom Land „gespeist" wird, manche „alte Werte" aus der bäuerlichen Welt mit in die Stadt gebracht; mit der nächsten Generation ändert sich dies jedoch. Der Mensch der Großstädte etwa hat mit Grund und Boden[1], mit den Wurzeln der Lebens-Mittel nichts mehr zu tun (das Brot und die Milch sind „beim Supermarkt um die Ecke zu holen")[2], er erlebt die Welt als Stein- und Asphalt-Landschaft, die übrige Welt erlebt er flüchtig auf der Durchreise oder virtuell im Computer bzw. im TV.

Obwohl Grün-, Öko- und Biobewegungen auf eine gewisse Sehnsucht nach „authentischem Leben" reagieren, bleiben diese eine bescheidene Nischen-Minderheit. Anderseits ist der zunehmend individualistische Nutzgedanke drauf und dran, die Ressourcen der Erde in freibeuterischer Weise zu plündern. Wir sind eine räuberische Generation wie nie zuvor. Noch nie haben wir auf Kosten der nächsten Generationen die Erde so „abgeräumt" wie heute.[3]

Ist es nicht gerade in solch bedrängender Zeit umso not-wendiger, dass die Christen als Anwalt und Vordenker für die Schöpfung, für das Leben ihre Stimme erheben?![4] Durch die Einbeziehung der

---

1) Wer mit dem Boden nichts mehr zu tun hat, wird schnell „bodenlos" (maßlos).

2) Vgl. Al Gore: Wege zum Gleichgewicht, S. 206: „Weil wir uns dem Supermarkt näher fühlen als dem Weizenfeld, achten wir weit mehr auf die bunten Farben der Plastikfolie, in die das Brot gewickelt ist, als auf die Zerstörung der Böden, auf denen der Weizen angebaut wurde."

3) Vgl. Al Gore, ebda S. 221: So „kann ein Mensch, der im Körper wie im Geist, in seinen Gefühlen und Gedanken nicht 'geerdet' ist, eine Bedrohung für alles darstellen, was er oder sie berührt."

4) Der Impuls aus der Ostkirche, den 1. September (Beginn des Kirchenjahres) alljährlich als Tag der Schöpfung zu begehen, ist dazu ein aktuelles Aufgreifen dieses Anliegens. Ausgehend vom Ökumenischen Patriarchat haben alle Oberhäupter der Orthodoxen Kirchen diesen Vorschlag übernommen (gemeinsame Erklärung 1992). Vgl. die deutsche Übersetzung der „Ordnung des Bittgottesdienstes zu unserem men-

Materie in die Feier der Sakramente wird ein Stück der Schöpfung ihrem Heils- und Heiligungsauftrag wiedergegeben, der ihr durch das gottvergessene und ausbeuterische Tun des Menschen entrissen worden ist.[1)]

Erde spielt in der kirchlichen Begräbnisfeier eine Rolle, wenn der Priester beim Einsenken des Sarges in das Grab spricht: „Wir übergeben den Leib der Erde. Christus, der von den Toten auferstanden ist, wird auch unseren Bruder/unsere Schwester N. zum Leben erwecken." Während er Erde auf den Sarg wirft, spricht er: „Von der Erde bist du genommen, und zur Erde kehrst du zurück. Der Herr aber wird dich auferwecken."

Für kirchliche Segensfeiern würden sich aber durchaus verschiedene Gelegenheiten anbieten, den „Erdbezug" für uns Menschen zu aktualisieren, z. B. im Frühjahr den Geruch der neu aufbrechenden Erde einatmen (Hinweis bei Kreuzwegprozessionen, Emmaus-Gang, Flurprozessionen, usw.), Aufmerksamkeit für die Erde in Blumentöpfen und Gärten, beim Wandern und Pilgern. Vielen können bei solchen Gelegenheiten Sinne und Sinn erschlossen werden für die Kostbarkeit der Erde, die uns trägt, uns vielfältige Früchte hervorbringt und unsere gärtnerische Obhut braucht.

2.1.4.2 Wasser

Das Wasser ist der Brunnen des Lebens. Nicht nur, dass sich alles Leben aus dem Wasser heraus entwickelt hat, wir Menschen verbringen 9 Monate an den „Paradieses"-Wassern (Fruchtwasser)

---

schenfreundlichen Gott und Heiland Jesus Christus für unsere Umwelt und den Wohlstand der ganzen Schöpfung, geschaffen auf dem Hl. Berge Athos von Mönch Gerasimos Mikrayannanitis, Hymnograph der Großen Kirche Christi" (In: Una Sancta. Zeitschrift für ökumenische Begegnung, 47. Jg. 1992, S. 228-238). Vgl. G. Larentzakis: Die Orthodoxe Kirche, S.158.

1) Vgl. L. Boff: Kleine Sakramentenlehre, S. 5: „Deshalb ist der Gebirgszug ein Sakrament Gottes: offenbart, bringt in Erinnerung, liefert Hinweise und verweist auf andere Horizonte."

in der Geborgenheit des Mutterleibes, ehe wir (durch die Geburt) aus dem Garten Eden hinausverwiesen werden in ein (auch von Dürre) bedrohtes Kampffeld des Lebens.

Wasser ist eines der Grundelemente auf unserer Erde, das Leben möglich macht. Ein Großteil unserer Erde ist mit Wasser bedeckt. Der Kreislauf des Wassers vom Meer über die Verdunstung, Niederschläge, Quellen, Flüsse und Ströme bildet einen wesentlichen Faktor des Klimas und der Befruchtung des Bodens.

Das Wasser (das sich nicht so schnell erwärmt wie der Erdboden) ist ein Temperaturausgleicher (kühlend im Sommer, wärmend im Winter), es löscht den Durst von Mensch und Tier und Pflanzen, es reinigt die Luft, unseren Körper, usw. Es bewirkt mit seinem Plätschern und Rauschen eine Beruhigung und Befriedung der Seele (vgl. fließende Brunnen in Bauernhöfen und Städten). Es entwickelt in seinem Fließen eine Kraft, die für Energie (Elektrizität) genutzt wird und auch verschlingende (Hochwasser) Macht annehmen kann. Die Römer z. B. nutzten über ihre (offenen) Aquädukte das Fließen des Wassers[1] bis in ihre Häuser (nicht wie heute, wo das Wasser in den geschlossenen Leitungen lange steht und „stehfaul" wird.

Das Wasser spielt in der Heilsgeschichte (der Bibel und aller Religionen) eine große Rolle.

Die meisten Kosmogonien lassen alles aus dem Wasser hervorkommen und entstehen. Aus der Großen Flut (Sintflut) wird Noah und seine Arche gerettet. Am Jabbok-Fluss ringt Jakob mit Gott und wird mit dem neuen Namen Israel (Gottesstreiter) gesegnet. Durch die Fluten des Roten Meeres wird das Volk Israel gerettet. Am Jordan-Fluss empfängt Jesus die Taufe und heiligt damit das Wasser.[2]

---

1) Es wäre daher auch für die Tauffeier der Kirchen wieder fließendes Wasser wünschenswert. In der modernen Kirche von Buchs in der Schweiz hat man m. E. eine sehr schöne Lösung gefunden: Der Kirchenbau ist in Gestalt einer Ellipse. Die beiden Brennpunkte sind der Altar als Zentrum der eucharistischen Gemeinschaft und ein fließender Taufbrunnen für die Initiation, den Eintritt in diese Gemeinschaft.

2) Vgl. Die Feier der Ostkirche zu Epiphanie mit Segnung des Wassers, Segnung der Flüsse und des Meeres (Kreuz wird hineingeworfen).

Beim Gespräch am Jakobsbrunnen verspricht Jesus der Samariterin lebendiges Wasser.[1]

Der geographische Ort der Bibel weist die Bedeutung des Wassers im Kampf gegen die Wüste in besonderer Weise als Quelle der Fruchtbarkeit aus. Um die Flüsse Euphrat und Tigris, Nil und Jordan, um den See Genesaret ist fruchtbares Land. Trockenheit bedeutet Wüste und Tod. Stehendes Wasser galt in der Antike als Sitz dämonischer, gott- und lebensfeindlicher Mächte (z. B. Salzseen oder malariaverseuchte Sümpfe). Daher wurde für das Taufwasser „lebendiges", fließendes Wasser bevorzugt. Seit Ende des 3. Jahrhunderts wird es exorzisiert und „vom Geist bewegt".

Im Taufbrunnen wird der „Mutterschoß" der Kirche gesehen, den der Gottesgeist befruchten muss für das neue Leben der aus der Taufe „Neugeborenen". Im sonntäglichen Taufgedächtnis („Asperges me") wird immer wieder daran erinnert. Der Aspekt der Reinigung als Vorbedingung für die Gottesbegegnung hat das Wasser in allen Religionen für rituelle Waschungen ausersehen. Sowohl die hellenistischen Mysterienkulte, als auch die jüdischen Proselytentaufen, die Taufe des Johannes im Jordan, die Waschungen der Essener-Gemeinde von Qumran, christliche Initiation, das Waschen von Händen, Armen und Füßen im Vorhof der Moschee, das Weihwasser am Eingang zur Kirche, sie alle greifen den Gedanken der Reinwaschung als Vorbereitung für Gebet, Kult und Eintritt in das Mysterion auf. Die Händewaschung (lavabo) des Priesters vor dem eucharistischen Hochgebet steht in derselben Tradition.

Das Wasser ist in besonderer Weise Lebenssymbol für die *Taufe*.

Das Wasser wird in der Osternacht und zu Epiphanie (6. 1.) in besonders feierlicher Form geweiht. Das Einsenken der Osterkerze bei der Taufwasserweihe in der Osternacht, das Beigeben von Salz, sowie in der Ostkirche das Einsenken eines Kreuzes[2] in das Wasser

---

1) Vgl. Joh 4,10 f.
2) In den Ostkirchen finden zu Epiphanie (ist zugleich Festgeheimnis der Taufe Jesu im Jordan) Prozessionen zu Quellen, Flüssen und zum Meeresstrand statt. Nach dem Hineinwerfen eines Kreuzes in das Wasser

zu Epiphanie und das Anhauchen des Wassers sind Zeichen der Herabkunft des lebensschaffenden Gottes-Geistes in das Wasser.

Während in den Ostkirchen bis heute die Immersionstaufe[1] (Untertauchen) beibehalten wurde, ist in den westlichen Kirchen das Übergießen, Benetzen des Scheitels als symbolische Andeutung übriggeblieben. Freikirchen und einige sog. Sekten verwenden die Immersionstaufe auch im Westen wieder neu. Als Weihwasser hat es eine vielfältige Verwendung im kirchen- und hausliturgischen Gebrauch. Wasser wird auch in der Eucharistiefeier dem Wein beigemischt (Hinweis auf die zwei Naturen Christi).

Die nachkonstantinische Mosaikkunst und Plastik hat immer wieder zum Thema, wie Lämmer oder Hirsche als Symbol für die dürstende Seele[2] zu den vier Quellen kommen, die einem Hügel entspringen, auf dem das Gotteslamm steht.[3] Wasser trinkende Tauben oder Pfaue sind auch als Lebensmotiv auf Mosaiken in Grabmälern (z. B. der Galla Placidia in Ravenna) anzutreffen.

Außerkirchlich wird das Wasser in Meditationskreisen als Erlebnisgestalt einbezogen, Brunnen- und Bächewanderungen, Meeresimpressionen u. a. sollen Menschen, die heute oft weitgehend denaturiert (von der Natur entfremdet) sind, neue Energie-Impulse geben. „Leitungswasser" wird in der Gastronomie in letzter Zeit vermehrt als Getränk begehrt.

Es kann sein, dass um die Kostbarkeit von Wasser weltweit (nicht nur im Orient) in Zukunft Kriege geführt werden, da es (mehr als Erdöl) Lebensader bedeutet. Noch wird in unserer westlichen Zivilisation mit dem „Gold" Wasser eher bedenkenlos, sorglos und verschwenderisch umgegangen (kostbares Trinkwasser für WC-Spülung, Autowaschen,

---

steigen die Gläubigen in dieses geheiligte „Jordan"-Wasser, heiligen („Hagiasmos") dabei kleine Kreuze und Tücher (die später als Sterbekleider dienen sollen), die sie bei sich tragen, und nehmen auch von dem Wasser zum Gebrauch unterm Jahr mit nach Hause.

1) Von lat. immergo, untertauchen.
2) Vgl. Ps 42,2: „Wie der Hirsch lechzt nach frischem Wasser, so lechzt meine Seele, Gott, nach dir".
3) Vgl. z. B. das Apsis-Mosaik von San Clemente in Rom.

Beschneiungsanlagen in den Schigebieten usw.). Ob nicht der sakramentale und segnende Umgang mit dem Wasser zu einem Umdenken beitragen könnte?! Nach den alarmierenden Befunden über (durch Nitrat) verseuchtes Grundwasser, zu Kloaken verkommenen Flüssen und verseuchten Meeren[1] ist zumindest in Europa viel zur Verbesserung von Grundwasser und der Reinigung von Flüssen geschehen. 2003 hat die UNO zum „Jahr des Wassers" erklärt.

2.1.4.3. Feuer und Licht

Das Feuer galt in der frühen Menschheitsgeschichte bis in die griechische Antike als göttliche Kraft, die dem Menschen eigentlich nicht zusteht (vgl. den Mythos vom Raub des Feuers durch Prometheus). Die göttliche Verehrung der licht- und wärmespendenden Himmelskörper (Sonne, Mond, Gestirne) war bei den meisten frühen Kulturen daher selbstverständlich. Das Naturerlebnis der Gewitter und ihrer gewaltigen Blitzentladungen vom Himmel auf die Erde legte dieses Denken nahe. Es spielt auch in der Bibel, insbesondere bei der Theophanie des brennenden Dornbusches[2] und am Berg Sinai[3] oder beim Gottesurteil am Berg Karmel[4] eine solche Rolle. Brandopfer galten daher als eine besondere Erhöhung und Aufwertung der Opfergabe, die in die Atmosphäre Gottes aufstieg. Feuer galt als die reinste Form der vier Grundelemente, weshalb man z. B. in der Leichenverbrennung[5] die *reinigende Kraft* des Feuers nutzte. Die Vorstellung vom reinigenden Feuer hat sich in der römisch-katholischen Eschatologie[6] im sog. Fegfeuer[7] fortge-

---

1) Z. B. durch leckgeschlagene Öltanker (Ölpest) und auch durch Müllentsorgung in die Meere.
2) Ex 3,2.
3) Vgl. Ex 19,18: „Der ganze Sinai war in Rauch gehüllt, denn der Herr war im Feuer auf ihn herabgestiegen."
4) Vgl. 1 Kön 18,38: „Da kam das Feuer des Herrn herab und verzehrte das Brandopfer ..."
5) Die Feuerbestattung ist vor allem im Hinduismus, aber auch in anderen Kulturen verbreitet.
6) Lehre von den „Letzten Dingen".
7) Vgl. Purgatorium.

setzt als ein Prozess der Läuterung der mit Schuld behafteten Seele.[1]

Die Psalmen verwenden öfter das Bild von der Metallschmelze[2] im Feuer, durch das das Edelmetall (Gold und Silber) von der Verunreinigung durch die Schlacke getrennt wird, als Vorbild für die Reinigung der Seele vom „Aussatz" der Sünde. In Anlehnung an Ex 12,10[3] wurden im ersten christlichen Jahrtausend aus der Feier der Eucharistie übriggebliebene Brote verbrannt; die nicht gebrauchten Hl. Öle werden bis heute dem Feuer übergeben und verbrannt, bevor die frisch geweihten Öle am Gründonnerstag übernommen werden. Dabei spielt der Gedanke der reinen Opfergabe als auch die Vorsichtsmaßnahme, dass geweihte Gaben nicht zu Unrat und Müll geworfen werden, eine Rolle.

Die zerstörende Funktion des Feuers wird vor allem in den Ideen des Weltenbrandes[4] am Ende der Zeiten sowie im Höllenfeuer gesehen.

Am meisten wird das Feuer jedoch ob seiner erhellenden und *wärmenden Kraft* geschätzt und genutzt. Die erhellende Funktion soll später an Hand der (Kerzen-)Lichter und Lampen erörtert werden.

Die häusliche Mitte des gemeinsamen Lebens bildet das Herdfeuer. So wird von den Griechen der Antike berichtet, dass das neugeborene Kind im Laufschritt um den Herd getragen und so in die Familiengemeinschaft aufgenommen wurde.[5] Soldaten und Wachmannschaften lagerten um ein größeres wärmendes Feuer.[6] Feuer diente auch der Zubereitung von Speisen; das Hüten des Herdfeuers war den Römern besonders heilig.[7]

---

1) Dazu zählen leider auch die schrecklichen Verirrungen in Form der Ketzer- und Hexenverbrennungen.
2) Vgl. Mal 3,2: „Denn er ist wie das Feuer im Schmelzofen."
3) Anordnung über die Feier des Pascha: „Wenn aber am Morgen noch etwas übrig ist, dann verbrennt es im Feuer".
4) Z. B. in der Mythologie der Germanen.
5) Vgl. Gottesdienst der Kirche, Teil 3, S. 274.
6) Vgl. Joh 18,18.
7) Die als Gottheit gedachte Hüterin des Feuers des Hausherdes war Vesta. Auch der Staat ließ sein heiliges Feuer von den Vestalinnen pflegen

Das Feuer als weithin *leuchtender Schein* übernahm zur Signalweitergabe und zum Erhellen des Weges in der Nacht eine wichtige Aufgabe. Beim Auszug des Volkes Israel aus Ägypten heißt es: „Der Herr zog vor ihnen her, bei Tag in einer Wolkensäule, um ihnen den Weg zu zeigen, bei Nacht in einer Feuersäule, um ihnen zu leuchten."[1] Das Osterlob „Exultet" nimmt darauf Bezug, wenn es über die Osterkerze singt: „Dies ist die Nacht, in der die leuchtende Säule das Dunkel der Sünde vertrieben hat."[2]

So genannte Kreidfeuer[3], die von hohen Kreidfeuer-Türmen im Umfeld von Festungen und Burgen zu Kriegszeiten als Alarm-Leuchtsignale weitergegeben wurden, wurden auch in späterer Zeit noch in sog. Freuden- und Friedensfeuern entfacht. Auch über das Osterfeuer[4] ist die Osterbotschaft als Freudennachricht in Kürze über Berg und Tal über das ganze Land weitergegeben worden. Bis heute sind diese Feuer üblich, sie werden zusätzlich durch andere Lichtsignale (leuchtende Kreuze oder andere christliche Symbole) in der Osterzeit erweitert.

---

und hüten. Jedes Jahr am 1. März, dem Neujahrstag, wurde das Feuer vom Oberpriester mit einem Brennspiegel oder mit geriebenem Holz neu entzündet. – Die Penaten sorgten als Götter des Haushalts für die Ehre und das Wohl der Familie; ihre Bilder standen in der Nähe des Herdes, auf dem stets ihnen zu Ehren ein Feuer loderte. Diese Bilder wurden bei Familienfesten bekränzt; für sie war immer ein Tisch gedeckt mit Salzfass, Früchten und Speisen; sie waren zugleich die Schützer des Gastrechtes. – Am 21. April, dem Gründungstag der Stadt Rom, gab es zu Ehren der alten Hirtengöttin Pales ein volkstümliches Sühne- und Reinigungsfest mit Opferdarbringungen, in dessen Verlauf durch das Feuer gesprungen wurde und auch Tierherden durch die brennenden Strohfeuer getrieben wurden. – Vgl. C. Caminada: Die verzauberten Täler, S. 50 ff.

1) Ex 13,21.
2) Vgl. Messbuch, S. [72f].
3) Verballhornung aus dem ahd. grinan, mhd. krîen, davon greinen = schreien, weinen, jammern.
4) Es hat wohl im wärmenden Feuer der Nachtwache (Vigilfeier) vor dem Festtag seinen Ursprung. – Vgl. auch „Lauf-Feuer".

Obwohl das Pfingstfest das Feuer aus dem Feuerstrom der Geistsendung („Zungen wie von Feuer") nahe legen würde, hat sich kein Feuerbrauch bei uns entwickelt.[1] Johannis-[2] oder Sonnwend-Feuer[3] sind dagegen wieder weit verbreitet. Auf andere Feuerbräuche, die z. T. auf vorchristliche Wurzeln[4] zurückgehen, wie Funkenfeuer und Scheibenschlagen kann hier nicht näher eingegangen werden.

Die leuchtende Kraft des Feuers wurde zudem in vielen *Lichtritualen* und *-symbolen* (Kerzen, Fackeln, Öllampen, Laternen usw.) ausgedrückt und entfaltet.

„Chaire, phos!" – „Sei gegrüßt, o Licht!" rief man in der Antike dankbar dem Lichte zu, das am Abend bei Anbruch der Dunkelheit ein Sklave in Gestalt einer Öllampe ins Zimmer brachte. Als „Freundliches Licht" („phos hilarion") wird in der Liturgie der Großen Vesper (dem Abendlob der Kirche) in der Ostkirche beim Entzünden der Kerzen (Luzernar)[5] Christus als Licht der Welt besungen und begrüßt.

Das Licht, das Dunkel und Finsternis vertreiben und überwinden kann, wird als Frucht der ersten Schöpfungstat Gottes gefeiert.

Deshalb begleitet auch das *Kerzenlicht* den Jahres- und Lebenslauf des Menschen in einer überreichlichen Entfaltung.

Von den vier Kerzen des Adventkranzes über das Luzia-Licht (13. 12.) zum Lichterbaum von Weihnachten, von der Kerzenweihe zu Mariä Lichtmess (2. 2.) und dem Blasiussegen mit gekreuzten Kerzen (3. 2.) über die Lichter in der Hausliturgie (zu Geburt und

---

1) H. Kirchhoff schreibt in seinem Buch „Christliches Brauchtum": „Der Brauch des Pfingstfeuers sollte dringend eingeführt oder neu belebt werden. Im Symbol des Feuers – dem Wind verschwistert – ist die Geistsymbolik der Hl. Schrift am ehesten sinnenfällig zu machen." Vgl. H. Kirchhoff: Christliches Brauchtum, S. 148.
2) 24. Juni: Feier der Geburt des Hl. Johannes des Täufers.
3) 21. Juni: Sommersonnenwende. In der nördlichen Weststeiermark gibt es an Stelle des Sonnwend-Feuers das sog. „Sunnewend-Rachen" (Sonnwend-Rauchen).
4) Überreste von alten Sonnenkulten zur Dämonen-Abwehr, Winteraustreibung und zum Frühjahr- und Fruchtaufwecken.
5) Stammt aus dem Anfang des 3. christlichen Jahrhunderts.

Geburtstag, Taufe, Erstkommunion und Firmung[1], Abendgebet, Tischkerze zu verschiedenen Anlässen, Hochzeits- und Ehejubiläumskerzen, den Lichtern in den Martinslaternen, zum Gebet für und mit Kranken, als Wetterkerze bei heftigen Gewittern, bei sonstigen Gefahren, Krieg und Seuchen, als Sterbekerze und für das Totengedenken) bis zu den Prozessions- und Wallfahrtskerzen begleitet das Licht den Weg des Menschen. Die Osterkerze ist in besonderer Weise herausgehoben als Sinnbild für Christus[2], den Auferstandenen. Ihr Licht setzt sich fort in den Taufkerzen, den Altarkerzen[3], der „Ewigen-Licht"-Ampel vor dem Allerheiligsten im Tabernakel bis zu den Grablichtern[4] auf den Friedhöfen als „Hoffnungs-Lichter" auf die Auferstehung. In der Liturgie werden brennende Kerzen auch beim Verkünden des Evangeliums[5] und zur Ausspendung der Eucharistie als begleitende Lichtzeichen verwendet.

Auch in der Antike wurde Licht (auch bei Tag) als ehrende Gabe vor jemandem angezündet (in der vorchristlichen Zeit vor Götterbildern, vor hohen Staatsbeamten, etwa zu Gerichtssitzungen).[6] In jüngster Zeit werden Kerzen im Alltag an Orten eines Unglücks

---

1) Die Firmkerze ist leider fast außer Gebrauch gekommen (hängt mit dem Firmalter, bei uns 14 Jahre, zusammen, wo die Pubertierenden mit ihren Händen und schon gar mit Kerzen in den Händen nichts anzufangen wissen).
2) „Lumen Christi" – „Christus, das Licht": Ruf beim Einzug mit der Osterkerze in der Feier der Osternacht.
3) Die Ostkirche kennt statt der Altarkerzen den siebenarmigen Leuchter hinter dem Altar.
4) Im reichlichen Gebrauch von Grablichtern schwingt noch ein Rest von apotropäischem (Geister abwehrendem) Denken aus vorchristlicher Zeit nach, wonach Dämonen mit Vorliebe bei Gräbern hausen und durch das Licht vertrieben werden sollten. Ähnlicher Aberglaube stand hinter dem Haar- oder Nagelopfer, wonach Salz, Menschenhaare, Fingernägel und Zähne im Feuer verbrannt werden mussten, um sog. Schadenzauber (vgl. Hexerei) abzuwehren.
5) In der Ostkirche symbolisiert der brennende Leuchter, der der Evangelienprozession vorangetragen wird, den Vorläufer (prodromos) Johannes den Täufer, der auf Jesus hinweist: „Seht das Lamm Gottes!" (Joh 1,29). Auf ihn sollt ihr hören.
6) Im modernen Star-Kult entspricht dem das Anfachen von Feuerzeugen bei Popkonzerten.

(Verkehrsunfall, Naturkatastrophen), als Demonstrationslicht für Frieden (Friedenslicht) und Freiheit (z. B. in Ostdeutschland vor dem Ende der kommunistischen Diktatur) oder für andere humanitäre Einsätze und Ziele verwendet.

Antike und Mittelalter kannten als Grundlage für das Licht Olivenöl (Öllampen) und Bienenwachs[1] (Wachskerzen). Heute sind es Ersatzstoffe wie Paraffin, Stearin und Unschlitt oder andere Öle (Steinöl, Petroleum). In manchen Gegenden sind die Kirchen auch zu elektrischen Lämpchen übergegangen (z. B. bei Opferlichtern an Wallfahrtsorten), um das Verrußen der Kirche zu vermeiden. Für den unmittelbaren liturgischen Gebrauch sind solche Ersatzlösungen jedoch bislang verboten und nach wie vor Wachs- bzw. Öllichter die Regel.

Abschließend zu dem Thema Feuer und Licht soll auch kurz noch auf die *Asche* eingegangen werden, die als Verbrennungsprodukt die „lustrierende Kraft des Feuers"[2] enthält und deshalb zu Reinigungs- und Sühnezwecken verwendet wird. Asche ist Zeichen der Vergänglichkeit und der Todesverfallenheit, der Buße und Umkehr und damit auch der Auferstehungshoffnung.[3] In diesem Sinn wird auch die Bezeichnung der Gläubigen am Aschermittwoch[4] mit dem Aschenkreuz verstanden. Asche wird darüber hinaus dem Gregoriuswasser beigefügt zum Zeichen der Reinigung[5] für die Altar- und Kirchweihe. Nach altem Mönchsbrauch legen sich sterbende Mönche auf ein aus Asche auf den Boden gelegtes Kreuz.[6]

---

1) Vgl. das Osterlob (Exultet) auf die Osterkerze: „Aus dem köstlichen Wachs der Bienen bereitet, wird sie dir dargebracht von deiner heiligen Kirche." (Messbuch, S [76]).
2) Vgl. Gottesdienst der Kirche, Teil 3, S. 282.
3) Vgl. in Ägypten den Phönix aus der Asche.
4) Sünder ließen sich zum Zeichen der Buße und Umkehr öffentlich Asche auf das Haupt streuen (nebst öffentlichem Sündenbekenntnis). Das erste bekannte Gebet zur Segnung der Asche stammt aus dem 11. Jahrhundert. Seit dem 12. Jahrhundert gilt die Vorschrift, die Asche aus den geweihten Palmzweigen des vorangegangenen Palmsonntags zu gewinnen.
5) Aschenlauge wurde lange Zeit als alltägliches Reinigungsmittel verwendet.
6) Dieser Brauch wird z. B. über das Sterben des Hl. Ulrich von Augsburg von seinem Biographen Gebhard berichtet. Vgl. E. Kapellari: Heilige Zeichen, S.125.

2.1.4.4. Luft, Atem

In vielen Religionen und Kulturen wird die Luft als Lebenselement mit dem Lebensatem gleichgesetzt. Auch die Bibel (das armenische Wort für Bibel ist: „Gottesatem") verwendet für die Erschaffung des Menschen das Bild vom Einhauchen des Lebensatems, wenn es in Gen 2,7 heißt: „Da formte Gott, der Herr, den Menschen aus Erde vom Ackerboden und blies in seine Nase den Lebensatem." Dem Propheten Elija offenbart sich Gott nicht im Sturm oder im Feuer, sondern im sanften, leisen Säuseln[1] des Windhauchs. Im NT erweist sich Jesus als Herr über den lebensbedrohenden Seesturm.[2] Die Geistsendung zum Pfingstfest geht einher mit einem „Brausen, wie wenn ein heftiger Sturm daherfährt."[3] In den Homelien über das Geheimnis der Gegenwart Gottes wird seit den Vätern immer wieder auf die unsichtbare, aber für unser Leben notwendige „Hülle" der Luft, die uns umgibt, als Bild verwiesen. Bis zum 2. Vatikanischen Konzil hauchte der Priester bei der Taufwasserweihe drei Mal in das Wasserbecken (bei der Taufwasserweihe in der Ostkirche ist es bis heute üblich), um gleichsam dem Wasser die lebensspendende Kraft und die Einhauchung des Hl. Geistes zu verleihen.

Schon in der Rede des Häuptlings Seattle klingt die Sorge um die Wertschätzung der Luft an, wenn er dort sagt: „Die Luft ist kostbar für den roten Mann – denn alle Dinge teilen denselben Atem – das Tier, der Baum, der Mensch – sie alle teilen denselben Atem. Der weiße Mann scheint die Luft, die er atmet, nicht zu bemerken; wie ein Mann, der seit vielen Tagen stirbt, ist er abgestumpft gegen den Gestank. Aber wenn wir euch unser Land verkaufen, dürft ihr nicht vergessen, dass die Luft uns kostbar ist und dass die Luft ihren Geist teilt mit all dem Leben, das sie enthält. Der Wind gab unseren Vätern den ersten Atem und empfängt ihren letzten. Und der Wind muss auch unseren Kindern den Lebensgeist geben."[4]

---

1) Vgl. 1 Kön 19,11f.
2) Mk 4,35-41.
3) Apg 2,1.
4) Seattle: Wir sind ein Teil der Erde, S. 20f.

Im Zeitalter der zunehmenden Luftverschmutzung, der Smogs über den Großstädten, der bisweilen von Reinigungsmittelfirmen bis zur Groteske übertriebenen Hygieneverordnungen (Denaturalisierung) haben Symbolhandlungen wie Anhauchen wenig Chance, obwohl im Erste-Hilfe-Einsatz für das leibliche Überleben die Mund-zu-Mund-Beatmung ihren lebensrettenden Stellenwert hat.

Ob nicht ein Segensgestus des Anhauchens (Atem-Spendens) im Bereich der Taufe und Firmung oder der Krankensalbung einen legitimen Platz haben könnte?! Das griechische „pneuma" und das lateinische „spiritus" bedeuten jedenfalls Wind, Hauch und Geist. Ist vielleicht auch deshalb manchmal wenig Be-Geist-erung in der Kirche verspürbar, weil manche Enge und Ängstlichkeit Luft- und Atemwege versperren?[1] Es ist auch nicht unbedeutsam, darauf hinzuweisen, wenn der Geist Gottes (die ruach[2] JHWH), der am Anfang der Schöpfung über dem Wasser schwebt, der auf Jesus bei der Taufe im Jordan in Gestalt einer Taube herabkommt und auf den er sich als Erfüllung des Propheten Jesaja[3] beruft[4], ist schließlich auch der „Beistand und Tröster"[5] für die Gemeinschaft der Jesus-Jünger nach seiner Auferstehung und Himmelfahrt. „Der Geist ist es, der lebendig macht"[6], er „weht, wo er will"[7], in und außerhalb der Kirche, und sein „Lebensatem" will alle Menschen erreichen.

---

1) Vgl. dagegen den Reformwunsch Papst Johannes XXIII. mit seinem Aggiornamento: „Die Fenster auf, Luft herein für einen neuen Aufbruch in der Kirche!"
2) In einer Darstellung der Hl. Dreifaltigkeit in der bayerischen Kirche Urschalling (Nähe Chiemsee) aus dem Jahr 1385 wird der Hl. Geist in Gestalt einer Frau gezeigt.
3) Jes 61,1: „Der Geist des Herrn ruht auf mir".
4) Lk 4,18.
5) Vgl. Joh 14,16f; 14,26.
6) Vgl. Röm 8.
7) Vgl. Joh 3,8: „Der Wind weht, wo er will; du hörst sein Brausen, weißt aber nicht, woher er kommt und wohin er geht. So ist es mit jedem, der aus dem Geist geboren ist."

2.1.4.5. Baum und Zweig

Bäume haben die Menschen immer wieder als Lebenssymbol (Lebensbaum, Stammbaum usw.) fasziniert. Indem der Baum in zwei Bereichen lebt, mit der Krone droben in der Sonne und mit dem Wurzelstock unter der Erde, sah man darin ein Symbol der Berührung zwischen Himmel und Erde. Das nach oben ausgreifende Astwerk mit dem jährlich neu Ergrünen, Blühen und Reifen von Früchten, die Standfestigkeit des Stammes und die Verwurzelung[1] als Halt und Beheimatung ergeben viele Aspekte des Lebens. Durch sein Alter, das ein und viele Menschenleben überdauert, seine Widerstandskraft, die Stürmen und Wettern trotzt, ist er ein Bild für Beständigkeit und Überleben trotz vieler Heimsuchungen. Der Baum erträgt viele Parasiten und ernährt sie mit, er bietet Vögeln Raum für ihren Nesterbau, bietet unter seiner Krone Schatten und Schutz bei gleißender Hitze. Der Nadelbaum bewahrt das Grün der Lebenshoffnung über den „toten" Winter hinüber, die Früchte der Obstbäume nähren den Menschen mit köstlichen Gaben. Wälder schützen den Lebensraum der Menschen und Tiere als ökologischer Speicher vor Überschwemmung, Vermurungen und Lawinen (Bannwald), sie sind die großen Sauerstoff-Regeneratoren für eine gesunde Atemluft.

Das Holz wird zu einem (erneuerbaren) Energieträger (Brennmaterial), zum Grundstoff für Papier, für Hausbau und Mobilar. Durch Jahrtausende hindurch trug das Holz Menschen über das Wasser in Form von Brücken und Stegen, Flößen und Schiffen.

Das Austreiben neuer Sprösslinge aus dem Baumstumpf verlieh dem Baum einen Hauch von Unsterblichkeit. Sprachforscher leiten

---

1) Am Beispiel der Eiche ist das Wurzelwerk fast so umfangreich wie die Krone. Das berühmteste Baumheiligtum der griechisch-römischen Antike war der von Eichen bestandene Hain des Zeus zu Dodona (Epirus), zugleich die älteste Orakelstätte Griechenlands. Am 8. 11. 392 n. Chr. wurde sie von Kaiser Theodosius I. durch ein Verbot heidnischer Kulte geschlossen. Ein ähnliches Schicksal erfuhr die dem Wettergott geweihte Donar-Eiche durch Bonifatius 723. (Das keltische Wort für „Druiden" wurde übrigens bei Plinius von der griechischen Bezeichnung für Eichenbaum „drys" abgeleitet).

aus dem frühest bekannten Wort für den fruchtbaren Baumstumpf „mat" zugleich den ältesten Laut für „Mutter" ab.[1] Dieses Bild kennen wir in der Bibel auch als prophetische Messiasweissagung beim Propheten Jesaja: „Doch aus dem Baumstumpf Isais wächst ein Reis hervor, ein junger Trieb aus seinen Wurzeln bringt Frucht."[2]

„Heilige Bäume" finden wir in allen Kulturen und Religionen. Meist sind sie als „kosmischer Baum" ähnlich den „heiligen Bergen" Mittelpunkt des Weltalls und Baum ewigen Lebens oder Wissens, wie z. B. bei der nordländischen Weltesche „Yggdrasil", die ihre Wurzeln bis ins „Herz der Erde" senkt. Verwandlungen der Menschen in Bäume (z. B. Daphne in einen Lorbeerbaum) spielen in der Mythologie und im Märchen immer wieder eine Rolle. Opfermahlzeiten fanden im Schatten „heiliger Bäume" und „heiliger Haine" statt. Gottesnähe, Schutz und Orakelweissagungen knüpfte man an diese Bäume. So erscheint Gott dem Abraham bei den Eichen von Mamre, dieser bereitet den drei Männern ein Mahl und erfährt in seinem hohen Alter die segnende Zukunftshoffnung, einen Sohn zu erhalten.[3]

Wie die Natur Jahr für Jahr das Wunder des Lebens aus dem winzigen Samenkorn den Keimling, Blüte und „hundertfältige Frucht"[4] hervorbringt, so erhofft der Mensch von Gott Leben in Fülle.

Deshalb stellte sich der biblische Mensch des Orients das Paradies auch als Garten mit vielen Fruchtbäumen an Wasserquellen vor, mit dem Baum des Lebens und dem Baum der Erkenntnis von Gut und Böse in der Mitte.[5] Und es kam auch von einem Baum (durch den Sündenfall) der Tod und von einem Baum (des Kreuzes[6]) das (neue) Leben. In besonders schöner Form nimmt der Hymnus der Laudes in der Karwoche auf dieses Bild Bezug:

1) Vgl. B. Moser: Bilder, Zeichen und Gebärden, S.153.
2) Jes 11,1.
3) Vgl. Gen 18,1ff.
4) Vgl. Mt 13,8. Aus einem Weizenkorn können unter guten Bedingungen in drei Jahren eine Million Körner geerntet werden.
5) Vgl. Gen 2,8f.
6) Vgl. das Kreuz als Lebensbaum mit vielen Früchten über dem Altar im Stift Zwettl.

„Heilig Kreuz, du Baum der Treue,
edler Baum, dem keiner gleich,
keiner so an Laub und Blüte,
keiner so an Früchten reich. [...]

Beuge, hoher Baum, die Zweige,
[...]
du, die Planke, die uns rettet
aus dem Schiffbruch dieser Welt.
Du, gesalbt vom Blut des Lammes,
Pfosten, der den Tod abhält."[1]

Im Gegensatz zur antiken Kriegsführung der „verbrannten Erde", wo durch die Vergiftung der Brunnen und das Fällen der (Oliven-)Bäume die Lebensgrundlagen für Generationen zerstört wurden, gebietet Gott im Buch Deuteronomium die Schonung des Baumbestandes: „Wenn du eine Stadt längere Zeit hindurch belagerst, um sie anzugreifen und zu erobern, dann sollst du ihrem Baumbestand keinen Schaden zufügen, indem du die Axt daran legst. Du darfst von den Bäumen essen, sie aber nicht fällen mit dem Gedanken, die Bäume auf dem Feld seien der Mensch selbst."[2] Hinter diesem Gebot steht eine zeitlose Lebensweisheit, die in eine Welt-Öko-Charta gehört.[3]

Kriege und damit zusammenhängende großflächige Abholzungen für die (Kriegs-)Schifffahrt haben zu Verkarstungen im gesamten Mittelmeerraum geführt, die nur mühsam wieder repariert werden können (z. B. Baum-Aufpflanzungsprojekt im jungen Staat Israel zur Klimaverbesserung, gegen Austrocknen und Erosion ganzer Landstriche).

Früher stand in jedem Dorf die Dorflinde, beim Bauernhof die Hoflinde als Abbild des Weltenbaumes, bis heute setzen Zimmerleute beim Richtfest einen Baum auf den Dachfirst. Der Maibaum

---

1) Stundengebet, Bd. 2, S. 178f.
2) Deut 20,19. Den Bäumen keinen Schaden zuzufügen, wird auch in der Apokalypse (Offb 9,4) wieder erwähnt.
3) Vgl. Welt-Ethos.

ist bis heute ebenso verbreitet; seine Wurzeln stammen aus dem Fruchtbarkeits-Kult (Phallus-Symbol) vorchristlicher Zeit, wie übrigens auch manche Baum- und Zweige-Bräuche (z. B. Barbara-Zweige) aus der Weihnachts- und Jahreswechselzeit.

In der Architektur nahm die ionische Säule und die seit 1241 in deutschen Städten (zur Bezeichnung der Markt- und Gerichtshoheit einer Stadt) errichteten „Rolandssäulen" den Gedanken und das Motiv vom Weltenbaum auf.

Die christliche Version des Weltenbaumes als Paradieses- und Kreuzesbaum findet sich wunderschön dargestellt im Apsismosaik der Kirche San Clemente in Rom, wo das Kreuz aus einer üppigen Akanthus-Pflanze emporragt. Der Stammbaum Jesu aus der Wurzel Jesse wird häufig in überreicher Ornamentik ausgemalt. Der hell erleuchtete Lichterbaum (Christbaum) zu Weihnachten symbolisiert den (durch Christus in seiner Geburt wieder gewonnenen) Paradiesesbaum.

In den Märchen begegnet uns der Wald als Ort des Wandlungs- und Reifungsprozesses, durch dessen Dunkel der Mensch hindurch muss, Bäume als Nistort weisheitskundiger Vögel, als Früchte und helfende, Schlüssel vermittelnde Wegwciser[1], als Lebens-Schlüssel schlechthin.[2]

Die Frucht des Apfelbaumes galt seit dem Altertum als Fruchtbarkeitssymbol, weshalb besonders der *Granatapfel*[3] im Umfeld von Hochzeitsbräuchen Verwendung findet. Der Apfel findet sich

---

1) Vgl. das Märchen Aschenputtel: „Bäumchen, rüttel dich und schüttel dich, wirf Gold und Silber über mich". (Br. Grimm: Kinder- und Hausmärchen, Bd. 1, S. 178-180).

2) Vgl. das Märchen „Das singende, klingende Bäumchen".

3) Der Granatapfel galt wegen seines Samenreichtums als Symbol der Lebensfülle und Fruchtbarkeit. Bemerkenswert ist auch der Blütenkelch, der als steifes Zackenkrönlein auch bei der Frucht noch erhalten bleibt, während er bei anderen Apfelsorten vertrocknet und einer Narbe ähnelt. Der Granatapfel galt auch als Symbol feuriger Liebe (daher Attribut der Aphrodite), und bis heute schenkt man einander in Griechenland Granatäpfel als besonderes Liebeszeichen. Das Hohelied der Liebe im AT erwähnt sie mehrmals als Bild für die Liebe und Schönheit

auch im Reichsapfel als Herrschaftszeichen, manche Madonnen zeigen die Mutter Maria mit Kind und Apfel.

Verschiedene *immergrüne Bäume* wie Palmen, Oliven, Zeder, Zypressen, Pinien, alle Koniferen (mit Ausnahme der Lärche), Lorbeer, Steineiche, Myrte, Buchsbaum, Ysop und Efeu haben in der christlichen Tradition eine besondere Wertschätzung und Verwendung gefunden. Mit ihren Zweigen wird zum Segen Weihwasser ausgesprengt, werden Kränze geflochten usw. Immergrün gilt dabei seit alters als Hinweis auf die Unvergänglichkeit.

Der *Lorbeer* (laurus, daphne) wurde „wegen des aromatischen Geruches und Geschmackes seiner immergrünen Blätter und schwärzlichen Beeren schon in ältester Zeit zu einem Götterbaum, dessen Duft Moder und Verwesung verscheucht."[1] Dem Apoll geweiht, der damit Seuchen und Epidemien abwenden sollte, wurde der Lorbeer auch zum Sühnebaum. Auch weissagende Kraft schrieb man ihm zu (vgl. die lorbeerkauende Seherin Pythia in Delphi), je nach der Art, wie er verbrannte (knisternd oder lautlos).

Ärzte verwendeten im gesamten Altertum Lorbeerzweige, siegreiche Heere schmückten sich zur Sühne für das vergossene Blut der Feinde und später auch als Zeichen des siegreichen Triumphes, wie auch bei sportlichen Wettkämpfen. Der akademische Grad des „Baccalaureus" erinnert noch heute an diesen „Siegeskranz", der auch auf Erfolge auf dem Gebiet der Wissenschaft und Kunst übertragen wurde. Nach Plinius ist der Lorbeer der einzige größere Baum, der nie vom Blitz getroffen wird.[2]

---

der Braut. – Ein Granatapfel, der durch einen Spalt seine Fruchtkörner zeigt, ist das Abzeichen der Barmherzigen Brüder, als Symbol für die Liebe, die sich dem Nächsten öffnet und hingibt. – Tönerne Granatäpfel in alten Gräbern Italiens als Grabbeigaben verweisen auf jenseitige Lebenshoffnung. Vgl. D. Forstner: Die Welt der christlichen Symbole, S. 159-161.

1) D. Forstner, ebda S. 161.
2) Daher Verwendung gegen Seuchen (vgl. Blitze und Pestpfeile).

Der *Mandelbaum*, der in Asien und dem Mittelmeerraum verbreitet ist, kündet durch seine zartrosenfarbenen Blüten noch vor Frühjahrsbeginn das neue Leben an. Er wird in der Hl. Schrift vor allem mit dem Aaron-Stab[1] und der bevorzugten „Blüte" des aaronitischen Priestertums und der Leviten verknüpft. Die christliche Ikonographie hat als Ausdruck des einzigen und endgültigen Hohenpriesters[2] Jesus Christus häufig als Pantokrator (Weltenherrscher) in der Mandorla (Mandelnuss-Schale) dargestellt.

Die immergrünen Blätter der *Myrte* duften, wenn man sie reibt; ein aus ihnen gewonnenes Öl diente schon in der Antike als Heilmittel und die schwärzlichen Beeren zur Bereitung eines Weines. Der Baum, der im warmen Klima einen Kronendurchmesser von ca. 3 m erreichen kann, kleidet sich gegen Ende Juni in einen zarten weißen Blütenflor. Die Myrte galt im Altertum als Bild jungfräulicher Anmut, und der Myrtenkranz, den die Braut bei der Hochzeitsfeier trägt, geht zurück auf die Beziehung dieser Pflanze zur Ehegöttin Aphrodite.

Myrtenkränze schmückten als Symbol der Freude auch römische Krieger, wenn sie ohne Blutvergießen (ohne „Befleckung") von einem Feldzug heimkehrten (sonst trugen sie den „sühnenden" Lorbeerkranz).

Die christliche Deutung der Myrte sieht sie als bräutlichen Schmuck und Symbol unberührter Jungfräulichkeit. Der Name der Königin Ester (Edissa, Hadassah) ist abgeleitet von „Hadas" = Myrte; ebenso in der assyrischen Sprache das Wort „hadasatu" = Braut.[3] Die Retterin Israels Ester wird deshalb zum Vorbild für die allerseligste Jungfrau Maria, die liebliche Myrte des Herrn und „Ursache unserer Freude".[4]

Unter den vielen *Palmen* ist besonders die Dattelpalme ob ihrer Größe (bis zu 25 m hoch) und Schönheit zu einem Symbol unver-

---

1) Vgl. Num 17.
2) Hebr 4,14ff.
3) Vgl. D. Forstner, aaO, S. 166.
4) Vgl. Lauretanische Litanei.

welklichen Lebens und des Sieges geworden. 360 Verwendungsmöglichkeiten zählt ein altbabylonischer Text. Ihre Wurzeln treibt sie in die Tiefe nach verborgenen (auch salzigen) Quellen. Kein Sturm vermag sie zu brechen oder zu entwurzeln. „Der König der Oase taucht seine Füße in Wasser und sein Haupt in das Feuer des Himmels", sagt der Araber von ihr.[1] Sie kann ein Alter von 300 Jahren erreichen. Der Psalmist vergleicht das Gnadenleben des Menschen mit ihr: „Der Gerechte blüht wie eine Palme."[2]

Als Sieges-Palme ist sie in der Antike weit verbreitet, sie weist beim Einzug Jesu in Jerusalem auf den (über Sünde und Tod) siegreichen Messiaskönig und Friedensfürsten hin. Sie ist bis heute deshalb Segens-Zeichen der Palmsonntags-Liturgie.[3]

Die durch Christus Erlösten, Märtyrer und alle Heiligen sieht schon der Seher von Patmos in seiner Apokalypse mit Palmzweigen in den Händen[4], auf Katakomben-Grabsteinen und in der nachkonstantinischen Mosaikkunst[5] wird die Palme als der Siegespreis verstanden, der jedem verliehen wird, der den guten Kampf gekämpft, den Lauf vollendet und den Glauben bewahrt hat.[6]

Mehr als 70 Mal wird in der Hl. Schrift die *Zeder* genannt, die eine Höhe bis über 30 m erreichen kann, wegen ihres Wohlduftes und der „Unverweslichkeit" des Holzes, das kein Schädling angreift, seit frühester Geschichte geschätzt. Das Zedernöl aus den großen Zapfen diente wie das Harz zu Konservierungszwecken und als Heilmittel gegen Zahnschmerzen. Zedernsägespäne benützten die Ägypter bei der Bereitung der Mumien, mit einer Art Zedernsalbe schützte man sich gegen Schlangenbisse. Das Holz, das Plinius „ewig" bezeichnet, wurde für Kisten zur Aufbewahrung wertvoller

---

1) D. Forstner, aaO. S. 169.
2) Vgl. Ps 92,13.
3) In Ländern, wo keine Palmen wachsen, werden sie durch Ölzweige vom Olivenbaum (Mittelmeerraum) oder durch Weidenzweige („Palmkätzchen") ersetzt.
4) Offb 7,9.
5) Vgl. S. Apollinare in Classe und S. Apollinare Nuova in Ravenna.
6) Vgl. 2 Tim 4,7.

Dinge verwendet und sollte vor Moder-, Maden- und Mottenschäden bewahren.

Wegen seiner Schönheit und Dauerhaftigkeit war es als Bauholz für Tempel und Paläste, Götterstatuen und Schiffe gefragt.

Auch als Opfer für die Götter oder bei Totenfeiern fand Zedernholz Verwendung.

Die Bibel preist sie als Bild des Hohen, Erhabenen und Unvergänglichen. Außer bei der Reinigung von Aussatz[1] und nach einer Leichenberührung zur Reinigung von Menschen und Gegenständen[2] wird die Unverweslichkeit der Zeder auch zur Zubereitung eines Reinigungs- (Lustrations-)Wassers wie ein „Sakramentale" eingesetzt.

Ähnlich der Zeder wurde auch der *Zypresse* (cupressus sempervivens = „immerlebende" Zypresse) Unverweslichkeit und Unzerstörbarkeit (kann ein Alter bis zu 1000 Jahren erreichen) zugeschrieben. Ihre schlanke, obeliskenartig zum Himmel strebende Gestalt (bis zu 20 m hoch) wie eine Feuerflamme wird in der Hl. Schrift oft zusammen mit der Zeder genannt, ihr Holz übertrifft das der Zeder an Dauerhaftigkeit noch. Die Arche Noah sei angeblich aus Zypressenholz gewesen. Lanzenschäfte, Musikinstrumente, Schmuckkästchen und auch Särge wurden daraus angefertigt. Als Todessymbol (und deshalb häufig auf Friedhöfen anzutreffen) galt die Zypresse deshalb, weil sie, einmal abgehauen, nie mehr nachwächst.

Zypressenholz diente bei Leichenverbrennungen als duftende und den üblen Geruch mildernde Beigabe. Es fand in der Antike auch Verwendung für medizinische Zwecke und als Abwehrmittel gegen Zauber und Nachstellungen böser (z. B. Toten-)Geister.

Die *Weide* galt von Alters her als „lebensfrohes" (philoxoon) Gewächs, das am Wasser grünt und wie von selbst aus Ablegern neu aufsprosst. Auf Grund ihres sprunghaft raschen Wachstums gab man ihr den lateinischen Namen „salix" (von salire = springen). Im Altertum glaubte man, dass die Weide ihre Samen in unreifem

---

1) Vgl. Lev 14,4 ff; 49 ff.
2) Vgl. Num 19,6.

Zustand abwirft und nannte sie deshalb „fruchtzerstörend" (olesikarpos) und „fruchtverlierend" (frugiperda). Das führte zum sonderbaren Aberglauben, dass sowohl die Weide als auch der Agnos-Baum[1], den die Antike für dasselbe hielt, im Menschen sinnliche Begierden abzutöten vermögen.

Das Christentum der ersten Jahrhunderte nahm aus der manichäisch beeinflussten Leibfeindlichkeit gerne die Weide als Symbol für die Keuschheit auf. So wurde der Psalm 137[2] gedeutet, dass wir unsere Leiber (Bild der Harfe) nicht an den Wogen der Lust (Babylons Flüsse), sondern am Baum der Keuschheit (Weide) festmachen. Die Weidenblüte, in Wasser zerrieben und getrunken, sollte alle Glut der Leidenschaft und Sinnlichkeit löschen. Die Weidenzweige werden auch in der Verwendung beim jüdischen Laubhüttenfest erwähnt.

Man pflanzte in der Antike Weiden mit Vorliebe in die Nähe der Weinberge und Rebgärten, weil man dadurch bequem ihre biegsamen Zweige für das Aufbinden der Reben zur Hand hatte. Vielleicht hat das Aufstellen von Birkenzweigen (statt Weiden) zur Fronleichnamsprozession eine entsprechende Symbolik zur Eucharistie?!

Der Hl. Hilarius verweist auf die Taufsymbolik, indem er auf das Grünen der Weiden auch in Zeiten der Dürre und auf das von selbst Austreiben der abgeschnittenen Reiser aus dem Wasser oder aus feuchtem Erdreich verweist: Durch das Wort Gottes und das lebendige Wasser der Taufe werden die zuvor durch die Sünde verdorrten Glieder aus dem „Tod" zu neuem Leben erweckt.

Der *Olivenbaum* nimmt nach dem Weizen und dem Weinstock, die die eucharistischen Gaben liefern, den höchsten Rang ein, da aus seinen Früchten das Olivenöl und aus diesem das Salböl gewonnen

---

1) Der stark aromatische Busch „Vitex agnus castus" wurde im Altertum als Antiaphrodisiacum eingesetzt. Zur Bewahrung der Keuschheit wurden der Trank aus den Blüten und unter das Bett gelegte Zweige und Blätter vom Agnos-Baum verwendet (agnos = von agneia = Keuschheit).

2) Ps 137,1-2: „An den Strömen von Babel, da saßen wir und weinten, wenn wir an Zion dachten. Wir hängten unsere Harfen an die Weiden in jenem Land."

wird. Olivenbäume können viele hundert Jahre alt werden, ihre grünlich-schwarzen Früchte liefern alle zwei Jahre reiche Ernte. Aus ihnen wird das Olivenöl gewonnen, das für die Küche, als Heil- und Kosmetikartikel (kühlt, glättet und schützt die Haut), als Energiequelle für Öllampen und im Sport (der eingeölte Körper ist vom Gegner im Ringkampf schwer zu fassen, er entgleitet seinem Zugriff) Verwendung findet.

Schon die Heiden schrieben dem Öl göttliche Wirkung zu. Könige, Priester und Propheten werden gesalbt, um sie mit der Gottheit in eine besondere Beziehung zu bringen.

Neugeborenen und Toten sollen Salbungen ein friedvolles Leben vermitteln. Der Ölzweig und das Öl galten als Symbol des Friedens und der Versöhnung.[1] Tote bettete man auf Olivenblätter, um für sie Frieden und Erbarmen zu erflehen. Olivenzweige als Kranz wurden Siegern bei Olympischen Spielen verliehen, in Begleitung siegreicher, lorbeergeschmückter Feldherren wurden von deren Dienern Kränze aus Olivenzweigen mitgetragen.

Das Bild aus der Antike, dass Öl stürmische Meereswogen besänftigen und glätten kann, ist in unseren Tagen zum Phantombild und Alptraum geworden, wenn aus leckgeschlagenen Erdöltankern ganze Meeresteile und Küstenstriche von der sog. „Ölpest" bedroht werden.

Weizen, Öl und Wein werden in der Hl. Schrift als Zeichen der Segensfülle und Fruchtbarkeit friedlicher Zeiten genannt. Der liturgische Gebrauch des Öles für die Salbung der Hohenpriester, Könige und Propheten, der Bundeslade, des heiligen Zeltes und seiner Geräte wird im AT vorgeschrieben.

Noch heute werden die Hl. Öle am Gründonnerstag vom Bischof für seine Diözese feierlich geweiht: Das Chrisam für Taufe, Firmung und Priesterweihe (inhaltlich eigentlich ein Sakrament, das altersbezogen zu drei verschiedenen Zeiten gespendet wird)[2], das

---

1) Vgl. Gen 8,11: die ausgesandte Taube, die nach der Sintflut Noah einen Olivenzweig bringt. Griechische Priester und Friedensboten trugen Olivenzweige. Vgl. auch die Wortverwandtschaft zwischen elaia (Ölbaum) und eleéo (ich erbarme mich).

2) Die Ostkirchen feiern die Sakramente der „Initiation" (besser „Isago-

Katechumenenöl zur Stärkung der Taufbewerber und das Krankenöl für die Krankensalbung. Diese Öle werden im Auftrag des Bischofs im Heilsdienst an den Gläubigen (zur Zeit ausschließlich durch die Priester und Bischöfe) verwendet. In altchristlicher Zeit wurden auch Büßer und Apostaten bei ihrer Wiederaufnahme in die Kirche gesalbt.[1]

Olivenzweige finden bis heute in Mittelmeerländern als Ersatz für Palmen Verwendung bei der Palmweihe am Palmsonntag.

Der *Weinstock* (vitis, ampelos) nimmt neben Weizen (und Brot) für die eucharistische Gabe (Wein) eine besondere Rolle unter den Pflanzen ein. Im Orient, der Heimat des Weinstocks, schlingt sich die Rebe mit armdicken Ästen von Baum zu Baum bis zu den höchsten Wipfeln und bildet dichte schattige Lauben und Gänge. Bereits im apokryphen „Pastor des Hermas" (2. Jh. n. Chr.) wird der Reiche mit dem Weinstock verglichen, der den Armen (die Ulme) kleidet, dieser stützt den Reichen durch sein Gebet und gibt ihm Möglichkeit zu seelischem Wachstum durch gute Werke. Trauben können im Orient bis zu 50 cm Länge erreichen, weshalb zwei Männer die Traube aus dem Gelobten Land an einer Stange tragen müssen.[2]

Wein zählt in diesen heißen Ländern zum „Lebenswasser", er wird meist mit Wasser gemischt, mit Maß genossen. Für die Griechen war der Gott Dionysos (Bacchus) als Gott der Weinkultur, der Jugend und Lebensfreude eine Art Erlöser aus mühsamen Alltagssorgen. Das sumerische Zeichen für „Leben" war ursprünglich ein Weinblatt, und im alten Orient war der Weinstock identisch mit dem „Kraut des Lebens."[3]

---

gie" in das Mysterium Christi, „Mystagogie") in einer Feier (Taufe = Photismos/Erleuchtung, Myron-Salbung = Firmung und Eucharistie/Erst-Kommunion); nur die Chirothonie (Salbung zu den Weiheämtern) ist davon getrennt. Vgl. G. Larentzakis: Im Mysterium leben, aaO, S. 6.

1) Bis heute spenden die Ostkirchen Konvertiten aus anderen christlichen Konfessionen im Allgemeinen die „Myron-Salbung".
2) Vgl. Num 13,24 f.
3) Zum Urwunsch des Menschen, dass doch gegen den Tod ein Kraut gewachsen sei, soll später noch eingegangen werden.

In der Bibel gilt als Gottessegen ein friedliches Leben unter eigenem Weinstock und Feigenbaum. Der Weinberg wurde sorgsam bebaut, gehütet und mit Umfassungsmauer, Wächterturm und Kelter versehen. Er wurde zum Sinnbild des auserwählten Volkes (als vinea electa), das trotz der Untreue Israels Gottes liebende Fürsorge erfuhr.

Christus bezeichnet sich selbst als den wahren Weinstock, an dem die Menschen als Rebzweige organisch eingebunden sind (worauf schon der Jakobssegen über Juda hinweist).[1]

In der Segnung des Weines beim letzten Abendmahl wird Jesu Tod und Auferstehung zum neuen Lebens-Bund („Kelch des neuen und ewigen Bundes, mein Blut, das für euch vergossen wird"). Die Ostkirchen verwenden bis heute Rotwein (durch die Beigabe von heißem Wasser erwärmt), weil er das Auge deutlicher auf das Blut Christi hinweist. Die Westkirche verwendet aus praktischen Gründen (Reinigung) fast ausschließlich Weißwein (in der Qualität eines „naturbelassenen" Kabinettweines). Außerhalb der Eucharistie wird gesegneter Wein bei sog. „Agapen" (Liebesmahl), bei der Trauung[2] und zum Fest des Hl. Johannes des Evangelisten (27. 12. als „Hanswein") gereicht.

In der Kunst finden Reben und Trauben in der Darstellung des Herbstes im Zyklus der Jahreszeiten ihren Ausdruck. Im Zuge der Ausgrabungen zur Erforschung des Petrus-Grabes stieß man auf ein christliches Grab, das neben den Motiven vom Guten Hirten und vom Fischer auch Weinranken auf Goldgrund über die ganze Decke verteilt zeigt. Der dionysische Glückseligkeitsbegriff wird hier zum Symbol himmlischer Freude und Seligkeit gewandelt.

Darstellungen wie die „Madonna in der Weinlaube" von Lukas Cranach im Prälatursaal des Stiftes Melk greifen die eucharistische Bedeutung auf, die auf Maria als ersten und leibhaftigen „Tabernakel" (Zelt, Herberge für Gott) verweist.

---

1) Vgl. Gen 49,11.
2) Dieses „Minnetrinken" ist z. T. auch Ersatz für den Kommunionempfang. Im byzantinischen Ritus wird dem Brautpaar im Anschluss an die Ehe-Krönung in einer Art Präsanktifikations-Liturgie gesegneter Wein gereicht.

Auf Pflanzenteile wie Samen (Weizenkorn, Senfkorn), Wurzeln (Alraune, Nieswurz, Wurzel Jesse), Dornen, Blätter, Blüten und Früchte soll hier nicht näher eingegangen werden, ebenso nicht auf Blumen wie Lilien, Rosen, Seerosen (Lotosblumen), Veilchen u. a.

Erwähnt werden soll noch der *Ysop* aus der Gattung der Dosten (origanum), der in Palästina als „Unkraut" auf Mauern und felsigen Stellen wächst und als buschiges, aromatisches Kraut sich besonders als Wedel für Besprengungen (mit Blut, Wasser) eignet. Er wirkt als Medikament schleimlösend (Heilmittel für die Lunge). Bezug nehmend auf den 51. Psalm[1] wird er bis heute, zumindest verbal[2], im Sakramentale des sonntäglichen Taufgedächtnisses genannt.

(Grüne) Zweige von verschiedenen Bäumen werden in den Ostkirchen zu Pfingsten in Häusern und Wohnungen als Schmuck angebracht, Blumen und grüne Zweige tragen die Gläubigen während der Pfingstliturgie, um auf den lebensspendenden Geist hinzuweisen und für die Erstlingsgaben der Natur zu danken.[3] (Immergrüne) Reisigzweige werden bei uns von den Jägern im Umfeld der Jagd („Bruch") verwendet, aber auch bei Hubertusfeiern; beim Begräbnis eines Waidmannes werden sie mit ins Grab gegeben. Grabkränze aus Reisigzweigen, mit Blumen geschmückt, sollen von der den Tod überdauernden (immergrünen) Hoffnung auf die Auferstehung künden. Von der immergrünen Hoffnung der Erwartung auf das (Wieder-)Kommen Christi sprechen die Adventkränze, die ebenfalls aus Reisigzweigen geflochten werden.

Dürre Zweige, wie sie um die Winterzeit verwendet werden, wie die Kirsch- (oder Forsythien-)Zweige, die zum Gedenktag der Hl. Barbara (4. 12.) vom Baum geschnitten und in die warme Stube in warmes Wasser „eingepflanzt" werden, sind ebenso Botschafter des (Über-)Lebens, denn sie sollen zu Weihnachten – mitten in der toten Jahreszeit des Winters – *erblühen*.[4]

---

1) Vgl. Ps 51,9: „Entsündige mich mit Ysop, dann werde ich rein."
2) Bei uns werden an Stelle des Ysopzweiges Buchsbaum-Zweige zum Aussprengen des Weihwassers verwendet, oder ein eigenes Aspergil.
3) Vgl. im Jüdischen das „Schawuot"–Fest.
4) Der Brauch geht auf vorchristliches Orakelbrauchtum zurück, wo mit

Bei der Verwendung von dürren Zweigen zur Nikolaus- (6. 12.) bzw. „Frisch und G'sund"-Rute (28. 12.) wird im Grunde derselbe Wunsch verbunden, dass mit dem *Berührtwerden* mit dieser Rute (= Segenszweige) Segen mit den Kindern (6. 12.) und von den Kindern (28. 12., Tag der „Unschuldigen Kinder") erfahren wird. Im weiteren Sinn kann jedes Überreichen von Zweigen und Blumen als eine Form des Zweigsegens verstanden werden.

Es ist in der Welt gegen alle Krankheiten ein *„Kraut"* *gewachsen, nur nicht gegen den Tod.* Ihren bewegendsten und zugleich frühesten Ausdruck hat die Sehnsucht nach einem Mittel gegen den Tod wohl im Gilgamesch-Epos gefunden.[1] Gilgamesch[2], in seiner Sehnsucht, durch die „Lebenspflanze" auch als Greis wieder zum Jüngling werden zu können, gelangt zum Gebirge Maschu, wo allabendlich die Sonne durch das große Bergtor zur Ruhe geht, er passiert die Nacht (12 Stunden) ungeachtet der Skorpionmenschen, pflückt die Lebens-Pflanze auf dem Meeresgrund und verliert sie an die Schlange[3], die sich ihrer bemächtigt, während er ein Bad nimmt.

Wenn die christliche Theologie *Maria* immer wieder als Blume, als „Rose ohne Dornen", als „der unverbrennbare Dornbusch"[4] als „Reis des nie verdorrenden Stammes[5], als „herrlich fruchtender Baum, der die Gläubigen labt"[6], als „mystische Rose, daraus uns Christus entströmt"[7] preist, wird auch die wieder neu initiierte

Erblühen oder Nicht-erblühen sowohl Hochzeit als auch Sterben für das kommende Jahr angekündigt sein sollte.

1) Vgl. G. Becker: Die Ursymbole in den Religionen, S. 184.
2) Zentrale Gestalt des sog. Gilgamesch-Epos, das als bedeutendstes Werk der babylonischen Literatur (Ende des 3. Jahrtausends vor Christus) Kultur und Literatur der umliegenden Völker stark beeinflusste (u. a. auch die Bibel mit ihrer Sintfluterzählung).
3) Vgl. Gen 3: Auch die Bibel übernimmt dieses Motiv, womit der Mensch das Paradies und das ewige Leben durch den Versucher in Gestalt einer Schlange verliert.
4) Ikone der Ostkirche.
5) Hymnos Akathistos.
6) Ebda.
7) Ebda.

Kräutersegnung am 15. 8. (Heimgang, Entschlafung Mariens)[1] verständlich, wenn der Segen über die frisch geernteten (Heil-) Kräuter und Blumen Gottes lebensspendende und -erhaltende Gnade anspricht und daran erinnert, dass durch Maria der Bezwinger über den Tod, Christus, der Welt geschenkt wurde, womit sie der „Mutter-Boden" und das „Kraut" ist, aus dem die „Lebens-Pflanze", der Gottessohn Jesus Christus zu unserem Heil und für unser ewiges Leben „entsprossen" ist.

2.1.4.6. Pflanzliche Duftsubstanzen (Duftöle, Harze, Weihrauch)

Wohlgerüche waren den alten Orientalen und den mit ihnen in Beziehung stehenden Völkern nicht bloß Gebrauchsmittel, sondern Lebensbedürfnis. Teils in flüssiger Form, teils als Räucherwerk waren sie sowohl im Privatleben als auch im religiösen Kult von großer Bedeutung. Harzkörner des arabischen Weihrauchstrauches (Boswellia), gemischt mit Würzkräutern, auf glühende Kohlen zu werfen, war in der ganzen Antike allgemein verbreitet. Sie wurden im Bereich der *Hygiene* eingesetzt, um üble Gerüche und Dünste zu überdecken und zu vertreiben. Wohnungen, Kleider, Betten wurden damit bedacht, Duftöle wurden zur Pflege der Haut oder zur Behandlung von Verletzungen angewandt. *Apotropäisch* fanden sie Verwendung bei Leichenbegängnissen, wo nicht nur die Verwesungsdünste übertüncht, sondern auch Ansteckungsgefahren[2] und Einflüsse dämonischer Mächte gebannt werden sollten. Auch der Brauch in unseren Gegenden, zu den sog. Rauchnächten zwischen Hl. Abend (24. 12.) und Dreikönig (6. 1.) mit Rauchpfannen durch Haus und Hof zu gehen, hat noch starke Anklänge an diesen Glauben, böse Mächte damit abzuwehren (Schwellenängste um die Jahreswende).

---

1) In der römischen Kirche die missverständliche Bezeichnung „Mariä Himmelfahrt".
2) Noch im Mittelalter tragen Pest-Ärzte vogelartige Gesichtsmasken, deren Schnabel mit scharf riechenden Kräutern gefüllt war, um sich vor Infektionen zu schützen.

Die Wolke des Räucherwerkes sollte am jüdischen Versöhnungstag den Hohenpriester beim Eintritt in das Allerheiligste vor dem todbringenden Anblick der Gottesherrlichkeit *schützen*.[1]

Auch *verehrend* wurde das Räucherwerk angewandt. Von Rom über das byzantinische Kaiserzeremoniell bis zur Pontifikalliturgie wurde und wird dem Kaiser, dem Papst und den Bischöfen beim Einzug ein Feuerbecken mit Räucherwerk vorangetragen. Als Zeichen der göttlichen Anbetung wird der Weihrauch zwar im AT und NT (z. B. Offb 5,8; Offb 8,3-5) erwähnt, hat aber in der Kirche zunächst auf Grund der seit Kaiser Domitian geltenden göttlichen Verehrung der römischen Cäsaren durch Weihrauchstreuen, dem die Christen sich widersetzten und dafür Verfolgungen auf sich nehmen mussten, keine Verwendung und erst ab dem 4. Jh. n. Chr. zögernd Eingang gefunden.

Der natürliche häusliche Gebrauch von Räucherwerk wurde bald in die Versammlung der Christen-Gemeinde in den Basiliken übertragen, „wo bei großen Menschenmengen mit ihren Ausdünstungen ein starkes Bedürfnis nach Luftverbesserung[2] bestand."[3] Aus ähnlichen Bedürfnissen hängte man am Sonntagmorgen in die Grabkapelle (Anastasis) der Grabeskirche in Jerusalem drei Rauchfässer. Daraus entwickelte sich später, als keine Negativ-Konkurrenz aus dem römischen Kaiserkult mehr bestand, das Inzensieren (Beräuchern) des Kirchenraumes vor Beginn des Gottesdienstes (heute noch in den Ostkirchen). Sowohl die westliche als auch die östliche Liturgie (diese noch stärker) verwenden schließlich den Weihrauch zu Beginn der Liturgie, vor den Ikonen (Ostkirche), dem Evangelienbuch, Altar, Kreuz, Osterkerze, Gaben zur Gabenbereitung[4],

---

1) Vgl. Lev 16,13.
2) Aus dem selben Bedürfnis ist auch das riesige Weihrauchfass („Botafumeiro") in der Pilgerkirche Santiago de Compostela entstanden, um den Jakobsweg-Pilgern, die man auf Grund des Schweißes ihrer weiten Reise weithin roch, die z. T. auch in der Basilika nächtigten, für die Messe eine Luft- und Geruchsverbesserung zu verschaffen.
3) Gottesdienst der Kirche, Teil 3, S. 280.
4) Damit wird auch die Altarweihe erneuert.

Priester und Volk und zur Erhebung der eucharistischen Gaben zur Wandlung. Im Rahmen der Vesper wird in der Ostkirche beim Luzernarpsalm 141,2 „Wie Weihrauch steige mein Gebet zu dir auf" Ikonostase und Volk beräuchert. In der Westkirche wird seit der Neuzeit auch das ausgesetzte „Allerheiligste" (Eucharistie in der Monstranz) beräuchert, ebenso wird bei verschiedenen Segnungen Weihrauch verwendet.

Unter den verschiedenen Duftpflanzen ist vor allem der *Balsam* („Opobalsamum") zu nennen, ein gelblicher, aromatischer Saft, der im Sommer aus der Rinde eines tropischen Strauches, des Balsamodendron träufelt. Um die Gewinnung seines Saftes zu erhöhen, werden Einschnitte[1] in die Rinde gemacht, wofür man kein eisernes Messer[2] benützen sollte. Der Saft aus den künstlich zugeführten Einschnitten ist jedoch nicht sehr konzentriert. Balsam wurde einst in der Medizin als beliebtes Heilmittel zur Wundbehandlung eingesetzt.[3]

Der kräftig-herbe Geruch wurde in der Antike von Männern bevorzugt („Männer-Deodorant").

Josephus Flavius berichtet, dass die Königin von Saba die ersten Wurzelschösslinge der Balsamstaude nach Palästina brachte, wo sie in den Gärten Salomos zu Jericho und Engaddi gezüchtet wurden.[4] Die Hl.Schrift nennt den Balsam in Prophetentexten, Psalmen und Büchern der Weisheit. Die christliche Liturgie bezieht ihn auf Maria bzw. auf die Erlösung durch Christus am Kreuz.[5]

---

1) Plinius empfiehlt, die Einschnitte an der der aufgehenden Sonne zugewandten Ostseite vorzunehmen.

2) Glasscherben, Knochensplitter oder scharfe Steine sollten verwendet werden.

3) Konrad von Megenberg sagt: Der Strauch lässt sich verwunden, um anderer Wunden zu heilen. Vgl. D. Forstner: Die Welt der christlichen Symbole, S. 210.

4) Vgl. 1 Kön 10,10: „Sie (die Königin von Saba) gab dem König (Salomo) 120 Talente Gold, dazu eine sehr große Menge Balsam und Edelsteine. Niemals mehr kam so viel Balsam in das Land, wie die Königin von Saba dem König Salomo schenkte."

5) Vgl. den Hl. Ambrosius, der die Art der Balsamgewinnung (durch den Einschnitt in das Holz bricht der Balsam hervor) als Sinnbild der Gnade Christi, die aus seiner geöffneten Seitenwunde strömt, deutet.

Balsam ist neben anderen Zutaten (Ölen und Kräutern) beigemischter Bestandteil des *Chrisams* (oder Chrisma) bzw. des *Hl. Myron*[1] in den Ostkirchen, das am Gründonnerstag in einer eigenen Chrisam-Messe durch den Bischof (bzw. Patriarchen in den Ostkirchen) feierlich geweiht und mit Olivenöl vermengt wird. Auf seine Verwendung bei Taufe, Firmung und Priesterweihe wurde oben bereits hingewiesen. Nur alter arabischer, palästinensischer oder indischer Balsam ist für den liturgischen Gebrauch gestattet.

Aus der Rinde einer Art des Balsambaumes sickert als wohlriechender, bitter schmeckender Saft *Myrrhe*, die häufig zusammen mit einem ähnlichen Harzöl, der *Aloe* genannt und verwendet wird. Als Flüssigkeit in der Kosmetik sehr beliebt, trug man in der Antike Myrrhen-Büschel oder -säckchen an der Brust, um ihren erquickenden und erweckenden Duft beständig einzuatmen. Myrrhen-Wein[2] schrieb man betäubende Wirkung zu. Die Ägypter gebrauchten Myrrhe zur Einbalsamierung der Mumien. Myrrhe war nebst anderen Substanzen Hauptbestandteil des heiligen Salböls, mit dem Aaron und seine Söhne sowie alle Gegenstände des heiligen Zeltes geweiht werden sollten.[3] Wegen ihrer Bitterkeit wurde sie auch als Medizin[4], aber vor allem zur Konservierung von Leichen verwendet. Auch für die Beisetzung Jesu wird eine Mischung von Myrrhe und Aloe erwähnt.[5] Die Frauen, die am Ostermorgen mit wohlriechenden Salben zum Grab Jesu eilen[6], werden in den Ostkirchen als Myrrhenträgerinnen ob ihrer Erstberufung der Begegnung und Ver-

---

1) Vgl. E. Renhart: Das Heilige Myron. Die Ingredienzen nach alter griechischer und armenischer Tradition. In: Arbeits- und Forschungsbericht aus dem Institut für Liturgiewissenschaft, S. 69-80.
2) Vgl. Mk 15,23 Erwähnung bei der Kreuzigung Jesu.
3) Der Gebrauch derselben Mischung für andere Zwecke („missbräuchliche Verwendung") war den Israeliten unter Todesstrafe verboten. Vgl. Ex 30,22-33.
4) D. Martinetz widmet in seinem Buch „Weihrauch und Myrrhe" zwei Kapitel dem Thema „Weihrauch, Myrrhe als Arzneimittel".
5) Joh 19,39.
6) Lk 24,1.

kündigung des Auferstandenen in Festtroparien (hymnischen Liedstrophen) gewürdigt. Der dritte Sonntag nach Ostern wird in den Ostkirchen als „Sonntag der Heiligen Myron-Trägerinnen" bezeichnet.[1] Die Exegeten bringen die Myrrhe immer in Beziehung zur menschlichen Natur oder zum Tod Christi, im Hinweis auf die Gaben der Magier aus dem Osten, die dem Kind in der Krippe nebst Gold und Weihrauch Myrrhe bringen, auf den Myrrhenberg (= Golgatha) des Hohenliedes[2] und an das Myrrhenbüschlein (bzw. -säckchen) am Busen der Braut[3], das die Kirche in ihrem ständigen Gedenken an Tod und Auferstehung Christi versinnbildet.

Myrrhe findet heute bei uns in getrockneter Form, als durchscheinende weißlich bis dunkelrote Körner, die beim Verbrennen ihren Duft abgeben, als Räucherwerk (Teil des Weihrauchs) Verwendung.

Unter *Weihrauch* versteht man Harze verschiedener Boswellia-Bäume oder -sträucher, die vor allem auf der arabischen Halbinsel[4], in Abessinien (Äthiopien), Ägypten und Indien vorkommen. Bereits 1000 v. Chr. gab es damit regen Handel auf der sog. „Weihrauchstraße". Der echte Weihrauch (thus, incensum) wird durch Verbrennen der Harze aus der Rinde der Boswellia-Bäume erzeugt. Die von selber aus der Rinde träufelnden Ausscheidungen liefern eine bessere Qualität als jene, die man durch Einschnitt gewinnt. Die Weihrauchimitationen aus Koniferen-Harz erreichen bei weitem nicht den Duft des echten.

Rauchopfer zählten zur Verehrung der Gottheiten (Wohlgeruch sollte die Götter günstig stimmen). Auf dem Rauchopferaltar im Tempel von Jerusalem wurde eine Mischung von Stakte, Onyx, Galbanum und Weihrauch verbrannt. Das griechische Wort für Opfer (thysia) und das für Weihrauch[5] (thus) sind etymologisch verwandt.

---

1) Vgl. Orthodoxer Kirchenkalender.
2) Hld 4,6.
3) Hld 1,13.
4) Saba war in der Antike Zentrum der Weihrauchproduktion.
5) „Das liegt im Weihrauch: ein Geheimnis der Schönheit, die von keinem Zweck weiß, sondern frei aufsteigt; der Liebe, die brennt und durch den Tod geht: des Gebetes". Vgl. R. Guardini: Von heiligen Zeichen, S. 39.

Erwähnt werden soll noch aus der Familie der Baldriangewächse[1] (valeriana) die echte *Narde*, die in der Hl. Schrift bei der Salbung in Betanien[2] durch Maria erwähnt wird. Es war in der Antike allgemein Brauch, solche Duftöle aus der Wurzel der ca. 40 cm hohen Pflanze in Alabaster-Gefäßen aufzubewahren, um damit bei Gastmählern die Gäste zu salben. Auch im Hohenlied der Liebe im AT wird unter dem „Duftgarten" der Liebe die Narde erwähnt.

In Zeiten, da bei uns nicht nur Deodorant-Sprays gefragt sind, sondern indische Räucherstäbchen oder Duftlampen mit verschiedenen ätherischen Ölen, Aromatherapien usw. Zulauf erfahren, wo in den Häusern um die Weihnachtszeit, nicht zuletzt durch die Sternsingeraktion, Weihrauchkörner zum besonderen Duft im Haus beitragen, wird auch ein neues Entdecken des Segnens unter Einbeziehung des Geruchssinns durch Duftsalben, Öle und Räucherwerk, sowie des Berührens mit Duftölen und wohlriechenden und heilkräftigen Salben verständlich. „Balsam für die Seele" nennen wir jedes wohltuende Labsal (in Wort und Tat) heute noch gerne.

2.1.4.7. Brot und Salz

Unter den Lebens-Mitteln ist *Brot* das allgemeinste und unentbehrlichste für die Menschen. Es wird entweder aus verschiedenen Getreidesorten (Weizen, Gerste, Roggen, Mais, Reis, Hirse)[3], aus

---

1) Der in den Alpen vorkommende Speik (valeriana celtica) gehört zu dieser Pflanzenfamilie.
2) Joh 12,3.
3) Weizen ist die erfolgreichste Nutzpflanze der Erde und seit dem 19. Jh. die wichtigste Brotfrucht der ganzen Erde. Reis ist heute für rund die Hälfte der Weltbevölkerung die Hauptnahrung (China, Indien). Man kennt heute an die 8.000 Reissorten. Der Ertrag bei der Reisernte ist sehr hoch (bis zu 200 Reiskörner aus einem Samenkorn), bei der Nassreiskultur sind bis zu drei Ernten im Jahr möglich. Mais ist eine Kulturpflanze der Indianer Süd- und Mittelamerikas, bei uns in Mitteleuropa nach 1945 fast ausschließlich als Futtergetreide für Nutztiere (Schweine- und Geflügelmast) in Verwendung. Hirse ist das „Brot Afrikas", Gerste ist die Grundlage für die Brotbereitung in nördlichen Breiten (Russland) bzw. in extremen Hochlandregionen Asiens (Tibet, Himala-

Kartoffel-Stärke (in tropischen Breiten Süßkartoffel)[1] oder auch aus Maniok und Soja zubereitet. Die ungleiche Verteilung der Güter auf der Welt führt bis heute dazu, dass immer noch viele Menschen Mangel an Brot und dessen Grund- oder „Roh"-Stoffen und somit Hunger erleiden und an Hunger sterben müssen, während in den Wohlstandsländern Brot geringschätzig auch weggeworfen wird, in den USA jährlich Unmengen von Weizen (aus Überproduktion) vernichtet werden, um die Weltmarktpreise zu halten.

Brot ist deshalb seit frühesten menschlichen Kulturen wie kein anderes Lebens-Mittel mit dem *Teilen*[2] und mit religiös-kultischen Ritualen in Verbindung gebracht worden; Getreide und Brot zählten bald zu den Opfergaben an die Götter, so z. B. an Mais-Gottheiten bei den indianischen Hochkulturen Mittel- und Südamerikas.

Auch im AT war das Brot besonders geheiligt. Im Tempel wurden auf einem besonderen Tisch 12 ungesäuerte (= kultisch reine) Schaubrote als ständige Opfer aufgelegt, die jeden Sabbat erneuert wurden. „Brot des Angesichtes" wurden sie genannt, weil sie gleichsam ständig im Angesichte des Allerhöchsten (vor dem Allerheiligsten des Herrn) lagen. Diese Brote drückten einerseits die *Dankbarkeit* Gott, dem Schöpfer, gegenüber aus, der dem Menschen Brot für das Leben schenkt, andererseits sollte es auf das „Brot des Lebens" verweisen, auf jene „geistigen Gaben" der Liebe und Treue Gottes im Bund mit seinem Volk. Auch das Opferbrot Melchisedeks[3], die ungesäuerten Brote des Paschamahles[4], das

---

ja, Kaukasus) oder der Anden. Roggen für „Schwarzbrot" ist vor allem in den Alpenländern verbreitet.

1) Die Kartoffel stammt wie der Mais aus Amerika und zählt seit der 2. Hälfte des 19. Jhdts. weltweit zum Massen-Nahrungsmittel, oft als Brotersatz. Yams-Brote oder -Brei trifft man vor allem im tropischen Afrika, aber auch in Südamerika.
2) Für die Kriegsgeneration war folgende Erfahrung wichtig: Brot, das man in der Tischlade einsperrte, ist schimmlig geworden und niemandem dienlich. Brot, das man geteilt hat (auch mit einem Fremden, der nichts auf seiner Flucht gerettet hat als sein nacktes Leben), ist dennoch nie ausgegangen.
3) Vgl. Gen 14,18.
4) Vgl. Ex 12,14-20.

Manna in der Wüste[1], das Brot des Elija aus der glühenden Asche[2] können hier erwähnt werden. Im NT hören wir von zwei Brotvermehrungen Jesu, wobei das Johannes-Evangelium im Anschluss daran eine lange „Brotrede"[3] Jesu anführt, in der Jesus sich selbst als „das lebendige Brot, das vom Himmel herabgekommen ist"[4], bezeichnet. Alle Brot-Perikopen im AT und NT zielen auf die Einsetzung der Eucharistie beim letzten Abendmahl.[5] Die Erzählung von den Emmaus-Jüngern, die den Auferstandenen am Brotbrechen erkennen[6], und Brot und Fisch über dem Kohlenfeuer im Nachtragskapitel des Johannes-Evangeliums[7] deuten die Erfahrung der Urkirche mit der Eucharistie als Begegnungen mit dem auferstandenen und erhöhten Herrn. Das Brot und die Feier der Eucharistie wird zum konstitutiven Zeichen der Zugehörigkeit und Einheit der Christengemeinde. Das wird bereits in einem Gebet der Didache (Zwölfapostellehre) aus dem 2. christlichen Jahrhundert sehr schön zum Ausdruck gebracht.[8]

Das Brot für die Eucharistie war in der Kirche zunächst das gewöhnliche (mit Sauerteig gebackene) Weißbrot, das bis heute in den Kirchen der Orthodoxie so verwendet wird. Die Tradition ungesäuerter („azyma") Brote geht auf den Auszug aus Ägypten im Buch Exodus und die Verwendung bis heute im jüdischen Pessach zurück. Sauerteig (oder Hefe) für das Brotbacken benötigt mehrere Stunden

1) Vgl. Ex 16,13-35.
2) Vgl. 1 Kön 19,6.
3) Joh 6.
4) Joh 6,51.
5) „Beim letzten Abendmahl hat Jesus nach jüdischem Tischbrauch den bereit liegenden Brotfladen in die Hand genommen, das Dankgebet (berakah) darüber gesprochen, das Brot in Stücke geteilt und diese seinen Jüngern gereicht, indem er dabei sagte: 'Das ist mein Leib für euch'. " (Gottesdienst der Kirche. Teil 3, S. 258).
6) Lk 24,30f.
7) Joh 21,13.
8) „Wie dieses gebrochene Brot [als Weizen] auf den Hügeln zerstreut war und zusammengebracht eins wurde, so möge deine Gemeinde von den Enden der Erde zusammengebracht werden in deinem Reich!" (Did 9,4). [Edition: Fontes Christiani, Bd.I].

Effata – Tu dich auf!

Zeit, um den Teig zum „Aufgehen" (Gären) zu bringen. Das war für den hastigen nächtlichen Aufbruch aus der Knechtschaft in Ägypten zu zeitraubend. Außerdem galt der Sauerteig nicht als „rein", da man in ihm bereits eine Korruption, eine beginnende Zersetzung und Fäulnis sah.[1]

Es war schließlich vor allem die *Ehrfurcht* im Umgang mit dem eucharistischen Brot[2], die im 6. Jh. schon bei den Armeniern und ab dem 9. Jh. im Abendland dazu führte, *ungesäuertes Brot* (Azymen) für die Eucharistie vorzusehen. Beim Brechen bröselt es nicht so wie gewöhnliches Brot. Ab dem 11./12. Jh. unterließ man auch die Brotbrechung für die Kommunion der Gläubigen, sondern fertigte entsprechend kleine (runde) Partikel dafür an, die man mit Kreuzkerbungen oder anderen symbolischen Auszierungen (mittels eigener Stempel) versah. Das 2. Vatikanische Konzil forderte die Erkennbarkeit der Brotgestalt und das sichtbare Zeichen des Brotbrechens wieder ein. Bei Messfeiern in kleineren Gruppen lässt sich diese Forderung durchaus gut umsetzen, indem der Priester eine größere (Brot-)Hostie für alle teilt.

Brot hat zu verschiedenen Festzeiten in einer Vielfalt von Gebildbroten einen hohen Stellenwert in der Fest- und Feierkultur erhalten. Seit früher Zeit empfand man es als Sünde, Brot verderben zu lassen oder wegzuwerfen. Im bäuerlichen Haus wird der Brotlaib (z. T. noch selbst gebacken) bis heute noch bekreuzigt und gesegnet.

Das Weizenkorn, das durch viele (Ver-)Wandlungen (Sterben in der Erde, Keimen, Frucht- bringen, Gemahlen-Werden, im Teig als Mehl verknetet und im Feuer gebacken) hindurch gehen muss, deren viele sich zu einem Brot verbinden, ist in vielfacher Weise für das Geheimnis der Eucharistie, das Verwandeltwerden des Menschen durch den christlichen Glauben und zum Bild für die Kirche geworden. Auch das Gebet Jesu, das Vater unser, enthält die Bitte

---

1) Vgl. Paulus in 1 Kor 5,6-8, wo er vom alten Sauerteig der Bosheit und Sünde spricht, dem er das ungesäuerte Brot der Lauterkeit und Wahrheit (Wahrhaftigkeit) gegenüberstellt.

2) Die Äthiopier bereiten das Brot durch Diakone in einer eigenen Hütte neben der Kirche, dem sog. Betlehem (= Brothaus). Vgl. Gottesdienst der Kirche. Teil 3, S. 261.

um das tägliche Brot. Es muss auch in Zukunft Aufgabe der Kirche sein, den ehrfürchtigen Umgang mit dem Brot im Alltag (auch als Propädeutik für die Eucharistie), mit dem Brot der Eucharistie (z. B. Treue zur sonntäglichen Eucharistiefeier in Erfüllung des Testamentes Jesu: „Tut dies zu meinem Gedächtnis!") und dem Auftrag daraus, dass wir Menschen „Brot des Lebens" durch unseren Dienst für- und aneinander werden[1], zu fördern. Brot und der Tisch der feiernden Gemeinschaft sollte deshalb auch bei allen Segensfeiern in Fortsetzung vom zentralen Tisch des Glaubens in der Eucharistie ein konstitutives Element sein.

Die Bedeutung des *Salzes* im Haushalt der Natur und insbesondere für das organische Leben war den Menschen von Alters her bekannt. Als Würze der Speisen, als Konservierungsmittel (Pökelsalz), als Bestandteil des Blutes (weshalb den Wüsten-Nomaden nicht nur ausreichend Wasser, sondern auch Salz für das Überleben wichtig ist), als Eis tauendes Mittel (senkt den Gefrierpunkt, daher Salzstreuung im Winter) und das Wasser der Weltmeere durchdringendes Element, das im Toten Meer durch seine hohe Konzentration vor dem Untergehen bewahrt (Salzwasser trägt durch seine höhere Dichte).

Die konservierende Kraft des Salzes wurde seit alters her auch als Element der Reinigung und der Bewahrung vor Fäulnis genutzt. Im AT zeigt sich die reinigende Kraft des Salzes bei der Vorbereitung der Opfergaben[2] und bei der Trinkbarmachung der Quelle von Jericho[3] durch den Propheten Elischa.

Salz wurde im Altertum (und bis heute) den Nutztieren gereicht (Salz-Leck-Steine), es sollte den Appetit der Viehherden steigern und damit ihre Milchleistung und Fruchtbarkeit. Neugeborene Kinder wurden mit Salz eingerieben (lustriert)[4] zur Stärkung der Haut. Auf

---

1) Vgl. den Hl. Franziskus, der sagt: Ich könnte vor jedem, der von der Hl. Kommunion kommt, niederknien, denn er ist eine „lebendige Monstranz" geworden.
2) Vgl. Lev 2,13: „Jedes Speiseopfer sollst du salzen, und deinem Speiseopfer sollst du das Salz des Bundes deines Gottes nicht fehlen lassen."
3) Vgl. 2 Kön 2,20 ff.
4) Vgl. Ez 16,4.

die „Würze des Wortes" und der Unterhaltung weist Paulus im Kolosser-Brief[1] hin. Wegen seiner Unentbehrlichkeit bildete das Salz einen wichtigen Teil der Entlohnung von Soldaten und Beamten, daher der Name des Soldes „Salarium"[2], Salär bis heute. Salz diente durch viele Jahrhunderte zur Wundbehandlung bei Mensch und Tier.

Das Salz als Bild der Dauerhaftigkeit und Unverweslichkeit spielte bei Bündnissen eine Rolle (z. B. auch als Symbol der unverbrüchlichen Treue im Bund mit Gott). Dem Brautpaar gab man es bei der Eheschließung zum Kosten, Freundschaften und Verträge wurden durch das gemeinsame Genießen von Brot und Salz besiegelt.[3] Bei uns ist bis heute im ländlichen Raum der Brauch erhalten, dem Brautpaar nach der Trauungsfeier am Kirchtor Brot und Salz[4] zu überreichen. Bei den Arabern gibt es bis heute einen Schwur bei Brot und Salz.

„Salem apponite! – Setzt Salz auf!" sprach der römische Hausherr, wenn er Gastfreundschaft übte. Sie galt den Menschen im Orient heilig[5] wie eine Opfergabe[6] an die Götter, die auch immer mit Salz versehen wurde, damit sie den Gottheiten als schmackhaft erscheinen mochten. Artaxerxes befahl per Verordnung, den Juden nach ihrer Rückkehr aus dem Exil das für die Opfer nötige Salz zu geben.[7] Neugeborenen Kindern streute man am 8. bzw. 9. Tag mit Salz versehenes Opfermehl auf die Lippen zur Reinigung und zur Abwehr dämonischer Einflüsse.

---

1) Vgl. Kol 4,6.
2) Vgl. Esr 4,14.
3) Vgl. 2 Chr 13.5.
4) In jüngster Zeit wurde dieser Brauch durch das „Reiswerfen" über die Neuvermählten verdrängt. Dieser aus Sizilien stammende Brauch sollte unendliche Fruchtbarkeit symbolisieren. Dieser wegwerfende Umgang mit dem Lebens-Mittel Reis ist jedoch auf seine Sinnhaftigkeit zu hinterfragen.
5) Vgl. Hebr 13,2: „Vergesst die Gastfreundschaft nicht; denn durch sie haben einige, ohne es zu ahnen, Engel beherbergt."
6) Auch den Opfertieren wurde Salz zwischen die Hörner auf die Stirn gestreut.
7) Vgl. Esr 6,9.

Salz wurde bis zum 2. Vatikanischen Konzil den Täuflingen in den Mund gereicht, Salz wird seit früher Zeit dem (Tauf- und Weih-)Wasser zum Zweck der Reinigung[1] und des Exorzismus beigefügt. Seit dem Mittelalter gibt es eigene Salzweihen für das Speisesalz zum Genuss für Menschen und das Vieh. Noch heute gibt es bei uns die Salz- und Wasserweihe am Stefanitag (26. 12.), zur Wasserweihe an Heiligen-Drei-König und im Rahmen der Osterspeisensegnung.

Bei der Bergpredigt mutet Jesus den Jüngern zu: „Ihr seid das Salz der Erde."[2] Letztlich ist damit gemeint, dass die Christen Jesus als die lebenserhaltende Kraft in die Welt einbringen sollen, als „Sauerteig" und „kleine Herde", wohldosiert, denn nur so ist das Salz für Vegetation und Gesundheit förderlich. In fanatischer Machtfülle ist es zerstörend und macht das fruchtbare Land zur unfruchtbaren Salzsteppe. Das Christentum soll die Welt wie Salz mit der Würze der Lebensfreude durchdringen, nicht den Menschen die „Suppe versalzen"[3] oder wie das Salzstreuen auf eroberte Städte und Länder ihre Zerstörung symbolisieren.[4] Andererseits soll dieses Salz auch nicht schal werden und seine Kraft verlieren, wie am Meeresstrand nach der Verdunstung des Wassers; Salz als Spurenelement, dass wir die Spur des Lebens und den Geschmack am Leben nicht verlieren.

Die Schöpfung lädt mit all ihren Elementen, Landschaften, Lebewesen und Früchten dazu ein, mit allen Sinnen in das Gotteslob einzustimmen und sie als Segen des Schöpfers zu erfahren.

---

1) Vgl. 2 Kön 2,21: Elischa reinigt die ungesunde Quelle von Jericho durch Beigabe von Salz.
2) Mt 5,13.
3) Vgl. 2 Kor 1,24: „Wir wollen ja nicht Herren über euren Glauben sein, sondern Diener eurer Freude".
4) Vgl. Ri 9,45.

2.1.5. Der rechte Gebrauch der Dinge macht sie für uns zum Segen

Das Schöpfungslied am Beginn der Hl. Schrift[1] lässt seine sieben Strophen (7 „Tage") jeweils mit dem Refrain, dass alles gut war, was geschaffen wurde, ausklingen. In der Bildgeschichte vom Paradies[2] wird auf die dem Menschen zugedachte Schöpfungsordnung für ein Leben in Fülle hingezeigt, ein Bild der Ursehnsucht des Menschen einerseits, andererseits aber auch auf die durch das Misstrauen des Menschen gegenüber Gott verlorene und gebrochene Harmonie, wodurch das Leben in seinen Möglichkeiten als begrenzt, angefeindet, mühsam und heilsbedürftig erfahren wird.

Alle Religionen haben versucht, dem Menschen auf seine existentiellen Fragen nach dem Woher, Wohin, Warum Antworten zu geben. Allen Religionen ist es deshalb ein Anliegen, dem Menschen durch Lebensweisungen Anleitungen für ein „Leben in Frieden"[3] zu geben, dieses Leben mit einer Hoffnung auf eine ewige Vollendung zu ermutigen. Immer haben sie den „inneren Adel der Humanität" zum Ziel, auch wenn sie in ihren (hierarchischen) Strukturen selbst oft Opfer von menschlichen Intrigen und Korrumpierungen um Geld und Macht werden und durch ihre Machtausübung das „Edelmetall" ihrer Sendung – den Menschen zu größerer aus Verantwortung geprägter Freiheit zu führen – verfälschen.

Eine weltbejahende Lebensfreude, gepaart mit einer an die zukünftigen Generationen denkenden Maßhaltung[4], die dankbar Leben und Lebens-Mittel aus der Hand Gottes erhält, wird auch Ehrfurcht vor dem Schöpfer und seinen Gaben bewahren. Daraus kann uns ein gewisses Nutzungsrecht in Zusammenschau einer weltweiten Solidargemeinschaft zu einem Handeln bewegen, das die Schöpfung und den Umgang mit allen Dingen aus dem Bewusstsein, mit Gottes Segen reich beschenkt zu sein, wieder zu

---

1) Gen 1,1-2,4a.
2) Gen 2,4b-3,24.
3) Vgl. 1 Kor 7,15.
4) Die Erde ist uns von unseren Kindern geliehen, wir sind Verwalter und nicht Besitzer.

einem segensvollen Tun zur Bewahrung der Schöpfung und Auferbauung einer menschenwürdigen Welt in Gerechtigkeit, Freiheit und Frieden führt. Denn wir haben heute viel Wissenschaft, aber wenig Weisheit, viel Technologie, aber wenig geistige Energie, Industrie ohne Ökologie, Demokratie, aber wenig Moral[1], immer mehr Häuser und immer mehr Unbehaustheit und Einsamkeit, immer mehr Luxusartikel, aber immer weniger materielle und geistige Ressourcen zum Leben und Überleben, ein immer engeres Netz der Datenvermittlung, aber eine verkümmernde Kommunikation. Nachrichten erreichen uns in einer unfassbaren Fülle und Flut, sie berühren uns immer weniger. „Lasst uns das Leben wieder leise lernen", heißt ein Buchtitel aus der Mitte der 70er Jahre des vorigen Jahrhunderts. Öko- und Biowelle sind inzwischen als (z. T. nostalgische) Sehnsucht nach der heilen Welt, nach gesunder Umwelt und gesunden Lebens-Mitteln aufgeflammt und wieder abgeebbt. Weltweite Klima- und Umweltgipfel haben Sorgen angesprochen, aber wenig zur Behebung umgesetzt. Was bleibt, ist dennoch die unausrottbare Sehnsucht des Menschen nach ganzem, heilem, in Einklang mit der Natur und den Menschen gelingendem Leben. Es wird der Erweckung neuen Mutes zu Lebens-Tauglichkeiten (Tugenden), aber auch zu einer Umkehr zu spiritueller Vertiefung (neue Innerlichkeit, Mystik)[2], einer neuen Sanftmut des Herzens, wie sie Jesus in der Bergpredigt selig preist[3], bedürfen. Eine neue Segenskultur, die mit dem Leben und den Dingen wie Eu-logien (Segensbroten) und Eu-angelien (Frohe Botschaften) umgeht, kann dazu anleiten und befähigen, dass am Ende jeden Tages und des Lebens der Refrain Gültigkeit bekommt: „Gott sah, dass es gut war."

---

1) Vgl. H. Küng: Projekt Weltethos, S.31.
2) Vgl. die Jesuiten T. de Chardin, K. Rahner und H. Boulad.
3) Mt 5,3-12.

2.2. Erfahrung der Begrenztheit dieser Welt

2.2.1. Haltmachen vor dem Unbegreiflichen und Unaussprechlichen (Numinosen) – Ehr-Furcht als fascinosum et tremendum

Der Mensch ist von seiner biologischen Ausstattung feindlichen Angriffen gegenüber benachteiligt und unterlegen. Schon wenn er geboren wird, ist er als „Frühgeburt" allein nicht überlebensfähig und braucht Jahre (die Hilfe anderer), um selbstständig auf eigenen Füßen bestehen zu können. Es gibt viele Tiere, die körperlich stärker, schneller, seh- und hörfähiger sind als er. Auch in der Anpassung an Klimabedingungen und -veränderungen reagiert der Mensch relativ langsam. Was ihn aber über diese Defizite hinweg zur „Krone der Schöpfung" macht, ist sein Großhirn, seine geistige Urteilskraft, seine Intelligenz, die ihm durch „Technik" manchen Mangel ausgleicht, ja eine Überlegenheit verschafft, mit der er die „rohe Natur" zu seinen Gunsten verändert, gestaltet, kultiviert. Der Intellekt lässt den Menschen aber auch Einsichten gewinnen, erkennen, reflektieren, was der „Fluss" der Dinge[1], das Kommen und Gehen des (menschlichen) Lebens sein könnte. Er sieht sich mit diesen Fragen nach dem Woher, Wohin, Warum, Wozu einer verschlossenen Tür, wie häufig in den Märchen[2] bildhaft dargestellt, einem Vorhang[3], einem undurchdringlichen Nebel gegenüber, und alle Erklärungsversuche bleiben „Vor-Wand", die nicht eigentlich hinter die Dinge gelangen lassen. Wir haben mehr Fragen als Antworten, und jede Antwort lässt weitere Fragen zu und offen. Wir können die Grenze des Alls nicht ermessen, nicht erreichen, vieles nicht an- und be-greifen. Begrenzt bleibt die Möglichkeit trotz Bewusstseins- und Erlebniserweiterung mit technischen Hilfsmitteln. Zugleich treibt die Sehnsucht und Neugierde den menschlichen Forschergeist dazu, weiterzusuchen, weiterzufragen, und gerade den Forschern und Ent-

---

1) Vgl. den griechischen Naturphilosophen Heraklit von Ephesos (535-475 v. Chr.) mit seinem „panta rei", „alles fließt".
2) Vgl. O. Stumpfe: Die Symbolsprache der Märchen.
3) Vgl. Fr. Schiller: Das verschleierte Bild zu Sais.

deckern eröffnen sich mit Schritt und Tritt über (bisherige) Grenzen hinaus Räume noch tieferen Staunens. Zum Staunen gesellt sich die Erkenntnis und Einsicht, dass sich mit jeder „Grenzüberschreitung" noch größere Horizonte auftun.

In archaischer Zeit, wo der Einsichts- und Erkenntnis-Horizont des Menschen noch sehr eng begrenzt war, schrieb der Mensch alles, was „darüber hinaus" (vgl. Transzendenz) nur erahnbar, unerklärlich war, einer Kraft des Numinosen, guten und negativen (dämonischen) Gottheiten zu. Naturerscheinungen wie Erdbeben, Blitz und Donner, bedrohliche Überflutungen, Feuer, die Himmelserscheinungen (Auf- und Untergang der Sonne, die Mondphasen, Kometen), Vegetation und Fruchtbarkeit wurden mit dem Walten der Götter in Zusammenhang gebracht, wobei diese Phänomene Faszination einerseits, Angst und Furcht andererseits auslösten.

Auch die Bibel kennt in ihrem Reden über Gott und Gottesbegegnungen mit den Menschen solche Erfahrungen. Schon die Paradieseserzählung spricht von der Furcht, wenn Adam nach dem Sündenfall Gott antwortet: „Ich habe dich im Garten kommen hören; da geriet ich in Furcht, weil ich nackt bin, und versteckte mich."[1] Der Mensch, auf sich allein verwiesen, empfindet seine Begrenztheit und Unvollkommenheit als Mangel und Bedrohung.

Die Schuld macht ihm bewusst (Frucht des Baumes der Erkenntnis), dass er die Harmonie (des Gartens) mit Gott zerstört hat, beschämt[2], nackt und bloß erkennt er seine Armseligkeit bis hin zur Todesverfallenheit. Aus Furcht sucht er sich und seine (Un-)Tat zu verstecken, was nicht gelingt. Gott meldet sich als Rufer und Aus-Richter zum Guten im menschlichen Gewissen.

Nach seinem Traum von der Himmelsleiter spricht Jakob: „Wie ehr-furcht-gebietend ist doch dieser Ort"[3] und bezeugt Gott als „fas-

---

1) Gen 3,10.
2) Vgl. E. Fromm: Die Kunst des Liebens, S. 19: „Das Bewusstsein der menschlichen Getrenntheit ohne die Wiedervereinigung durch die Liebe ist die Quelle der Scham. Und es ist gleichzeitig die Quelle von Schuldgefühl und Angst."
3) Gen 28,17. Das deutsche Wort Ehr-Furcht ist besonders zutreffend für die Ambivalenz der Gotteserfahrung.

cinosum et tremendum", zu Ehre und Verehrung (faszinierend) einladend, und Furcht und Zittern auslösend zugleich.

Im nächtlichen Jakobskampf[1] treffen wir auf archaisch mythologische Bilder wie das Durchschreiten der Furt des Jabbok-Flusses, das nächtliche Ringen mit dem Unbekannten, der beim Aufsteigen der Morgenröte von Jakob ablässt, und die Bedeutung der Namensgebung.[2] Aus Ehrfurcht gibt Jakob/Israel dem Ort einen neuen Namen: Bet-El (Gotteshaus) und macht ein Gelübde, wenn er wohlbehalten heimkehren kann, das aufgestellte Steinmal als Grundstein für ein Gotteshaus zu verwenden.

Besonders bezeichnend sind die Gottesbegegnungen Mose vor dem brennenden Dornbusch[3] und später am feuerig-rauchenden Sinai.[4] Jeweils ist von der faszinierenden Herrlichkeit der Theophanie die Rede und jeweils das Gebot, Abstand zu halten: „Tritt nicht näher heran, zieh deine Schuhe aus[5], hier ist heiliger Boden!" Nur in angemessenem Abstand darf das Volk Israel dem Berg der Gottesbegegnung (Sinai) nahen, dies wird sich später fortsetzen im Verbot, die Bundeslade zu berühren oder das Allerheiligste des Tempels zu betreten.

Jesus hat versucht, diese Distanz der Menschen vor Gott aufzuheben. Er (Gott selbst in Jesus) war ja jetzt „mitten unter ihnen."

---

1) Gen 32,23-33.
2) Gott gibt (einen neuen) Namen und in seinem Auftrag und „Namen" auch der Mensch (vgl. Gen 2,20), um sich die Dinge vertraut zu machen. Worüber wir einen „Namen" (Begriff) haben, darüber (bzw. mit dem) können wir sprechen. Vgl. das Märchen „Rumpelstilzchen", das so lange „un-heimlich" bleibt, bis es mit Nennen seines Namens als harmloser Zwerg ent-deckt, enttarnt ist.
Die Ehr-Furcht vor der Unaussprechlichkeit des Namens Gottes lässt die frommen Juden bis heute inne halten, wenn sie beim Lesen der Thora auf den Namen JHWH stoßen, sie verneigen sich und verwenden statt des Gottesnamens eine Umschreibung, z. B. der Allmächtige, der Herr (Adonai).
3) Vgl. Ex 3,1-6.
4) Vgl. Ex 19,18.
5) Dieses Gebot hat der Islam wörtlich für das Betreten der Moschee übernommen.

Jesus von Nazareth hat als einer der größten Religionskritiker den Menschen einen neuen, un-mittelbaren Zugang zu Gott eröffnet.

Die Kirchen haben in ihrer Liturgie allmählich wieder Schranken (der Unbetretbarkeit des Heiligen) eingezogen (Chor-Schranken, Lettner, Kommunion-[„Speis"-]Gitter im Westen, die Ikonostase in den Ostkirchen). Das 2. Vatikanische Konzil hat neuerlich eine Öffnung (des Sakralen) zur Welt angestrebt.

Ängste und auch berechtigte Sorge, dass der Umgang mit dem Heiligen der Banalisierung und Missachtung zum Opfer fallen könnte, haben in letzter Zeit wieder „Bremsen" bzw. den Ruf nach Rückkehr zu manchen Praktiken vor dem Konzil laut werden lassen.

2.2.2. Begrenzung und Enge führen zu Angst vor dem Unbekannten (z. B. Zukunft)

Angst zählt zu den Grundbefindlichkeiten des Menschen überhaupt. Das Wort Angst ist ein Lehnwort aus dem lateinischen „angustia", was Enge bedeutet. Angst wird als beklemmend empfunden, sie engt Atmung und Blutkreislauf ein und lähmt die Aktionsfähigkeit des Menschen, sie ist deshalb ein „schlechter Lehrmeister." „In die Enge getrieben" durch einen Verfolger löst bei Mensch und Tier Angst aus. In der menschlichen Frühgeschichte waren lebensbedrohende Auseinandersetzungen mit Naturgewalten, wilden Tieren und feindlichen Stämmen Auslöser für Ängste. Kriege lösen bis heute Angst aus.[1] Die im Rahmen der Globalisierung(s-„falle") für die meisten Menschen immer undurchschaubareren weltweiten Vernetzungen von Firmen und Großkonzernen (niemand weiß mehr, wo der eigentliche Chef des Unternehmens sitzt – vgl. Kafka „Das Schloss") sowie die Gefahr der Überbevölkerung (wie viele Men-

---

1) Vgl. C. F. von Weizsäcker: Der Garten des Menschlichen, S. 127: „Es ist in der klassischen Außenpolitik für jede Großmacht rational, stärker sein zu wollen, als die anderen Großmächte, aus begründeter Furcht vor dem, wozu ebenso begründete Furcht den Konkurrenten treiben mag. Hieraus gehen periodische Machtproben, d. h. Kriege hervor. Die in der Tiefe unseres Bewusstseins lauernde Angst vor dem 3. Weltkrieg ist darum wohl begründet."

schen haben auf der Erde Platz?) oder ökologische Katastrophen lösen bewusste oder unbewusste Ängste aus. Das Immer-enger-aneinander-Kleben in den großen Ballungszentren (Großstädten) erzeugt Aggressionen, „Platz-" und „Berührungs"-Ängste, Phobien, weshalb in Hochhäusern weniger miteinander kommuniziert wird, als bei Häuslbauern mit einem Garten als „Pufferzone" für Begegnung aber auch „Rückzugs-Bereich". Single-Haushalte sind im Zunehmen, und der städtische Wohnbau trägt dem Rechnung mit immer kleineren Wohnflächen.

Heute werden Ängste vor unheilbaren Krankheiten, vor dem Verlust eines Arbeitsplatzes, des Partners, einer sozialen Stellung oder Absicherung, Angst um die öffentliche Sicherheit, (Trennungs-)Ängste der Kinder bei Scheidungen um den Verlust eines Elternteils, Angst, nicht genügend anerkannt und geliebt zu werden, Angst, in diesem Leben zu kurz zu kommen usw. zunehmend für viele Menschen zu einem psychischen und existentiellen Problem. Sozialprestige- und Leistungs-Zwänge schüren Erwartungen, die in die (Stress-)Enge des Unerfüllbaren führen. In einer Gesellschaft, in der nur noch Leistungsspitzen in Wirtschaft[1], Sport[2] und Konsum herzeigbar sind, bleiben immer mehr als „Versager" auf der Strecke. Die Angst, ein Versager zu sein oder als solcher zu gelten, treibt viele in die Depression oder Verzweiflung oder gar zum Suizid. Am 19. 2. 2003 schrieb ein 15jähriger Schüler auf die Tafel „Ich hasse diese beschissene Welt", darauf stürzte er sich aus dem 4. Stock des Schulgebäudes zu Tode. Kein Einzelfall, Tendenz steigend, im Hintergrund eine nach Scheidung der Eltern heimatlose Welt eines Jugendlichen!

„Mit der Geburt (...) wird der Mensch (...) in eine Situation hineingeschleudert, die nicht festgelegt, sondern ungewiss und

---

1) Hieher gehört die Lüge vom immer währenden Wirtschaftswachstum.
2) Im Sport wie auch im gesamten Unterhaltungsbereich (aber auch bei wissenschaftlichen und Kulturleistungen) werden von den Medien nur die Spitzenplätze bejubelt und genannt, Events mit immer größeren Zuschauer- bzw. Einschaltquoten bei öffentlichen Fördergeldmaßnahmen berücksichtigt. Alles andere lautet „unter ferner liefen" und meint letztendlich „Output", „zum Vergessen".

offen ist. Nur in Bezug auf die Vergangenheit herrscht Gewissheit, und für die Zukunft ist nur der Tod gewiss. Der Mensch ist mit Vernunft ausgestattet; er ist Leben, das sich seiner selbst bewusst ist. Er besitzt ein Bewusstsein seiner selbst, seiner Mitmenschen, seiner Vergangenheit und der Möglichkeit seiner Zukunft. Dieses Bewusstsein seiner selbst als einer eigenständigen Größe, das Gewahrwerden dessen, dass er eine kurze Lebensspanne vor sich hat, dass er ohne seinen Willen geboren wurde und gegen seinen Willen sterben wird, dass er vor denen, die er liebt, sterben wird (oder sie vor ihm), dass er allein und abgesondert und den Kräften der Natur und der Gesellschaft hilflos ausgeliefert ist – all das macht seine abgesonderte, einsame Existenz zu einem unerträglichen Gefängnis. Er würde dem Wahnsinn verfallen, wenn er sich nicht aus diesem Gefängnis befreien könnte – wenn er nicht in irgendeiner Form seine Hände nach anderen Menschen ausstrecken und sich mit der Welt außerhalb seiner selbst vereinigen könnte. Die Erfahrung dieses Abgetrenntseins erregt Angst, ja sie ist tatsächlich die Quelle aller Angst."[1]

Wie der Mensch dieses Abgetrenntsein und seine Angst, die zu allen Zeiten da ist und bei jedem anders aussieht, zu überwinden versucht, spiegelt sich in der Weltgeschichte wieder. Die einen antworten mit Gewalt und militärischen Eroberungen, andere mit asketischem Verzicht oder mit einem üppigen Lebenswandel, mit besessenem Arbeitseifer (Workaholiker), mit künstlerischem Schaffen oder mit der Liebe zu Gott und den Menschen.[2]

Waren die Ängste der Menschen früher von äußeren Faktoren geprägt, sind es in jüngster Zeit zunehmend innere Nöte, ausgelöst von einer (äußeren) Wohlstandsgesellschaft, der eine fast unbegrenzte materielle Bedürfnisbefriedigung nicht nur ständig von der Werbung eingehämmert, sondern auch weitgehend erfüllbar gewor-

---

1) E. Fromm: Die Kunst des Liebens, S. 17f.
2) Vgl. E. Cardenal: Das Buch von der Liebe, S. 27: „Der unstillbare Hunger der Diktatoren nach Macht und Geld und Besitz ist in Wirklichkeit Liebe zu Gott. Der Liebende, der Forscher, der Geschäftsmann, der Agitator, der Künstler und der kontemplative Mönch, alle suchen sie dasselbe, nämlich Gott und nichts als Gott."

den ist (und gerade deshalb nach immer mehr und neuen Reizen hungrig gemacht werden muss), was vielfach zu Übersättigung, Überdruss (Tristesse) und Fadisierung führt. Waren früher die Formen der Sklaverei geprägt von manueller Arbeit und Frondienst, Einschränkung der persönlichen Freiheit in höchstem Maß, besteht die moderne Sklaverei, ohne dass es die Menschen immer merken und wissen, in neuen diffizilen Abhängigkeiten von der Konsum- und Freizeitindustrie, von Sozialzwängen, einer raffinierten Medien-, Meinungs- und Werbungsstrategie, vom Wirtschafts- und Kapitalmarkt, von weltweiten Informations- und Datenvernetzungen (www – Internet) usw. Die Angst vor dem „gläsernen Menschen"[1], der für alle ungeschützt in der Auslagenvitrine einem Vermarktungszugriff ausgesetzt ist, ist nicht unberechtigt. Neue, bahnbrechende Errungenschaften in der Wissenschaft wie z. B. in der Gentechnik (Klonen) und auch gesetzliche Aufweichungen im Bereich der Euthanasie schaffen neue Ängste vor der Verfügbarkeit anderer über das Leben.

Die Angst älter werdender Menschen, hoffentlich nicht einmal jemandem zur „Last" zu fallen, ist ein SOS-Signal an unsere Gesellschaft, die alles „Verbrauchte", zu nichts mehr „Nutzbare", eventuell zur finanziellen (Pensions-)Belastung Werdende möglichst „rasch und kostengünstig entsorgen muss." Wer gibt den Menschen das Vertrauen in das Leben, das seine Würde hat von der Empfängnis bis zum Tod, wieder in einer Zeit, die den Menschen wie den Leistungsfaktor Maschine beurteilt? Wer vermag wieder Beheimatung zu schaffen für den Menschen, ein „Obdach der Seele"[2], unter dem er menschenwürdig auf- und ableben kann?! Treibt nicht auch eine Lebensauffassung, die rein materialistisch und innerweltlich, ohne Perspektive auf ein neues, ewiges Leben über diese Welt hinaus (Transzendenz) konzipiert ist, zum heillos angstvollen Stress, ich muss in der ach so kurzen Lebenszeit alles zu genießen versuchen, auf „Teufel, komm raus" alles sofort (gegen die Mitbewerber, die „feindliche Konkurrenten" sind) notfalls mit Gewalt an mich reißen?!

---

1) Vgl. G. Orwell: 1984.
2) Vgl. P. M. Zulehner: Ein Obdach der Seele.

Die Religionen und Kirchen sind angefragt, die sich leider auch zum Teil durch angstmachende Gottesbilder und Praktiken (vgl. Höllenpredigten, auch als Instrumentarium ihrer irdischen Macht – wenn auch: Angst ist ein schlechter Lehrmeister!) und Abhängigkeitsstrukturen (Klerus – Laien, Rom und der Rest der Welt, usw.) in ihrer Glaubwürdigkeit stark geschädigt haben. Ängste können Menschen krank machen, wenn sie keine Er-Lösung und Be-Freiung erfahren. Der schönste Götzendienst bis in unsere Tage besteht darin, wenn sog. Religionswächter (welcher Religion auch immer) Menschen bewusst in der Unmündigkeit und Abhängigkeit von Geld und Machtstrategien zur Welteroberung ausnützen (über die emotionale Ebene von Glaubensnöten), um auf diesem „Fundamentalismus" Stimm- und Abgabevieh, Expansions- und Kriegsvasallen zu züchten.

Sog. Religionsführer treiben bis in unsere Tage ängstliche und schutzsuchende Menschen mit solchen Methoden in die Enge und Ängste, instrumentalisieren die Aggressionen daraus für egoistische Zwecke, die sie mit der gotteslästerlichen Bemäntelung, Gott wolle das – Gott wurde schon so vielmals von Machthabern missbraucht! – rechtfertigen wollen.

Gerade dadurch wurde die befreiende Botschaft des Evangeliums leider auch durch die eigene „Firma" in Misskredit gebracht, wodurch heute viele Menschen Antworten auf ihre seelischen Nöte und Ängste nicht bei der Kirche, sondern bei Psychologen und Psychotherapeuten[1], aber auch bei verschiedenen anderen „Heils-Anbietern" und Gurus suchen.

Ein 15-jähriges Mädchen[2] geht nach Abschluss der Pflichtschule (9. Schuljahr) mit ihrer Freundin zu einer Wahrsagerin, so nur „aus Gaude", weil so etwas „cool" ist, um sich die Zukunft aufschlagen zu lassen. Irgendwo vernimmt dieses Mädchen dabei die Botschaft für sich, dass sie nicht lange leben wird, verändert von diesem Zeitpunkt an sein Leben total, „fliegt" Tag und Nacht mit

---

1) Die Kirche hat leider aus Arroganz gegenüber der jungen Wissenschaft verabsäumt, ihre Seelsorger auch als „Seelen-Führer" entsprechend gut auszubilden.
2) Tatsächliche, mir bekannte Begebenheit.

"Freunden" von Ort zu Ort, von Disco zu Disco, um nichts im Leben zu versäumen und nicht zu kurz zu kommen. Drei Wochen später fährt sie mit einem Auto (von einem „Freund" gelenkt) gegen einen Baum und ist tot. Die Angst vor der Zukunft und die Angst vor der (zu) kurzen Zeit einer Zukunft haben sie in den Tod getrieben.

Die Frage, wie wir heute mit der Angst umgehen, ohne schützendes Obdach, wie es religiöser Glaube, Gottvertrauen vermitteln kann[1], wird immer brisanter. Haben die Menschen seit frühester Geschichte auf vielfachen Wegen versucht, die Zukunft zu ergründen, vorherzusagen oder zu deuten, über Beobachtung der Gestirne und Sterndeuterei (Astrologie), Naturerscheinungen der Wolken und des Flugs der Vögel, Eingeweide-Beschau, Totenbeschwörung, verschiedene Orakel, Lose-Befragung, Handlesen, Feuer und Wasserproben, so werden bis heute Horoskope, Hellseher, Kartenaufschlager, Handliniendeuter u. a. angefragt und für ihre Auskünfte teuer bezahlt. Mit der Angst ist leider auch ein gutes Geschäft zu machen, und es werden Abhängigkeiten noch vermehrt und vergrößert.

Die „Freiheit des Christenmenschen"[2] kann mit Martin Luther in gottvertrauender Gelassenheit sprechen: „Und wenn ich wüsste, dass morgen die Welt untergeht, ich würde heute noch ein Bäumchen pflanzen."

2.2.3. Tabu – Nicht berühren!

Von den Maori, den Ureinwohnern Polynesiens stammt der Begriff des Tabu (ursprünglich tápu), was bei uns oft mit „heilig", unantastbar, unberührbar wiedergegeben wird. Die Maori kannten sog.

---

1) Die Aufklärung im 18./19. Jh. hat neben (im Sinne des Glaubens) befreienden Auswirkungen auch eine Erschütterung des Vertrauens in Gott gebracht. Die Wissenschaftsgläubigkeit und der Nivellismus unserer Zeit erschweren es vielen Menschen, ihr Leben im Gottvertrauen zu verankern.

2) Vgl. Martin Luther: Von der Freiheit eines Christenmenschen. Ein Sendbrief an den Papst Leo X., 1520.

Tabu-Tage, den 7., 14., 21., 28. des Monats, die sie für das „Mana" (göttliches Wirken) ihrer Atna (Gottheiten) hielten. Deshalb sollte der Mensch an diesen Tagen lieber nichts anrühren, um nicht dem Wirken der Götter entgegenzuarbeiten, Tabu! war die Folge: Greif nichts an, denn es könnte misslingen! Du könntest dir den Zorn der Götter zuziehen, daher ist an diesen Tagen die Arbeitsruhe aus Angst davor geboten.

In der Hl. Schrift haben wir eine Konnexstelle zu ähnlichen Vorstellungen in Ex 16,21-30. Das Volk Israel wird auf seiner Wüstenwanderung durch das Manna versorgt (Gott sorgt für sein Volk). Die Israeliten sollten am 6. Tag doppelt so viel Manna einsammeln (Brot für zwei Tage), denn am siebten Tag, dem Sabbat, „findet ihr nichts." In dieser Stelle beginnt der Übergang vom Tabu-Tag zur Heilighaltung des Sabbat (und späteren Sonntag der Christen) mit der Arbeitsruhe, aber nicht mehr als Tabu aus Furcht vor strafenden Gottheiten, sondern als Heilstag: Gott sorgt für uns vor, er führt uns in die Freiheit, versammelt zur Gemeinschaft, lässt uns Muße und Zeit zum Feiern des Lebens. Während hier heidnische Tabus zu einer neuen Freiheit geöffnet wurden, wurden anderwärts neue Tabus geschaffen im Bezirk des Heiligen und Allerheiligsten des Tempels und seiner Liturgie. Darauf soll noch eigens eingegangen werden.

Jesus wollte keine Tabus gelten lassen. Er *berührte* trotz strengsten Verbots Aussätzige. Sie galten als unrein und mussten per Bescheid der Priester aus der Gemeinschaft ausgegrenzt werden. Niemand durfte sich ihnen, die in Höhlen und anderen Reservaten ein elendes Dasein fristen mussten, nähern. Sie selbst mussten, wenn sich ihnen jemand näherte, durch den Ruf „Unrein! Unrein!" wegen der befürchteten Ansteckungsgefahr allen Alarm geben und zur Distanz auffordern. Jesus hat sich im Namen Gottes mehrmals dieser besonders diskriminierten Menschen angenommen, sich ihnen zugewandt und sie geheilt.

Bis heute gibt es in Indien aus dem Hinduismus religiös begründet die sog. Parias, „die Unberührbaren", die religiös und gesellschaftlich ausgegrenzt sind. Gerade aus ihren Reihen finden nicht wenige (wie in den ersten christlichen Jahrhunderten die Sklaven) zum Christentum und lassen sich taufen.

Tabuisierungen haben bis in jüngster Zeit in verschiedenen Bereichen eine Rolle gespielt. Das Betreten oder Berühren des Heiligen und heiliger Gegenstände wurde bereits erwähnt. Lange Zeit hindurch wurden heilige Namen (insbesondere der Gottesname) nur mit großem Vorbehalt ausgesprochen, die Vermeidung heiliger Namen im Fluch durch die Androhung von Strafen für schwere Sündenschuld untermauert. Das führte auch dazu, dass man den Teufel als Widersacher Gottes nicht beim Namen nannte. Denn mit dem Nennen des Namens wurde seine Existenz (und Präsenz) postuliert, was man zu dessen Vermeidung gerne mit Tabu-Namen wie der „Gott-sei-bei-uns" zu neutralisieren bzw. in das aus dem Glauben rettende Schutz-Zeichen ziehen wollte. Auch für die von der Kirche ob ihrer „Sündenanfälligkeit" gebrandmarkten Genital- und Analbereiche wurden vielfach Tabuwörter eingeführt wie der „Eh-schon-wissen", „Allerwerteste", usw.

Heute wird zwar auf der einen Seite die völlige Liberalität postuliert und marktschreierisch verkündet, es wird über sog. Talk-Shows öffentlich Seelenwäsche abgehalten und es wird suggeriert, möglichst alle Tabus zu brechen. Jede Zeit hat und bildet ihre Tabus, so auch die unsere. So entstehen trotz mediengeiler Vermarktungsstrategien neue Tabus, die sich die Mächtigen ausbedingen, sog. „heilige Kühe", die nicht geschlachtet werden dürfen und einen Vorhang des Undurchschaubaren über die globalvernetzten Strategien hüllen. Die Schere geht immer weiter auseinander, wo auf der einen Seite wenige Reiche den Zugang zu allen Informationen und zu allen Gütern der Erde ausnützen können und eine immer größere Schicht in das Feld der schamlos Ausgenutzten und Armen fallen. Über diese wird dann in den Weltwirtschaftsgipfeln nicht mehr gesprochen, ihr Schicksal *berührt* die „Großen" nicht mehr – neue Tabus, neue Unberührbare?!

2.2.4. Auserwählte Mittler allein dürfen sich dem Heiligen nähern. Trennung zwischen der Welt des Sakralen und des Profanen

Schon bei der Betrachtung des „Tabu" wurde die Frage nach dem Heiligen wieder aufgeworfen. In vielen Religionen wird der Kontakt mit dem Übernatürlichen, dem Transzendenten, mit den Göttern, durch eigene Spezialisten, Priester, Schamanen usw. aufrecht erhalten, denen bestimmte Lebensweisen, ausgegrenzt von den „normalen Erdenbürgern", besondere „geistbeseelte" Fähigkeiten inne wohnen und die als Mittler zwischen Himmel und Erde, zwischen Leben und Tod, zwischen Gott und den Menschen wirken sollen.

Das AT hat eine sehr ausgeprägte Vorstellung davon, wobei zunächst die Patriarchen, Abraham, Isaak und Jakob als Repräsentanten des Volkes Israel dafür stehen, Mose und Aaron stehen noch in dieser Tradition. Nach ihnen entwickelt sich ein Priestertum (in der Nachfolge Aarons) und der Stamm der Leviten als eigenes Kult-Mittlertum zwischen Gott und dem Volk Israel. Eine Zeitlang partizipiert das Königtum noch daran. Schließlich bildet sich eine eigene Kult-Priester-Kaste, die für alle Belange der Menschen, vor allem der zwischen Himmel und Erde, zuständig ist. Der Einzelne aus dem Volk Israel sieht sich mit seinem Glauben einer „Behörde" von „Religionsfunktionären" gegenüber, die für ihn – gegen entsprechendes materielles und ideelles Entgelt – Vermittlerdienste zum Allerhöchsten übernehmen.

Das führte im Pharisäismus zu einer die Menschen ständig überwachenden Gesetzesakribie (man konnte nur schuldig werden), die bis in die Anzahl der Schritte alles reglementierte, zu einem Horror, der nur zu Angst und Schuld führen konnte.

Jesus hat sich von dieser selbsterwählten Religions-„Hautevolee" klar distanziert. Er hat den Menschen den freien Zugang zu Gott in einer „Kind-Vater-Beziehung" geöffnet. Jeder kann sich an die väterliche/mütterliche Barmherzigkeit Gottes wenden, ohne vorher „Opferstock" und kultischen Religionsfunktionär dafür um Eintritt zu bitten. Der Jesus-„Immanuel – Gott-ist-mit-uns" eröffnet als „Größter Religionskritiker aller Zeiten" allen Menschen den Zutritt zum menschenliebenden Gott.

Wenn das NT im Hebräer-Brief das einmalige und ausschließliche (Hohe-) Priestertum Jesu betont, ist es ganz im Sinne des historischen Jesus von Nazareth.

Wenn die Kirche später im Laufe der Jahrhunderte wieder ein eigenes (Kult-)Priestertum einführt, ist es sicher nicht nach dem

Willen unseres Erlösers. Die Kirche, nach der In-Freiheit-Setzung durch Kaiser Konstantin in eine machtausübende Rolle versetzt, hat leider die Versuchungsgeschichte Jesu schnell vergessen und hat bei der Frage „Willst du das alles haben?" zugegriffen, und damit das Evangelium verraten und verfälscht. Die Folgen waren: man übernahm aus der griechischen Philosophie den „Kleros", das Erbrecht für nur männliche Nachkommen[1], was in der Kirche zur Ausgrenzung der Frauen führte, die seit der Jüngerschaft mit Jesus voll in die Verkündigung[2] bis zur Feier der Eucharistie eingebunden waren. Ein eigenes hierarchisches Priestertum wurde ausgebildet und die „priesterliche" Berufung aller Christen durch die Taufe abgewertet.

Damit hat die Kirche nicht bloß den unbiblischen Dualismus aus antiken Kulten (Gnosis, Manichäismus, Parsismus, usw.) in das Christentum eingeführt, sondern auch Tendenzen gefördert, die neuerdings eine Zweiklassengesellschaft in der Kirche (Klerus und Laien) gegen Jesu Willen eingeführt hat. Rudimentäre Reste, etwa in der Chrisamsalbung bei der Tauffeier erinnern noch an die ursprüngliche gottgewollte Weite einer „priesterlichen" Berufung aller Getauften.

Spätestens seit dem 4. Jh. gibt es eine Ausgrenzung gegenüber Frauen[3], in der römischen Kirche wurde mit der 2. Lateran-Synode in Rom 1138 die Priesterehe verboten – die auserwählten Mittler, die sich dem Heiligen nahen dürfen, sind seitdem ausschließlich unverheiratete Männer.[4] Bis zum 2. Vatikanischen Konzil durften Nonnen (geistliche Schwestern) bei ihren Konventmessen nicht ministrieren, sie durften sich „dem Heiligen nicht nähern". Heute ist das Gott sei Dank Vergangenheit, auch Mädchen ministrieren

---

1) Vgl. Geschichte der Familie, Bd. 1, S. 267f.
2) Maria Magdalena wird als erste Apostelin in der Verkündigung der Auferstehungsbotschaft genannt.
3) In der Ostkirche ist noch um die Wende zum 5. Jhdt die Hl. Diakonisse Olympias von Konstantinopel als Mitarbeiterin von Johannes Chrysostomos bekannt.
4) Die Ostkirchen und später die Reformkirchen des Westens haben die ältere Tradition der verheirateten Priester beibehalten.

inzwischen. Über die Ausspendung der Hl. Kommunion durch Frauen scheint in letzter Zeit wieder eine regressive Entwicklung stark zu werden, die den Frauen die Berührung des Heiligen (Hl. Eucharistie) verwehrt. Gründe dafür sind archaische Tabus in Form von Reinheitsgeboten im Umfeld von Menstruation und Geburt.

Seit früher Zeit entwickelte sich eine Trennung zwischen einer Welt des Sakralen, der sich nur „Eingeweihte", Priester, Schamanen, überwiegend nur Männer, als Vermittler zur Gottheit nähern dürfen. Die Welt und das Leben der Menschen wurden zum Profanen, „vor dem, bzw. außerhalb vom heiligen Bezirk" befindlich, ausgewiesen. Obwohl durch die Inkarnation Gott sich ganz in seine Schöpfung hineinbegeben und Jesus in seiner gottmenschlichen Natur diese Trennung aufgehoben[1] und alle zur „Heiligkeit" in einer neuen Gotteskindschaft gerufen hat, der Mensch nichts „unrein erklären" soll, was Gott geheiligt hat, ist im Lauf der Kirchengeschichte dieser Riss zwischen Profan und Sakral erneut größer geworden. Obwohl „allerorten Gottes Tempel"[2] ist, obwohl unser Leib ein „Tempel des Hl.Geistes"[3] ist, hat man das Heilige und den Gottesdienst in eigene sog. „Gotteshäuser" zurückgezogen und reserviert. Der Sonntag ist dann der Tag für den Gottes-Dienst. Was ist aber mit dem Werktag? Der Christ ist auch am Werktag Christ, und hoffentlich dient seine Arbeit der Heiligung und dem Aufbau des Reiches Gottes in einer menschenwürdigen und Gottes Willen gemäßen Weltgestaltung. Das Abwandern gerade der Segenskultur hinter die Mauern der sog. Sakralgebäude hat sehr zu dieser Spaltung im öffentlichen Bewusstsein beigetragen: In der Kirche muss man fromm sein, aber außerhalb, im alltäglichen Leben, da ist ja alles anders. Wobei hier keinesfalls einer Profanierung des „Heiligen" geredet werden soll, im Gegenteil: Unser ganzes Leben könn-

---

1) Vgl. John Gordon Davies in: Theologische Realenzyklopädie, Bd. 5, S. 571: „Im Lichte des Neuen Testaments ist festzuhalten, dass diese Dichotomie [zwischen dem Heiligen und dem Profanen] durch Christus überwunden ist."
2) Vgl. das Schlusslied aus der Schubertmesse „Wohin soll ich mich wenden".
3) Vgl. 1 Kor 6,19.

te zum „Echo" der Gottesbegegnung in der sonntäglichen Eucharistiefeier werden, zum Leuchten der Liebe Gottes in der Welt, wie es die Ostkirche aus der Begegnung mit den Ikonen versteht: Sein (Christi) Bild soll uns prägen, und wir tragen es auf unserem Antlitz in unsere alltägliche Welt hinaus, um anderen davon „Licht" zu bringen.

2.2.5. Die eigene Hilflosigkeit und Ohnmacht führt zu Praktiken magischer Abwehr des Bösen und Segens-Formeln, das Unheil zu bannen

Es ist verständlich, dass der Mensch aus dem einfachen, zumeist ungebildeten Volk, der sich in vielen aussichtslosen Abhängigkeiten als Untergebener unter dem Joch der Herrschenden und Besitzenden mit seiner Hilflosigkeit und Ohnmacht oft sehr primitive Halte-Griffe und nothelfende Rettungsplanken ergriff. Auch wenn uns heute manches davon als kurios erscheint, Menschen klammerten sich buchstäblich an jeden „Strohhalm" als Hoffnungsschimmer, um Krankheiten und Gefahren bannen oder bekämpfen zu können, als wirksame „Mittel" gegen Seuchen wie die Pest, gegen Hungersnöte und Kriege und gegen Schaden jeder Art. Unmengen von pflanzlichen Heilmitteln (Kräutern, daraus gewonnenen Säften, Salben und Anwendungsformen) und Steinen (z. B. Fraisen-Steine und -ketten), die oft als Amulette am Körper getragen wurden, waren zumeist bei kundigen Frauen (später als Hexen gejagt) bekannt und in Verwendung. Kräuter wurden auch als Abwehrzauber (gegen Gewitter, gegen Unglück und Schaden jeder Art, wie z. B. Diebstahl), gegen den „bösen Blick" usw. eingesetzt, auch als Schadenszauber, um anderen Schaden zuzufügen, oder als Liebeszauber, um den rechten Partner zu finden bzw. seine Liebe zu entfachen. Es gab bestimmte Tage im Jahr (z. B. Karfreitag, Walpurgis [30.4.], Johannes Geburt [24.6.], Mariä Himmelfahrt [15.8.]), bestimmte Tages- oder Nachtzeiten, bestimmte Mondphasen und Sternbilder, an denen das Sammeln besonders angezeigt war, weil man dann den Kräutern eine besonders hohe Wirkung zuschrieb. Kirchliche Kräutersegnungen haben bestimmte Tage davon aufgegriffen, um von der magisch-apotropäischen Bedeutung weg zu einem christlichen Danken für die unserem Heil dienlichen Gaben der Schöpfung hinzulenken. Das Anbringen von Kräuterbüscheln über Fenstern und Türen, in Boden und Mauerwerk wurde als Schutzzauber gegen das Eindringen böser Geister (Dämonen) verstanden.

Der *Talisman* (arabisch tilasm „Zauberbild") war in der Spätantike als „Glücksbringer" weit verbreitet, wurde vom Christentum zurückgedrängt und gelangte im 13. Jh. über das arabisch beherrschte Spanien wieder zu uns. Bis heute ist er in Form von Sternzeichen und anderen Bildern und Symbolen weit verbreitet. Die Kirche hat sich zunächst dem heidnischen Brauch widersetzt, durch Verbote und Androhungen jedoch wenig erreicht; sie versuchte durch den Ersatz von Glaubenszeichen (Kreuzen, Heiligenbildern usw.) umzulenken und diese Bräuche zu „taufen". Sie hat jedoch durch den geschäftstüchtigen Reliquien- und Devotionalienhandel (z. B. an Wallfahrtsorten) eher manches magische Verständnis und apotropäische Praktiken indirekt gefördert. Mirakelbücher an großen Wallfahrtsorten dokumentieren Nöte und deren Abhilfeversuche in einer reichhaltigen Palette.

Auch mit *Blut*, dem man Lebens- und Seelenkraft zuschrieb, wurde seit früher Zeit Magie betrieben, als Liebeselixier, als Vereinigung zweier Persönlichkeiten (durch Blutstropfen) zur Blutsbrüderschaft, dem später auch das Verschreiben der Seele an den Teufel entstammt. Blut trinken galt als besonders starkes Abwehrmittel, woraus sich der entsetzliche „Glaube" an Vampire oder „Nachtzehrer" entwickelte, es spielte auch beim Schadenzauber eine Rolle und verleitete zu den abwegigsten und abscheulichsten Blutritualen bei sog. „Schwarzen Messen", die auch in jüngster Zeit bei sog. „Satanskulten" wieder Zulauf finden.

Aus den Prozessakten der zwischen 1450-1750 als *Hexen* (ca. 1 Million) verurteilten und verbrannten Menschen (überwiegend Frauen) lässt sich eine geradezu manische Hysterie dieser Zeit im Verdächtigen und Bespitzeln herauslesen, wonach der „Teufel" und seine Verbündeten allgegenwärtig lauerten, jeder Schaden (z. B. Hagelunwetter), den jemand erlitt, musste einen böswilligen Verursacher haben, und es galt, dessen habhaft zu werden. Dieses Thema zählt zu den dunkelsten Kapiteln unserer europäischen Geschichte. Leider hat auch die Kirche mit ihren Inquisitionstribunalen dabei eine erhebliche Mitschuld. Durch die Ausweitung der Ketzerverfolgung seit dem Ende des 11. Jh. und einer Anheizung der Lehre von den gottfeindlichen Mächten (Dämonologie) hat man bis in die breitesten Volksschichten Ängste und daraus resultierende Abwehrpraktiken geschürt. Der sog. „Hexenhammer" („Malleus maleficarum") der beiden Dominikaner Sprenger und Institoris von 1487 beschreibt die „Hexen" unter den 5 Bereichen: Teufelspakt, Teufelsbuhlschaft, Hexenflug, Hexentanz und Schadenzauber.

Auch der Beitrag der Kirche mit dem *Exorzismus* (Teufelsaustreibung) bestärkte nur das Denken, wie allgegenwärtig das Teuflische in dieser Welt sei. Schon eine Aufzählung der gebräuchlichen Mittel des Exorzismus zeigt, dass magisches Denken und Handeln das Vertrauen auf den menschenliebenden und heilenden Gott völlig in den Hintergrund drängte.

Die Anwendung *akustischer Mittel* (Geschrei, Lärminstrumente, Glocken), von *Beschwörungsformeln*, Flüchen, Beschimpfungen und Zauberformeln, Fesseln, Kreisziehen, Drohgebärden und die Verwendung von zauberabwehrenden oder heiligen Gegenständen (Amulette, Kräuter, Kreuze, Bibel, Reliquien, Räucherungen, Weihwasser, Salz, Feuer) stellen eindeutig den magisch-apotropäischen Charakter in den Vordergrund.

Totenbeschwörung und *Totenorakel* (Totenbefragung)[1] sind bis in unsere Zeit (vgl. „Gruftie") verbreitet.

---

1) Das AT hat sie schwer bestraft. Vgl. 1 Sam 28,3-25: König Saul bei der Totenbeschwörerin von En-Dor. Vgl. auch Deut 18,9-13: „Wenn du in das Land hineinziehst, das der Herr, dein Gott, dir gibt, sollst du nicht lernen, die Gräuel dieser Völker nachzuahmen. Es soll bei dir keinen geben, der seinen Sohn oder seine Tochter durchs Feuer gehen lässt, keinen, der Losorakel befragt, Wolken deutet, aus dem Becher weissagt, zaubert, Gebetsbeschwörungen hersagt oder Totengeister befragt, keinen Hellseher, keinen, der Verstorbene um Rat fragt. Denn jeder, der so etwas tut, ist dem Herrn ein Gräuel. Wegen dieser Gräuel vertreibt sie der Herr, dein Gott, vor dir. Du sollst ganz und gar bei dem Herrn, deinem Gott, bleiben."

Zu den einfachsten Praktiken der *Volksmagie* zählen das Weg- bzw. über die Schulter hinter sich Werfen (z. B. von Steinen oder Münzen), das Verbacken, Vernageln[1] oder Einpflöcken, Einpfropfen, Vergraben (von Fingernägeln eines Fiebernden), ins Wasser Werfen (z. B. Kleider des Kranken). Bis heute werden bei Demonstrationen gegen einen verhassten Feind dessen Bilder und die Fahnen von dessen Land verbrannt, womit ein alter Bildzauber fortlebt (wie das Bild vernichtet wird, so soll es der betreffenden Person ergehen). Das Austauschen und Auswechseln z. B. von Kleidern wurde bei nachts schreienden Kindern mit Krampfanfällen (Fraisen) angewendet.[2] Auch das Verschenken oder Verkaufen einer Krankheit (Dinge, die mit dem Kranken in Berührung gekommen sind) war gebräuchlich. Beim Verschreiben schrieb man den Namen des Kranken mit einer Beschwörungsformel auf einen Zettel (oder günstiger auf ein Butterbrot), Zettel wie Brot wurden verzehrt. Hierher gehören auch die sog. „Schluckbildchen", die bei Wallfahrtsorten mit Bild und Gebet zur Hl. Mutter Gottes oder zu anderen Fürsprechern käuflich erworben und wie eine Arznei geschluckt wurden.

Das Messen (Maß nehmen, um das rechte Maß festzustellen, das durch die Krankheit aus dem Gleichgewicht kam) des Kranken war weit verbreitet. Das Ableiten (Erden), Ablecken, Abwaschen oder Bestreichen (z. B. mit Knochen) der Wunden war schon bei den Römern in Gebrauch. Für das Ausräuchern verwendete man entweder Weihrauch oder Stinkasant (sog. „Teufesldreck")[3], Haare, Fette, Spinnweben und Zweige. Gegen manche Krankheiten, aber auch für eine gute Geburt wurde das Durchziehen[4] durch hohle Bäume

---

1) Nägel oder Keile werden mit dem Kranken in Berührung gebracht und in einen Baum eingeschlagen, womit die Krankheit auf den Baum übertragen werden soll.
2) Mit dem Begriff des Auswechselns ist auch der „Glaube" an die „Wechselbälge" (Kinder, die angeblich von Dämonen oder Hexen vertauscht wurden) verknüpft.
3) Eine Doldenblütenart.
4) Nach dem Prinzip der Volksmedizin „similia simila curantur" (Gleiches mit Gleichem zu heilen).

oder durch ein Rosskummet praktiziert, gegen den „bösen Blick" sollte Aus- und Anspucken helfen, aber auch „Feige zeigen".[1] Knoten oder das Abbinden (z. B. eines Kropfes), das Herstellen von kranken Gliedmaßen, Bleigießen, der Glaube an Glücks- und Unglückszahlen, ... – man könnte eine schier endlose Fülle an vermeintlichen *Sympathiemitteln* und *Abwehrpraktiken* nennen. Immer ging man davon aus, dass die Krankheit den Menschen wie ein böser Feind (Dämon) von außen befalle. Auch Schlaf-Plagegeister wie Alp, Trud[2] und Schrate sollen noch erwähnt werden.

Zu den verschiedenen Praktiken zählen schließlich eigene *Zauberformeln*, Textsprüche, die in Form von Zetteln über Türen, auf Ritterrüstungen (als Schutz gegen Verwundung) angebracht oder auch geschluckt wurden. Zu den ältesten Dokumenten dieser Gattung zählen die Merseburger Zaubersprüche[3], die in althochdeutscher Sprache erhalten sind und auf die Zeit vor 800 n. Chr. zurückgehen. Später wurden solche Zauberformeln mit christlichen Namen und Symbolen ergänzt oder ersetzt.[4] Für die Wirksamkeit der Beschwörung wandte man sich an gottesfürchtige Leute aus dem niederen Stand (Hirten und Bauern) oder unter den Geistlichen an die Kapuziner. Für einen Bannspruch gegen die Trud (gegen Alpträume und andere Schlafbeeinträchtigungen) wurde eine besonders raffinierte Form der Ablenkung für den Plagegeist erdacht: „Trud,

---

1) Bei diesem besonders in Italien, aber auch in den übrigen romanischen Ländern bis heute verbreiteten „Schutz- und Abwehrzeichen" wird der Daumen zwischen den zweiten und dritten Finger geklemmt. Vgl. H. Schöpf: Volksmagie, S. 20.
2) Durch die Anbringung des Pentagrammes (Trudenfuß) vor dem Schlafzimmer sollte deren Einfluss gebannt werden.
3) „Bein zu Beine, Blut zu Blute, Gliedern, als ob sie geleimt seien." Es handelt sich um die Heilung eines gebrochenen Beines eines Pferdes, die Wotan gelingt.
4) „Knochen, ich klag dir, der Schwindel plaget mir, Knochen gewinnt, Schwindel verschwind. Im Namen des Vaters, des Sohnes und des Hl. Geistes. Amen." (Während man bei abnehmendem [!] Mond mit dem Rippenknochen eines Tieres über die erkrankten Teile – gegen Schwindel und Gicht – streicht). Vgl. H. Schöpf: Volksmagie, S. 57.

ich leg mich schlafen, zähl' die Steindl alle im Bach und zähl' die Schindeln alle am Dach und das Eichenlaub alles im Wald und wann's fertig bist, nachher kannst kommen."[1] In der Annahme, dass der Nachtgeist mit dieser schier unlösbaren Aufgabe[2] die ganze Nacht beschäftigt sein würde, erhoffte man die Nacht ungestört zu verbringen. Das Rückwärtszählen von 77 bis 0 oder die Verkleinerung der Gegenstände sollte auch das Übel auf Null reduzieren. Auch Wiederholungen von Formeln (dreimal, siebenmal, neunmal, usw.) sind bis heute nicht ausgestorben (vgl. so manche unausrottbare Praxis sog. „Kettenbriefe").

Wie schon im ersten Kapitel erwähnt, hat auch die Kirche auf Grund der „starken Nachfrage" vielen Bedürfnissen nachgegeben und in ihren Benediktionen in Wort und Zeichen viele apotropäische Inhalte gebilligt und z. T. – nicht uneigennützig – gefördert, gleichzeitig jedoch gegen Zauberei und Magie, Ketzertum und Hexenwesen ein gnadenloses Verfolgungsszenario (Inquisition) aufgezogen, das erst mit dem Geist der Aufklärung entschieden abgewiesen und beendet worden ist.

2.3. BERÜHRUNG ALS BRÜCKE IN EINER ALS BEGRENZT AKZEPTIERTEN WELT –
Zuwendung weckt und stärkt Vertrauen und Hoffnung auf Zukunft

Die soeben behandelten Ausführungen zeigen, wie groß einerseits Ängste, Nöte, Ohnmacht und Hilfsbedürftigkeit des Menschen zu allen Zeiten nach einer brauch-baren Ant-Wort und sicht- und spürbaren Abhilfe waren, wie andererseits ein „Hilf, was helfen kann" so manches für den heute aufgeklärt denkenden Menschen in abstruseste Überlegungen und Praktiken führte.

Das Bedürfnis, gegen die Bedrohung von Gesundheit und Leben möglichst schnell wirkende „Arzneien" zur Hand zu haben, hat sich

---

1) Vgl. H. Schöpf, ebda, S. 34.
2) Vgl. das Märchen „Rumpelstilzchen", mit der Aufgabe, Stroh zu Gold zu spinnen.

in jüngster Zeit eher verstärkt. So entsteht für manche ein geradezu geschäftiger Wettlauf zwischen sog. Schul- und Alternativmedizin (z. B. Homöopathie), Heilpraktiken mit Methoden aus den fernöstlichen (indischen, chinesischen) Traditionen oder auch aus spirituell-spiritistischen (Geistheiler) Richtungen. Grenzbereiche zu Magie und Aberglaube sind oft fließend und finden im heute verbreiteten Synkretismus (jeder baut sich aus verschiedenen Religionen, Weltanschauungen und Wissenschaften sein ihm passendes Menü zusammen) kein Problem damit, neben christlichen Symbolen und Praktiken einen bunten Mix an Anleihen aus Esoterik, Parapsychologie oder Magie zu nutzen.

Das 2. Vatikanische Konzil hat zu Recht mit der Liturgiereform die Notwendigkeit ernst genommen, Riten und Segenspraktiken verständlich zu machen, auf das begleitende Wort zu achten, dass es aus dem Geist und dem „Grundwasser" des Evangeliums (Frohbotschaft) und einer von einem menschenliebenden Gott durchwalteten Schöpfung zeugt.

Eingebettet in die *Solidargemeinschaft des Glaubens* ist der einzelne nicht dazu verurteilt, allein gegen Ängste, Widerwärtigkeiten und Anfechtungen zu sein, die ihn sehr schnell nach vermeintlichen Trostmitteln (Placebos) haschen lassen. *Menschliche Zuwendung* ist das erste „*Auffangnetz*", aus dem Vertrauen und Ermutigung wieder aufgebaut werden kann. Geborgenheit und Beheimatung aus einem Mitgetragensein von anderen Menschen schafft das Milieu einer lebenswerten Welt, die auch die Grenzen dieser Welt und dieses Lebens bejahen und akzeptieren kann. Dazugehörigkeit vermittelt Anerkennung, während Isolation und Ausgrenzung Ängste nährt, die fehlende Brücke zu anderen zum „Seiltanz" über Drogen, Sekten, Alko- oder Workaholiker usw. und damit zu immer neuen Bedrohungen führt. Eine immer größere Hektik[1] und Sucht sind die Folge.

Menschliche Zuwendung, Aufeinanderzugehen, Zeit füreinander haben, einander Zuhören und Verstehen, das gute Wort des Trostes

---

1) Heute werden zunehmend sog. „Zeitentschleunigungs-Programme" gefragt. Hier wäre eine aktuelle Herausforderung für Klöster mit entsprechenden therapeutischen Meditationsangeboten (Kloster auf Zeit).

und Mutmachens, sowie Zeichen der Aufmerksamkeit[1] und Wertschätzung schenken, Wohlwollen und Zeichen und Worte der Zärtlichkeit bekunden, jemanden segnend berühren, in allem kann menschliches Vertrauen und der (oft enttäuschte) Glaube an das Gute sowie auch der Glaube, dass ein guter Gott uns liebend in seinen Händen hält, vermittelt und bekräftigt werden. Ein bewusster Händedruck, eine liebkosende oder segnende Hand über Haupt und Gesicht, eine Umarmung bringen zum Ausdruck: Du wirst nicht fallen, du bist gehalten, dein Weg ist von verlässlichen Wegmarkierungen und schützenden „Leit-Planken" (Freunden usw.) gesäumt, die dir Sicherheit geben, auch in deine Zukunft. Aus dem Kraftfeld der Liebe zu den Menschen und zur ganzen Schöpfung, der Liebe zum Schöpfer-Gott[2] kann der Mensch selbst schöpferisch gestaltend (statt destruktiv zerstörend) Hand anlegen, ein Segen werden. Im liebenden Umgang, in der liebenden Berührung mit der Schöpfung wird diese in das Licht ihres Gesegnetseins von Gott her gehoben.

Auf diese Aspekte soll im nächsten Kapitel an Hand von Beispielen von Segensgesten eingegangen werden.

---

1) Ich vergesse dich nicht, rufe dich zu deinem Geburts-, Namens-, Hochzeitstag usw. an, überreiche ein kleines Zeichen der Freude usw.

2) Vgl. G. v. le Fort: Plus ultra, S. 48: „Es gibt in alle Ewigkeit nur eine Liebe, die stammt vom Himmel – Gott nimmt sie an, als wäre sie ihm selber dargeboten."

3. SEGENSGESTEN DURCH BERÜHREN
(Praxisorientierter Teil)

„Herr, wir bitten, komm und segne uns; lege auf uns deinen Frieden. Segnend halte Hände über uns. Rühr uns an mit deiner Kraft", so lautet der Refrain eines Segensliedes von Peter Strauch.[1]

Segnen ist wieder gefragt, gesegnet werden wieder erbeten. Eine Vielzahl von Büchern mit irischen Segenstexten sind in letzter Zeit erschienen und in verschiedenen Gemeinschaften und Gruppen werden neue Segensrituale erarbeitet, erprobt und weitergegeben. In diesem Abschnitt soll auf Segensgesten durch Berühren, wie sie die Kirche in ihren Ritualen, im Benediktionale und in der Hausliturgie bislang kennt, eingegangen werden, aber auch neuen Herausforderungen für die Kirche, vor allem von der sog. Alltagskultur her, Rechnung getragen werden.

Am Anfang sollen deshalb grundlegende Überlegungen aus bisherigen theologischen und anthropologischen Ausführungen nochmals in Erinnerung gerufen werden für eine neue Segenspraxis und neue Segenskultur:

* Es gibt eine *neue Sehnsucht nach Segensritualen.*

---

1) Songs junger Christen, Bd. 2, Neuhausen-Stuttgart (Hänssler-Verlag). Zit. nach: Du wirst ein Segen sein. Neue Lieder für Gottesdienste und Gemeinde. Hrsg.. v. P. Karl Maderner, Heiligenkreuz am Waasen (Verlag Haus der Stille) 1993.

* Das 2. Vatikanische Konzil hat eine *Öffnung zur Welt* hin und eine neue *Rückbesinnung auf die Wurzeln* des Glaubens und der Segenskultur aus der jüdischen Berakah-Tradition ermöglicht, aus der Segnen sich orientieren soll.
* Segens- und ausdeutendes Wort sollen den Menschen unserer Zeit *verständlich* sein (Muttersprache, Einbeziehung aktueller Sprach- und Lebenssituationen).
* Symbolhandlungen und Segensgesten sollen mit dem *alltäglichen Leben* zu tun haben und daraus für sich selbst sprechen.
* Der *Lobpreis* auf den guten Schöpfergott, seine Schöpfung und sein Mit-uns-Sein in der Gegenwart ist ein zentraler Teil der Segensfeier.
* Alles *Angst-machende* und daraus apotropäische Abwehren von sog. bösen Kräften und Einflüssen, was zu magischem Verständnis beitragen könnte, muss vermieden werden.
* Segnen ist ein Akt der *Gemeinschaft* (von Menschen, auf Gott hin geöffnet); die Kirche als Gemeinschaft des Glaubens trägt fürbittend die Anliegen ihrer Glieder vor den menschenliebenden Gott. Rituale in der Sakristei (ohne Gemeinschaftsbezug) sind unzulässig bzw. in eine Form einer (wenn auch kleinen) Gemeinschaft einzubeziehen. Verirrungen wie „ich heirate mich selbst"[1] darf die Kirche gerade diese Öffnung auf die Gemeinschaft vermitteln.
* Liturgische Feiern, insbesondere auch Segensfeiern dürfen den Anspruch erheben, dass sie den Mitfeiernden ermöglichen, ganzheitlich, dh *mit allen Sinnen*[2] die „Frohe Botschaft" des

---

1) Im Februar 2003 durch die Medien gegangen; eine Aussage eines Singles aus Holland.
2) Auch das Berührtwerden z. B. durch Wort und Musik (Hören) oder das Erleben der Schönheit der Natur und Kunst (Schauen), das Aufnehmen von wohlriechenden Düften (Riechen) oder von Speise und Trank (Schmecken) soll erwähnt werden. Der erste Johannesbrief nennt den sinnenhaften Zugang als Kriterium für den Glauben und die Gottesliebe: „Denn wer seinen Bruder nicht liebt, den er sieht, kann Gott nicht lieben, den er nicht sieht." (1Joh 4,20b).

Glaubens zu *erleben*. Der Hinweis auf Lebens- und Erlebensräume wird deshalb immer wieder erfolgen.

* Der *Ort des Segnens* soll unsere *Welt* in ihrer Vielfältigkeit der Lebenssituationen sein (außerhalb der Begriffe von Sakral und Profan möglichst nahe der Lebenswelt der Menschen von heute).

* *Spender des Segens* ist in (Gemeinschafts-)Feiern der Kirche (Pfarrgemeinde) der *Vorsteher der Gemeinde* (Bischof, Priester oder ein von ihm beauftragter Diakon, Katechet, Pastoralassistent oder Vertreter der Pfarrgemeinde) nach den römischen Verordnungen (CIC, Can 1168 u. 1169, Bischofskonferenzen), in ökumenischen Feiern eine durch Absprache vereinbarte gemeinsame Segensform zwischen den Vertretern der christlichen Konfessionen, in Alltagsritualen die jeweils gastgebende, vorgesetzte oder aus dem Kreis dafür auserwählte Person. Letztlich ist jeder/jede, der/die auf Gott vertraut, anderen zum Segen, Empfänger und Spender des Segens.

* Man kann *Riten der Kirche* (aus ihrer gewachsenen Tradition) mit dem von ihr festgelegten Spender und Ablauf (Rituale, Benediktionale) unterscheiden von neuen, sog. *Alltagsritualen* im Leben aus dem Glauben oder auch aus einem anthropologischen Sehnsuchtsbereich nach Antwort auf Lebensfragen, nach gestalthafter, durch eine in einem (Segens-)Ritus sinnenhaft erfahrbare Deutung und Be-Deutung des Lebens.

* Nichts in der Welt darf sich als „unheilig" der Einbeziehung und Verwendung im Bereich des Segnens (für die Verantwortung des Menschen dem Schöpfer und seiner zum guten Gebrauch gedachten Schöpfung gegenüber) erweisen; alles dient (im rechten Gebrauch) *zum Lobe Gottes und zum Heil der Menschen*.

* Ausgehend von den Sakramenten der Taufe (Wasser – neues Leben) und der Eucharistie (Brot und Wein, Tisch der Gemeinschaft) können alle Segensfeiern und Rituale unseres Alltags in der *Berührung* mit Lebens-Elementen, -Bedingungen und -Situationen aller Art Möglichkeiten der *tieferen Begegnung untereinander und mit Gott* werden.

* Im *berührenden Wort* und im *berührenden Zeichen* (Gestus) wird die *Inkarnation (Menschwerdung) Gottes* durch Zeit und Raum im Hier und Heute fortgesetzt, sein Heilshandeln gegenwärtig.
* In einer Zeit verkümmernder *Kommunikation* wird Gemeinschaft, Zugehörigkeit, Einander Kennen und Verstehen, Begegnen und *Berühren* gesucht und gefragt.
* Auf *Segenstexte* wird nur fakultativ Bezug genommen, im Vordergrund stehen die Segensgesten.
* Den aktuellen Erfordernissen unserer Zeit gemäß wird das Thema stets unter *ökumenischen* Gesichtspunkten und einer ökumenischen Zusammenschau behandelt.

3.1. Segnende Hände

„Da die Hand bevorzugtes Organ der Kontaktaufnahme ist, gehört das Berühren mit der Hand zu den Urgebärden des Menschen und auch zu den ältesten Kultgebärden der Menschheit. Sie ist im AT und im NT reich bezeugt."[1]

Hände sind das Hauptwerkzeug der Körpersprache. Während gefaltete Hände Sammlung, Ergebung und Hingabe[2] symbolisieren, „ent-falten" sie sich beim Erheben und Ausbreiten zum Segen einerseits zu Offenheit, Aufgeschlossenheit und Empfangsbereitschaft für die „Kraft von oben"[3], reichen in der Orantenhaltung das aufsteigende Gebet nach oben, andererseits werden sie in der segnenden Ausbreitung der Arme und Hände (jetzt mit der Handinnenfläche nach unten) zum Schutz gebenden Dach und zur Herabrufung der Gaben Gottes (Geist, Kraft, Heil, Segen) von oben. In der kollektiven Segensbitte wird der Segen mit ausgebreiteten Händen erteilt, während in der individuellen Zuwendung die Handauflegung

---

1) Vgl. Gottesdienst der Kirche, Teil 3, S. 34.
2) Vgl. R. Guardini: Von Heiligen Zeichen, S. 14-17.
3) Vgl. das Bild der nach oben gerichteten Handinnenflächen mit Sonnenkollektoren.

einzelne Personen berührt. Der Segen kann sowohl bei der Ausbreitung der Hände als auch bei der Handauflegung mit beiden Händen oder auch nur mit einer (der rechten) Hand erfolgen. Ihrer Struktur nach ist die Handauflegung Ausdrucks- und Handlungsgebärde, eine Bewegung der Arme und Hände einer Person, die sich einer anderen Person zuwendet. „Sie symbolisiert grundlegend Zuwendung zum und Identifikation mit dem anderen sowie in der Folge die Übertragung von Segen und Vollmacht."[1]

3.1.1. Segnen durch das Ausbreiten der Hände

Im Gestus der ausgestreckten Hand wird im AT im Buch Exodus Gottes machtvolles und befreiendes Wirken durch seinen berufenen Diener Mose mehrmals zum Ausdruck gebracht, bei den ägyptischen Plagen[2], beim Durchzug durch das Schilfmeer; die zum Segen erhobenen Hände sind von Aaron[3] überliefert und in Folge auf den Priestersegen übergegangen.

Im NT segnet Jesus vor seiner Himmelfahrt seine Jünger mit erhobenen Händen.[4] Die Kirche hat den Gestus der ausgebreiteten Hände in der Messfeier als Gebetshaltung (Orantenstellung) des Priesters, bei der Wandlung (Epiklese)[5] über die eucharistischen Gaben (bei Konzelebration durch alle Konzelebranten) und während längerer „Segensgebete über das Volk" (vor dem allgemeinen Schlusssegen mit dem Kreuzzeichen). Der beim Volk sehr geschätzte Primizsegen (Erst-Segen des neugeweihten Priesters) wird in der allgemeinen (und kollektiven) Form über das ganze Volk mit ausgebreiteten Händen[6] gespendet, während der Einzelsegen durch Handauflegung auf das Haupt des Empfängers erfolgt.

---

1) Vgl. Gottesdienst der Kirche, Teil 3, S. 34.
2) Vgl. Ex 7,1-11,10.
3) Vgl. Lev 9,22.
4) Vgl. Lk 24,50.
5) Herabrufung des Hl. Geistes: „Sende deinen Geist auf diese Gaben herab."
6) Der Neupriester spricht dies auch im Segensgebet aus: „Durch die Ausbreitung meiner Hände und [...] segne und behüte dich [...]."

In der Feier der Taufe spricht der Priester (oder Diakon) das Exorzismus-Gebet mit ausgebreiteten Händen und ebenso den Schlusssegen. Bei der Feier der Firmung breitet der Firmspender nach einer Stille die Hände zum Gebet über alle Firmlinge aus, bevor er sie einzeln mit Chrisam salbt. Beim Sakrament der Buße (lange Zeit durch die Praxis des Beichtstuhls nicht möglich) im Beicht- oder Aussprachezimmer empfiehlt sich heute der Gestus der ausgebreiteten Hände (oder auch der Handauflegung) während der Vergebungsbitte unmittelbar vor der Lossprechung. In der Feier der kirchlichen Trauung (Ehesakrament) breitet der Priester (oder Diakon) nach der Vermählung seine Hände über die Neuvermählten aus zum Brautleute-Segen. Bei der Feier der Krankensakramente wird der Kranke mit der Hand berührt. In der Feier der Erteilung von Weiheämtern (Diakonat, Priester-, Bischofsweihe) ist sowohl das Weihegebet des Bischofs mit ausgestreckten Händen als auch die Handauflegung (als eigentlicher Gestus des Weihesakramentes seit den Tagen der Apostel) für jeden Weihekandidaten im Ritus vorgesehen.

Über die Feiern der Sakramente hinaus werden bei verschiedenen Segensfeiern der Kirche (z. B. Kindersegnung in der Weihnachtszeit, am Martinsfest oder zu anderen Anlässen, zur Aussendung der Sternsinger, zum Blasiussegen – die ausgestreckte Hand über den gekreuzten brennenden Kerzen – , zum Wettersegen) die Segenstexte durch Ausbreiten der Hände als sichtbares Zeichen ergänzt, wie insgesamt in Segensbitten vor dem allgemeinen Schlusssegen.

In verschiedenen Gebeten und Liedern wird die Fürbitte der Gottesmutter Maria mit der Einladung verbunden „Nun breite deine Hände aus"[1], „Deine Mutterhände breit auf alle aus"[2], auch das Bild der Schutzmantel-Madonna gehört inhaltlich hierher.

Indem der Segensgestus der ausgebreiteten Hände auch bei den Christen der Ostkirchen und westlichen Reformkirchen verbreitet und geschätzt ist, kann er bei ökumenischen Segensfeiern als Zeichen des gemeinsamen Handelns aus dem gemeinsamen Glauben an den dreieinigen Gott Zeugnis geben.

---

1) Vgl. das Lied „Nun sind wir alle frohgemut", Gotteslob Nr. 841.
2) Vgl. das Lied „Segne du, Maria" in „Wünschen und Segnen", S. 55.

3.1.2. Handauflegung als Beauftragung/Sendung und Heilungsgabe

Die Auflegung der Hände ist seit früher Menschheitsgeschichte und in vielen Kulturen verbreitet. Meist wurde damit die Weitergabe eines Erbes (an geistigen und materiellen Gütern), einer Voll-Macht, einer Verantwortung und Berufung bzw. besonderer Begabungen verknüpft. Der Elternsegen, insbesondere des Familienvaters als Oberhaupt, der Segen des Häuptlings, Medizinmannes, später von Priestern, Königen und Propheten galt als besondere Vermittlung von Heil, Heilung, Beauftragung und Bevollmächtigung.

In der Patriarchengeschichte des AT treffen wir noch auf eine alte Schwurgebärde, nämlich indem der Sohn seine Hand unter die Hüfte des greisen Vaters legt, um ein geistiges (und materielles) Testament (Erbe) des Vaters gewissenhaft zu vollstrecken.[1]

Als Teil des Versöhnungsrituals (und wohl als eine Übernahme eines Brauches aus vorisraelitischer Zeit) legt Aaron am Versöhnungstag[2] seine beiden Hände während des öffentlichen Sündenbekenntnisses für die Sünden des Volkes auf den Kopf eines Ziegenbocks, der dann als „Sünden-Bock" in die Wüste getrieben wird (beladen mit der Schuld des Volkes, das mit ihm auch die Sünde in die Wüste verbannt weiß). Später betritt an diesem einen Tag der Hohepriester das Allerheiligste des Tempels, um alle Vergehen zu entsühnen.

Beim Jakob/Israel-Segen über seine Söhne hören wir von seinen überkreuzten Armen bei der Handauflegung auf das Haupt der Söhne Josefs Efraim und Manasse.[3] Mose überträgt die Berufung der Führung des Volkes Israel, damit es nicht herumirre „wie Schafe, die keinen Hirten haben"[4] an Josua. Während die Einsetzung der

---

1) Vgl. Gen 24,2ff (Abraham zum Großknecht für Isaak) und Gen 47, 29-31 (Jakob/Israel zu seinem Sohn Josef).
2) Vgl. Lev 16,21f. Der Versöhnungstag Jom Kippur wird bis heute am 10. Tag des Monats Tischri (Sept/Okt) gefeiert, 10 Tage nach dem Neujahrstag Rosch ha-Schana, der die „10 Tage der Umkehr" einleitet, 5 Tage vor dem Laubhüttenfest Sukkot (Erntedank).
3) Vgl. Gen 48,14.
4) Vgl. Num 27,17-23.

Könige in Israel durch die Salbung des Hauptes mit Öl erfolgte, wird in der Berufung der Propheten Jesaia[1] und Jeremia[2] die Berührung des Mundes durch die Hand des Herrn bzw. eines der Serafim mit einer glühenden Kohle erwähnt.

Im NT hören wir, dass Jesus den Kindern zur Segnung die Hände auflegt[3] und viele Kranke berührt. Die Apostelgeschichte berichtet davon, dass die Wahl der Sieben[4] (Diakone) durch Gebet und Handauflegung erfolgte; Petrus und Johannes wirkten in Samarien, indem sie den Getauften die Hände auflegten und ihnen damit den Empfang des Hl.Geistes vermittelten.[5] Durch Handauflegung wird Saulus nach seiner Bekehrung in Damaskus durch den Jünger Hananias in die christliche Gemeinschaft aufgenommen.[6] Im zweiten Brief an Timotheus wird dieser von Paulus daran erinnert, dass er die Gnade Gottes, die er durch die Handauflegung erhalten hat, wieder entfachen soll.[7] Die Übertragung von Dienstämtern durch Handauflegung geht in der Kirche jedenfalls auf die Zeit der Apostel zurück und wird später für die sog. „Apostolische Sukzession" in der ununterbrochenen Weitergabe der kirchlichen Ämter (vor allem des Bischofsamtes) maßgeblich.

Beim Grundsakrament[8] der Berufung zum Christen, in der *Taufe*, legt der Priester (Diakon) nach dem Exorzismus-Gebet (mit ausgestreckten Händen) dem Täufling schweigend die Hand auf (an

---

1) Vgl. Jes 6,6f.
2) Vgl. Jer 1,9.
3) Vgl. Mk 10,16.
4) Vgl. Apg 6,6.
5) Vgl. Apg 8,17.
6) Vgl. Apg 9,17.
7) Vgl. 2 Tim 1,6.
8) Christus wird häufig als „Ursakrament" bezeichnet (z. B. H. Vorgrimler, O. H. Pesch, E. Jüngel), die Kirche entweder als „Ursakrament" (O. Semmelroth, K. Rahner), als „Wurzelsakrament" (O. Semmelroth), „Grundsakrament" (H. Vorgrimler, G. Kraus) oder „Ganzsakrament" (L. Scheffczyk). Vgl. G. Larentzakis: Im Mysterium leben, aaO, S. 15f. Ich möchte die Taufe als Grundsakrament der christlichen Berufung bezeichnen.

Stelle der Salbung mit dem Katechumenenöl), berührt bei der Taufwasserweihe das Wasser mit der rechten Hand.[1] Während der Taufspendung durch dreimaliges Übergießen[2] des Scheitels des Täuflings können die Paten diesem die rechte Hand auflegen. Beim Effata-Ritus berührt der Taufspender Ohren und Mund des Kindes, „dass du sein Wort vernimmst und den Glauben bekennst zum Heil der Menschen und zum Lobe Gottes."[3]

Bei der Tauffeier der Ostkirchen legt der Priester nach Taufe und Myron-Salbung[4], vor dem (ersten) Abschneiden des Haupthaares[5] dem Täufling die Hand auf das Haupt mit der Bitte um den Segen der Erfüllung mit dem Hl. Geist.

Beim Sakrament der *Firmung* (in den westlichen Kirchen die Vollendung des Taufsakramentes) legt der Spender dem Empfänger vor der Salbung mit dem Chrisam kurz die Hand auf das Haupt; bis zur Liturgie-Reform durch das 2. Vatikanische Konzil erhielt der Firmling im Anschluss an die Salbung einen „gelinden Backenstreich" (Berührung der Wange).[6] Bei der Konfirmation der

---

1) Bei der Weihe des Taufwassers in der Ostkirche bekreuzt der Priester drei Mal das Wasser, indem er seine Rechte hineintaucht und es anhaucht.
2) Bei der Taufe eines Kleinkindes trägt jetzt die Mutter das Kind. Beim Ritus des dreimaligen Untertauchens (Imersionstaufe) hält der Taufspender das Kind, das Auflegen der rechten Hand durch die Paten entfällt dabei.
3) Die Feier der Kindertaufe, S. 45 bzw. S. 69.
4) In den Ostkirchen werden die 3 Sakramente der Initiation (Taufe, Myron-/Chrisam-Salbung/Firmung und Erst-Kommunion) gewöhnlich in einer Feier empfangen.
5) In der Westkirche noch lange erhalten bei der „Neuberufung" in den Klerikerstand (Tonsur) oder bis heute noch beim Eintritt in Ordensgemeinschaften (Stand des „geweihten Lebens").
6) Der sog. „alapa" („gelinder Backenstreich") ist ein Begleitritus der Firmung aus dem Mittelalter. Durandus von Mende deutet ihn im 13. Jh. als „Denkzettel", wie er bis heute beim Begehen von Grundstücksgrenzen erteilt wird („Merk dir's!"). Eine zweite von ihm angeführte Deutung weist auf die Stärkung des Glaubens hin: „Sei tapfer!", ähnlich dem Ritterschlag; bis heute bei sog. „schlagenden" (Studenten-)Verbindungen und Soldaten gebräuchlich.

Reformkirchen (Kirchen, die aus der Reformation hervorgingen) ist die Handauflegung das klare Segenszeichen für die Bestärkung durch den Hl. Geist und für die Sendung des Christen in der Welt.

Beim Sakrament der Krankensalbung legt der Priester dem Kranken schweigend die Hände auf das Haupt (in den Ostkirchen wird das Evangelienbuch auf sein Haupt gelegt). Die Reformkirchen haben in jüngster Zeit im Dienst der Kranken-Heils-Sorge vermehrt Gesten des Berührens und auch der Handauflegung einbezogen.

Bei der Feier des Sakramentes der Versöhnung (Bußsakrament) wäre (nach Überwindung der beklemmenden Enge des Beichtstuhls) eine Geste der Handauflegung, des Händereichens oder der Umarmung als Zeichen der Versöhnung angebracht. Bei den Ostkirchen spricht der Priester das Absolutionsgebet in deprekativer Form[1], indem er dem Beichtenden das Epitrachilion (Priester-Stola) aufs Haupt und darauf seine Hand legt. Der Priester hilft dem Versöhnten beim Aufstehen nach der Beichte, er „hilft ihm auf". Der Versöhnte küsst das Evangelium, das Kreuz, das Epitrachilion und die Hand des Priesters, während der Priester sich vor dem durch den Hl. Geist Erneuerten verbeugt.[2] Die Buße wird in den Ostkirchen als freudiges Geschehen, als Befreiung und Heilung (Jesus als Heiland), therapeutisch und nicht juridisch, als richterlicher Akt[3] verstanden. Eine große Rolle spielt dabei auch die sog. „Gabe der Tränen", die in reuiger Einsicht vergossenen Tränen werden zum „Gnadenstrom" der inneren Umkehr und Wandlung zu Gott hin (vgl. die Heimkehr des „verlorenen Sohnes").

Einen bevorzugten Stellenwert hat die Handauflegung seit den Tagen der Apostel bei der Beauftragung (und späteren Weihen) zu

---

1) Im Dienst der Kirche fürbittender Form. Die Ostkirchen kennen nicht das richterliche „Ich spreche dich los", sondern „Gott, vergib deinem Diener/deiner Dienerin ..." Dasselbe gilt für die Tauffeier: „Getauft wird der Diener/die Dienerin Gottes ..." statt „Ich taufe dich ..."
2) Vgl. Mysterium der Anbetung III, S. 118.
3) Die Ostkirchen kennen auch nicht höheren Amtsträgern (Bischof, Papst) „reservierte" Sünden, sondern jeder Priester kann von allen Sünden lossprechen.

Dienstämtern in der Kirche. Die Handauflegung unter Gebet ist bis heute sowohl für die Diakonats- als auch Priester- und Bischofsweihe zentraler Segensgestus, der die Bitte um die Herabkunft des Hl. Geistes, die Bevollmächtigung für den Dienst und die Bewahrung des apostolischen Erbes (Übernahme des Testaments[1], apostolische Sukzession) zum Ausdruck bringt. Die Handauflegung ist sowohl für die Ost- und Westkirchen für ihre Weiheämter als auch für die Reformkirchen des Westens für ihre Ordination zu Leitungsdiensten in der Kirche konstitutiv.

Außerhalb der Feier der Sakramente kann die Handauflegung in kirchlichen Segensfeiern (als Einzelsegnung über Personen) wie dem Primizsegen, bei Kindersegnungen zu verschiedenen Anlässen[2], beim einzeln erteilten Blasiussegen, beim Muttersegen vor und nach der Geburt, bei der Segnung der Schulanfänger, vor allem aber im Bereich der Segnungen an Kranken Segenszeichen sein. Dasselbe gilt für den Reise- oder Pilgersegen oder in jüngster Zeit für Fernstehende oder Ungetaufte, für Paare und Verliebte am Valentinstag[3], für Menschen, die Kranke zu Hause pflegen, für Menschen, die vor großen Prüfungen oder (Lebens-) Entscheidungen stehen, für Paare, die Eltern werden, für Alleinerziehende Eltern[4], für Menschen, die in Pension gehen, für Menschen mit einer zerbrochenen Liebesbeziehung[5], beim Wiedereintritt in die

---

1) In Zeiten geringen Gottvertrauens sowie ängstlichen Misstrauens in der Kirchengemeinschaft werden zur vermeintlichen Machterhaltung zusätzlich Eide und Schwüre eingefordert (z. B. der sog. Antimodernisteneid, in jüngster Zeit römische Zusatzartikel bei Pfarrinstallierungen und bei der Verleihung des akademischen Grades eines Doktors der Theologie bei der Promotion).
2) In Analogie zu Mk 10,16.
3) Segen mit beiden Händen auf den Häuptern der beiden.
4) Das Auflegen der Hände auf die Schultern wird als mögliche Variante genannt.
5) Die Ostkirchen begleiten im Sinne der „oikonomia" zerbrochene Ehen auf einem sog. „Bußweg", aus dem heraus gegebenenfalls eine zweite (oder dritte) kirchliche Eheschließung ermöglicht wird. Vgl. G. Larentzakis: Ehe – Mysterium der Liebe. Orthodoxe Aspekte zur Ehe,

Kirche[1], bei Trauerfeiern, usw.[2]

Im Bereich der *Hausliturgie* ist besonders der Elternsegen zu erwähnen (Handauflegung, meist verbunden mit dem Kreuzzeichen); er begleitet die Kinder zeitlebens (nach der Geburt, zur Taufe, abends vor dem Schlafengehen, beim Außerhausgehen, z. B. in den Kindergarten, in die Schule, zum Lehrplatz, beim Siedeln in eine eigene Wohnung, zur Hochzeit, an den Enkelkindern, beim Übergeben, am Sterbebett[3]). Er ist ein Zeichen zärtlicher Liebe und des priesterlichen Dienstes aus dem Grundsakrament der Taufe.[4] Auch Eltern (Mann und Frau) können einander segnen, wie auch Kinder ihre Eltern in Antwort auf die empfangene Liebe. Früher hat die Braut am Hochzeitsmorgen sich beim Verlassen ihres Elternhauses auf der Türschwelle niedergekniet, um den Elternsegen zu empfangen. Heute sind die jungen Leute vor der Hochzeit meist längst ausgezogen; ein Elternsegen wäre in der Feier der Trauung vor dem allgemeinen „Brautsegen" durchaus als sinnvoll einbeziehbar.

Manche *Gruppen* schließen, zumal am Ende intensiver Begegnung, Aus- und Weiterbildung, spiritueller Treffen (Exerzitien, Wüstentage, Gesprächsrunden) zunehmend gern mit einem Berührungsritual wie der Handauflegung oder anderen Gesten, verbunden mit Hoffnungs-, Ermutigungs- und Segenstexten, womit sie ihrer Gemeinschaft eine symbolisch erlebbare Vertiefung und Verbindlichkeit (vor- und füreinander, aber auch vor und mit Gott) verlei-

---

Ehescheidung und Wiederverheiratung. Sonderdruck aus. M. Liebmann (Hrsg): War die Ehe immer unauflöslich? Limburg-Kevelaer 2002.

1) In den Ostkirchen im Rahmen der Myron-Salbung.
2) Vgl. H. Bauernfeind, R. Geier (Hrsg): Leben braucht Segen. Freiburg 2002. Die Herausgeber präsentieren nach einem systematischen Teil 21 „Modelle für Segensfeiern" zu aktuellen Lebenssituationen unserer Zeit. Vgl. dazu auch M. Bruhn: Segenserfahrungen heute. In: Una Sancta, 58. Jg., 3/2003, S. 205-214.
3) „Am Ende den Segen nach vorn weitergeben". Vgl. M. Schmeisser: Gesegneter Weg, S. 32.
4) Vgl. bei der Chrisam-Salbung: „Du bist gesalbt mit Christus zum Priester, König und Propheten in Ewigkeit". (Die Feier der Kindertaufe, S. 44 bzw. S 68).

hen wollen. Die Kirche sollte sich solcher Sehnsüchte und Bedürfnisse annehmen, statt sie vorschnell in den Bereich der Esoterik zu verbannen bzw. abwandern zu lassen, nur weil sie nicht sofort in Sakralräumen der Kirche auftreten.

3.1.3. Segenskreuz mit der Hand

Das Zeichen des Kreuzes mit der Hand kennen wir in zweifacher Weise, im Sichbekreuzen und als Segensgestus über andere und über Dinge. Unzählige Darstellungen in der Kunst sind dafür Vorbild, wenn Christus als Pantokrator mit der segnenden Rechten gezeigt wird.

3.1.3.1. Segenskreuz über sich selbst

Der Brauch, das Kreuzzeichen zu machen, reicht in die apostolische Zeit zurück. Tertullian schreibt: „Bei all unserem Tun, betreten wir nun das Haus oder verlassen es, bekleiden wir uns, gehen wir ins Bad oder setzen wir uns zu Tisch, begeben wir uns zu Bett oder nehmen wir eine Lampe, immer machen wir auf der Stirn das Kreuzzeichen." Der Hl. Basileios der Große († 379) führt den Brauch, sich mit dem Kreuz zu bezeichnen, auf die apostolische Tradition[1] zurück. Johannes Chrysostomos († 407) sagt: „Dieses Zeichen des Sieges ist immer und überall mit uns, wir bringen es auf den Häusern an, an den Wänden, an Türen, zeichnen es auf die Stirn und tragen es im Herzen." Die ersten Christen kannten das *Ein-Finger-Kreuzzeichen*, entweder mit dem Daumen oder mit dem Zeigefinger, und nur auf die Stirn. Das dürfte bis zum Ende des 8.Jh. so geblieben sein, da es das Ökumenische Konzil von Nizäa 787 noch ausdrücklich erwähnt. Der Hl. Theodor Studitos († 826) spricht vom Kreuzzeichen zu seiner Zeit mit einem oder mehreren Fingern. In Serbien hielt sich der Brauch des Ein-Finger-Kreuzzeichens bis ins 15. Jh.

---

1) Vgl. Traditio Apostolica (Fontes Christiani, Bd. 1) S. 309 bzw. S. 255: „Wenn er [der Bischof bei der Taufe] den Exorzismus vollzogen hat, soll er ihr Gesicht anhauchen und nach Bekreuzigung von Stirn, Ohren und Nasen lässt er sie aufstehen."

Mit der Verurteilung der Häresie der Monophysiten (leugneten die ungetrennten zwei Naturen in Christus, der göttlichen und der menschlichen) wurde das Kreuzzeichen mit einem Finger zum Symbol ihres Glaubens an die eine Natur Christi, wogegen die Rechtgläubigen begannen, das *Kreuzzeichen mit zwei Fingern* (Zeige- und Mittelfinger)[1], und zwar auf Stirn und Brust zu machen, um ihren Glauben an die beiden Naturen in Christus zu bezeugen.

Dieser Brauch verbreitete sich bei den Griechen und bestand bis zur Mitte des 11. Jh. Heute verwenden diese Form noch die sog. Altgläubigen Russlands.

Bereits im 9. Jh. gibt es dafür Zeugnisse, dass die Gläubigen zum Zeichen des Kreuzes die *drei ersten Finger der rechten Hand* zusammenfalten (als Sinnbild der Hl. Dreieinigkeit) und die beiden letzten zur Handfläche drücken (als Sinnbild der zwei Naturen Christi). Im 13. Jh. hat sich dieser Brauch in der griechischen Kirche durchgesetzt. Man berührt dann nacheinander die Stirn, die Brust, die rechte und schließlich die linke Schulter. Diese Form des Kreuzzeichens wird bis heute in allen Ostkirchen byzantinischer Tradition verwendet. Sie war auch in den Kirchen des Westens (Papst Leo IV., † 855 und Papst Innozenz III., † 1216 lehren das ausdrücklich) noch bis in das 13. Jh. bekannt. Später kam im Westen der Brauch auf, das Kreuz mit der ganzen Hand zu machen, d. h. mit *fünf Fingern*, welche die fünf Wundmale Christi symbolisieren, und zwar über die Schulter von links nach rechts.[2]

Beim *Sichbekreuzen* wird der ganze Körper einbezogen, beim älteren „kleinen" Kreuzzeichen, Stirn, Mund und Brust, beim jüngeren „großen" Stirn, Körpermitte und Schultern, wobei in der lateinischen westlichen Kirche die Bewegung von der Stirn zur Körpermitte, zur linken und schließlich rechten Schulter führt, während die Ostkirchen die Bewegung von der Stirn zur Körpermitte, zur rechten und zuletzt zur linken Schulter führen; Daumen, Zeige- und Mit-

---

1) Die Darstellungen des segnenden Christus-Pantokrator zeigen durchwegs den Gestus der zum Segen ausgestreckten zwei Finger (Zeige- und Mittelfinger), während Daumen, Ringfinger und kleiner Finger zur Dreiheit ineinander reichen.
2) Vgl. Christlicher Osten. 1996/2, S. 1-3.

telfinger werden dabei zur Dreiheit[1] zusammengelegt. In der Ostkirche ist es auch üblich, sich mehrmals (drei Mal) hintereinander zu bekreuzen. Im Westen und im Osten ist das Sichbekreuzen mit der trinitarischen Formel „Im Namen des Vaters und des Sohnes und des Hl. Geistes" verbunden. Diese Segensform spannt gleichsam den Menschen mit Leib und Seele in das Erlösungsgeschehen mit Christus in seinen Kreuzestod und seine Auferstehung hinein, vergegenwärtigt in allen Lebenssituationen unsere Verbundenheit mit dem dreieinigen und menschenliebenden Gott, ist für uns selbst eine immer wiederkehrende Tauferneuerung (manchmal auch mit dem Eintauchen der Finger im Weihwasser vor dem Sichbekreuzen) und die Kurzform eines Glaubens-Bekenntnisses.

Sich unter das Segenszeichen des Kreuzes stellen kann in der Heiligung des Tages mit dem Aufstehen „In Gottes Namen" (einem kurzen Morgenlob) beginnen, kann am Beginn der Arbeit, beim Tischsegen, als Abendsegen vor der Ruhe der Nacht (in Frieden[2] mit sich selbst, mit Gott und den Menschen in die Nacht gehen) seinen Platz haben, ebenso vor großen Entscheidungen; Sportwettkämpfer bekreuzen sich vor Entscheidungskämpfen in der Öffentlichkeit.[3] Bei der Begegnung mit Glaubenszeichen wie Wegkreuzen, beim Betreten von Kapellen und Kirchen (auch mit Weihwasser), am Beginn und zum Abschluss eines Gebetes (z. B. Rosenkranz), am Beginn der Mess- oder anderer Sakramenten- und Segensfeiern, am Schluss dieser Feiern als Übernahme des Segenszeichen vom Segen des Zelebranten, als Segen vor dem Evangelium[4] kennen wir in

---

1) Hinweis auf die Hl. Dreieinigkeit.
2) Vgl. Psychohygiene des Loslassens von (Kleidern und) der Last und Sorge des Arbeitstages, Freiwerden und versöhnt tatsächlich „zur Ruhe kommen." „Die Sonne soll über eurem Zorn nicht untergehen."
3) Dies kann sogar zu kontrovers geführten Diskussionen in der Öffentlichkeit führen, wie dies Anfang des Jahres 2003 in Schottland der Fall war, „ob das Sich-Bekreuzigen bei Fußballspielen als provokative Geste gewertet werden kann". Vgl. Kathpress-Tagesdienst Nr. 3, vom 6. 1. 2003, S. 9.
4) Im 9. Jh. ist erstmals im Westen bezeugt, dass sich die Gläubigen vor dem Evangelium selbst bekreuzen. (Vgl. J. A. Jungmann: Missarum Sollemnia, Bd. 1, S. 558.) In der Chrysostomus-Liturgie aus dem Ende

vielfältiger Weise das Sichbekreuzen.[1] In den Ostkirchen kreuzen die Gläubigen beim Hinzutreten zur Hl. Kommunion ihre Arme über der Brust, während der Liturgie bekreuzen sie sich vielmals, bei den Ektenien und bei jeder Doxologie auf den dreieinigen Gott. Die Reformkirchen des Westens sind dagegen zurückhaltender mit diesem Segensgestus.

Das Sichbekreuzen angesichts großer (und lebensbedrohender) Gefahren wie z. B. bei heftigen Gewittern, mit dem Stoßgebet „Helf uns Gott!" verweist darauf, dass der Mensch sich unter den mächtigen Schutz des rettenden Gottes stellt. In solchen ausgesetzten Situationen ist ein apotropäisches Denken im Hintergrund nicht immer auszuschließen.

3.1.3.2. Segenskreuz über andere

Dieser Segensgestus ist zumeist nach Ausbreiten der Hände bzw. Handauflegung der Abschluss und gleichsam die „Besiegelung".[2] In der Feier aller Sakramente und Benediktionen wird er beim Schlusssegen vom Zelebranten über das Volk (ohne Berührung) ausgespendet. Dies kann auch mit einem Handkreuz, Reliquiar, Evangelienbuch oder einer Monstranz erfolgen. Einem vatikanischen Dekret der Liturgiekongregation zufolge, das in den „Acta Apostolicae Sedis" (Nr.11/2002) veröffentlicht wurde, heißt es, dass es in der katholischen Kirche keinen Segen ohne Kreuzzeichen geben darf. „Demnach müssen Geistliche, wann immer sie Gegenstände oder Personen segnen, mit der rechten Hand ein Kreuzzeichen machen."[3] Damit soll garantiert werden, dass weltweit und in

---

des 4. Jhdts. übernehmen die Gläubigen das Kreuzzeichen vom Segen des Priesters und bekreuzen sich zum Zeichen, dass sie auf die Stimme dessen hören wollen, dem sie seit der Taufe angehören.

1) Das kleine Kreuzzeichen nur auf den Mund ist bis heute beim Invitatorium des Stundengebetes noch üblich.
2) „Was mit dem 'signum', dem Heilszeichen des Kreuzes versehen ist, das ist 'signiert', unterzeichnet, beglaubigt, mit einem Siegel versehen. Ein Siegel ist etwas ganz Persönliches." Vgl. M. Schmeisser: Gesegneter Weg, S. 44. Vgl. auch Hld 8,6: „Leg mich wie ein Siegel auf dein Herz, wie ein Siegel an deinen Arm!"
3) Zit. nach Kathpress Nr. 9 vom 13. 1. 2003, S. 9.

allen Kulturkreisen bei Segenshandlungen das spezifisch Christliche sichtbar gemacht wird.

In der Feier der *Taufe* bezeichnet der Priester/Diakon nach der Homilie den Täufling auf der Stirn, nach ihm Eltern, Paten und mitfeiernde Angehörige. Schon beim Taufgespräch kann auf diesen „priesterlichen Dienst" des Segnens hingewiesen werden, die Eltern dazu ermutigt werden, ihr Kind zu verschiedenen Gelegenheiten (z. B. am Abend vor dem Schlafenlegen) zu segnen. Kreuz und Kuss können zu den zärtlichen Zeichen der Zuwendung und Liebe und damit auch der Einbeziehung des Vertrauens auf den menschenliebenden Gott zum täglichen Ritual zählen. Am Schluss des Taufgesprächs segnet der Pfarrer (oder sein Vertreter, der das Taufgespräch hält) das Kind mit dem Hinweis auf die Freude, die Gott an uns Menschen gerade im Geschenk eines Kindes vermittelt[1], und auf die Vorfreude auf das Fest der Taufe. In den Ostkirchen segnet der Priester, nachdem er das Kind aus der Taufe gehoben hat, mit diesem in Kreuzesform; das neugetaufte Kind erhält ein Taufkreuz.[2]

Auf die Bezeichnung mit dem Kreuz im Zusammenhang einer Salbung (Taufe, Firmung, Priesterweihe, Krankensalbung) soll später noch eigens eingegangen werden. Grundsätzlich haben alle Sakramente und Sakramentalien durch ihren Bezug zum Pascha-Mysterium (Tod und Auferstehung Christi) ihren Ursprung und ihre Vergegenwärtigung im Heils- und Segenszeichen des Kreuzes Christi.

Besonders hingewiesen sei hier noch auf das Kreuzzeichen als Segensgestus bei der Absolution (Sakrament der *Versöhnung/Buße*), der üblicherweise (ohne Berührung) über den Pönitenten gemacht wird, der jedoch auch mit dem die Stirn berührenden Segenszeichen als Abschluss der Handauflegung (Verspüren der Hand des „barmherzigen Vaters") eine Betonung und Verdeutlichung des Verzeihens

---

1) Vgl. Rabindranat Tagore: „Ein Kind ist die Botschaft, dass Gott seine Freude an dieser Welt nicht verloren hat."
2) In den Ostkirchen (z. B. russisch-orthodoxe Kirche) gibt es bis heute den Brauch, beim Exorzismus gegen Westen gewendet (Mächte der Finsternis), beim Glaubensbekenntnis und bei der Taufe nach Osten (zu Christus, der Morgensonne) gewendet zu stehen.

für den „wieder heimgefundenen verlorenen Sohn" vermitteln würde.[1)] Beim Eheversprechen in der Feier der Trauung[2)] segnen einander Braut und Bräutigam mit einem Kreuz auf die Stirn, im Anschluss daran können die Eltern Kind und Schwiegerkind mit einem Kreuzzeichen auf die Stirn segnen (Elternsegen). Die Segnung von Kleinkindern, die noch nicht zur Erstkommunion geführt wurden, mit einem Segenskreuz auf die Stirn durch den Priester oder beauftragte Kommunionspender/innen im Zuge des Kommuniongangs ist heute weithin verbreitet.

Grundsätzlich kann *außerhalb der kirchlichen Gemeindeliturgie* (in welcher der dazu beauftragte Amtsträger den Segen erteilt) jeder an den dreieinigen Gott, an den Erlöser am Kreuz, Jesus Christus, Glaubende vor allem in der *Hausliturgie* (Eltern-, Tischsegen usw.), aber darüber hinaus in Situationen und Gemeinschaften des vielfältigen alltäglichen Lebens segnen. Menschen sind immer heils- und segensbedürftig, Gott ist immer zu den Menschen unterwegs, um sie zu berühren, anzusprechen und zu sagen: Komm, folge mir nach, ich brauche dich, ein Segen sollst du sein!

Liebende können den Tag gemeinsam mit dem Segenskreuz auf die Stirn, mit Küssen und anderen Zärtlichkeiten beginnen und beschließen, auch beim Auseinandergehen vor Reisen oder Zeiten, in denen sie beruflich länger von einander getrennt sind.

Eltern segnen ihre Kinder am Morgen, am Abend, vor dem Außerhausgehen (Kindergarten, Schule, Beruf), und umgekehrt auch die Kinder die Eltern. Kinderbetreuerinnen und Lehrer könnten ihren Kindern/Schülern vermitteln: Ich bin mit dir, Gott ist mit dir, Gott segne und behüte dich.

---

1) Vgl. den Bußritus der Ostkirchen (Exomologesis = Bekenntnis), wo der Priester dem Beichtenden das Epitrachilion (Stola) über das Haupt legt und ihm gleichsam in die Arme des barmherzigen Vaters birgt und segnet. Die Einbeziehung der Stola wird im Westen (röm.kath. Kirche) bei der Feier der Trauung bzw. bei Silbernen und Goldenen Ehejubiläen auch in Verbindung mit dem Segen wahrgenommen; hier wird die Stola um die Hände, die das Paar einander reicht, gelegt.

2) Dies kann auch bei Ehejubiläen oder Feiern der Eheerneuerung wiederholt werden.

Menschen, die einander durch längere Zeit Weggefährten sind (Pilger, Freunde, Lebensgemeinschaften), können einander ebenso segnend begleiten.

Ein sehr breiter Bereich tut sich dafür auch im Lebensbereich des verwundeten (behinderten, kranken, pflegebedürftigen, sterbenden) und dadurch besonders heils- und hilfsbedürftigen Lebens auf.

Klargestellt werden soll in diesem Zusammenhang auch, dass es sehr wohl einen Segen für Soldaten (als Menschen im Friedensdienst) gibt, niemals jedoch einen Segen über Waffen, deren Wirkung in jedem Fall (leben)zerstörend ist.

Insgesamt brauchen Segensgesten durch Berühren (und eben auch das Segenskreuz auf die Stirn) einen „geschützten und vertrauten Raum", eine Atmosphäre des Zu- und Miteinander, eine Zustimmung[1] und ein vorbereitetes „Klima", sie können nicht unvermittelt, unmotiviert, befehls- und überfallsartig erfolgen.

Die Einbeziehung des Segens kann in einem Wortgottesdienst, in einer Meditation, bei Besinnungs- und Einkehrtagen, in einem dafür einladenden Raum und einer entsprechenden Feierform[2] und -gestaltung ein geeigneter Abschluss sein. Hier haben auch *Segenstexte*[3] und hinführende und ausdeutende Texte (inkl. Gespräche) im Umkreis der Segenshandlungen eine wichtige Funktion.

Das Bezeichnen mit dem Kreuzzeichen spielt auch beim Abschiednehmen von Verstorbenen (durch Kreuzzeichen auf die Stirn oder Besprengen mit Weihwasser in Kreuzesform) eine Rolle. Bei Aufbahrungen im Hause, die heute schon sehr selten sind (angeblich aus hygienischen Gründen), ist es bis heute vielerorts

---

1) Z. B. „Für den Umgang mit den Patienten gilt, dass immer um Erlaubnis zu fragen ist, wenn man in 'sein Gebiet' eindringt". Vgl. N. Specht-Tomann, D. Tropper: Hilfreiche Gespräche und heilsame Berührungen im Pflegealltag, S.110.

2) „Die Form rettet, wie die Formlosigkeit und Ungestaltetheit den Menschen verschlingt." Vgl. M. Schmeisser: Gesegneter Tag, S. 11.

3) In jüngster Zeit sind sehr viele Bücher mit guten und brauchbaren Segenstexten, z. B. alte irische Segenswünsche und Texte zeitgenössischer Frauen und Männer erschienen, wie z. B. von M. Schmeisser (Hrsg): Gesegneter Tag. Ders.: Gesegneter Weg.

üblich, beim Verlassen des Trauerhauses den Sarg an der Türschwelle kreuzförmig abzustellen.[1]

3.1.3.3. Segenskreuz über Dinge

Dinge sind, wie schon oben in einem anderen Zusammenhang erwähnt, nicht wegen ihrer Unvollkommenheit oder ihrer Anteilhabe an einer bösen Welt (Dualismus) segensbedürftig, so als müssten sie erst für den Gebrauch durch den Menschen gereinigt und Gott wohlgefällig gemacht werden. Auch werden sie durch den Segen nicht in einem magischen Verständnis verändert, sodass sie als programmierte „Glücksbringer" unter Außerachtlassen der menschlichen Verantwortung immer zur Stelle sein und funktionieren müssten.

Das muss sowohl in der Segenshandlung als auch im begleitenden Segenstext und im Kontext der gesamten Segensfeier klar zum Ausdruck kommen. Denn nicht ohne Grund haben die Reformkirchen es bis heute vermieden, Dinge zu segnen.[2] Auch das 2. Vatikanische Konzil[3] hat sich grundsätzlich dieser Tendenz angenähert, dass, wenn wir Dinge segnen, um den Segen der rechten und verantwortlichen Beziehung und Verwendung derer durch den Menschen gebeten wird.

Das Beispiel „Feuerwehr" soll das verdeutlichen: „An diesem Tag sind wir dankbar und voll Freude zusammengekommen, um [Nennung des konkreten Anlasses]. Dass Menschen bereit sind, sich für den Schutz anderer einzusetzen, ist ein großer Segen. Dazu gehört neben allem Mut und aller Selbstlosigkeit auch das entsprechende technische Gerät. Wir wollen heute Gott dafür loben und danken, auf sein Wort hören und zu ihm um Schutz und Segen beten."[4] So heißt es in den einführenden Worten. „Gott, unser Vater, nimm diese(s) [Nennung des Anlasses/Gegenstandes], das wir heute

---

1) Geht auf apotropäisches Denken zurück: „Versiegeln" des Hauseinganges, damit der „Geist des Toten" nicht über die Schwelle zurückkommt.
2) Vgl. Ökumenische Segensfeiern, S. 10.
3) Sacrosanctum Concilium, Art. 61.
4) Vgl. Ökumenische Segensfeiern, S. 133.

in Gebrauch nehmen, in deine Obhut, damit es *dem Wohl der Menschen dient. Alle, die* als Feuerwehrleute hier ihren *Dienst tun*, und alle, *denen sie zu Hilfe kommen, schließe ein in deinen Segen.*"[1]

Bei allen Segnungen über Dinge soll über den Lobpreis auf den Schöpfergott hinaus deutlich gemacht werden, dass der verantwortungsvolle Gebrauch der Dinge den Menschen zum Segen gereichen soll. Wenn sich der Mensch im Umgang mit den Dingen vor Gott verantwortlich und dem Dienst an den Menschen in einer Solidargemeinschaft verpflichtet weiß, werden ihm (und allen) die Dinge zum lebenserhaltenden und -fördernden Segen.

Aus diesem Kontext sollten die Kirchen (in ökumenischer, gemeinsamer christlicher Verantwortung) viele Anlässe, und seien sie noch so „fern vom Kirchturm", als Möglichkeit einer Verkündigung und eines Bezeugens des christlichen Glaubens[2] wahrnehmen, als Gelegenheit, wo der „Hirt" bewusst aus dem Kirchengebäude „hinaus in die Welt", zu den Lebens-Räumen der Menschen („Herde") geht, um sich ihrer Anliegen „vor Ort" anzunehmen. Ein neues „Klima des Zusammengehörens" und „Bei den Menschen Seins" kann der Glaubwürdigkeit[3] der Verkündigung des Evangeliums nur dienlich sein.

So gesehen kann eine Tiersegnung am 4. 10. (Gedenktag des hl. Franz von Assisi) im Landhaushof in Graz oder auf einem landwirtschaftlichen Anwesen, eine Autosegnung an einem Wallfahrtsort oder touristischen Aussichtsplatz, die Segnung von Gebäuden oder öffentlichen Einrichtungen eine besonders aktuelle und berührende Form des „Zur-Welt- Kommens" Gottes (Inkarnation) erschließen.

Die *Hausliturgie* ist in diesem Bereich vielfach angefragt, im Tischsegen und im Segen des Brotes (mit der Messerspitze vor dem

---

1) Ebda, S. 135.
2) Z. B. mit der Osterspeisensegnung (sog. „Fleischweihe"), wo erfahrungsgemäß viel mehr Menschen da sind, als bei den liturgischen Feiern der Osternacht und am Ostersonntag, eine Verkündigung der Osterfreude und Auferstehungshoffnung zu verbinden.
3) Ein abgehobener und abgesonderter Klerikalismus verdunkelt und verfälscht die Botschaft Jesu.

Anschneiden des Laibes), im Segen durch Haus- und Hof, Fluren, Felder und Wald (Landwirtschaft), über Arbeitsgeräte, Schul- und Spielsachen der Kinder. Kinder nehmen über Puppen und Teddybären, wie man mit ihnen umgeht, viel für ihr Verhalten im Leben auf, warum sollte man deshalb nicht auch mit dem Segenszeichen über diese signalisieren, was für unser Leben gut und heilsam ist?!

Auf den *Brotsegen* soll hier ausführlicher eingegangen werden. „Der besonderen Wertschätzung des Brotes entspricht die kultische Erhöhung, die es schon früh erfuhr. Bekannt ist die Bedeutung der ungesäuerten Flachbrote in israelitischen Kultgebräuchen. Bei Griechen und Römern galten Dionysos und Pan[1] als Erfinder des Brotes."[2] Im Christentum gewinnt das Brot, im Bezug auf die Brotvermehrung und das Brotbrechen beim Abendmahl im NT, in der Feier der Eucharistie einen zentralen Stellenwert. Die erste Vater-unser-Bitte gilt dem „täglichen Brot"[3], was auch seine Beachtung im Alltag und in der Hausliturgie gefördert hat.

Nach der 1215[4] definierten Lehre von der Wesensverwandlung

---

1) Vgl. das lat. Wort „panis" für Brot, heute noch in romanischen Sprachen erhalten: pane (ital.), pain (franz.), pan (span.).
2) G. Grober-Glück In: H. Eberhart (Hrsg.): Volksfrömmigkeit, S. 286.
3) Mt 6,11.
4) Allgemeine 4. Kirchenversammlung im Lateran. – Dass die Konzilien des Westens im zweiten Jahrtausend nicht wie die ersten sieben von Ost- und Westkirche als ökumenische Konzilien anerkannt zu zählen sind (demnach wäre das 2. Vat. Konzil das 21.), sondern als westliche Generalsynoden mit Beginn des 1. Lateranense, unterstreicht ein Brief Papst Pauls VI. aus dem Jahr 1974: „Anlässlich des 700-jährigen Jubiläums des 2. Konzils von Lyon aus dem Jahre 1274 schrieb Papst Paul VI. einen Brief an Kardinal Willebrands, den Präsidenten des Einheitssekretariates, der auch sein Delegierter war bei den Feierlichkeiten des Jubiläums. In diesem Schreiben bezeichnet der Papst das 2. Konzil von Lyon als 'die sechste der im Westen abgehaltenen allgemeinen Synoden'. Der Papst geht von der üblichen Zählung der westlichen Konzilien ab, er bezeichnet sie nicht mehr als ökumenisch im altkirchlichen Sinn, sondern nur als allgemeine Synoden, die im Westen stattgefunden haben." Vgl. G. Larentzakis: Konziliarität und Kirchengemeinschaft. Zukunftsüberlegungen. In: Ökumenisches Forum, Nr. 10, Graz 1987, S.179.

(Transsubstantiation) der als Symbol des gebrochenen Brotes dargereichten Hostie in den Leib Christi erfuhr der gläubige Umgang mit dem Brot einen starken Frömmigkeitsimpuls, der in der Folge zu besonderen Ausprägungen eucharistischer Verehrung (Anbetung vor dem Allerheiligsten, Fronleichnamsfest und Fronleichnamsprozession), aber auch im Bereich der Volksfrömmigkeit zu seltsamen Wunderberichten über blutende Hostien[1] und Sagen vom blutenden Brot führte.

Die Herstellung von Hausbrot ist sehr alt. Von den Ägyptern übernahmen es die Israeliten. In Europa fand es nach 800 v. Chr. allgemeine Verbreitung. Das durch Sauerteig gelockerte Hochbrot blieb als täglich genossene Speise zunächst den oberen Schichten vorbehalten. Es war lange Zeit Speise der Herren, der Klöster, Ritter und Bürger, zeitweise dem einfachen Volk als Entgelt für Dienstleistungen oder als Spende für die Armen weitergereicht. Erst im späten Mittelalter setzte sich das Backen von Hochbrot gegenüber dem älteren Fladen- oder Hartbrot in bäuerlichen Schichten durch. Die Wichtigkeit des Brotes als Hauptnahrung und die Achtung vor ihm gehört zu den ältesten Kulturgütern, die in Volksglauben und -kult ihren Niederschlag gefunden haben. Nicht von ungefähr wird vom „Brotgeber" und von „sein Brot verdienen" im beruflichen Dienstbereich gesprochen.[2]

In den christlichen (Bauern-)Häusern haben sich um das Brotbacken, das Anschneiden des Laibes, seine Aufbewahrung, dem ehrfürchtigen Umgang und dem Vermeiden von Missbrauch eigene Rituale entwickelt. So wurde die „Bäck" (der aufgegangene Brotteig im Backtrog) vor dem „Ausfassen" in die Brotkörbe und dem „Einschießen" in den Backofen gesegnet durch drei Kreuze mit der Messerspitze in den Teig. Das Einschießen in den Ofen begleitete bei jedem Laib ein „In-Gottes-Namen". Jeder Brotlaib wurde vor dem Anschneiden auf der Unterseite[3] durch drei Kreuzzeichen mit

---

[1] Z. B. das sog. „Wunder von Bolsena" in Orvieto, nördl. von Rom.
[2] Vgl. G. Grober-Glück: Zur Heiligkeit des täglichen Brotes in den bäuerlichen Familien Österreichs um 1930. In: H. Eberhart (Hrsg.): Volksfrömmigkeit, S. 285f.
[3] Auch „weiße Seite", „Backseite", „Weiberseite" oder „Mutterseite" genannt.

der Messerspitze (seltener auch mit dem Daumen) bezeichnet, gesegnet. Das Brotbacken, Segnen und Anschneiden war fast ausschließlich Aufgabe der Mutter. Das aufgeschnittene Brot wurde von ihr den Familienmitgliedern (Kinder, Vater, Gesinde/Knechte und Mägde) ausgeteilt. Während des Essens oder mit dem Brot in der Hand verließ niemand den Tisch, um nicht Brot auf den Boden fallen zu lassen, auch Brosamen wurden (insbesondere beim geweihten Osterbrot) sorgsam eingesammelt und gegessen. Kam es einmal vor, dass Brot verdarb (durch Schimmel), wurde es nicht weggeworfen, sondern den Schweinen mitverfüttert.

Der Atlas der deutschen Volkskunde fragte (Frage 149) danach:
a) Wer schneidet das Brot an?
b) Welche Gebräuche sind beim Anschneiden des Brotes üblich?
c) Welche Sprüche sagt man beim Anschneiden des Brotes?
d) Was sagt man dem Kind, wenn es Brot missbraucht oder wegwirft?

„Für das Ritual des Brotanschneidens sind zwei Aspekte bestimmend. Zum ersten: Es gehört zu den Handlungen, die den Anfang, das erstmalige eines Geschehens hervorheben. Erinnert sei an Brauchformen, die sich um den ersten Schultag gebildet haben, an den ersten Ausgang der Wöchnerin, an Jungfernfahrten von Schiffen. Zum zweiten: Das Brotanschneiden ist eine fromme Handlung, eine Segnung. Die drei Teilfragen erfassen diesen Komplex in seinen wichtigsten Zügen. Es geht um die würdige Person, um die segnende Handlung und um die sie begleitenden Segensworte."[1] Danach ist für das Brotanschneiden und -segnen mit überwältigender Mehrheit (1216 Belege gegenüber 268 Belege für den Hausvater) die Mutter genannt. Die Verbreitung des Brotsegens (Bekreuzigen vor dem Anschneiden) ist um 1930 noch beachtlich groß, wobei in der Regel nur das (selbstgebackene) Hausbrot bekreuzigt wurde, und nicht das gekaufte Brot.[2] Die Kreuze wurden stets über oder auf

---

1) G. Grober-Glück, aaO, S. 288f.
2) Das Bewusstsein der Dankbarkeit und Ehrfurcht und damit die Praxis des Segnens verliert sich insgesamt im gleichen Ausmaß, wie die Her-

der bemehlten Unterseite des Brotes gemacht, zumeist unter Begleitung einer trinitarischen Segensformel, nicht selten ergänzt mit der Bitte, dass es nicht ausgehe.

Der Brotsegen wurde zu Ostern auch für die *Haustiere* mitbedacht und für sie Brot in den Weihkorb zur Osterspeisensegnung gegeben. Vor dem Viehaustrieb erhielten die Rinder im Frühjahr ein Stück Schwarzbrot, mit Terpentin- und Wacholderöl getränkt als *Maulgabe* zum Schutz vor Krankheiten. Ähnliche Maulgaben nahmen die Bauern dem Hochalm-Weidevieh mit, wenn sie im Sommer Nachschau hielten (Knödel aus Kleie und Roggen-, Gerste- und Hafermehl, Salz, Knoblauch und Wermut).

Zum Schutz der Achtung des Brotes und gegen den *Brotmissbrauch* vor allem Kindern gegenüber entwickelten sich viele Redensarten über Brotmissbrauch, wobei das Brot als Gottesgabe vor dem „urassen", „verwirsten", „verunehren" als Sünde in Schutz genommen wird, mit einer Menge an (göttlichen?!) Strafandrohungen bis zur dramatischen Zuspitzung „So viel Brösel, so viele Tage im Höllenfeuer." Solche Drohungen sind heute unzeitgemäß und, da nicht dem christlichen Denken verpflichtet (strafender Gott als verlängerter Arm der menschlichen Macht-Durchsetzungs-Pädagogik), zu Recht aus dem Verkehr gezogen. Ein wertschätzender Umgang mit dem Brot, unter Einbeziehung des Brotsegens in unseren Häusern kann dennoch eine zeitlos gültige Einübung in die Dankbarkeit für das Leben und die Lebens-Mittel neu und aktuell gefragt sein,

> kunft und Wurzeln der Lebensmittel, ihr Wachsen und Reifen, die Arbeit und Bedrohung durch schädliche Witterungseinflüsse nicht mehr erlebt und gekannt werden. Die im Supermarkt ständig in Fülle vorhandenen und nur zum Zugreifen, zum Abholen einladenden Lebensmittel suggerieren, dass alles selbstverständlich da ist, unbegrenzt und alle Zeit. Nur das Ablaufdatum auf den Waren verrät noch, dass es sich um ein begrenzt genießbares Produkt handelt. Die Lebensmittel werden nicht als Gaben (aus den arbeitenden Händen der Bauern oder gar Gottes) aufgefasst, als Segen. „Ohne den Segen sind die Dinge nur Sachen, Material. Aber die Wirklichkeit ist mehr als die Dinge, sie ist auch das, was zwischen den Dingen und Menschen ist, was darin und dahinter steckt: Die Beziehung zu ihnen! Die Beziehung zu ihnen macht sie zum Segen oder zum Fluch". (M. Wester: Leben weitergeben, S. 7).

auch als bestmögliche Form eines „Erstkommunion-Unterrichtes" und eine Hinführung zum Umgang und Empfang der Eucharistie. Formen der Erstkommunion-Vorbereitung mit sog. „Tischmüttern" greifen diese Notwendigkeit einer Erfahrungsvermittlung auf und ergänzen oder begründen diese (weitgehend in Vergessenheit geratene) Segenskultur in der Hausliturgie. Denn der Tisch des Glaubens im Gotteshaus der pfarrlichen Glaubensfamilie (Pfarrkirche) lebt von der Propädeutik und der Erfahrung aus der Erlebnisgestalt des Familientisches daheim, und umgekehrt gibt der Altar der Kirche dem Familientisch die raum- und zeitlose Dimension der Dankbarkeit für das Erlösungswerk durch Jesus Christus in stets neuem Licht. *Alle Sakramente der Kirche werden im „priesterlichen" Dienst der Hausliturgie vor- und aufbereitet,* damit die Feier in der großen Versammlung der Kirche authentisch (das Leben aus dem Glauben vertiefend) mitvollziehbar ist. Wenn der Glaube nicht im Leben „geerdet" und das Leben nicht aus dem Glauben „beleuchtet" wird, werden Rituale zu toten, übergestülpten Hülsen, bzw. das Leben wird zu einer sinn- und ziellosen Ausschussware mit schrecklich schnellem Ablaufdatum. „Berührender" Segen will immer Gegenwart und Zukunft, Ist-Zustand und Vision, Erde und Himmel, Leben und Glauben mit- und füreinander erschließen, den „Himmel" offen halten über einer oft allzu begrenzten Alltags- und Welterfahrung.

In allem geht es letztlich darum, dass wir den Umgang mit den Dingen transparent machen und transzendieren auf eine Weltverantwortung und eine Verdankung und Letztverantwortlichkeit vor Gott als dem Schöpfer aller Dinge.

3.1.4. Salbung mit Ölen

Das Salben mit Öl ist eine Wohl-Tat für den Körper, es begleitet den Menschen vom Kleinkind bis zum Sterben bzw. zum Begräbnis. Rituale des Lebens und auch des Glaubens (insofern Glaube das Leben zur Sprache bringt, es in die Gottesbeziehung vertieft und in eine gottbezogene Verantwortungsebene einbezieht) kennen eine vielfache Verwendung von Salbungen, Berührungen mit (duftenden) Ölen und Salben. Öle haben, wie oben bereits ausführlich erwähnt, heilende, schützende, in gleitender Bewegung haltende, den Geschmack (Freude) am Leben unterstützende und Berufung in verschiedenen Verantwortungsbereichen (Königtum, Priestertum, Prophetendienst) bezeichnende Funktion.

Deshalb ist die Salbung mit Öl für die *Sakramente der Berufung* zur Nachfolge Christi (des „Gesalbten") in *Taufe, Firmung und Priesterweihe* (diese Sakramente entfalten das gleiche Thema) konstitutiv. Im *Taufritus* der römischen Kirche wird der Täufling mit Chrisam in Kreuzesform über dem Scheitel gesalbt. Dabei wird erläuternd im Segenstext darauf hingewiesen: „[...] gehörst für immer Christus an, bist mit ihm gesalbt zum Priester, König und Propheten in Ewigkeit".[1] Die Salbung mit dem Katechumenenöl[2] erfolgt in der römischen Kirche in der mehrstufigen Initiation von Erwachsenen auf die Brust zur Unterstützung im Kampf gegen das Böse während der Taufvorbereitung. Sie wird bei der Kindertaufe meist unterlassen (Handauflegung im Anschluss an das Exorzismusgebet als Ersatz).

Die Ostkirchen weihen das Katechumenenöl im Ritus der Taufe durch dreimaliges Anhauchen, gießen es, drei Kreuzzeichen bildend, in das Taufwasser und salben in Kreuzesform mit dem Katechumenenöl (mit zwei Fingern) des Täuflings Stirn, Brust und zwischen dessen Schulterblättern. Der Priester bezeichnet darauf Ohren, Hände und Füße mit dem Öl, erst daraufhin wird der Täufling im Wasser getauft.

In den Ostkirchen erfolgt nach der Taufe die Myronsalbung (Firmung), wobei der Priester den Täufling in Kreuzesform mit dem Hl.

---

1) Die Feier der Kindertaufe, S. 44 bzw. S. 68.
2) Gelegentlich wurden auch Büßer zur Unterstützung ihres Kampfes gegen das Böse gesalbt. „Bis zur theologisch eindeutigen Lehre von der Krankensalbung als Sakrament (12. Jh.) ist eine solche Bußsalbung oft nur schwer von der Krankensalbung zu unterscheiden. Noch heute spendet die byzantinische Kirche am Gründonnerstag (praktisch am Mittwochabend) allen das Sakrament des euchelaion („Gebetsöl") zur Heilung der Krankheiten nicht nur des Leibes, sondern vor allem der Seele, eben der Sünde." (Gottesdienst der Kirche, Teil 3, S. 271).

Myron (Chrisam) an Stirn, Augen, Nasenflügeln, Mund, beiden Ohren, Brust, Händen und Füßen salbt (an allen Sinnen), wobei er spricht: „Besiegelung der Gabe des Hl. Geistes. Amen."

Bei der Spendung des Sakramentes der *Firmung* in der römischen Kirche salbt der Firmspender (im Gegensatz zu den Ostkirchen, wo jeder Priester die Myronsalbung spendet, ist hier der Bischof ordentlicher Spender, der als Helfer Priester dafür delegiert) nach der Handauflegung in Kreuzesform die Stirn des Firmkandidaten.

Während die römische Kirche bei der Priester- und Bischofsweihe die Hände des Weihekandidaten mit Chrisam salbt, unterlassen die Ostkirchen die Salbung bei den *Weiheämtern* und bekennen damit die Grundberufung zum priesterlichen Dienst durch die Taufe (und Myronsalbung).[1] Die Reformkirchen des Westens haben an dieser (älteren) Tradition angeknüpft und ihre Beauftragung zu kirchlichen Dienstämtern allein unter das Zeichen der Handauflegung gestellt. In der römischen Kirche wird eine Salbung mit Chrisam auch bei der Altar- und Kirchweihe vorgenommen. Bei der Weihe von Glocken können diese an vier Stellen mit Chrisam gesalbt werden.

Einen breiten Raum nehmen Salbungen im Umkreis der *Begleitung Kranker* und der *Krankensakramente* ein. „Öl ist gespeicherte Sonnenkraft, es schenkt darum Lebensfülle und ist Zeichen der Fruchtbarkeit."[2] Wie die 12 Apostel[3] sollten auch die Ältesten (Presbyteroi) über die Kranken beten und sie mit Öl salben.[4] Das Öl brauchte zunächst nicht eigens gesegnet werden. Es barg ja die heilende Kraft als gute (Segens-)Gabe Gottes. Trotzdem ist bereits in der Traditio Apostolica Hippolyts[5] eine Segnung des (Oliven-)Öls

---

1) Wer (durch die Taufe) berufen und gesalbt ist, bedarf keiner „Aufbesserung" oder neuerlichen Salbung.

2) Vgl. Gottesdienst der Kirche, Teil 3, S. 270.

3) Mk 6,13.

4) Jak 5,14.

5) „Falls jemand Öl darbringt, soll er (sc. der Bischof) in der gleichen Weise wie für das Darbringen von Brot und Wein Dank sagen. [...] Heilige dieses Öl, Gott, und gib denen Heiligkeit, die damit gesalbt werden

vorgesehen. Das *Öl* wird *von den Gläubigen zum Gottesdienst mitgebracht*, beim Segensgebet in die Höhe gehoben und *für den häuslichen Gebrauch (Hausliturgie)* wieder mit heim genommen. Es ist nicht ausschließlich zur Krankensalbung bestimmt. Im Übergang zu anderen Kulturkreisen, die Öl nicht so selbstverständlich gebrauchen wie die Mittelmeerländer, wird es zum spezifischen Krankenöl, das dann seit dem 12./13. Jh. *den Laien nicht mehr überlassen* wird. Noch das Gelasianum aus dem 7. Jh. n. Chr. spricht von *„jedem, der salbt, verkostet, berührt."* Das Sacramentarium Gregorianum Hadrianum lässt bereits das „Verkosten" weg und spätere Abschriften sprechen nur noch von „jedem, der die Salbe berührt". Die heutige, auf Durandus von Mende († 1296) zurückgehende Fassung sagt eindeutig: „Für alle, die damit gesalbt werden."[1]

Heute nimmt in der römisch-katholischen Kirche der Priester vom Bischof geweihtes Krankenöl mit oder segnet das Öl vor Ort, salbt damit den Kranken auf Stirn und Händen.[2] An sog. Krankensonntagen wird im Rahmen einer (Gemeinde-)Messe den Kranken die Krankensalbung gespendet. Meist ist dieses Sakrament den Krankenhausseelsorgern überantwortet, manchmal auch im Zuge von Katastrophen-, Rettungs- und Verkehrsunfalls-Einsätzen anwesenden Priestern.

Da das Sakrament der Krankensalbung trotz der Korrektur durch das 2. Vatikanische Konzil[3] bis heute in der römisch-katholischen Kirche das durch Jahrhunderte eingeprägte Odium der „Letzten Ölung" nicht ganz verdrängen konnte, haftet ihm bis heute im Bewusstsein vieler das Prädikat eines Sterbesakramentes an, und die sie spendenden Priester werden zu Botschaftern eines „Todesengels": Jetzt heißt es sterben. Jedoch ist durch eine gezielte Kranken-Pastoral (Krankensonntage, mehrmaliger Empfang der Krankensal-

---

und es empfangen. Wie du damit Könige, Priester und Propheten gesalbt hast, so schenke Stärkung denen, die davon kosten, und Gesundheit denen, die es gebrauchen." (Traditio Apostolica, aaO, S. 229).

1) Vgl. Gottesdienst der Kirche, Teil 3, S. 270f.
2) Anzahl und welche Körperstellen gesalbt werden, sind im Lauf der Kirchengeschichte unterschiedlich gehandhabt worden.
3) Sacrosanctum Concilium, Art. 73-75.

bung) vieles von den Zielen des 2. Vatikanischen Konzils zur Erneuerung des Sakramentenverständnisses und der Feier der Krankensalbung verwirklicht worden.

Der durch die Kirchenführung veranlasste Priestermangel[1] und durch den (personell bedingten) Rückzug der Orden aus der Spitals- und Krankenpflege verursachte Mangel an „geistlicher Präsenz" in den Spitälern müsste von den Kirchenverantwortlichen dringendst und schleunigst kompensiert werden, indem man geeignete „Laien"-Kräfte im Pflegepersonal entsprechend ausbildet und sie für den sakramentalen Heils-Dienst der Kirche offiziell beauftragt.[2]

Die evangelisch-lutherische Kirche verwendet Öl (und zwar rei-

---

1) Aus unzähligen Gesprächen in meiner 30jährigen Seelsorge und 10 Jahren Erzieherdienst im Bischöflichen Seminar in Graz ist u. a. immer wieder die seit der 2. Allgemeinen Kirchenversammlung im Lateran zwangsläufige Verquickung von Priesteramt und verpflichtendem Zölibat (Ehelosigkeit) für die Priester des westlichen (lateinischen) Ritus angeführt worden, warum viele, die eine Berufung zum Priesteramt verspürten, dieser nicht folgten. Die Ostkirchen haben im Gegensatz dazu immer die Praxis verheirateter Priester beibehalten.

2) Bischöfe, die ihr Herz und Ohr am Pulsschlag des Volkes haben (vgl. Papst Johannes Paul II.: „Der Mensch ist der Weg der Kirche"), sollten ihnen die Hände auflegen zum Zeichen der offiziellen kirchlichen Beauftragung und Bevollmächtigung (der menschgewordene Gottessohn Jesus Christus würde daran mit Freude sein Werk fortgesetzt erleben). Außerdem müsste die Kirchenführung darob nicht in Angst und Panik geraten, plötzlich „Neues erfinden" zu müssen (dazu hat sie ohnedies nicht den Mut), sondern könnte auf frühere bewährte Traditionen zurückgreifen (auch der Herr Jesus wäre dankbar mit im Boot dieses Kirchenschiffkurses). Dass auch Frauen diesen Heilsdienst täten (und ohnedies längst diesen Dienst tun, wenn auch nicht von der offiziellen Kirche legitimiert), könnte Gottes Wirken für unsere Welt trotz kirchlicher Verengungen wieder erfahrbarer machen. Heute sind nämlich Krankenschwestern zunehmend die Spender der Versöhnung und des Heilsdienstes Gottes an den Menschen. Sterbende legen ihnen, die sie wochen- und monatelang mit Liebe gepflegt haben, ihre Lebensbeichte ab. Es wäre völlig im Sinne der Heilssorge Gottes, wenn sie diesen auch die Vergebung im Namen Gottes zusprechen, sie mit Öl salben im Auftrag Jesu.

nes Olivenöl) nur für die Krankensegnung. Das Kernstück der Krankensegnung ist das Gebet für den Kranken und die Handauflegung. „Die Handauflegung kann durch die Salbung mit Öl ergänzt werden. Die Salbung der Stirn und der Hände meint den Menschen in seiner Ganzheit als denkende, fühlende und handelnde Person. Für die Krankensalbung wird reines Olivenöl verwendet."[1] „Die Krankensegnung mit Salbung kann nach entsprechender Vorbereitung von jedem Gemeindeglied vorgenommen werden."[2]

Die Ostkirchen verstehen das *„Mysterium des Hl. Öles"*, die Krankensalbung, nicht als „letzte Ölung", als Sterbesakrament, sondern vielmehr als Dienst des Heilens und der Gesundung von an Leib und/oder Seele Erkrankten. In vielen Gemeinden wird in der Heiligen oder Hohen Woche (= Karwoche) die Krankensalbung für alle Gläubigen vollzogen. Dabei werden alle, die herzutreten, nur einmal gesalbt. Dadurch ist dieses Sakrament im Osten nicht allein eine individuelle Seelentröstung, sondern stark gemeinschaftsbezogen, da es in der versammelten Gemeinde, der Kirche vollzogen wird. Wenn der Kranke jedoch sein Lager nicht verlassen kann, empfängt er das Sakrament zu Hause, dann aber auch inmitten der versammelten (Haus-)Gemeinschaft und nach strengem Recht von einer Priesterversammlung von sieben Priestern. Dem entsprechen sieben Priestergebete und sieben Salbungen als Hinweis auf die sieben Gaben des Hl. Geistes.[3] Auf einem Tisch wird gleichsam ein kleiner „Hausaltar" für die Feier vorbereitet. Vor den Ikonen Christi und der Gottesgebärerin steht eine Schüssel mit Weizenkörnern oder/und Weizenmehl. Der Weizen versinnbildlicht die Frucht des Lebens und das Keimen des Lebens aus dem Tod.[4] In der Mitte befindet sich ein Ölgefäß, in welches Öl und Wein gegossen wird, in Nachahmung der Heilung des unter die Räuber Gefallenen durch den barmherzigen Samariter.[5]

---

1) Vgl. Agende für Evangelisch-Lutherische Kirchen und Gemeinden, Bd. IV, S. 85.
2) Ebda, S. 86.
3) Vgl. Gal 5,22.
4) Vgl. Joh 12,24.
5) Vgl. Lk 10,34

Der Ritus selbst hat drei Teile: ein erster Teil, die sog. Paraklisis (Tröstung) ist ähnlich einem verkürzten Orthros (= Morgenlob, Laudes) und enthält eine Reihe sehr schöner Hymnen und Oden, die die Heils-Gabe Öl und ihren Geber, den barmherzigen und menschenliebenden Gott lobpreisen. Der zweite Teil beinhaltet die Segnung des Hl. Öles und der dritte Teil die Salbung mit dem Öl nach sieben Apostellesungen, sieben Evangelien, sieben Ektenien (Fürbitten) und sieben Priestergebeten. Die Salbung erfolgt, indem der Priester jeweils einen Zweig in das Öl eintaucht, den Kranken damit auf Stirn, Nasenflügel, Wangen, Mund, Brust und beide Seiten der Hände salbt, und das sieben Mal. Auf die Verwundung der Seele durch die Sünde wird in den Gebeten nebst der Heilsbedürftigkeit des Leibes hingewiesen, sodass die Nähe zum Sakrament der Buße vernehmbar wird. Die Befreiung aus der Verhaftung in Sünden, Schuld und Herzenshärte als Grundübel und für alle Heilsbedürftigkeit des Menschen steht im Vordergrund. Während des abschließenden Absolutionsgebetes wird das Evangelienbuch mit der offenen Seite auf das Haupt des Kranken gelegt. Dieser küsst es danach. Das Sakrament der Krankensalbung wird (wie in der lateinischen Westkirche) nur Lebenden gespendet. Falls der Kranke nach Empfang des Mysteriums stirbt, wird der Rest von Öl und Wein kreuzweise über den Toten gegossen; sonst wird er in den Öllampen verbrannt.[1]

Die Ostkirchen verwenden Öl und eine Salbung auch im Rahmen der besonders festlichen Vesper vor Hochfesten bzw. wenn auf die Vesper eine Vigil (Nachtwache-Feier) folgt. Dann wird im Narthex ein großes Fürbittgebet, die sog. Litia gehalten, im Zuge deren auf einem zweistöckigen Lite-Gerät fünf Brote in der oberen Schüssel (Hinweis auf Brotvermehrung, himmlischer Bereich), Weizen, Wein und Öl in eigenen Gefäßen darunter (Früchte der menschlichen Arbeit, Bereich des irdischen Lebens) gesegnet werden. Die Brote werden geteilt (Artoklasia = Brotbrechung) und den Gläubigen ausgeteilt, zugleich werden diese mit einem Zweig oder kleinen Pinsel, der in das duftende (Rosen-)Öl getaucht wird, an der Stirn in Kreuzform gesegnet und gesalbt.[2]

---

1) Vgl. Mysterium der Anbetung, Bd. 3, S. 131-177.
2) Vgl. Mysterium der Anbetung, Bd. 1, S. 42-49.

In jüngster Zeit haben außerhalb der Gemeindeliturgie und der im Rituale/Benediktionale vorgesehenen Segnungen sog. *neue Rituale* in Bereichen der Frauenliturgie, Alten- und Krankenbetreuung und von Selbsterfahrungsgruppen und Meditationskreisen Zuspruch gefunden, in deren Verlauf auch Berührungen mit wohlduftenden und heilkräftigen Ölen und Salbungen einbezogen sind. So schlägt H. Bauernfeind[1] für eine Segnungsfeier anlässlich einer Abitur-Zeugnisverleihung als Segensritual eine Salbung mit Oliven- oder Rosenöl auf die Hände der Abiturienten vor, von Eltern und Vorsteher der Feier. Das Öl wird in der Feier nach dem Fürbittgebet im Rahmen eines Lobpreises gesegnet. Anknüpfend an die Jünger-Aussendung[2] sollten diese MaturantInnen im Auftrag Jesu Christi (des „Gesalbten") durch Wort und Tat seine Zeugen in der Welt sein. Dieses Ritual kann auch im Sinne einer Firmerneuerung verstanden werden.

Einen ähnlichen Salbungsritus beschreibt Doris Berger[3] in einer Segensfeier für Paare, deren Kinder das Haus verlassen (aus Eltern werden wieder Paare) für eine Familienfeier zu Hause, wo am Schluss Eltern und Kinder und die Eltern sich gegenseitig die Hände mit Oliven- oder Rosenöl (oder anderem Duftöl) in Form eines Kreuzzeichens salben.

Positiv ist bei dieser Darstellung von „neuen" Segensfeiern auch die klare Abgrenzung hervorzuheben: es werden keine Gegenstände gesegnet, sondern immer Menschen in unterschiedlichen Lebenssituationen, in die hinein das Handeln Christi aktuell gegenwärtig wird. Dabei dienen Segensfeiern nicht dazu, „Menschen für die Kirche zu rekrutieren"[4] oder sie für sie zu vereinnahmen. Aus der Absicht einer kommunikativen Pastoral wird vielmehr eine Antwort auf die Frage gesucht, wie denn Kirche wieder zu den Menschen findet, indem sie den Menschen Kraft des gemeinsamen Priestertums wieder zutraut, sichtbare Zeichen des Heils zu sein und zu setzen, ein Segen zu sein und Segen zu vermitteln.

---

1) H. Bauernfeind (Hrsg.): Leben braucht Segen, S. 196-201.
2) Vgl. Lk 10,1-16.
3) In H. Bauernfeind (Hrsg.): Leben braucht Segen, S. 167-173.
4) Ebda S. 104.

Während die Quantität solcher Feiern (z. B. Teilnehmeranzahl) meist klein ist, kann ihre Qualität sehr intensiv und nachhaltig sein. Die Einbeziehung von Alltagsräumen und -orten für solche Feiern kann das Verständnis fördern, dass Glaubensvollzüge ganz in unser tägliches Leben inkarniert und integriert sind. Wir müssen nicht „mit allen Salben geschmiert" sein; aber die Kirche sollte solchen neuen Entwicklungen mit wohlwollender Aufmerksamkeit und aufgeschlossener Bereitschaft kompetenter Hilfestellung und Mitwirkens begegnen.[1)]

3.1.5. Hände (und Mund) berühren Glaubenszeichen zum Segen

Segen wird nicht nur im Berühren durch Hände gespendet, sondern auch empfangen. Hier sind es vor allem Glaubenszeichen, geweihte Personen und Gegenstände, durch deren Vermittlung Segen erbeten und empfangen werden kann, wobei in diesen Berührungsgesten mit den Händen oder auch mit dem Mund (Kuss) ein Akt der lobpreisenden Verehrung Gottes[2)] und seiner Gnadenerweise über Menschen und Dinge verbunden ist mit der Bitte und Erwartung des Segens daraus. Diese Formen sind in der römisch-katholischen und in den Ostkirchen verbreitet, kaum in den Reformkirchen.

Das *Berühren mit der Hand, der Stirn und des Mundes* gilt in besonderer Weise dem Kreuz als Zeichen des Heiles, der Erlösung und des Segens. Diese Geste hat einen zentralen Platz in der Karfreitagsliturgie bei der Kreuzverehrung. Die ökumenische Bewegung von Taizé in Burgund/Frankreich pflegt sie wöchentlich an jedem Freitag Abend, wo die (hauptsächlich) Jugendlichen ein auf den Boden gelegtes Kreuz mit den Händen, der Stirn und dem Mund berühren zum Zeichen ihrer Lebens-Übergabe an den

---

1) Ängstlichen Rubrizisten, die Segnungen über das kirchenamtlich approbierte Benediktionale hinaus als unstatthaft erachten, muss entgegengehalten werden, dass es immer Entwicklungen gegeben hat. Die Segnung eines Flugzeuges z. B. ist noch nicht so lange, aber eben aus aktuellem Erfordernis in das Benediktionale aufgenommen worden.

2) Vgl. das Lied „Nun danket alle Gott mit Herzen, Mund und Händen", Gotteslob, Nr. 266.

Gekreuzigten und der Bitte um den Segen, wie *ER* (Christus) aus der liebenden Hingabe leben zu wollen. Für viele Menschen aus der ganzen Welt wurden solche Begegnungen wie in Taizé zu einer Neuorientierung für ihr Leben aus dem Glauben.

In der Liturgie der *Ostkirchen* werden Segenskreuze häufig verwendet, zur Erteilung des allgemeinen Segens in Kreuzform über die versammelte Glaubensgemeinschaft und anschließend für den Einzelsegen, indem die Gläubigen kommen, um das Segenskreuz zu berühren, wieder mit der Hand, mit der Stirn oder auch zum Kuss. Dazu werden wie bei der „Göttlichen Liturgie" nach Johannes Chrysostomos auch Eulogien (Segensbrote) empfangen. Zum Zeichen der dankbaren und wertschätzenden Verehrung des „Dieners Gottes" küssen die Gläubigen auch dem Priester dabei die Hand.

In der römisch-katholischen Kirche wird der Schlusssegen der Messe gelegentlich mit dem Altar-Tisch-Kreuz in allgemeiner Form über die Gläubigen erteilt, seltener als Berührungssegen für die einzelnen Mitfeiernden. Das gilt auch für Reliquiare in Kreuzform (mit Kreuz- oder Heiligenreliquien). Das Sich-Angesprochen-Wissen vom Segenszeichen Kreuz nehmen Menschen auch beim Vorübergehen an Wegkreuzen wahr, indem sie stehen bleiben, es betrachten, im Inneren ein Gebet sprechen (z. B. „Gelobt sei Jesus Christus", „Herr, segne meine Wege", usw.), es mit der Hand berühren (oder auch mit Blumen oder Zweigen schmücken) und sich selbst bekreuzigen. Beim Verwenden des Rosenkranzes wird am Beginn und am Ende des Gebetes das Kreuz des Rosenkranzes oder damit Stirn und Mund (Kuss) zum Segen berührt.

Bei der Feier der Krankensakramente oder auch im Zuge der Begleitung Sterbender kann das Kreuz zum Berührungssegen gereicht werden. Sog. Sterbekreuze entwickelten sich aus dem Segenskreuz, das der Priester dem Sterbenden in die Hand reichte und überließ. Es ist deshalb auf dem kleinen „Hausaltar" für die Krankensalbung und auch für das Sterbesakrament („Wegzehrung" Kommunion) ein Tischkreuz vorgesehen.

Auch bei Kreuzweg-Andachten ist es eine sinnvolle Geste, zum Zeichen der Solidarität mit dem Gekreuzigten und dem Leiden in der Welt das Kreuz sichtbar aufzurichten, es auf dem Weg mitzutragen, es zum Zeichen der Verehrung und der Bitte um den Segen zu berühren.

Ähnliches gilt für Prozessionen und Wallfahrten, auf denen das Kreuz als Segens- und Wanderstab mitgetragen wird, den Brauch, jemandem ein Kreuz als Segenszeichen zu schenken (z. B. zur Taufe, Firmung, Primiz, Eheschließung und Hausstandsgründung), jemandem ein schönes Kreuz in die Hände zu legen, damit dieser es „aufnehmen" kann für eine weite (Pilger)Reise[1], für einen neuen Lebens- und Berufsabschnitt, für Menschen, die vor Prüfungen stehen, für Einsätze von humanitären Hilfsorganisationen (Segen und Sendung), als mitgebrachte Segensgabe durch die Sternsinger (Haussegen zum Jahresbeginn)[2], ... – der Vielfalt an Ideen, mit dem Kreuz als Segenszeichen in Berührung zu kommen, sind kaum Grenzen gesetzt.

Wie der Priester, Diakon oder ein anderer Verkünder des Evangeliums im Zuge einer Evangelienprozession, vor und nach dem Verkünden des Evangeliums dieses zur Verehrung und zum Segen in Form eines Kreuzzeichens[3] über das Volk erheben kann, können Hände und Mund (durch Kuss) das *Evangelienbuch* berühren, so z. B. bei der Vorbereitung und Feier einer Erwachsenentaufe, bei der Wiederaufnahme in die Kirche während des Glaubensbekenntnisses, zur Tauferneuerung und Feier der Firmung.

In den *Ostkirchen* segnet der Priester mit dem Evangelienbuch am Beginn der Göttlichen Liturgie und nach der Evangelienprozes-

---

1) Vgl. auch die Reise-Ikonen der Ostkirchen.
2) In der Pfarrexpositur St. Elisabeth Graz-Webling mit vielen Neubauten und in neue Wohnungen Zugezogenen wurden 1981 mit der Sternsingeraktion über 1000 einfache Holzkreuze als Aktion „Glaubenszeichen in alle Häuser" gebracht. Die Kreuze wurden in Schulen im Werkunterricht aus Fichtenholz zugeschnitten und gebeizt und fanden viel Freude und Zustimmung von Seiten der Bevölkerung (Nachhaltigkeit von Glaubens- und Segenszeichen).
3) Der sündenvergebende Hinweis mit den Worten „Durch das gläubige Hören und Befolgen der Frohen Botschaft nehme der Herr von uns unsere Schuld" nach dem Verkünden des Evangeliums, wird leider selten verwendet. Das Volk akklamiert mit den Worten „"Lob sei dir, Christus".

sion (kleiner Einzug) in Kreuzesform über den Altar. Nach der Absolution (Sakrament der Buße) küsst der Versöhnte das Evangelienbuch, das Kreuz, das Epitrachilion (Stola) und die Hand des Priesters. Bei der Feier der Ehekrönung segnet der Priester am Beginn das Brautpaar mit dem Evangelienbuch und reicht es Braut und Bräutigam zum Kuss. Am Schluss der Krankensalbung wird dem Kranken das aufgeschlagene Evangelienbuch auf das Haupt gelegt und anschließend dem Kranken zum Kuss gereicht.

Erhalten hat sich in der Tradition sowohl des Ostens (Orthodoxie) als auch des Westens (römisch-katholische Kirche) bei der Bischofsweihe die Verwendung des Evangelienbuches, das dem Weihekandidaten auf den Kopf gelegt wird, ebenso die Überreichung des Evangelienbuches zur Diakonatsweihe, das Übergeben der Hl. Schrift bei Beauftragungs- und Sendungsfeiern für kirchliche, katechetische und liturgische Dienste (Pastoralassistenten, Religionslehrer, Lektoren, Wortgottesdienstleiter). In jüngster Zeit ist auch im Westen wieder mehr Aufmerksamkeit, Freude und Wertschätzung für das Wort Gottes in der Liturgie damit zum Ausdruck gebracht worden, dass Evangeliare in wertvoller Ausführung Verwendung finden. In der Handhabung, im Umgang, in der liturgischen Ausdrucksform soll über alle Sinne (Hören des Wortes, Schauen und Begreifen des „gewichtigen" und zeitlos gültigen Wortes Gottes) seine Bedeutung[1] wahrgenommen werden können.

Das Umwinden der Hände mit der *Stola* des Priesters bei der Trauung und zu Silbernen und Goldenen Hochzeitsjubiläen drücken in der römisch-katholischen Kirche den Segen des Bundes mit Gott aus. In der Ostkirche umfängt die Stola des Priesters den Beichtenden zum Zeichen des versöhnenden und Frieden schenkenden barmherzigen Vater-Gottes. Der Segen mit den Braut-(Ehe-)*Ringen*

---

[1] So hilfreich das abgedruckte Sonntagsevangelium etwa in der Kirchenzeitung (Sonntagsblatt) zur Vorbereitung auf den Sonntag ist, es ist (außer in Notsituationen) nicht erhebend, das Evangelium am Sonntag in der Gemeindeliturgie aus der Zeitung vorzutragen. Zwar könnte einerseits seine Aktualität signalisiert werden, jedoch sind Zeitungen so kurzlebig aktuell, dass sie schon am Abend „Schnee von gestern" und nicht mehr gefragt sind.

in der ostkirchlichen Feier der Ehekrönung auf die Stirn der Brautleute lässt sie die Zusage der unverbrüchlichen (Ring hat kein Ende) Treue Gottes verspüren.

Die Berührung mit der *Monstranz* z. B. beim Krankensegen in Lourdes soll die Kraft der eucharistischen Gegenwart als Heil für die Kranken vermitteln. Die segnende Berührung mit der *Gnadenstatue* eines Marienwallfahrtsortes oder mit Reliquien zielt darauf, das Heilswirken Gottes durch seine Heiligen als mutmachende und fürsprechende Hilfe auf dem Weg der Heiligkeit erfahrbar zu machen.

Einen besonders breiten Raum der Wertschätzung und auch als Segenszeichen nehmen in den Ostkirchen die *Ikonen* ein. Sie genießen keine Anbetung (adoratio), wie im Bilderstreit (Ikonoklasmus) und später immer wieder von „Bilderstürmern" unterstellt wurde. Ihre Herstellung, auf die hier nicht näher eingegangen werden kann, erfolgt bis heute nach strengen mönchischen Regeln unter persönlicher Glaubensvertiefung und nach großen Vorbildern der Themen und Ikonografie. Der Maler tritt ganz hinter seinem Werk zurück; oft kennt man ihn nicht.[1] „Ikonen sind das in Farbe umgesetzte Evangeliu."[2] Sie wollen dem Betrachter und Beter eine personale Begegnung mit dem Abgebildeten gewähren. „Während also die Ikonen den Herrn und Heiland Jesus Christus, die Heiligen und die erlösende Bedeutung der wichtigen Stationen der Heilsgeschichte präsent machen, berichtet die westliche Kirchenmalerei, was der Maler und seine Zeitgenossen empfanden, als sie ihr Herz zu Gott erhoben [...]. Kein Wunder also, dass in der Kirchenkunst des Westens ein Stil den anderen ablösen musste [...]. Die Ikonen sprechen hingegen nicht von dem, was sich beim Gebet auf Seiten des antwortenden Menschen ereignet. Vielmehr stellen sie dem Beter Gottes Selbstoffenbarung und sein Heilshandeln vor Augen [...]. Darum können sie über Jahrhunderte hinweg dieselbe Botschaft künden, ohne der Erstarrung zu verfallen. Gottes Zuneigung zu uns Menschen unterliegt nämlich keinem Schwanken."[3] So bleiben Ikonen trotz oder gerade wegen ihrer Unveränderlichkeit zeitlos und stets

---

1) Ikonen werden nicht signiert.
2) Vgl. E. Chr. Suttner in: Kunst der Ostkirche. Ausstellungskatalog, S. 46.
3) Ebda, S. 45.

aktuell. Die Ikonen der Heiligen erzählen nicht deren Lebenslauf, sondern sie künden von Gottes Heilswerk als einem Licht, das durch jeden Heiligen in je einmaliger und für seine Zeit auf Gott hin durchscheinend (transparent) werdender Leuchtkraft in die Welt strahlt. Stets sind bei den Ikonen die Augen Christi und der Heiligen auf den davor stehenden Betrachter und Beter gerichtet, sodass sich dieser erwartet und angenommen empfindet, was vielen Menschen das Beten erleichtern kann. „Blickt er in die Augen der auf den Ikonen Abgebildeten, kann er zunächst einmal Ruhe finden. Dann prägt sich ihm auch der Abglanz des göttlichen Lichtes ein, der auf den Ikonen aus dem Antlitz Christi und der Heiligen leuchtet."[1]

Die Bilder von Christus, der Gottesgebärerin und den Heiligen sind das vermittelnde Abbild, das dem gläubigen Betrachter die sinnenfällige Brücke zum Urbild herstellt.

So soll nach kirchlicher Überlieferung die erste Christusikone das „nicht von Menschenhand geschaffene Bildnis des Erlösers" sein, das noch zu Lebzeiten Jesu an den Fürsten Abgar von Edessa[2] zu dessen Heilung geschickt worden sein soll. Die ersten Muttergottes-Ikonen werden dem Hl. Lukas zugeschrieben. In der gesamten Orthodoxie sind wir beeindruckt von der Pracht der Ikonostasen (Ikonenwände) in den Kirchen, der Fülle der Glaubensverkündigung über die heiligen Bilder, die auch in den Häusern orthodoxer Christen einen besonderen Ehrenplatz einnehmen (vergleichbar unserem „Herrgottswinkel"). Über die Ikonen leuchtet die Menschenliebe Gottes in der Vielfältigkeit der Berufungen, der Heilstaten und Segnungen zeitlos in unsere Welt herein. Die Begegnung mit den Ikonen wird für jeden Menschen zur Einladung, den Abglanz der Liebe Gottes in sein eigenes Gesicht aufzunehmen, sich davon prägen[3] zu lassen und selbst zu einer Ikone für andere zu

---

1) Vgl. E. Chr. Suttner, aaO, S. 51.

2) Vgl. auch die Forschungsgeschichte zum Turiner „Grabtuch", wo Verbindungen mit dem „Bild von Edessa" für möglich gehalten werden.

3) Aus den letzten Kriegstagen 1945 wird in der Vorauer Gegend vom Hereinbrechen der sowjetischen Truppen erzählt, dass Soldaten in einem Bauernhaus ihre Gewehre sinken ließen, als sie im Herrgottswinkel eine ihnen vertraute Marienikone erblickten. Sie zogen ohne Gewaltanwendung und ohne Plünderung ab – Segen des Friedensdienstes einer Ikone?!

werden. So werden die Ikonen am Eingang der Kirche, auf Ambonen (z. B. Festtagsikone) und im gesamten Kirchenraum wie auch daheim mit Ehrfurcht behandelt durch Verneigen, Berühren mit der Hand, um Segen zu empfangen, und mit dem Mund (durch Kuss). Verehrung, Lobpreis und Segen werden darin vermittelt und empfangen.[1] Die Ikonen begleiten den Menschen durch sein ganzes Leben, sie sind ihm immerwährende Begleiter (z. B. auch in kleiner Form als Reise-Ikonen).

Manchen Ikonen wird eine besondere Wundertätigkeit[2] zugeschrieben, wodurch ihre Verbreitung und Verehrung besonders groß wurde.[3]

In letzter Zeit ist bei uns – vielleicht auf Grund eines Vakuums, einer kahlen Bilder-Leere – eine gewisse Faszination für die Ikonen des Ostens erwacht, die sich in meditativ und spirituell begleiteten und angeleiteten Ikonen-Malkursen niederschlägt.

Segen erbat und erhoffte man sich immer wieder auch in der dankbaren und wertschätzenden Begegnung und Berührung *„geweihter"* oder *heiligmäßiger Personen*, indem Priestern, Ordensbrüdern und -schwestern die Hände geküsst wurden. In der Ostkirche ist dies bis heute noch lebendig. Im Westen ist es weitgehend abgekommen; es wird noch besonders hochrangigen „Würdenträgern", vor allem auch dem Bischof von Rom (Papst) gegenüber zum Ausdruck gebracht.

Besondere *Gegenstände* im Umfeld von „Geistlichen", z. B. die priesterliche Stola, der Bischofsring, liturgische Kleider und Geräte werden vereinzelt miteinbezogen (z. B. das Küssen der liturgischen

---

1) Ikonen galten und gelten als so heilig, dass sie nicht extra oder ausdrücklich gesegnet oder geweiht zu werden brauchen. Erst in jüngerer Zeit hat sich der Brauch ausgebreitet, Ikonen zu segnen, zu weihen. „Jede neue Ikone muss geweiht werden". (Vgl. A. Lorgus, M. Dudko: Orthodoxes Glaubensbuch, S. 327.)

2) Geht zumeist auf eine historische „wunderbare" Errettung aus großer Gefahr zurück.

3) Ähnliches kennen wir im Westen auch von „Gnadenbildern" an Wallfahrtsorten.

Gewänder beim Ankleiden durch den Priester).[1] Der Altar symbolisiert Christus als Mitte der Eucharistiegemeinschaft, der Altarkuss ist deshalb Gruß und Ehrerbietung an Christus zu Beginn und Ende der liturgischen Handlung.

Einen besonders breiten Raum im Bereich des Berührungssegens mit „heiligen Gegenständen" nehmen die *Reliquien* ein, zu denen aus dem soeben Gesagten kein allzu weiter Sprung erforderlich ist. Das Bedürfnis, das Andenken lieber und mit großer Wertschätzung verehrter Menschen über deren Tod hinaus als Zeichen der Dankbarkeit und der Memoria (des liebenden Gedenkens) zu bewahren, ist so alt wie die Menschheit. Die besonders kunstvoll ausgestatteten Grab-Denk-Mäler der ägyptischen Könige, der Totenkult[2] um heroische Gestalten der Antike, die Verehrung der Märtyrergräber im christlichen Altertum, aber vor allem der Reliquienkult des Mittelalters zeugen davon. Seit dem Aufkommen der Fotografie werden in erster Linie Erinnerungs-Bilder aufbewahrt, Liebende tragen ein Foto vom Geliebten bei sich, Bilder von verstorbenen Angehörigen werden in Ehren gehalten. Vorher war es nur wenigen möglich, sich über Künstler wie z. B. Portraitmaler „verewigen" zu lassen. Umso wichtiger waren Erinnerungsstücke aus dem Leben des Verstorbenen bis hin zu den leiblichen Überresten (Gebeinen) in Gräbern.

Kaiser Justinian meinte, dass der besonders pietätvolle Umgang der Christen mit den Toten zur raschen Ausbreitung des Christentums beigetragen hat.

Die Vorstellung, dass in den irdischen Überresten der Märtyrer, später der Heiligen insgesamt, deren besondere „Kraft" („virtus") gegenwärtig blieb, wurde durch Berichte über Wunderheilungen untermauert.

---

1) In der Ostkirche spricht der Priester dabei „Gesegnet unser Gott [...], denn er hat mich bekleidet mit dem Gewande des Heils [...]." Vgl. Mysterium der Anbetung, Bd. 1, S. 319.

2) Die Vorstellung, dass die Verstorbenen in ihren Gräbern ein den Lebenden ähnliches Leben führten, lässt sich aus Grabbeigaben (z. B. Lebens-Mittel) erschließen. die Toten verfügten dennoch über Kräfte zum Guten oder Schaden der Hinterbliebenen. Sie erfüllten Fürbitten im Austausch gegen Geschenke.

Schon Victricius von Rouen († 407) betonte: „Ich sage ausdrücklich, dass in den Reliquien die volle Gnade und die volle Virtus ist".[1] Diese Virtus verleiht demnach den Reliquien die besondere Kraft, wonach z. B. Tücher, die man über Nacht über das römische Petrusgrab oder das Martinsgrab in Tours gebreitet hatte, „so mit Virtus vollgesogen waren, dass sie nun schwerer wogen."[2] Die Verbreitung solcher „Befunde" führte nebst dem Bedürfnis der liebenden Memoria und der Verehrung der Heiligen zu einer ungeahnten Hysterie und Beschaffungssucht nach Reliquien. Innerhalb kurzer Zeit wimmelte es von einer Unzahl von echten und für echt ausgegebenen Reliquien. Da Mangel an Primärreliquien (leibliche Überreste) herrschte, mussten Sekundär-Reliquien als Ergänzung dazukommen (Kleidungsstücke, Marterwerkzeuge, Gegenstände, mit denen der Heilige zu Lebzeiten in „Berührung" kam). Aber auch das reichte bald nicht mehr aus, wie in einem späteren Abschnitt noch näher einzugehen sein wird. Ebenfalls gewannen Reliquien und ihre Verehrung die Bedeutung sakramentalen Handelns und sie verdrängten zeitweise die zentralen Glaubensvollzüge, etwa der Sakramente. Dass Heiligkeit durch Berühren übertragbar ist, wird bereits im AT erwähnt. Durch Berühren, Bestreichen und Küssen von Reliquien[3] erwartete man die Heilsaufnahme, die Übertragung der heilenden „Kraft" (Virtus).

Auch das Durchkriechen unter dem Reliquienschrein, das Trinken des Wassers, in das Reliquien getaucht wurden, das Berühren und Daraufsitzen z. B. auf dem sog. Hemmastein[4] in Gurk zählen zu diesen Formen des leibhaftigen Berührens mit der Bitte um Segen.

1) Vgl. A. Angenendt: Heilige und Reliquien, S. 155f.
2) Ebda, S. 156.
3) Vgl. z. B. das Berühren mit der Hand an der Rückseite des Grabes des Hl. Antonius (Il Santo) in Padua.
4) Ein Stein aus Grünschiefer, mit einer Sitzmulde, der als Primärreliquie im Dom zu Gurk gezeigt wird. Auf ihm soll die Hl. Hemma gesessen sein, um den Bau des Klosters zu beaufsichtigen und den Handwerkern ihren Lohn auszuzahlen. Denen, die sich auf diesen Stein setzen, sollen alle Wünsche, die sie währenddem denken, in Erfüllung gehen (vgl. Wunschorakel).

Das Berühren von Reliquien wurde schließlich auf Bilder und Statuen von Heiligen, z. B. „Gnadenbilder" an Wallfahrtsorten ausgeweitet. So ist der Fuß der Bronzestatue des Hl. Petrus im Petersdom durch das Bestreichen mit Händen durch Jahrhunderte hindurch fast zur Gänze weggewetzt. Ähnlich gingen häufige Berührungen an Statuen des Hl. Jakobus, Judas Thaddäus, Antonius oder jeweiliger Lokalpatrone nicht spurlos an diesen vorüber.

Dass es sich hierbei um eine nicht mehr klar trennbare Gratwanderung zur Magie handelt, dazu soll später noch ausführlicher Stellung genommen werden.

Je ferner vom zentralen Glaubensgeheimnis und den grundlegenden Glaubensvollzügen, umso problematischer werden gewisse Segenspraktiken. Wenn die Volksfrömmigkeit sich jedoch gerne an solchen peripheren, jedoch für das Volk handgreiflich nahe liegenden Anhaltspunkten festmacht, ist es Aufgabe der Pastoral, diese Zweige nicht zum Wildwuchs verkommen zu lassen, sondern sie in Klugheit und geduldiger Liebe, wie der Winzer die Rebzweige, stammwärts einzubinden und auf das zentrale Vertrauen an den dreieinigen und menschenliebenden Gott zu verankern.[1]

3.1.6. Liebkosende Hände (und Wangen und Mund)

Der Reichtum der Sprache berührender Hände wird genährt aus der Quelle der Liebe, und er entfaltet in der unerschöpflichen Vielfalt der Zärtlichkeit und Liebe seine tiefsten und immer neu überraschenden Botschaften.

Die Abwesenheit eines Menschen, das Alleingelassensein kann tödlich sein, während menschliche Nähe heilend und zum Segen wird. Generell kann deshalb gesagt werden, wo Menschen aufeinander zugehen, einander mit Wertschätzung und Wohlwollen begegnen, einander die Hände reichen, einander ermutigend die Hände auf die Schulter oder segnend auf das Haupt legen, immer geschieht es aus dem Gabenstrom des Vertrauens und der Liebe, in dem Gott,

---

1) Vgl. Joh 15,5: „Ich bin der Weinstock, ihr seid die Reben. Wer in mir bleibt, und in wem ich bleibe, der bringt reiche Frucht; denn getrennt von mir könnt ihr nichts vollbringen."

ob ausdrücklich genannt oder nicht, mitbedacht oder nicht, uns aus seinem Kraftfeld der Liebe trägt.[1]

Der Gestus des *Händereichens* hat in der *Liturgie* verschiedentlich seinen Platz, etwa zum Gruß oder Abschied am Beginn und Ende der Eucharistiefeier oder zum Friedensgruß. In Familien- oder besonders mit Kindern gestalteten Messen werden auch oft während des Betens oder Singens des Vaterunser einander die Hände gereicht. Zur Feier der Firmung reicht der Firmspender nach der Chrisamsalbung dem Gefirmten die Hand zum Friedensgruß. Nach der Lossprechung in der Feier der Versöhnung gilt die gereichte Hand des Priesters in besonderer Weise als Geste des Friedens, der Versöhnung und Wiederaufnahme in die volle sakramentale Gemeinschaft der Kirche. Im Umfeld der Krankenbegleitung und der Krankensakramente wird dem Kranken die Hand gereicht, um ihm die Verbundenheit, den Trost und die Ermutigung auszudrücken, Gott will ihn wieder aufrichten. Bei der Feier der Trauung reichen die Neuvermählten einander die Hand, der Priester umhüllt sie mit seiner Stola und legt seine Hand darauf, um darzustellen, dass der Bund der Liebe zwischen diesen beiden Menschen auch „eingebunden" ist in die Liebe und Treue Gottes.[2]

In der *Ostkirche* legt der Priester bei der Feier der Ehekrönung während des dritten Priestergebetes die rechten Hände der Brautleute ineinander, und sie halten sich so bis zum Schluss der Feier. Nach dem Trinken vom gesegneten Wein fasst der Priester das Brautpaar an den Händen und führt sie drei Mal um den in der Mitte aufgestellten Tisch, während dem das Lied „Jesaja, tanze" gesungen wird. Bei der Ehekrönung in der russisch-orthodoxen Kirche führt der Priester zum Schlusssegen den Bräutigam vor die Christus-Ikone und die Braut vor die Marien-Ikone.[3]

Der Gestus beim *Weihe-Sakrament*, in dem der Weihekandidat

---

1) Vgl. 1 Joh 4,16b: „Gott ist die Liebe, und wer in der Liebe bleibt, bleibt in Gott, und Gott bleibt in ihm."
2) Dies kann auch bei der Feier von Ehejubiläen oder Feiern der Eheerneuerung ein sinnvoller Gestus sein.
3) Vgl. Eph 5,21-33: Die Ehe als Abbild der Liebe Christi zu seiner Kirche.

(Diakon, Priester) seine (gefalteten) Hände in die Hände des Bischofs legt, stammt aus der Praxis des Lehenseides und drückt Übereignung und unbedingten Gehorsam gegenüber der Kirchenführung aus.

Hier ist die (ältere und der Absicht Christi sicher nähere) Praxis der Ostkirche wesentlich (ur-)christlicher. Der Weihekandidat lässt sich auf das rechte Knie nieder und legt beide Hände kreuzweise auf den Heiligen Tisch (Altar, der Christus darstellt) und die Stirn auf denselben. Der Bischof legt das Ende seines Omophorions (Bischofstola, Pallium) auf sein Haupt und bekreuzt ihn drei Mal über dem Kopf, dann erfolgt die Handauflegung.

Das Händereichen hat in der Begräbnisliturgie als Ausdruck des Mitgefühls (Beileid) den trauernden Angehörigen gegenüber seinen tröstenden und Verbundenheit ausdrückenden Platz.

Bei Segensfeiern im Bereich der *Hausliturgie* kann die versammelte Hausgemeinschaft einander die Hände reichen zum Vaterunser, zum Segen, dies wird auch in Familien gerne beim Tischsegen gepflegt, wenn alle um den Tisch versammelt sind und einander zum Gebet die Hände reichen.

Kindergärten und Schulen können dieses Ritual spielerisch (z. B. Kreis- und Reigenspiele, Tänze) einüben und für die Einbeziehung der (Haus-)Liturgie vorbereiten (Propädeutik).

Als Zeichen der Versöhnung, des Zustimmens zu einer Vereinbarung (Vertragsabschluss, vgl. Handschlag-Qualität), des Glück- (und Segens-)Wunsches, des Grußes, des Abschieds-Segens („Pfüat Gott")[1] kann die Gestik des Händereichens dem Leben des Menschen in allen Alltags-Situationen, in Hoch- und Tiefzeiten Ausdruck verleihen.

Umarmungen sind im Bereich der Liturgie und der Segensrituale zur Zeit leider von geringer Bedeutung. Der *Friedensgruß* im Presbyterium unter den Klerikern ist sowohl bei der Feier der Messe als auch nach der Erteilung des Weihesakramentes erhalten geblieben. Mit der Umarmung wird der *Friedenskuss* auf die Wange ver-

---

1) Behüt dich Gott!

bunden, bzw. werden dabei *Wange an Wange* gelegt. In der Ostkirche erfolgt der Friedenskuss dreifach, zuerst auf die rechte Wange, dann auf die linke und wieder auf die rechte. Bei der Kinder-Taufe halten Mutter, Vater oder Pate das Kind in den Armen. Umarmung und Kuss haben bei der Feier der Trauung in Verbindung mit dem einander gegebenen Ja-Wort (Eheversprechen) ihren tiefen Sinn.

Da Umarmungen, Küssen oder andere Gesten der Zärtlichkeit („Halsen", „Herzen", über das Gesicht Streicheln) immer einen intimen, vertrauten und persönlichen Raum und eine enge persönliche Beziehung voraussetzen und zum Ausdruck bringen, sind sie in der großen versammelten Öffentlichkeit einer Gemeindeliturgie Missverständnissen und vielleicht auch dem Missbrauch (Übergriffe in die Privatsphäre) ausgesetzt und deshalb dort auch nicht stimmig und authentisch; man kann sie auch nicht per Rubriken verordnen. Der Intimbereich bedarf auch eines klaren Schutzes. Im *intimeren Bereich einer Hausliturgie* hingegen dürfen sie sehr wohl ungezwungen und spontan ihren Platz haben, zumal wir nicht nur von der Liebe reden, sondern sie durch Taten und leibhaftige Zeichen und Symbole bezeugen dürfen.

Was eine z. T. leibfeindliche Theologie und Spiritualität an herzlichem Umgang miteinander aus dem konkreten Feiern des Glaubens hinaus verdrängt hat, hat sie kompensiert und idealisiert z. B. in Bildern der *Kunst* aufgehoben, wie es viele Mariendarstellungen (Madonnen = Maria als Mutter mit dem Jesuskind) gut dokumentieren. Vor allem ab der Gotik treffen wir auf viele „menschliche" Züge mit viel mütterlicher Herzlichkeit und Wärme bei Maria und z. T. kindlicher Verspieltheit und „Anschmiegsamkeit" des Jesuskindes in ihrem Arm.

Exemplarisch möchte ich den Ikonen-Typus der *Ostkirche „Maria Gottesmutter – Eleousa"* dafür herausgreifen. „Eleousa" heißt „die Erbarmende". Dieser Ikonentyp der Gottesmutter wurde seit dem 12. Jh. zum verbreitetsten. Auf ihm schaut die Mutter Gottes mit *Rührung* auf den Sohn, und das Kind schmiegt sich zärtlich an die Mutter. Der Erlöser kann sowohl auf ihrer (für den Beschauer) rechten (= auf dem linken Arm) als auch auf ihrer linken Seite

(= auf dem rechten Arm) dargestellt sein. Vor allem im russischen Raum bekannte Marien-Ikonen dieses Typs sind die „Korsunskaja", „Tolgskaja", „Počaevskaja", „Feodorovskaja", „Donskaja", „Podkubenskaja", „Aufsuchung der Verlorenen" und vor allem die auch im Westen sehr verbreitete „Vladimirskaja". Sehr ähnlich diesem Typ sind die Gottesmutter „Glykophilousa" (griech. die mild Liebende, kirchenslawisch: „Umilenije") und „Pellagonitissa" (in Wehmut aus der Vorahnung der Passion des Sohnes).

Die „*Vladimirskaja*" (oder Gottesmutter von Vladimir) wurde der Überlieferung nach wie andere Muttergottes-Ikonen (z. B. die „Weg-Weisende" = „Hodegetria"[1]) vom Hl. Evangelisten Lukas gemalt. „Auf der Ikone hält die Gottesmutter das Kind auf dem rechten Arm. Die linke Hand berührt in der Höhe der Brust fast das Gewand des Erlösers. Das Kind schmiegt sich mit der Wange eng an das Gesicht der Allheiligen Gottesmutter und umarmt sie am Hals. Unter dem Umhang auf dem Kopf der Gottesmutter sieht man sein Händchen. Der linke Fuß des Erlösers ist abgebogen und die Ferse ist sichtbar (daran erkennt man die Vladimirskaja)."[2] Sie soll im 5. Jh. von Jerusalem nach Konstantinopel und im 12. Jh. (von da an ist die Ikone historisch erwähnt) nach Russland (nach Vladimir) gebracht worden sein. Ihr werden viele wunderbare Errettungen Russlands aus mehrfacher Feindesbedrohung zugeschrieben. Heute ist sie in der Tretjakow-Galerie in Moskau aufbewahrt. Drei Mal im Jahr wird das Fest dieser Ikone gefeiert.[3]

---

1) Eine verbreitete Form der Hodegetria ist die dreihändige Muttergottes „Tricheirusa" (kirchenslawisch „Trojerútschiza"), in der das uralte Brauchtum der Opferung kranker Gliedmaßen mit der Bitte um oder als Dank für Heilung einen bleibenden Niederschlag gefunden hat. „Von Johannes von Damaskus, dem Verteidiger der Bilder, wird erzählt, der Kalif, an dessen Hof er lebte, habe ihm wegen seines Christenglaubens die Hand abhacken lassen. Doch einer von Johannes verehrten Gottesmutter-Ikone sei eine dritte Hand gewachsen und habe ihm die seine wieder angeheilt." Vgl. Das Glaubensleben der Ostkirche, S. 95.

2) Vgl. A. Lorgus, M. Dudko: Orthodoxes Glaubensbuch, S. 298f. Dieses Buch erschien „*mit dem Segen* Seiner Heiligkeit, des Hochheiligen Patriarchen von Moskau und der ganzen Rus' Aleksij II." (Vgl. bei uns im Westen trocken: „Mit kirchlicher Druckerlaubnis")

3) Die Ostkirche feiert nicht nur Festgeheimnisse aus dem Leben Mariens, sondern auch Festtage von Marien-Ikonen.

Das Motiv dieser zärtlichen Umarmung von Mutter und Kind „Wange an Wange" mag für die Thematik des liebkosenden Segens ein gutes Anschauungs- und Ermutigungsbild sein, in der christlichen Haus- und Familienliturgie Sprache und Zeichen zärtlicher Zuwendung und Liebe zuzulassen und einzubeziehen.[1]

Umarmen, Herzen, Bezeichnen mit dem Kreuzzeichen (mit dem Daumenballen) und Gute-Nacht-Kuss können ein abendliches Segensritual in der Familie sein, wobei das zärtliche Segnen nicht bloß die Stirn berühren wird, sondern auch Scheitel und Wangen liebkosen, das Segenskreuz auch auf Nase, Mund, Kinn und Brust gezeichnet werden kann.[2] Auch die Verwendung von Weihwasser kann einbezogen werden. Es ist sinnvoll, wenn nach dem Segen durch die Eltern auch die Kinder die Eltern segnen und auch die Geschwister gegenseitig. Der aus dem Bäuerlichen kommende Brauch, auch um den Segen für Haus und Hof und alles Vieh zu bitten, kann auch im städtischen Bereich durch Einbeziehung der Haustiere und der den Kindern oft sehr wichtigen Stoff- und Kuscheltiere, Puppen usw. erweitert werden. Im achtsamen Umgang mit Zimmerpflanzen kann das Gießen mit Wasser als Brücke für die Verwendung des Weihwassers und ein Hinweis auf unsere Taufe hilfreich sein.

Über die liebende Zuneigung der Eltern zu ihren Kindern wird für diese die „Pädagogik Gottes", seine Liebe verspürbar und ermutigt sie, selbst wieder liebend miteinander, mit allen Geschöpfen und (Spiel-)Sachen umzugehen. Gott möchte, dass niemand Leid zugefügt wird, seine Liebe ist uneingeschränkt und unbegrenzt. In der Liebe der Eltern zu den Kindern kommt Gott immer wieder und aufs Neue zur Welt (Inkarnation).

---

1) Ulrike Mayer-Klaus schlägt z. B. für eine Kindersegnung zum Eintritt in den Kindergarten die Einbeziehung des Bildes „Bleib sein Kind" von Dorothea Steigerwald als Bildbetrachtung und allen zur „Memoria" als Erinnerungsbild zum Mitnehmen am Schluss der Segensfeier vor. Das Bild zeigt eine große nach oben gerichtete, bergende Hand, in die hinein sich ein Kind Schutz suchend schmiegt. Vgl. Chr. Bundschuh-Schramm (Hrsg.): Ich will mit dir sein und dich segnen, S. 32-36.

2) Vgl. das Beispiel der Grazer Familie Reiterlehner in: Wünschen und Segnen, S. 18.

Über die *Marien-Frömmigkeit* ist in Ost- und Westkirchentradition sehr viel von dieser mütterlich berührenden Liebe Gottes kultiviert worden. „Der Mann allein, das ist viel Ungestüm, aber wo die Frau seine Hand hält, da kommt die Welt ins Gleichgewicht."[1] Der Schriftsteller und Kulturhistoriker Iwar Lissner formuliert: „Die Macht wie die Poesie der mütterlich helfenden Maria hat für den christlichen Westen, ja für die Religionsgeschichte der ganzen Erde eine ungeheure Bedeutung erlangt. Seit den Tagen der Minnesänger symbolisiert sie den Adel der Frau. Maria hat das Abendland gezähmt und gebändigt, begütigt und besänftigt, und die eigentümliche, ja unwiderstehliche Anziehungskraft, die vom Abendland ausgeht, das, was das Abendland wie in warmer Abendsonne aufleuchten lässt und liebenswert macht, das wäre ohne Maria und ohne Marienverehrung nicht denkbar. Maria ist so zeitlos wie die Natur. In ihr ziehen Jahrtausende zu Gott."

Papst Johannes Paul II. nennt in seiner letzten Enzyklika über die Eucharistie[2] vom 17. 4. 2003 Maria als den „ersten Tabernakel der Geschichte". Die Ostkirche, die keinen Tabernakelkult kennt, hat dieses Thema über ihre Ikonen vermittelt, z. B. in der Ikone „Maria vom unverbrennbaren Dornbusch", in der das Geheimnis der Gottesbegegnung vom Sinai auf Maria als Herberge und Ort der „Einwohnung" (Zelt)[3] Gottes übersetzt wird.

---

1) Vgl. G. von le Fort: Plus ultra, S. 16.
2) Enzyklika „Ecclesia de Eucharistia", 2003.
3) Tabernaculum (lat.) = Zelt. Vgl. die Bundeslade, die vor Errichtung des Tempels in einem Zelt untergebracht war: „Gott zeltet mitten unter den Menschen".

3.2. Benetzen (Berühren) mit (Weih-)Wasser

3.2.1. Ursprung im Grundsakrament Taufe

Jesus ließ sich von Johannes im Jordan taufen und gab seinen Jüngern den Auftrag, Menschen, die sich seinem „Weg" anschließen wollen, durch das Zeichen der Taufe in die Gemeinschaft mit ihm und die Gemeinschaft seiner Jünger einzugliedern.[1] Die Taufe ist neben der Feier des Herrengedächtnisses (Brotbrechen, Eucharistie) vom Anfang der Kirche als Glaubenspraxis bezeugt. Bis heute halten alle Kirchen an der einen Taufe als Initiation (Eintrittstor) fest, verbunden mit dem Bekenntnis zum gemeinsamen katholischen und apostolischen Glauben an den dreieinigen und menschenliebenden Gott. Die Taufe verbindet daher bis heute alle Getauften in der einen katholischen (weltumspannenden) und apostolischen Kirche Jesu Christi. Durch die Taufe wird man Christ und nicht in erster Linie „Fraktionsmitglied" einer der Kirchenorganisationen, deren Strukturen, auch von Macht- und Einflussdenken mitgeprägt, Wunden am einen Leib Christi sichtbar machen.

Die Anerkennung der Taufe durch alle Kirchen ist jedoch ein erster Schritt zur ökumenischen versöhnten Einheit der Vielfalt der Wege. Für das Sakrament der Taufe ist das Unter- oder *Eintauchen* in das *Wasser* von konstitutiver Bedeutung. Aus praktischen Gründen, vor allem der überwiegend gebräuchlichen Kindertaufe ist oft nur ein Benetzen oder Übergießen des Scheitels des Kindes mit Wasser üblich.

Allen Kirchen ist die Taufe mit Wasser „heiliger Urquell" des Christseins.[2] Ursprünglich wurde, wie schon erwähnt, das Wasser nicht eigens für die Taufe geweiht, da Christus durch sein Hinabsteigen in die Fluten des Jordan das Wasser schon geheiligt hatte. Bald entwickelte sich jedoch eine eigene Taufwasserweihe. Es ist auch heute noch sinnvoll, im Ablauf der Tauffeier Wasser zu segnen (weihen), um dabei auf seine besondere Bedeutung hinzuweisen. Der als

---

1) Vgl. Mt 28,19f.
2) Die Feier der Taufe ist zugleich das Grundmodell für alle Weihen und Personal-Benediktionen.

zweites und drittes Formular für die Taufwasserweihe im Rituale[1] vorgesehene Text eignet sich mit dem Lobpreis auf das Wasser besonders gut. Die besonders feierliche Weihe des Taufwassers in der Osternacht bleibt immer Ausgangspunkt für alle (Tauf-)Wasserweihen. Als das *österliche Sakrament* der Wiedergeburt zu neuem Leben aus der Auferstehung Christi ist die Taufe der „Brunnen" allen sakramentalen Handelns der Kirche. Drei Mal wird die Osterkerze, das Symbol des Auferstandenen, in das Wasser gesenkt, drei Mal wurde das Wasser (bis zum 2. Vat. Konzil) angehaucht.[2] Oft werden im Zuge der Osternachtfeier Taufen gefeiert, das neugeweihte Wasser wird an die Gläubigen ausgeteilt, wobei an Stelle des „Asperges me" („Besprenge mich mit Ysop") des sonntäglichen Taufgedächtnisses das österliche „Vidi aquam" („Wasser sah ich") als Antiphon verwendet wird.

Bei allen Segensfeiern, wo Weihwasser verwendet wird, und das ist bei fast allen, zumindest im römischen-katholischen Bereich, soll auf die Grundberufung in der Taufe aus dem Taufwasser Bezug genommen werden. Das Wasser benetzt (berührt) entweder die Finger durch Eintauchen, die Hände durch Eintauchen und Schöpfen, den Körper oder verschiedene Gegenstände durch Aussprengen des (Weih-, Tauf-)Wassers mit einem Aspergill[3] oder Büschel von Zweigen (z. B. Buchs-, Zypressen-, Reisig- ua Zweige).

Hingewiesen werden soll hier ausdrücklich darauf, dass *(im Notfall) jeder die Taufe spenden* kann. In unserem St. Martiner Schulwerk habe ich im Rahmen des Religionsunterrichtes immer darauf

---

1) Die Feier der Kindertaufe, S. 38-40 bzw. S. 62-63.
2) In den Ostkirchen wird das Wasser drei Mal bekreuzt, indem der Priester seine Rechte hineintaucht, und angehaucht; von dem geweihten Katechumenenöl gießt der Priester etwas in das Wasser, drei Mal das Kreuzzeichen dabei bildend. Währenddessen wird das Halleluja gesungen. Vgl. R. Berger: Kleines liturgisches Wörterbuch. Freiburg 1969, S. 35: Das Anhauchen des Wassers (und der Öle) bedeutet sowohl die Geist-Mitteilung, als auch apotropäisch das Wegblasen dämonischer Kräfte (vgl. Exorzismus).
3) Aspergill nennt man das liturgische Gerät zur Besprengung mit Weihwasser, ein Wedel aus Borsten oder eine Halbkugel mit Löchern an einem Stiel.

hingewiesen, insbesondere, weil viele Schülerinnen in einen Sozialberuf, z. B. Krankenschwester, Kinder- und Säuglingspflege gehen, dass sie nicht nur den „leiblichen Erste-Hilfe-Einsatz" kennen und können, sondern auch den „seelischen Erste-Hilfe-Einsatz" z. B. bei der Geburtshilfe einer schwierigen Geburt. Dabei an die Verantwortung als Christ für eine (Not-)Taufe zu denken, zählt auch zur (Über-)Lebens-Vorsorge. Für eine solche (Not-)Taufe genügt es, dem Neugeborenen etwas Wasser (es muss nicht Weihwasser sein; hier ist noch die alte Grund-„Heiligung" des Wassers präsent) über den Scheitel zu gießen, die Taufformel zu sprechen „Getauft wird[1] der Diener/die Dienerin Gottes N. [hier wird der Taufname eingefügt] im Namen des Vaters und des Sohnes und des Hl. Geistes." Dabei kann für den Fall, dass der gewünschte Taufname von Seiten der Eltern nicht erfragt werden kann, der/die Taufende auch seinen/ihren (bzw. von ihm/ihr vorgeschlagenen) Taufnamen geben. Wenn das Kind außer Lebensgefahr ist und sich erholt, können zu geeignetem Zeitpunkt die ergänzenden und ausdeutenden Riten (Chrisam-Salbung, Taufkleid, Taufkerze) nachgeholt werden. Die Taufe wird jedoch mit dem Spender und dem Datum der (Not-)Taufe im Taufbuch eingetragen. Wenn die Eltern sich einen anderen Namen gewählt haben, können sie dennoch den (vom Spender) gegebenen Namen annehmen, aus Dankbarkeit, dass in lebensbedrohender Situation ein Helfer wie ein rettender Engel auch an diese „Not-Versorgung" gedacht hat; das Kind könnte gewissermaßen im doppelten Sinn als „Gottesgeschenk" erlebt werden.

3.2.2. Sonntägliches Taufgedächtnis und Verwendung in der Gemeindeliturgie

Im Anschluss an die Taufwasserweihe in der Osternacht oder zu Epiphanie (6. 1.) wird das neugeweihte Tauf-(Weih-)Wasser an die versammelten Gläubigen ausgeteilt.[2] Grundsätzlich kann jeden

---
1) Taufformel der Ostkirchen. In der röm.-katholischen Kirche heißt es: „Ich taufe dich ...". In den Ostkirchen wird die Nottaufe durch dreimaliges Heben des Kindes in der Luft vollzogen.

2) In der Ostkirche wird es den Gläubigen zu Epiphanie auch zum Trinken gereicht.

Sonntag im Rahmen des Eröffnungsgottesdienstes an Stelle des Bußaktes das Weihwasser in Form des sonntäglichen Taufgedächtnisses ausgeteilt werden. Es erinnert an den Grund-Bekehrungs-Akt in der Taufe und ist somit eine Form der „Tauferneuerung" und ersetzt den Bußakt der Messe. Wenn die Gläubigen beim Betreten der Kirche ihre Finger in das Weihwasserbecken am Eingangsbereich der Kirche tauchen und sich mit dem *Weihwasser* bekreuzigen, tun sie nichts anderes, als sich an ihre Taufe zu erinnern, diese Taufe zu erneuern mit der Bitte um Reinigung von inzwischen durch Schuld verdunkelter Taufgnade und Glaubensverkündigung. Bei Segnungen innerhalb des Kirchenjahres zu verschiedenen Anlässen wird immer auf die Grundberufung der Christen aus der Taufe Bezug genommen. Dinge, Gegenstände für den religiös gläubigen Umgang werden mit Weihwasser besprengt, um den Gläubigen den *segensvollen Gebrauch* zu signalisieren und sie dazu zu ermächtigen und zu ermutigen. Adventkränze, Johanneswein, Kerzen zu Lichtmeß, Palmzweige, Osterspeisen, Blumen und Kräuter, Erntegaben, ... – sie werden mit Weihwasser besprengt, um uns an die Grundberufung aus der Taufe zu erinnern und diese im Umgang mit verschiedenen Lebensbedingungen und Lebenssituationen zu erfüllen. Diese Grundberufung begleitet die Menschen nicht nur entlang der Feier der Sakramente, sondern auch im Hinübergang in das andere Leben und in der Feier des Abschiednehmens und des Begräbnisses. Das Besprengen mit Weihwasser zur (mehrmaligen) Einsegnung (bei den Reformkirchen Aussegnung genannt) des Verstorbenen durch den Priester (oder Diakon) sollte deshalb auch für die teilnehmenden Gläubigen ermöglicht sein. Bei Hausaufbahrungen nehmen die Angehörigen, Nachbarn und Freunde durch das Besprengen mit Weihwasser im Trauerhaus Abschied vom Verstorbenen in christlichem Gedenken an die Zusage des ewigen Lebens aus dem Sakrament der Taufe.

Das Anbieten des Weihwassers am Kirchtor bei Bittprozessionen, Wallfahrten, Einzug zu einer Trauung oder zur Primiz nimmt ebenso Bezug zur Taufe.

Die Einbeziehung von Berührungsritualen mit Wasser empfiehlt sich bei *Bußgottesdiensten* (z. B. Aschermittwoch), bei Gottesdiensten zum Abschluss von Einkehr- und Besinnungstagen mit dem Hinweis auf die Tauferneuerung (und damit Erneuerung der „priesterlichen" Berufung und Sendung in die Welt), bei thematischen Gruppengottesdiensten mit Schülern, Jugendlichen, Pfarrgemeinderäten u. a. apostolischen Gruppen. Dazu kann ein Gefäß mit Wasser vorbereitet werden, das Wasser kann eigens gesegnet werden, die Teilnehmer tauchen ihre Hände in das Wasser (ähnlich dem „Lavabo" des Priesters nach der Gabenbereitung) mit der Bitte „Herr, wasche ab meine Schuld, von meinen Sünden mache mich rein".[1]

Das Benetzen und Berühren mit Wasser an Wallfahrtsorten und *„Heiligen Bründln"* durch die Hände, über Gesicht und Augen und auch der Füße zählt zu alten Segensgesten, deren Hintergrund freilich apotropäisch beeinflusst ist (Abwehr des Bösen, von Krankheiten und Unglück jeder Art). Bei diesen Heil-Quellen handelt es sich zumeist um tatsächlich heilkräftige Mineral- oder Thermalwässer, deren Kenntnis z. T. bereits auf vorchristliche Zeit zurückgeht.[2]

Auf die Berührung mit dem Element Wasser bei der *Fußwaschung* in der Gründonnerstag-Liturgie sei hier nur kurz hingewiesen. Das Zeichen dienender Gastfreundschaft wäre heute auf Pilgerwegen (wie z. B. dem Jakobsweg) für die zu Fuß Wallfahrenden eher verständlich zu machen als in einer sehr „sterilisierten" und künstlich präparierten (keim- und staubfrei gemachten) Symbolhandlung an ausgewählten Personen.

Da das Grundverständnis und die Einübung durch die sonntägliche Praxis für die meisten heutzutage nicht mehr gegeben ist, empfiehlt es sich für Eltern, Katecheten und Seelsorger, mit Kindern den liturgischen Raum des Gotteshauses bewusst zu erkunden und zu erleben, mit Kindern den *„Hausbrauch"* vom Betreten der Kirche mit dem *Weihwasser-Nehmen*, über die Kniebeuge, das Still-Werden und das Hörfähig-Werden miteinander im heiligen Raum einzu-

---

1) Messbuch, S. 346.
2) J. Schleich hat in seinem Buch „Heil- und Wunderquellen in der Steiermark" über die weithin bekannten wie Maria Fieberbründl, Heilbrunn, Maria Helfbrunn, Schüsserlbrunn, Ulrichsbrunn hinaus insgesamt 190 solcher „heiliger und heilender Quellen" beschrieben.

üben (geeignete Anlässe dafür wahrnehmen, Zusammenwirken von Schule, Kindergarten und Eltern).

Um das Grundverständnis für die Wertschätzung des Wassers zu fördern, könnte uns die *Ostkirche* Impulse vermitteln, die das zu Epiphanie geweihte Wasser auch zum Trinken reicht, Flüsse, Seen und Meere segnet, um auf den achtsamen Umgang mit dieser Lebensquelle Wasser besonders hinzuweisen. Der als „grüner Patriarch" bezeichnete ökumenische Patriarch Bartholomaios von Konstantinopel hält sog. „Schwimmende Symposien" auf einem Schiff auf der Donau, in der Adria und der Nordsee.

3.2.3. Taufgedächtnis in der Hausliturgie

Heute ist es üblich, dass den Eltern im Anschluss an die Taufe ihres Kindes das Taufwasser mit nach Hause gegeben wird, damit sie es in Erinnerung an die Taufe daheim als Weihwasser verwenden. Auch von den kirchlichen Wasserweihen (Osternacht, Epiphanie, Stefanitag) sind die Gläubigen es gewohnt, Weihwasser für den Gebrauch zu Hause mitzunehmen.

Die Eltern können aber auch selbst daheim Wasser weihen, indem sie das Segensgebet[1] im Rahmen einer Hausliturgie (Wortgottesdienst) sprechen und das Wasser durch den Gestus des Kreuzzeichens segnen.[2]

Das Segnen mit Weihwasser war früher in den Häusern sehr verbreitet, ist in letzter Zeit jedoch stark zurückgegangen. Ursachen dafür sind einerseits das schwindende Glaubensverständnis, andererseits der praktische Grund, dass in unseren im Winter überheizten Räumen das Wasser in den Weihbrunnkesseln innerhalb kürzester Zeit verdunstet[3] und diese austrocknen.

---

1) Benediktionale, S. 197f.

2) Auch wenn im derzeitigen Benediktionale ein Hinweis auf die Segnungsmöglichkeit des Wassers durch „Laien" fehlt, sollte schon jetzt daran gedacht werden, dass bei Fehlen eines Amtspriesters die göttliche „Quelle des Heils" nicht zu versiegen braucht, weil Gott auch über engherzig-ängstliche Vorschriften der Kirche hinweg als Hirt seines Volkes die Menschen zu „Quellwassern des Lebens" führen will.

3) Vgl. auch weiter unten 3.6.: „Lebens- und Erlebens-Räume"

Das „Weihwassernehmen" vor dem Schlafengehen gehört zum Abend- und Nachtsegen, es wird z. T. heute noch in den „Gute-Nacht-Segen" einbezogen. Auch beim „In-Gottes-Namen" zum Aufstehen am Morgen hat es seinen Platz, wie auch beim Verlassen des Hauses oder vor großen Entscheidungen. Das Segnen von Haus und Hof um die Weihnachtszeit und zum Jahreswechsel mit Weihwasser und Weihrauch (Rauchnächte) vor allem im bäuerlichen Kulturkreis der Alpenländer wird in letzter Zeit durch pastorale Initiativen[1] neu belebt, von apotropäischen Elementen, die hier eindeutig mitschwingen, soweit wie möglich gereinigt und im Sinne einer positiven Segenskultur erneuert.

Auch in den *Ostkirchen* ist die *Weihe eines Hauses* ein ausgeprägtes und entfaltetes Segensritual. Wenn orthodoxe Christen in ein neues Haus oder in eine neue Wohnung einziehen, bitten sie den Priester um die Segnung, man betritt das Haus mit einer Ikone des Erlösers oder der Gottesmutter und mit Weihwasser. Zuerst wird das Haus oder die Wohnung mit Weihwasser besprengt, danach erst werden die Sachen hineingetragen.[2] Wenn alles eingerichtet ist, wird die Wohnung eingeweiht. Dazu werden ein Gefäß für die Wasserweihe vorbereitet, Ikonen, Kerzen, ein Handtuch und ein Zettel mit den Namen aller Bewohner.

Nach der Wasserweihe wird das ganze Haus (die Wohnung) mit Weihwasser besprengt. Dazu werden alle Türen geöffnet. Auch Gegenstände außerhalb des Hauses, z. B. Gartentore, Hauseingang, das Haus von außen und auch Haustiere werden gesegnet.

Der Priester oder ein Hausbewohner zeichnet auf die Wände aller Räume besondere Kreuze, die das Haus wie heilige Siegel vor allen geistlichen Feinden beschützen.[3] Diese Kreuze werden mit heiligem Öl nachgezogen. Dann wird das ganze Haus mit Weihrauch beräuchert. In einer Ektenie (Fürbittgebet) werden alle Bewohner namentlich genannt und für sie gebetet, dass sie in Frömmigkeit und Gottesfurcht in diesem Hause leben mögen. Mit dem Küssen des Kreuzes wird die Hausweihe abgeschlossen.

---

1) Z. B. in der Diözese Innsbruck (Weihrauch-Set zur Haussegnung).
2) Vgl. A. Lorgus, M. Dudko: Orthodoxes Glaubensbuch, S.1 93f.
3) Der apotropäische Hindergrund ist unverkennbar.

Die orthodoxen Christen bewahren in ihren Häusern außer den Ikonen auch Weihwasser[1] und eine Prosphore (gesegnetes Brot) oder Eulogien (Segensbrote) auf. Das am Vorabend oder am Fest der Taufe Jesu geweihte Wasser gilt als besonders heilig und wird *Agiasma* genannt. In der ersten Woche nach Ostern wird in der Kirche der *Artos* geweiht, ein großes Brot mit der Darstellung der Auferstehung Christi. Am Ende dieser auch „Lichte Woche" genannten ersten Osterwoche wird das Brot in Teile geschnitten und den Gläubigen mit nach Hause gegeben, wo es für besondere Anlässe (z. B. Krankheit) aufbewahrt und zur Stärkung gereicht wird. Auch *geweihtes Öl*, das nach der Krankensalbung übrig bleibt, wird in den Häusern aufbewahrt, um es bei Wiederauftreten der Krankheit zu verwenden.

Insgesamt kennt die Orthodoxie[2] darüber (Wasser, Brot, Öl) hinaus Segnungen von Kleidung, Salz, Häusern und Wohnungen, Wagen, Tieren, Feldern, Brunnen, Viehherden usw. Alle Gegenstände sollen von den Christen zum Lobpreis Gottes und zum Segen füreinander verwendet werden.

Gleich dem regelmäßigen Gießen der Zimmerpflanzen kann das Verwenden (Aussprengen) von Weihwasser in vielen Situationen fortgesetzt und immer wieder neu erfahrbar gemacht werden, z. B. bei Lebens-Hoch- und Tiefzeiten (Feste des Lebens in allen Alters-

---

1) Russ. svjataja voda (heiliges Wasser).
2) Vgl. G. Larentzakis: Die orthodoxe Kirche, S. 175. Vgl. auch orthodoxes Gebetbuch, Berlin-München 1989, S. 207-217: Gebete zu verschiedenen Anlässen (Gebet bei Regenmangel, Gebet bei Überschwemmung, Gebet zur Zeit ungesunder Luft und todbringender Seuche, auch bei atomarer Gefahr, Gebet für Seereisende und Reisende in der Luft, Gebet zu Jahresbeginn, Gebet zu Unterrichtsbeginn). Vgl. auch das Gebet für die Gewässer, für die Saaten, für das Wasser und die Früchte ua. in der Feier der „Emporhebung des Morgenweihrauchs" (Orthros bzw. Laudes, Morgenlob), sowie in der Göttlichen Liturgie des Hl. Basilios und des Hl. Gregorios des Theologen in den Fürbitten im Anschluss an die Epiklese der Anaphora. In: Das Heilige Euchologion der koptischen Kirche, Kairo 1996, S. 170-176, S. 223-232, darunter sogar eine aktuelle Bitte: „Bewahre uns alle vor den Preiserhöhungen." (S. 92)

phasen, Jubiläen, Berufserfolgen, Krisen und Verlustsituationen), beruflich bei Aussaat und Ernte, Ausbildungsbeginn und -abschluss, bei Verbindungs- und Trennungserlebnissen, bei Neubeginn und Auseinandergehen (Scheitern, Scheidung).[1] Das Aussprengen von Weihwasser in lebensbedrohender Gefahr (z. B. Gewitter) kann aus der apotropäischen Schutzsuche[2] durchaus in das vertrauensvolle „In der Hand Gottes Sein" gelenkt werden.

Letztlich sollte alle Verwendung des Weihwassers als Segensritual sowohl in der Verwurzelung im Taufgeschenk als auch im Vertrauen auf den menschenliebenden Schöpfergott, der für seine Geschöpfe unendlich Sorge trägt, verankert sein.

---

1) Wenn die Kirche diesen zutiefst menschlichen Entwicklungsprozessen nicht entsprechend Aufmerksamkeit schenkt, wird sie an vielen Lebenswegen der Menschen nicht mehr präsent sein. Die Ostkirchen haben z. B. eine pastorale Lösung für kirchliche Zweitehen nie aus den Augen verloren. Vgl. G. Larentzakis: Ehe, Ehescheidung und Wiederverheiratung in der Orthodoxen Kirche. Sonderdruck aus: Theologisch-praktische Quartalschrift, 125. Jahr, 1977, 3. Heft. Vgl. auch G. Larentzakis: Ehe – Mysterium der Liebe. Linburg-Kevelaer 2002.

2) Wie sehr ein solches Denken bis in unsere jüngste Zeit herein reicht, mag das 1951 mit kirchlicher Druckerlaubnis des bischöflichen Ordinariates Chur in der Schweiz herausgegebene umfangreiche „Bauerngebetbuch" dokumentieren, wo es auf S. 234 heißt: „Privatexorzismus, den jedermann unter Anwendung des Kreuzzeichens und Weihwassers gebrauchen darf und häufig über sich und andere – auch aus der Ferne – mündlich sprechen soll, namentlich zu Zeiten schwerer Versuchungen und Prüfungen, über feindlich gesinnte Menschen [!], insbesondere am Kranken- und Sterbebett: Im Namen Jesu und im Namen Mariä befehle ich euch, ihr höllischen Geister, weichet von uns (ihnen) und von diesem (jenem) Orte und waget nicht wiederzukehren und uns (sie) zu versuchen und uns (ihnen) zu schaden." Oder S. 330 heißt es: „Exorzismus gegen Gewitter, Blitz und Hagel. Dieses kräftige Abwehrgebet soll der gläubige Bauer – bewaffnet [!] mit einem Kruzifix und Weihwasser – über sein bedrohtes Land beten." Und S. 335: „Ich beschwöre euch, schädliche Mäuse (Würmer oder anderes Ungeziefer) durch Gott [...] weichet sofort [...] und verschwindet [...]."

3.2.4 Wasser als Lebenselement – Segen über allen Lebensbereichen

Von der Morgentoilette an (sich waschen, duschen, baden) kann die wohltuende, erquickende und reinigende Berührung mit dem Wasser zu einem unbewussten oder bewussten Segensritual werden, das sich mit jedem Glas köstlichen Trinkwassers fortsetzt. Fast wäre man geneigt, ein „*Sakrament des Wasserhahnes*" zu kreieren, um auf diese Lebensquelle zu verweisen. Es wäre ein Zugewinn, wenn bei uns die „Selbstverständlichkeit" Wasser wieder stärker als „Segens-Quelle" bewusst werden würde. Deshalb sind alle Formen öffentlicher Hervorhebung (z. B. Eröffnung und Einweihung eines neuen Stadtbrunnens), der Sorge um die Reinhaltung unserer Gewässer und Brunnen, die Sicherung des Grundwassers und die Begehung der Flüsse zu ihren Quellläufen lebenserhaltende und lebenserschließende Wege in eine zukunftsweisende Lebens-Welt. Wie es vom „grünen Patriarchen" Bartholomaios von Konstantinopel bereits vorbildhaft geschieht, könnte auch im Bereich des Westens (römische und Reformkirchen) dieses Anliegen deutlicher aufgegriffen werden, zumal aus dem Sakrament der Taufe die Wertschätzung für das Wasser allen nahe liegt.

Den Kirchen ist es in besonderer Weise überantwortet, dem Wasser, von der Quelle beginnend, über die Flussverläufe, die Zuleitung zu Äckern, Gärten, Haushalten und Fabriken und seine Reinerhaltung in Seen und Meeren als Anwalt und Fürsprecher für das Leben eine besondere Obacht zu schenken. Neue Alltagsrituale haben sich dem Element Wasser bereits in vielfacher Aufmerksamkeit zugewandt und es in ihre Lebenswelt in neuer Wertschätzung einbezogen. Es ist ein beachtenswerter Ansatz dafür, dass der Verwendung des Wassers in Küche und Haushalt, in Erholung und Freizeit, in Energiegewinnung und religiöser Symbolik ein lebensbegleitender „Strom" des Segens zukommt, dass wir mit Wasser Leben, Lebens-Grundlagen und -Zukunft verbinden.

3.3. Verwendung von Weihrauch in Zusammenhang mit Segnen

Der Weihrauch als Duft und Sinnbild des zu Gott aufsteigenden Gebetes hat in der Liturgie und insbesondere als Segensgestus eine verbreitete Bedeutung.

In der Liturgie der römischen Kirche (des lateinischen Ritus) ist die Verwendung des Weihrauchs seit der Liturgiereform des 2. Vatikanischen Konzils sehr stark zurückgegangen. Bei Hochfesten, zur Pontifikalliturgie wird nach dem Einzug der Altar beräuchert, zum Evangelium das Evangelienbuch (in der Osterzeit auch die Osterkerze), nach der Gabenbereitung die eucharistischen Gaben, der Altar, Priester und Volk und zur Wandlung die gewandelten Gaben der Eucharistie bei der Elevation. Die Westkirche verwendet den Weihrauch auch beim eucharistischen Segen (mit der Monstranz) und bei der eucharistischen Prozession zu Fronleichnam. Bei der Segnung von Haus und Hof in den sog. Rauchnächten (Hl. Abend, Silvester, Hl. Drei-Könige) wird in der Hausliturgie Weihrauch verwendet.

Bei der Einsegnung von Verstorbenen wird Weihrauch verwendet, vor allem bei der Einsegnung nach dem Libera oder auch am Grab.

Während die Reformkirchen Weihrauch so gut wie überhaupt nicht verwenden, ist die Verwendung des Weihrauchs in den *Ostkirchen* vielfältig und intensiv. Vor der göttlichen Liturgie (nach Johannes Chrysostomos oder Basilios) wird der Feierraum der Kirche mit duftendem Weihrauch erfüllt. Die Gabenbereitung (Proskomidie) vor Beginn der Liturgie endet mit dem Beräuchern der Gaben von Brot und Wein, zuvor werden bereits Asteriskos[1)] und Kelchtücher beräuchert. Ikonen, Altar, Altarraum und Volk werden im Ablauf der

---

1) Der Asteriskos (griech.: Sternchen) besteht aus zwei halbkreisförmig nach unten gebogenen Metallstreifen, unter deren gelenkigem Kreuzungspunkt oft ein Stern befestigt ist. Er symbolisiert den Stern von Betlehem und dient als Stütze der Velen (3 Kelchtücher) über dem Diskos (Partene). Vgl. Liturgie. Die göttliche Liturgie der Orthodoxen Kirche. Mainz 1989, S. 251.

Liturgie mehrfach mit Weihrauch gesegnet, das Evangeliar im Zuge der Evangeliumprozession. Der Weihrauch unterstützt den Lobpreis und die Gebete des Priesters und des ganzen Volkes, dass diese sich zu Gott erheben wie der aufsteigende Rauch. Die Ostkirchen verwenden den Weihrauch bei allen Sakramentenfeiern, beim Begräbnis, bei der Haussegnung und bei Segnungen jeglicher Dinge.

Auf Grund einer neuen Sehnsucht nach Duftsubstanzen (Duftöle, Räucherstäbchen und Weihrauch) könnte im Sinne einer inkarnatorischen und mit allen Sinnen erlebbaren Gottesbegegnung die Verwendung von Weihrauch als Segenszeichen durchaus wiederentdeckt und bei verschiedenen Feiern neu aktiviert werden.

3.4. BERÜHREN MIT SEGENSZEICHEN

3.4.1. Das Kreuz als Segenszeichen

3.4.1.1. Das Kreuz als Uralt-Zeichen

Das Kreuz ist ein uraltes, seit prähistorischer Zeit nachweisbares und weit verbreitetes Zeichen.

„Im alten Ägypten war die *crux ansata*, das *Henkel-Kreuz*, hieroglyphisches Wortzeichen für Leben (ägyptisch 'anch')."[1] Die Kopten übernahmen das Zeichen und deuten es im christlichen Sinn. Im asiatischen Raum wird das *Radkreuz* als Bild der Sonnenscheibe und ihrer Strahlen gedeutet. Sowohl für die Roma quadrata als auch als architektonisches Muster für die Anlage zahlreicher Städte Europas und Asiens diente es als Vorbild. Das im nordgermanischen Bereich oft vorkommende *Hammerkreuz* (T) wird in Verbindung mit dem Donner-Gott Thor als Symbol des Blitzes verstanden. Das *Haken-Kreuz* (crux gammata) besteht aus vier gleich langen Balken, denen Haken angefügt sind, die meist rechtwinklig abgeknickt erscheinen. Es stammt aus dem indischen Kultur- und Religionskreis und bedeutet Glück. Das rechtsläufige „Svastika"-Zeichen repräsentiert das männliche Prinzip um den hinduistischen

---

1) Theologische Realenzyklopädie, Bd. 19, S. 712.

Gott Ganesha. Das linksläufige „Sauvastika"-Zeichen symbolisiert das weibliche Prinzip und die Göttin Kali. Es erscheint im Buddhismus oft auf der Brust, den Handflächen und Fußsohlen von Buddha-Figuren. Das Haken-Kreuz ist als „Sonnenrad" weltweit verbreitet und nachweisbar und hat in jüngster Zeit als politisches Symbol für den Nationalsozialismus gedient.

Im altamerikanischen Bereich erlangte das Kreuz Quetzalcoatls als *crux-decussata (Andreas-Kreuz)* Bedeutung, das ursprünglich ein Symbol für die vier Weltgegenden war, in der Zeit der Conquista aber als vorchristliches Symbol gedeutet wurde.

3.4.1.2. Das historische Kreuz Jesu

Die Kreuzigung war eine Strafe für schwere Verbrecher, die die Römer insbesondere in der Zeit von 63 v. Chr. bis 66 n. Chr. als verschärfte Strafe (Hinrichtung durch Aufhängen an einem Pfahl) exekutierte. Die Erschwernis bestand vor allem in der länger andauernden Todesqual (im Gegensatz zur Aufspießung oder zum Erhängen durch Strangulation), wonach der Gekreuzigte oft nach vielen Stunden einem qualvollen Erstickungstod erlag. Die Kreuzigung wurde auch als schändliche Todesstrafe für Sklaven praktiziert. Die Kreuzigung, die Herodot schon von den Persern kennt, wird seit den Punischen Kriegen (3.Jh. v. Chr.) bei den Römern genannt. Kaiser Konstantin der Große hat sie wegen des Kreuzes Christi nach 320 n. Chr. abgeschafft.[1]

Dass Jesus im Rahmen eines Pascha-Festes unter dem Präfekten Pontius Pilatus in Jerusalem an einem Freitag gekreuzigt wurde, ist eines der sichersten historischen Fakten seines Lebens. Der Ort der Kreuzigung, Golgatha, außerhalb der Stadtmauern, wo heute die sog. Grabeskirche steht, ist sehr wahrscheinlich historisch außer Zweifel zu stellen. Jesus ist so gut wie sicher als politischer Rebell hingerichtet worden, und zwar als jüdischer Messias-Prätendent.[2]

---

1) Vgl. A. Demandt: Die Spätantike. Röm. Geschichte von Diocletian bis Justinian 284-565 nach Chr. (Handbuch der Altertumswissenschaft, 3. Abt., Teil 6), München 1989, S. 77. Vgl. Anm. 82.

2) Alter und Gattung der ältesten Passionsgeschichte sind unbestimmt, sie mag Jahrzehnte vor der Abfassung des Mk (um 70 n.Chr.) entstanden

Das Kreuz galt für die ersten Jahrhunderte des Christentums im römischen Weltreich und in der griechisch-hellenistischen Kultur als Skandalum, als Strafzeichen. Die frühesten Märtyrerakten bezeugen, dass die *Bekreuzigung* ein Grund zur Verurteilung bei Prozessen im Rahmen der Christenverfolgung war. Eine erste Bezeugung der signatio mit dem Kreuz findet sich bei Cyprian. Dabei war die Geste der Bekreuzigung zunächst keine ausschließlich christliche. Sie fand sich im Mithras-Kult und wurde von Markioniten und Gnostikern verwendet. Für Christen war sie ein Zeichen der Erlösung und wurde von da her zum kultischen Akt. Die Neugetauften wurden auf die Stirn mit dem Kreuz bezeichnet. Bis zum Ende des 4. Jhdts. war dieser Gestus als Ritus allgemein üblich geworden. Das Sacramentarium Gelasianum legt das Ritual der Bezeichnung der Taufbewerber mit dem Kreuz fest.

Einen großen Aufschwung erlebte die öffentliche *Kreuzverehrung* durch die Auffindung des „echten" Kreuzes durch die Hl. Helena und durch die Einführung der Feste der Auffindung und Erhebung (14. 9.) des Hl. Kreuzes. Die früheste bekannte Darstellung der Kreuzigung ist eine heidnische Karikatur (Spottkruzifix), das eselsköpfige Graffitto vom Paedagogicum am Palatin mit der Inschrift „Alexamenos betet zu seinem Gott."

Drei Kreuzesformen, die unterschiedlichen Ansichten der Väter entsprechen, kennen wir seit dem 4. Jh.: Das lat. Kreuz (crux immissa), das Andreaskreuz (crux decussata) und das Kreuz in T-Form (crux commissa). Auch die crux gammata (aus vier verbundenen Gammas zusammengesetztes Kreuz) und die crux ansata (das Henkel-Kreuz, aus der ägyptischen Hieroglyphe für Leben) findet Verwendung. Nach der Anerkennung des Christentums als Religion im römischen Reich findet sich das Kreuz an Häusern, Basiliken, auf Münzen, kaiserlichen Plastiken, auf Diptychen, auf Diadoren und als Halsschmuck.[1]

Das Kreuz erhielt Monumentalcharakter und fand sich, vergoldet und/oder mit Edelsteinen besetzt, in Kirchenapsiden. Nicht mehr

---

sein und war von der Gemeindetheologie unter Bezugnahme auf die Psalmen geprägt. Vgl. Theologische Realenzyklopädie, Bd. 19., S. 718.
1) Das Kreuz ist bis heute als beliebter Halsschmuck in Verwendung.

das Martyrium, sondern der Sieg Christi über den Tod steht jetzt im Vordergrund. Unzählige Kreuzreliquiare entstehen im Anschluss an die Auffindung des „wahren" Kreuzes durch die Hl. Helena. Der gekreuzigte Christus (Kruzifixus) wird ab dem 5. Jh. dargestellt. Ende des 7. und Anfang des 8. Jhdts. war die Entwicklung vom Kreuz zum Kruzifix in der gesamten christlichen Kunst vollzogen. Das „wahre Kreuz" („vera crux") wird nach der Auffindung durch die Hl. Helena in S. Croce in Gerusalemme in Rom aufbewahrt. Bis heute werden in vielen Kirchen Kreuzpartikel aufbewahrt und gezeigt. Ihre Herkunft ist nicht immer nachvollziehbar. Ob aus der Berührung mit dem „Original" oder als echte Kreuzpartikel ausgepriesen, immer halten sie die „memoria" an das Kreuzesleiden Jesu Christi präsent.[1)]

3.4.1.3. Die Vergegenwärtigung des Kreuzes im sichtbaren und berührbaren Abbild

In vielfacher Form ist das Kreuz dem Gläubigen heute präsent: Von der T-Form über die Vertikal-/Horizontal-Form des lateinischen Kreuzes, über die im byzantinischen und russischen Bereich verbreitete Form mit den zwei Querbalken (inkl. Titulus) und dem schräggestellten Fußbrett bis zum Johanniter-/Malteserkreuz, Jerusalemer Kreuz (Kreuz mit vier Kreuzen in den vier Kreuzfeldern), Patriarchen- und Papstkreuz (drei Querbalken).

Kreuzfahrern und auch „Ketzern", Orden und Kongregationen wurden Kreuze appliziert.

Das Kreuz wurde im Lauf der Geschichte ebenso wie andere Symbole vielmals instrumentalisiert, leider auch nicht selten für gottlose und menschenverachtende Machtzwecke.

---

1) „Für die Ausgestaltung der mittelalterlichen Kreuzlegende sind vor allem folgende altkirchlichen Elemente wichtig: Die Legende von der Kreuzauffindung durch die Kaiserin Helena; die Gleichsetzung des Adamgrabes auf Golgatha mit der Stelle, an der das Kreuz errichtet wurde; die Verbindung von Kreuz (lignum crucis) und Lebensbaum (lignum vitae) im Paradies." Vgl. Theologische Realenzyklopädie, Bd. 19, S. 734.

Bis heute ist das Kreuz als *Anhängekreuzchen* um den Hals weit verbreitet und wird z. T. als Amulett verstanden. Als *Brustkreuz* wird es bis heute von Bischöfen u. a. kirchlichen Würdenträgern über der Brust getragen. Mit dem *Handkreuz* segnet vor allem in den Ostkirchen der Priester oder Bischof die Gaben der Eucharistie und die Gläubigen, bietet dieses „Segenskreuz" zum Berühren und Küssen den Gläubigen an.

Als *Vortragskreuz* fand es auch Einzug in Prozessionsfahnen.

Erst im 11. Jh. wurde das *Altarkreuz* eingeführt; seit der Karolingerzeit gibt es das *Triumphkreuz* als „Großes Kreuz", und es ziert die Spitze des Kirchturms. Es fand Eingang in die weltliche Herrschaftssymbolik, und es markierte im Laufe der Zeit auch die Landschaft als Weg-, Berg-, Wetter-, Markt/Stadt- und Sterbe-Kreuz (Sakralisierung von verschiedenen Lebensbereichen).

Der Kruzifixus (Kreuz mit dem gekreuzigten Christus) findet sich zunächst seit dem 12. Jh. als Ast- oder Gabelkreuz. Kreuzigungsgruppen wie z. B. die Calvaires in der Bretagne oder unsere Kalvarienberge haben die Dramaturgie der Kreuzigung anschaulich gemacht. Die Liturgie der Kreuzweg-Betrachtung hat versucht, sie lebendig zu erhalten.

Die *Gebärde des Sich-Bekreuzens* (der Zeichnung eines signum crucis mit der Hand) wurde bereits in der frühen Kirche zum religiösen Brauch im Alltag und auch als liturgisch feierliche Geste üblich. „Sie kann als Selbstbekreuzung wie als Bekreuzung von Personen und Sachen mit der bloßen Hand oder mit einem von der Hand geführten liturgischen Gerät (z. B. mit Patene, Kelch oder – in Verbindung zweier Grundformen der Vergegenwärtigung – mit einem plastischen Kreuz) erfolgen."[1]

In den Ostkirchen wird die Bekreuzung im Alltag wie in der Liturgie intensiver gepflegt als im Abendland (z. B. Beräuchern in Kreuzesform, Kommunionempfang mit über der Brust gekreuzten Armen usw.).

Die Erteilung des Blasiussegens mit zwei gekreuzten (Andreaskreuz) brennenden Kerzen in der römisch-katholischen Kirche kann hier noch angefügt werden.

---

1) Vgl. Theologische Realenzyklopädie, Bd. 19, S. 746.

Im Bereich von Wallfahrt und Askese werden manchesmal schwere Holzkreuze getragen, glühende Messingkreuze auf den bloßen Körper aufgelegt oder Selbstkreuzigungen (heute z. T. unter großer medialer Beteiligung zur Show aufgeschaukelt) vorgenommen. Der Bereich der Stigmatisation (Übernahme der Wundmale Christi) ist bis heute ein noch wenig erforschter Frömmigkeitsbereich, in dem die Kreuzesmystik sich „leibhaftig" einprägt.

Die früheste Form der Kreuzesverehrung ist der *Kuss*. Schon die Pilgerin Egeria[1] berichtet davon, dass die Reliquie des Kreuzesholzes in Jerusalem von der vorbeiziehenden Gemeinde mit Stirn und Augen, aber nicht mit den Händen berührt und geküsst wird. Weitere Formen der Kreuzverehrung sind Inzensieren (Beräuchern), Prostratio (Sich-Niederwerfen), Kniebeuge und Verneigung.[2] Christliche Missionare trugen und tragen das Kreuz als „Feldzeichen" bei sich.

„Das Kreuz, das die Dämonen besiegt hat", als apotropäisches Zeichen, begleitet den Christen von der Taufe bis zum Tod. Bis heute erwartet der einfache Mensch (trotz 2. Vatikanum) daraus magischen Schutz und garantierte Heilkraft für sein Leben.

Auf besondere Kreuzes-Reliquien (wie z. B. das sog. „wahre Kreuz" Christi) soll später im Zusammenhang mit Reliquienkult und Andachtsgegenständen noch hingewiesen werden.

Aktuelle Diskussionen über die Anbringung von Kreuzen in Schul- und anderen öffentlichen Gebäuden, z. B. auch die Verwendung im Gerichtssaal, haben deutlich gemacht, dass die Selbstverständlichkeit und der oft durch die Allgegenwart zur unbeachteten Gewohnheit („gehört sich so") gewordene Gebrauch in einer multikulturellen Gesellschaft neu an- und hinterfragt wird, wobei das

---

1) Vgl. Egeria. Itinerarium/Reisebericht, mit Auszügen aus Petrus Diaconus: De locic sanctis/Die Heiligen Stätten. Freiburg 1995 (Fontes Christiani, Bd. 20), S. 267-269.

2) Gertrud von Helfta besaß einen Kruzifixus, dessen eiserne Nägel sie durch Gewürznäglein ersetzt hatte und den sie zu umarmen, zu küssen und zu liebkosen pflegte. Vgl. Theologische Realenzyklopädie, Bd. 19, S. 748.

Kreuz durchaus wieder „den einen als Torheit", als „scandalum" erscheint und sie provoziert und stört, den Glaubenden hoffentlich wieder als Heils- und Segenszeichen ihrer Glaubenshoffnung und Idendität mehr bewusst wird. Natürlich werden auf dem Hintergrund dieser Diskussion auch Macht-Kämpfe sichtbar, denn der Sieges-Zug des Kreuzes wurde seit Konstantin von den sich als „christliche Herrscher" rühmenden Königen und Kaisern sehr wohl zu deren Macht-Entfaltung instrumentalisiert und missbraucht, als „Unterpfand göttlicher Legitimation."[1] Andererseits sind „Feldzüge gegen das Kreuz" aus noch jüngster Vergangenheit in Erinnerung, als Diktaturen wie der Bolschewismus oder der Nationalsozialismus das Kreuz gegen neue „Herrgötter" (Hitlerbild usw.) austauschten.

Zog Leo I. (der Große) als Bischof von Rom mit einem Kreuz (in friedlicher Absicht und um Frieden suchend) dem Hunnenkönig Attila entgegen und bewirkte dadurch den segensvollen Einhalt von dessen verheerenden kriegerischen Überfällen, so wurde andererseits von sog. „christlichen Heerscharen" (Kreuzritter usw.) mit dem Zeichen des Kreuzes auf Rüstung und Fahnen schlimmstes Unheil über Menschen und Länder gebracht und Christus in unzähligen Entrechteten, Unterdrückten, Verfolgten gleichsam immer wieder gekreuzigt durch die Jahrhunderte hindurch.

Wo die Religion nicht mehr zur größeren Freiheit und dem umfassenden Heil des Menschen dient[2], wo sie von Machthabern und Machtinteressen vereinnahmt, instrumentalisiert wird, korrumpiert sie zur hässlichen Fratze tiefster Gottlosigkeit und Menschenverachtung. Kriege, die geschürt und beflügelt von sog. religiösen Sendungsaufträgen geführt wurden, zählten zu den grausamsten der Menschheitsgeschichte.

Ob man „Gott" in Verfassungskodices[3] hineinreklamieren soll, ist daher sehr fraglich, weil nicht absehbar ist, zu welcher Legitimation künftige Machthaber diesen „Gott" ge- oder missbrauchen.

---

1) Vgl. M. Hesemann: Die stummen Zeugen von Golgatha, Klappentext.
2) Vgl. J.Gaillot: „Eine Kirche, die nicht dient, dient zu nichts."
3) Wie z. B. zur Zeit Überlegungen für den EU-Konvent.

3.4.2. Begegnung mit dem Heiligen und den Heiligen

Gott allein ist der *Heilige,* wie der Prophet Hosea ihn verkündet: „Ich bin [...] der Heilige in deiner Mitte."[1] Ganz durchdrungen von dieser Heiligkeit Gottes ist der menschgewordene Logos in Jesus Christus. „Du bist der Heilige Gottes"[2], bekennt Petrus als Sprecher der zum Glauben gekommenen Jünger. Durch seinen Tod hat Christus als der einzige wahre Hohepriester[3] den Vorhang des Tempels zerrissen[4] und die Trennwand zwischen Gott und seiner Schöpfung beseitigt, sodass im Glauben jeder Zutritt hat zum „Allerheiligsten"[5], zur Begegnung mit Gott. Alle Menschen, ja die ganze Schöpfung ist eingeladen, an seiner Heiligkeit teilzuhaben. Deshalb bezeichnen die Christen der frühen Kirche einander als Heilige, Paulus grüßt sie in seinen Briefen mit diesem Titel, die Geheime Offenbarung nennt ihn oftmals.

Das „Markenzeichen" der jungen Kirche ist: Seht, wie sie einander lieben. „Wir wollen einander lieben, denn die Liebe ist aus Gott, und jeder, der liebt, stammt von Gott und erkennt Gott [...], denn Gott ist die Liebe."[6] Die Liebe ist der lichte „Goldglanz" des Wirkens Gottes in der Welt, aufgeleuchtet in besonderer und einmaliger Weise in der Menschwerdung Gottes in Jesus Christus, um dessen Haupt die Ikonenmaler später das leuchtende Gold wie eine Sonne aufbringen und von dem (Christus als die gültige Ikone Gottes schlechthin) später der Goldglanz auf die Darstellungen der Heiligen weiterflutet.

Die Liebe als Identitätsmerkmal der „Heiligen", der Christen, wird in der „Göttlichen Liturgie "des Johannes Chrysostomos in der *Ostkirche* sehr hervorgehoben, wenn in der Vorbereitung auf die Anaphora (Darbringung der eucharistischen Gaben, in der römi-

---

1) Vgl. Hos 11,9.
2) Vgl. Joh 6,69.
3) Vgl. Hebr 4,14 - 10,18.
4) Vgl. Mt 27,51.
5) Das Allerheiligste im jüdischen Tempel durfte nur der Hohepriester, und dieser auch nur ein Mal im Jahr, betreten.
6) Vgl. 1 Joh 4,7f.

schen Kirche dem Kanon der Messe vergleichbar) und dem zuvor gesungenen Glaubensbekenntnis der Friedens-Gruß (und -Kuss) erteilt wird.[1] Der Diakon ruft dazu auf: „Lasst uns einander lieben, damit wir in Eintracht bekennen."[2] Die Authentizität des Lebens (Orthopraxie) steht im Einklang mit dem glaubwürdigen Wort (Orthodoxie) im (gesungenen) Glaubensbekenntnis. Einheit im Glauben ist zuallererst immer Einheit in der Liebe.

Die *Begegnung mit dem Heiligen* haben die *Kirchen des Ostens* in bewundernswerter Weise und das ganze Leben mit allen Sinnen berührend entfaltet, umfassender als im Westen, und von einer Mystik und tiefen Gläubigkeit durchdrungen. Die Stärke der Kirche des Westens liegt eher im dogmatischen Abgrenzen und in kirchenrechtlichen Ordnungen.

„Der Sehnsucht des Menschen nach dem Ort seiner ursprünglichen bzw. endzeitlichen Gemeinschaft mit Gott entspricht das Kirchengebäude, das als 'Bild der kommenden Güter' das verlorene Paradies darstellt."[3] Beim Betreten des Gotteshauses lässt der Mensch die vergängliche Welt gleichsam hinter sich, erwacht wie Jakob aus seinem Schlaf, um staunend zu bekennen: „Wirklich, der Herr ist an diesem Ort [...]"[4] Das Gotteshaus versinnbildet in seiner kosmologischen Dimension die Gesamtschöpfung, die irdische Liturgie ist ein Abbild der himmlischen („Vorzimmer des Himmels"), in der das historisch einmalige Erlösungsgeschehen in Jesus Christus durch die Zeit hindurch gegenwärtig gesetzt (nicht wiederholt!) wird. Analog zum Bekenntnis der Hl. Dreieinigkeit, aber auch zu Salomons Tempel gibt es eine Dreigliederung des Kirchengebäudes:

    a) der Narthex, im Westen gelegen, der die irdische Welt in ihrem noch z. T. erlösungsbedürftigen, dunklen (Sonnenuntergang) Zustand repräsentiert, Ort der Taufbewerber (Katechumenen) und Büßer;

---

1) Dies geschieht bezugnehmend zu Mt 5,23f: „Wenn du deine Opfergabe zum Altar bringst [...], versöhne dich zuerst mit deinem Bruder, dann komm und opfere deine Gabe."
2) Vgl. Liturgie. Die Göttliche Liturgie der Orthodoxen Kirche, S. 114.
3) Ebda, Einführung S. XIV.
4) Vgl. Gen 28,16.

b) das Kirchenschiff, das durch die Kuppel(n) das Himmelsgewölbe (Firmament) darstellt, aus dem Christus als Pantokrator „herniederschaut" auf seine versammelte Gemeinde und

c) der ostwärts ausgerichtete Altarraum, der durch die Bilderwand (Ikonostase) mit drei Türen, Grenze und Verbindung zugleich darstellend, optisch getrennt ist und den Bereich des Überirdischen und Göttlichen symbolisiert.

Für die Ostung der Kirchen (die auch im Westen vielfach beachtet wurde) wird der Garten Eden angeführt, den Gott gegen Osten hin pflanzte, und auch der Hinweis auf Christus als die aufgehende Sonne des Lebens, dem wir uns betend und erwartungsvoll als dem Wiederkommenden zuwenden.

Die Architektur des Raumes, meist in Kreuzform, seine Sprache der Proportionen und Dimensionen von Tiefe und Höhe, sein Spiel mit Licht und Dunkel[1], die Farben der Bilder, die Gottes Heilswege mit den Menschen in biblischer bis in die gegenwärtige Zeit aufleuchten lassen, insbesondere durch die aufwändig und kostbar gestalteten Ikonostasen, das Licht der Kerzen, der Duft des Weihrauches, die Einladung zur Stille, alles kann uns ansprechen und berühren, um dem Heiligen, um Gott zu begegnen. Obwohl wir Gott überall „im Geist und in der Wahrheit anbeten"[2] können, sehnen wir uns aus dem Getriebe des Alltags nach Räumen des Zur-Ruhe-Kommens, der Stille und der Besinnung, um „bei sich zu sein"[3], zu sich zu finden und so wieder frei zu werden für eine Aufgeschlossenheit zur Begegnung mit Gott. Das Achten auf den Heiligen Raum ist eine wichtige Sorge der Kirchen, sowohl was den Kirchenbau und die künstlerische Ausstattung als auch dessen Benützung und Erhaltung betrifft.[4]

---

1) Hier sind auch die Gotteshäuser des Westens aus der (dem byzantinischen Stil entstammenden) Romanik und Gotik beispielhaft zu erwähnen.

2) Vgl. Joh 4,23.

3) Um nicht „außer sich", bei den Dingen entfremdet verloren zu gehen.

4) Vgl. A. Grün: Geborgenheit finden, S. 91: „Die Formlosigkeit des Gebäudes führte zur Formlosigkeit im Umgang miteinander, zur Brutalität im Umgang mit Personen und Sachen."

Es gibt (vor allem aus jüngerer Zeit) Kirchen, die im Inneren kalt und leer sind, dass keine Wärme einer Berührung mit dem Göttlichen aufkommt, in denen man nicht beheimatet wird. Was ist es doch für ein Segen, wenn man (als Tourist) in einem fremden Land mit fremder Sprache (z. B. in Südamerika, in Russland) Häuser entdeckt, die man von ihrer äußeren Erscheinung sofort (als Kirchen) erkennt, eine offene Tür vorfindet, ohne Passkontrolle eintreten darf und sich in einem Raum befindet, der einem vermittelt: da bist du (auch in der Fremde) ein bisschen „daheim".

Romano Guardini nennt Schönheit einen „Glanz von Innen". In seinem Buch „Von heiligen Zeichen" finden sich viele wertvolle Gedanken für den segensreichen Umgang mit dem Heiligen. Bischof Egon Kapellari hat in seinem Buch „Heilige Zeichen" dieses Bemühen fortgesetzt.[1] Die Ikonen der Ostkirche wie die künstlerische Ausgestaltung der Gotteshäuser in Ost und West in ihrer Malerei bis zur Farbenentfaltung ihrer Glasfenster, Rosetten bieten dem Betrachter einen Zugang für die Aufnahme der Glaubensbotschaft aus diesem Glanz von und nach Innen. Die Gestaltung der Kirchtüren und des Eingangsbereiches, das Hingelenktwerden auf die Zentren des Glaubens im Taufbrunnen und eucharistischen Tisch, das Schreiten, Sich-Beugen, Niederknien, das In-Einklang-Kommen durch die Musik und das Singen, die Frohe Botschaft des Evangeliums in Wort, Bild und liturgischen Handlungen („Heiliges Spiel") aufnehmen, das Erlebnis der Stille[2], dies alles ist eine Einladung zur Begegnung mit dem Heiligen.

Darin sind wir sowohl von den Glaubensquellen und -traditionen wie auch im anthropologisch begründeten Bedürfnis einer menschlichen Sehnsucht im ökumenischen Weg gemeinsam unterwegs, die Kirchen des Ostens und des Westens.

---

1) Vgl. E. Kapellari: Heilige Zeichen, S. 17-20: Heiligkeit und Schönheit. Heiliger Raum.

2) „Die Stille aber war immer die Vorhalle der Religion, der Teppich, der ausgebreitet werden muss, damit man darauf beten kann." (Reinhold Stecher, Bischof der Diözese Innsbruck, bei der Eröffnungsansprache und Segnung des Alpinzentrums Rudolfshütte (in der Granatspitzgruppe/Ostalpen) 1978.

Ähnlich ist es auch mit den *Heiligen*, einer „Licht-Staffette" des Glaubens durch die Generationen, Jahrhunderte und Jahrtausende. Aus der Praxis der frühen Kirche, die Christen als Heilige zu bezeichnen, wurden später besonders die Märtyrer, aber auch andere „Bekenner" und beispielhafte (exemplarische) Menschen dem bleibenden Gedächtnis (memoria) und der (liturgischen) Verehrung („zur Ehre der Altäre") erhoben.[1] Sie bleiben als mutmachende Vorbilder, aber auch als Mitbeter und Fürbitter der „Gemeinschaft der Heiligen", der Kirche verbunden. Dies wird in der Feier der Eucharistie zum Ausdruck gebracht, dass in ihr die ganze Schöpfung, die Lebenden (anwesenden, und diese stellvertretend auch für die nichtanwesenden) und Verstorbenen, die Gesamtkirche (die auf Erden pilgernden und die schon bei Gott verherrlichten Glieder des Leibes Christi) sich um Christus vereint weiß.[2]

An die Feier und Fürbitte der Heiligen knüpfen sich in Ost und West Segenspraktiken, die im ökumenischen Dialog eine ermutigende breite Gemeinsamkeit erkennen lassen.

Viel zu wenig bewusst ist, dass beide Kirchen *(Ost- und Westkirche) viele Heilige* des ersten (gemeinsamen) christlichen Jahrtausends auch gemeinsam in ihren jeweiligen Kalendern führen und feiern, zum großen Teil auch am gleichen Tag.

Generell kann gesagt werden, dass beide Kirchen die großen Christusgeheimnisse seiner Menschwerdung und Erlösung (25. 3. Verkündigung des Herrn; 25. 12. Geburt Christi; 6. 1. Epiphanie/Theophanie; 2. 2. Darstellung/Begegnung des Herrn; 6. 8. Verklärung des Herrn; Ostern, Christi Himmelfahrt, Pfingsten) und die

---

1) Vgl. G. Larentzakis: Die Orthodoxe Kirche, S. 89ff.

2) Vgl. in der Chrysostomos-Liturgie der Ostkirchen die Fürbitten (Diptychen = „doppelt gefaltete" Tafel oder Blätter für die Eintragung der Namen der Lebenden und Verstorbenen, deren in der Liturgie gedacht wird) nach der Epiklese (Herabrufung des Hl. Geistes auf die Gaben und das Volk nach den Einsetzungsworten): „Wir bringen diesen geistlichen Dienst der Anbetung auch dar für die im Glauben Ruhenden, die Vorväter, Väter, Patriarchen, Propheten, die Apostel, Verkündiger, Evangelisten, die Märtyrer, Bekenner, Asketen und für jeden gerechten Geist, der im Glauben vollendet ist, vornehmlich für die [...] Gottesgebärerin und stete Jungfrau Maria." (Mysterium der Anbetung, S. 378).

Marienfeste (8. 9. Mariä Geburt; 8. bzw. 9. 12. Mariä Erwählung bzw. Empfängnis; 15. 8. Mariä Entschlafung/Himmelfahrt; 21. 11. Mariä Einzug in den Tempel/Jerusalem) gemeinsam feiern.
Die Ostkirche feiert zur Empfängnis Jesu (25. 3.) und Mariens (9. 12.) auch die Empfängnis Johannes des Täufers[1] (23. 9.). Seine Geburt (24. 6.) und seine Enthauptung (29. 8.) feiern Ost- und Westkirche gemeinsam. Die Gestalten des AT (z. B. Propheten) werden in der Ostkirche stärker im Chor der Heiligen miteinbezogen als im Westen.

Apostel, Evangelisten, Märtyrer und Bekenner der frühen Kirche finden sich (z. T. auch mit dem gleichen Feierdatum) in beiden Heiligen-Kalendern. Die Apostelfeste Peter und Paul (29. 6.) und Andreas (30. 11.) werden in beiden Kirchen unter Anwesenheit der jeweiligen „Schwesterkirche" in Ost und West gefeiert.

Die Ostkirche feiert die *Heiligen Bischöfe (Päpste) von Rom* Sylvester am 2. 1. (Westen: 31. 12.), Leo I. den Großen am 18. 2. (Westen. 10. 11.), Martin I. am 14. 4. (Westen: 13. 4.), Sixtus (Xystus II.) am 10. 8. (Westen: 7.8.), Gaius am 11. 8. und Clemens am 25. 11. (Westen: 23. 11.). Sie feiert auch den Hl. Martin, den Barmherzigen (Bischof von Tours) am 11. 11., den Hl. Fridolin am 6. 3., den Hl. Patrick am 17. 3., den Hl. Wenzel von Böhmen am 28. 9., den Hl. Gallus am 16. 10. und den Hl. Bischof Ambrosius von Mailand am 7. 12. gemeinsam mit dem Termin der Westkirche. Die römischen Märtyrer Blasius (3. 2.), Agatha (5. 2.), Januarius (19. 9./21. 4.), Alexander (10. 7./13. 5.), Pankratius (12. 5.), Justin (1. 6.), Kosmas und Damian (26. 9./1. 7.), Laurentius (10. 8.), Thekla (23./24. 9.), Cäcilia (22. 11.) und Lucia (13. 12.) werden im Osten fast alle zum gleichen Datum wie im Westen gefeiert.

Umgekehrt feiert die *römische Kirche die großen Heiligen des Ostens* (Antonius den Einsiedler am 17. 1., Basilius den Großen und Gregor v. Nazianz am 2. 1., Athanasius am 2. 5., Ephrem den Syrer am 9. 6., Cyrill und Method am 14. 2., Polykarp v. Smyrna am 23. 2.,

---

1) Die Ostkirchen schenken dem Täufer Johannes als Vorläufer (Prodromos) Christi, als letztem Propheten des AT und Brücke zum NT besondere Verehrung, z. B. auch in der Deesis-Gruppe der Ikonen (rechts von Christus – vom Betrachter aus gesehen).

40 Märtyrer von Sebaste am 10. 3., Cyrill von Jerusalem am 18. 3., Georg am 23. 4., Konstantin und Helena am 8. 12. bzw. 18. 8., Wladimir am 15. 7., Johannes Chrysostomos am 13. 9., Ignatios v. Antiochien am 17. 10., Katharina v. Alexandrien am 25. 11., Barbara am 4. 12., Johannes v. Damaskus am 4. 12. und Nikolaus von Myra am 6. 12.) fast alle zum gleichen Datum wie im Osten.

Segensbrauchtum treffen wir im Westen besonders am Fest der Hl. Drei-Könige (6. 1.) mit der Wasserweihe (auch im Osten) und der Haussegnung (letzte Rauchnacht), zu Maria Lichtmess (2. 2.) mit der Kerzensegnung, am Gedenktag des Hl. Blasius (3. 2.) im Blasiussegen mit gekreuzten brennenden Kerzen, zu Valentin (14. 2.) mit Segensfeiern für Liebende und Paare, zu Georg (23. 4.) Pferdesegnungen, zu Florian (4. 5.) Flursegnungen, Fest der Feuerwehren, zu Pankratius (12. 5.) Tiersegnungen, zu Maria Himmelfahrt (15. 8.) Blumen- und Kräutersegnung, zu Bartholomäus (24. 8.) Butter-, Käse-, Almviehsegnung, zu Franz von Assisi (4. 10.) Tier- und Haustieresegnung, zu Allerheiligen (1. 11.)[1] Gräbersegnungen und zu Martini (11. 11.) Kindersegnungen.

Da die Reformkirchen des Westens die Heiligen als Lichtgestalten des Glaubens lange Zeit von jeglicher Verehrung ausgeklammert haben und sie nur zögernd wieder in ihre Glaubenspraxis einbeziehen, wird in diesem Rahmen nicht näher auf ihr Verhältnis zu den Heiligen eingegangen.

Die Schar der Menschen, deren leuchtendes Lebenszeugnis einer Gottes- und Nächstenliebe unvergesslich und einer bleibenden „memoria" (Erinnerung) wichtig geworden ist, kann ein ermutigender Beitrag zur bunten Vielfalt der Verwirklichung christlichen Lebens und zur ökumenischen Einheit einer versöhnten Vielfalt sein. In der Volksfrömmigkeit sind die Heiligen vielen wie zu „geistlichen Verwandten"[2] geworden, die ihnen berührend nahe stehen und über

---

1) Die Ostkirchen gedenken aller Heiligen am 1. Sonntag nach Pfingsten, die russisch-orthodoxe Kirche zusätzlich am 2. Sonntag nach Pfingsten aller Heiligen Russlands.

2) Vgl. den Film von I. Melzer: Bauernhimmel oder Die Heiligen Fürsprecher. Vgl. auch H. Koren: Bauernhimmel, S.10f.: „Herbeigerufen zum Schutz und Beistand in aller menschlichen Bedrängnis, stiegen sie [die

die sie als Fürsprecher ihre Anliegen um Segen für Haus und Hof an den unnahbaren unaussprechlichen und unfassbaren Gott richten.

3.4.3. Reliquien und die Verbreitung von Andachtsgegenständen „ex contactu"

3.4.3.1 Die Berührung mit dem Heiligen macht heilig

Alles, was mit dem „Heiligen" in Berührung kommt, erhält Anteil an ihm. Darauf weist schon das AT hin, wenn etwa Jakob im Zuge seines Ringens mit Gott am Jabbok-Fluss einen neuen Namen (Israel – Gottesstreiter)[1] erhält. „Jeder, der den Altar berührt, wird heilig."[2] „Ein jeder, der sie [Offenbarungszelt, Bundeslade, Leuchter, usw.] berührt, wird heilig."[3]

Unerlaubtes und vermessenes Berühren des Heiligen zieht umgekehrt Strafe, Fluch oder sogar den Tod nach sich, wie es vom Berühren der Bundeslade überliefert wird.[4] Mit der Übernahme des Mantels Elijas nach dessen Entrückung überträgt sich dessen Segens- und Wunderkraft auf den Propheten Elischa. Propheten wie Jesaja und Jeremia werden durch die Berührung mit dem Heiligen auf ihren Mund (Lippen) zu Kündern des Heiles und des Heiligen. Ezechiel mahnt die Priester, dass sie beim Verlassen des Inneren des Tempels andere Kleider anziehen müssen, „damit sie das Volk nicht durch ihre Leinengewänder heilig machen."[5]

Heiligen] in hellen Scharen aus dem Sternenzelt des Nachthimmels und füllten den kleinen Raum. Später habe ich sie gesehen: Auf Hausgiebel gemalt, als Statuen in Bildstöcken und Kapellen verehrt, über heilige Bäume und Brunnen ihre segnende Hand haltend und [...] dem Volk so vertraute Gestalten".

1) Vgl. Gen 32,29.
2) Vgl. Ex 29,37.
3) Vgl. Ex 30,29.
4) Vgl. 2 Sam 6,6f: „Usa streckte seine Hand nach der Lade Gottes aus und fasste sie an. Da entbrannte der Zorn des Herrn gegen Usa, und Gott erschlug ihn auf der Stelle wegen dieser Vermessenheit." (Vgl. auch „fascinosum et tremendum")
5) Vgl. Ez 44,19.

Im *NT* bewirkt die Berührung mit Jesus, dem Heiligen Gottes, und seinem Gewand[1] Heilung und Heil der Menschen, sie führt zu Frieden und Versöhnung, zum Glauben[2] und Bezeugen (Verkündigen) der Großtaten Gottes. Ähnliches setzt sich im Wirken der Apostel nach dem Pfingstereignis fort, wie die Apostelgeschichte vor allem über das Wirken der Apostel Petrus[3], Johannes und Paulus berichtet. Über das Wirken des Apostels Paulus hören wir: „Sogar seine Schweiß- und Taschentücher nahm man ihm vom Körper weg und legte sie den Kranken auf; da wichen die Krankheiten, und die bösen Geister fuhren aus."[4]

Durch die Berührung der Hände (*Handauflegung*) wurde der Sendungsauftrag Jesu zum Aposteldienst weitergegeben, die apostolische Sukzession somit gleichermaßen eine *Berührungsstaffette*, die *auf personaler und sakramentaler Ebene* bis zu Jesus Christus zurück-verbindet. Der Heiligkeit der Eucharistie begegnete man im Laufe der Kirchengeschichte mit zunehmender Distanz, indem die Handkommunion und der sog. Laienkelch lange Zeit verboten waren. Erst das 2. Vat. Konzil[5] hat sie wieder allen zugänglich gemacht. Allerdings galt im späten Mittelalter allein das „Schauen" der eucharistischen Gaben als so „heilsam", dass man glaubte, an diesem Tag werde man nicht sterben.

Das Bedürfnis nach hautnaher Berührung mit dem Heiligen wurde vor allem seit dem Auffinden des *„Wahren Kreuzes"* Christi durch die Kaiserin Helena 325[6] in Jerusalem[7] genährt, indem man

---

1) Vgl. Lk 8,43-48.
2) Vgl. Joh 20,27f. Thomas, nachdem er die Wundmale des Auferstandenen berührt: „Mein Herr und mein Gott!"
3) Vgl. Apg 5,15, wo nicht nur das Berührtwerden durch die Hände der Apostel, sondern sogar vom „Schatten" des Petrus im Vorübergehen gesprochen wird.
4) Vgl. Apg 19,12.
5) Sacrosanctum Concilium, Art. 55.
6) „Die Reise Helenas nach Jerusalem ist ebenso bezeugt wie die Auffindung der drei Kreuze, wenngleich unter völlig anderen Umständen", als sie später die legenda aurea des Jacobus de Voragine im 12. Jh. ausmalt. Vgl. M. Hesemann: Die stummen Zeugen von Golgatha, S.32.
7) „In einem unterirdischen Gewölbe, einer alten Zisterne, fanden die

in der ganzen christlichen Welt die Berührung mit diesem so kostbaren Erinnerungsstück an die Erlösung ersehnte. Bereits Helena ließ die kostbare Kreuzreliquie dreiteilen, ein Drittel ließ sie in Jerusalem, ein Drittel erhielt ihr Sohn in Konstantinopel und ein Drittel nahm sie mit nach Rom. In Jerusalem ließ Kaiser Konstantin die große Auferstehungskirche (Anastasis, im Westen bekannter unter Grabeskirche) errichten, die am 13. 9. 335 eingeweiht wurde, am Tag danach wurde das Kreuz zur Verehrung auf- und ausgestellt (Ursprung des in Ost und West bis heute begangenen Festes Kreuzerhöhung). In Rom wurde die Kreuzreliquie in „Santa Croce in Gerusalemme" aufbewahrt, in der heute auch andere Passionsreliquien (ein Kreuzesnagel, zwei Dornen aus der Krone Christi und die Inschriftentafel/Titulus über dem Kreuz) gezeigt werden. Der Kreuz- und anderer Reliquien versuchten sich später die Kreuzritter-Heere in Konstantinopel (4. Kreuzzug 1204) und in Jerusalem gewaltsam zu bemächtigen. Ihre Plünderungen und Brandschatzungen sind bis heute schmerzvoll bei den Christen des Ostens in Erinnerung und belasten bis heute emotional den ökumenischen Dialog.

Nach den Kreuzzügen verbreiteten sich Kreuzreliquien in inflationärer Weise über ganz Europa, sie wurden (z. T. ergänzt oder korrigiert) in kostbare Reliquiare gefasst, eigene Kapellen und Kirchen wurden dafür errichtet. Größere Kreuzreliquien werden heute gezeigt in Rom, Venedig, Brüssel, Gent, Limburg, Paris, Wiener Hofburg, Heiligenkreuz, Dubrovnik und am Berg Athos.

Trotz der enormen Verbreitung und der Vielzahl der Kreuzreliquien[1] machen die (bekannten) Partikel insgesamt ein Neuntel (ca. 3.900 Kubikzentimeter) der Masse des ursprünglichen Kreuzes aus.

Arbeiter die Überreste dreier Kreuze, dazu die Nägel und den Titulus, die Schuldtafel eines der Hingerichteten." Vgl. M. Hesemann, ebda., S. 29. Indem man einem Toten die drei Kreuze auflegte, erhob sich dieser bei der Berührung mit dem einen Kreuz, woraus man das „Wahre Kreuz" Jesu identifizierte.

1) M. Luther ätze bei einer Predigt zum Fest Kreuzerhöhung, „in der ganzen Welt gäbe es vom Heiligen Kreuz so viele Stücke, dass man ein Haus daraus bauen könnte, wenn man sie alle hätte." Zit. nach M. Hesemann, ebda., S. 56.

Weitere *Passionsreliquien* sind heute das Grabtuch von Turin[1], das Bluttuch von Oviedo, das Schweißtuch der Veronika, die Tunika von Argenteuil, der Heilige (ungeteilte) Rock in Trier, (193) Dornen der Dornenkrone. Die ursprünglich drei Heiligen Nägel, die Helena fand, haben sich inzwischen auf 36 vermehrt. Auch von der Heiligen Lanze, mit der der römische Soldat (Longinus) den Gekreuzigten durchbohrt hat, gibt es heute mehrere „Schicksalsspeere", einen aus dem 8. Jh. stammenden z. B. in der Wiener Hofburg, der für Adolf Hitler und seinen Machtrausch schicksalshaft Bedeutung gewann.[2]

Herrscher waren bemüht, besonders wertvolle und kostbare Reliquien zu besitzen, um sich ihrer Macht sicher zu sein, des Schutzes in Schlachten, Kriegen und Katastrophen. So wurden die Reliquien zu immer begehrteren Handelswaren, wurden in der schamlosen Geschäftemacherei vielfach kopiert oder gefälscht.[3] Um dem immer größeren Bedürfnis zu entsprechen, genügten schließlich Kopien, die *mit dem Original in Berührung* kamen, weil man auch diesen die volle Heils- und Segenskraft zuschrieb.

Längst wurden die Reliquien auf die Märtyrer und andere Heilige ausgeweitet, ihre körperlichen Überreste, aber auch ihre Kleider und andere Gegenstände, mit denen sie in Berührung kamen, galten als *Heilstümer*. Während man in Rom z. B. Reliquien in Hülle und

---

1) M. Hesemann, aaO, bezeichnet es als die „Mutter aller Reliquien".

2) 1910 sieht A. Hitler diesen Speer in der Hofburg, dessen Deutung ihn wie ein Blitzstrahl und eine Offenbarung trifft: „Mit diesem Speer ist die Legende verknüpft, dass derjenige, der auf ihn Anspruch erhebt und seine Geheimnisse löst, das Schicksal der Welt im Guten wie im Bösen in seinen Händen hält". – Den Speer muss er haben, beschließt er in seiner Gier nach Macht. Als Hitler am 12. März 1938 in Österreich einmarschiert, lässt er sofort die Hofburg absichern. Zwei Tage später ist er in Wien und um Mitternacht in der weltlichen Schatzkammer der Hofburg, um gierig den Speer an sich zu nehmen. Eine Stunde später – Hitler glaubt jetzt unbesiegbar zu sein – gibt er den Befehl, alle Juden verhaften zu lassen. Vgl. M. Hesemann, aaO, S. 104-116.

3) Als besonders obskur können sog. Reliquien bezeichnet werden, die (mehrfach!) das praeputium (Vorhaut) oder die Windeln Christi oder die Milch der Jungfrau Maria zeigen.

Fülle besaß, hatten entfernte Diözesen nicht genug Reliquien, um alle ihre Kirchen[1] damit auszustatten, geschweige denn Privatpersonen mit ihrem Besitz zu bereichern.

Nach dem Prinzip „Totum ex parte" genügten auch Teile, um das Ganze darzustellen. „Die Persönlichkeit eines Wesens ist ungeteilt und sitzt als ganze in jedem seiner Teile."[2]

Hier begegnen einander christlicher Reliquienkult und die Magie als große Gegenspielerin des Christentums offensichtlich im Verständnis der Übertragbarkeit von besonderen Kräften.

Wie sehr uns der mittelalterliche Kult um das Reliquienwesen als eine fremde Welt erscheinen mag, können uns folgende drei Beispiele illustrieren:

„Seine Eminenz, Bischof Hugo von Lincoln († 1200) trennte ehrfurchtsvoll die Nähte der Seidenhülle auf, die den Armknochen Maria Magdalenas umgab, und dann, ehe es sich die anwesenden Mönche des Klosters, das diese Reliquie zu seinem Kirchenschatz zählen durfte, versahen, steckte er den Knochen in seinen Mund und biss zwei kleine Stückchen davon ab.

Nachdem Elisabeth von Thüringen 1231 24-jährig gestorben war, wurde sie öffentlich zugänglich in dem von ihr gegründeten Hospital aufgebahrt. Die ihr die letzte Ehre erweisenden Besucher drückten ihre Verehrung so aus, dass sie Kleidungsstücke und Tücher wegrissen, Haare und Nägel wegzupften, Ohren und Brustwarzen herausschnitten.

Als Romuald von Ravenna († 1027) das von ihm gegründete Kloster Camaldoli verlassen wollte, brachte das die Leute der Umgebung so auf, dass sie den schon zu Lebzeiten als heilig geltenden Mann lieber erschlagen wollten, als ihn wegziehen zu lassen."[3]

Ähnlich erging es dem Hl. Franziskus mit seiner Heimatstadt Assisi.

---

1) Das Feiern der Messe über einem mit einem Reliquienstein ausgestatteten Altar war in der Kirche Vorschrift geworden.
2) M. Mauss: Entwurf einer allgemeinen Theorie der Magie, S. 97f.
3) Vgl. M. Mayr: Geld, Macht und Reliquien, S. 9.

3.4.3.2. Die Übertragung der „virtus" von Primär- zu Sekundärreliquien

„Nicht allein, dass Gott die Gebeine der Heiligen schützte und ehrte – mehr noch: in den irdischen Überresten blieb seine *besondere Kraft* gegenwärtig. Schon Victricius von Rouen († 407) betrachtete die Reliquien nicht nur als mit den im Himmel weilenden Seelen verbunden, sondern obendrein als mit himmlischer 'virtus' erfüllt."[1] Der Mangel an Originalreliquien wurde sehr bald durch *Sekundärreliquien* ergänzt. So legte man nach dem Vorbild bei Paulus Tücher auf das Grab eines Heiligen, „wartete, bis sie sich mit virtus vollgesogen hatten und hatte somit neue Reliquien gewonnen, die die *gleichen Wunderkräfte* besaßen wie die Originalreliquie. Den Beweis dafür fand man in den 'Tatsachen', dass die Tücher nach diesen Grabauflegungen ein höheres Gewicht aufwiesen als zuvor."[2]

„Die auf Erden präsente Virtus hatte zur Folge, dass sich der Reliquienkult in ungeahnter Weise ausweitete. Denn als mit Virtus aufgeladene Reliquie galt schon in der Spätantike alles, was nur irgendwie mit den heiligen Personen zu tun gehabt hatte, nicht allein die Überbleibsel von ihrem Leib – die 'Primär-Reliquien' – , sondern ebenso die Marterwerkzeuge, die Lebensutensilien wie auch alles vom Grab – die 'Sekundär-Reliquien'."[3]

„Als wohl geschichtsträchtigste Sekundär-Reliquie ist die Cappa des Hl. Martin anzuführen, der mit dem Bettler geteilte Mantel. Seit dem Ende des 7. Jhdts. waren die Karolinger im Besitz dieser Kostbarkeit. Eigens hatten sie Geistliche in ihre Gefolgschaft aufgenommen, die den Schatz hüteten und auf Feldzügen mitführten; wegen dieser ihrer Aufgabe hießen sie 'capellani', und die Pfalzoratorien, in denen sie den Mantel aufbewahrten, 'capella'."[4]

Als Sekundär-Reliquien bezeichnet man zunächst alle Originalgegenstände, mit denen der Heilige in Berührung kam, später und in einem weiteren Horizont auch Kopien, die mit Originalreliquien in Berührung gebracht wurden.

---

1) Vgl. A. Angenendt: Heilige und Reliquien, S. 155.
2) Vgl. M. Mayr, aaO, S. 25.
3) Vgl. A. Angenendt, aaO, S. 156.
4) Ebda, S. 156.

So gehörte es vor allem an Wallfahrtsorten zu einer Werbe- und Geschäfts-Strategie, Reliquien, wundertätiges Wasser, Medaillen und heilige Andachtsgegenstände zu vermitteln, die durch die Berührung mit dem Original dieselbe Wunderkraft (virtus) verhießen.

Wir kennen im Alltag die Redewendungen, dass jemand „angerührt" ist oder von etwas „tief berührt". Sie hängen mit der Praxis des Berührens mit dem Heiligen und seinen Materialisationen zusammen.

Wallfahrtsorte wie Mariazell gewähren einen *Segen mit der Gnadenmadonna* am Vorabend (7. 9.) des Festes Maria Geburt durch Berühren des Hauptes der Gläubigen.[1] *Kopien* des Gnadenbildes werden mit dem *Siegel „mit dem Original berührt"* beurkundet. Andere in Mariazell zu erwerbende Andachtsgegenstände hingegen werden nicht so hochwertig ausgewiesen, weil dies nach Auskunft des derzeitigen Superiors Mag. Karl Schauer OSB „uferlos und nicht bewältigbar" wäre.

Obwohl Aufklärung und der Vormarsch der Naturwissenschaften vieles an offenkundig fälschlicher und primitiver Reliquiengläubigkeit aufgedeckt, abgewiesen oder relativiert und zu einer heilsamen „Reinigung" von fehlgeleiteten Entwicklungen beigetragen hat, ist das Bedürfnis nach greifbaren Zeugen (Reliquien oder anderen Mittels-Personen oder -Gegenständen) heute ebenso (übrigens in allen Religionen und Kulturen) aktuell.

Säkulare Kulte (Verherrlichung von Stars aus Sport, Popmusik und Medienrummel) bedienen sich dem Religiösen entliehener Rituale der Verehrung (Vergötzung), Idealisierung (Idole) und Verbreitung (Autogramme, Fotos, Sekundär-„Reliquien" aus dem Umfeld des Stars, z. B. T-Shirts, Ritualisierung von Aussprüchen, Gesten und Erfolgshonorierung).

Kritisch vermerkt muss für alle Sekundär-Reliquien und je weiter entfernte Formen der Volksfrömmigkeit und der Segenspraktiken werden, dass diese sehr leicht eine Eigendynamik in Richtung Magie und Heilsvergewisserung in den Dingen (gerade in einer

---

1) Eine solche Segnung ging vor einigen Jahren fälschlich als Ehe-(Zweit-)Segnung für den geschiedenen österreichischen Bundespräsidenten Thomas Klestil und seiner (zweiten) Frau Margot Löffler durch die Presse.

materialistischen Zeittendenz) gewinnen, wo Schnell-Wirkung[1] und Schnell-Lösungs-Angebote gefragt sind.

Theologisch muss klar festgehalten werden, dass nie die Dinge an sich das Heil vermitteln, sondern diese nur im Kontext eines Gottvertrauens von *IHM* durch den verantwortungsvollen Gebrauch der Dinge, *durch sie hindurch* uns zum Segen werden. Erst wenn sie uns auf Gott hin transparent werden, uns die menschenliebende Heilssorge Gottes in der Menschwerdung Christi (Inkarnation) offenbaren und wir sie als Gottes gute Gaben in rechter Weltsolidarität gemeinsam gebrauchen, werden sie zur „segnenden Hand Christi" im Gesamt-Werdegang der Schöpfung, bis Christus alles in allem ist.

3.5. BERÜHREN MIT SEGENSZWEIGEN

3.5.1. Zweigsegen in der Gemeindeliturgie

Schon das *AT* verwendete Zweige zum Aussprengen von Wasser oder Blut zur Entsühnung und Segnung des Volkes[2], sowie das Verbrennen von Räucherwerk (harzreichen Zweigen aus Akazienholz).[3] Zweige spielten beim Laubhüttenfest[4] eine Rolle.

---

1) Hier würde der pejorative (abwertende) Sprachgebrauch zutreffen, Segen bedeute bloß „den Sanktus dazuzugeben", dann „wird's schon laufen", das Werkel, die Maschine. Bei Segnungen von Einrichtungen aus Wirtschaft und Technik sollte von einem solchen „kalkulierten Schnell-Nutz-Denken" zu einer Schöpfungs-Verantwortung tiefer geführt werden.

2) In erster Linie wurden dafür Ysop-Zweige verwendet. Vgl. Ps 51,9: „Besprenge mich mit Ysop und ich werde rein." (Vgl. das sonntägliche Taufgedächtnis in der Messe der römisch-katholischen Kirche.) Num 19,18: „Ein reiner Mann nimmt Ysop, taucht ihn in das Wasser und besprizt damit das Zelt sowie die Gefäße und die Menschen" und Lev 1,5f: „[...] die Priester sollen das Blut [des Stieres] darbringen. Sie sollen es ringsum an den Altar sprengen [...]"

3) Vgl. Ex 30,1.

4) Vgl. Lev 23,40: „Am ersten Tag nehmt schöne Baumfrüchte, Palmwedel und Zweige von dicht belaubten Bäumen und von Bachweiden, und seid 7 Tage lang vor dem Herrn, eurem Gott, fröhlich."

Bis heute wird im Judentum das siebentägige *Laubhüttenfest* („Sukkot"[1]) gefeiert. Es verbindet die Erinnerung an den Einzug in das Gelobte Land Kanaan nach der 40-jährigen Wüstenwanderung mit dem alljährlichen Erntedank. Außer der aus belaubten Zweigen („Laube") gebauten Hütte ist für Sukkot ein besonderer Feststrauß wichtig, der aus Dattelpalmen-, Myrten- und Bachweidenzweigen gebunden wird. „In eine Hand nimmt man diesen Strauß, in die andere einen Paradiesapfel, das ist eine Zitrusfrucht, die besonders duftet. Der Strauß wird an allen sieben Tagen in der Synagoge nach einem festen Brauch 'geschüttelt', d. h. in die vier Himmelsrichtungen[2] und nach oben und unten bewegt. Wie der Strauß aus verschiedenartigen Pflanzen zusammengebunden ist, so besteht die Gemeinde aus verschiedenartigen Menschen, die zum Laubhüttenfest gemeinsam Gott danken und seinen Segen erbitten. Eine neue Auslegung besagt, dass die Juden, die wie die Bachweiden über die ganze Welt verstreut leben, immer verbunden sind mit ihrer Heimat Israel, in der die Palme, die Myrte und der Paradiesapfel wachsen."[3]

Auch das an die Verkündigung der Zehn Gebote erinnernde *„Wochen-Fest"* Schawuot[4], sieben Wochen nach dem Pessach-Fest (Beginn der Gerstenernte in Israel), dem Beginn der Weizenernte, gefeiert, wird bis heute durch das Schmücken der Synagogen mit frischem Grün und Blumen gestaltet, ähnlich dem christlichen Pfingstfest in den Ostkirchen. Im jüdischen Pessach (Pascha) werden bis heute Grün- und Bitterkräuter in Erinnerung an die (bittere) Knechtschaft in Ägypten verwendet. Der blühende Aaronstab[5] wird

---

1) Sukka heißt Laubhütte.
2) Vgl. den in die vier Himmelsrichtungen gespendeten vierfachen Segen an der vierten Station (4. Altar) der Fronleichnams-Prozession.
3) Vgl. G. Wagemann: Feste der Religionen – Begegnung der Kulturen, S. 139f.
4) Schawuot bedeutet Woche.
5) Vgl. Num 17,23: „[...] da war der Stab Aarons, der das Haus Levi vertrat, grün geworden; er trieb Zweige, blühte und trug Mandeln." – Die Darstellung des Kreuzes Christi in der Kunst als mit Blüten und Früchten beladener Baum (z. B. im Stift Zwettl) knüpft an diese Symbolik an, in der Christus am Kreuz sich als der ewige wahre Hohepriester mit seinem einmaligen Opfer in der Hingabe seines Lebens offenbart.

als Zeichen der priesterlichen Erwählung und des göttlichen Segens tradiert.

Aus dem *NT* wurde vor allem der Einzug Jesu in Jerusalem, wo die jubelnde Menge, die Jesus begleitete, Zweige von den Bäumen schnitten oder rissen und sie auf den Weg streuten[1], für die liturgische Verwendung von Zweigen in der Kirche maßgeblich.

Bis heute ist die *Palmweihe* am Palmsonntag einer der meist besuchten Gottesdienste im Kirchenjahr. Werden in südlichen Ländern Palmwedel, im Mittelmeerraum Ölzweige und in nördlichen Gebieten blühende Weidenruten („Palm-Kätzchen") dafür verwendet, immer wird damit die memoria an Jesu Einzug in Jerusalem erneuert und präsent gehalten. In Russland heißt der Palmsonntag seit langem „Weidensonntag" (verbnoe voskresen'je[2]); Zweige verschiedener Weidengewächse werden am Vorabend des Palmsonntags geweiht und danach das ganze Jahr über als Segenszweige zu Hause bei den Ikonen aufbewahrt. Im Süden Russlands sind es Blumen und Zweige anderer Bäume, in der Regel Palmen.[3]

Die Westkirche verwendet in unseren Breiten blühende Weidenzweige (Palmkätzchen), die in kleinen Büscheln, oft zusammen mit Buchszweigen, in Palmbuschen oder Palmbesen, mit mehr oder weniger Wieden (Weidenbünde) gebunden[4], oder auf langen Stangen aufgepflanzt, zur Kirche gebracht werden. Sie werden meist mit bunten Farbbändern, z. T. auch mit den ersten Frühlingsblumen oder anderen Lebens-, Auferstehungssymbolen geschmückt. Das 2. Vatikanische Konzil hat angeregt, die Palmweihe an einem geeigneten Platz außerhalb der Kirche zu feiern, um mit den geweihten Palmen eine Prozession zur Kirche (analog zum Einzug in Jerusalem) zu gestalten. Dies wird auch in den meisten Fällen berücksichtigt, wobei allerdings zuletzt für die Messfeier in der Kirche nicht mehr alle dabei sind und mitfeiern.

---

1) Vgl. Mt 21,8 und Mk 11,8.
2) Der Sonntag heißt im Russischen „Auferstehungstag".
3) Das russische Wort für Pilger „Palomnik" kommt daher, dass die nach Jerusalem Pilgernden Palmzweige mit nach Hause nahmen.
4) Den Palmbuschen tragenden Kindern verhieß die Anzahl der Wiedenbünde die Anzahl der dafür geschenkten Ostereier.

Die *geweihten Palmzweige* werden als *Segenszweige* in den Häusern noch überwiegend in Ehren gehalten, indem sie *aufbewahrt* werden, entweder über dem Hausaltar[1], über Türstöcken des Hauses und der Wirtschaftsgebäude, auf Äckern und Fluren (oft zu einfachen Kreuzen zusammengesteckt) oder an Bäumen, Weinstöcken und Gärten.

Bei besonderen *Gefahren* werden sie im bäuerlichen Bereich bis heute noch verbrannt, z. B. bei heftigen Gewittern, ernsten Erkrankungen und beim Antreten gefahrvoller Reisen von Mensch und Vieh; dem Vieh werden geweihte Palmkätzchen auch in der Maulgabe vor dem Almauftrieb gegeben. Darin äußert sich ein Verantwortungsbereich einer Zweck-Gemeinschaft zwischen Mensch und Nutztier ohne Tier-Vergötzung, wie sie in jüngster Zeit (auch als Partner-Ersatz gegen die Menschen-Einsamkeit in Großstädten) zunehmend registrierbar ist.

Dass aus den geweihten Palmzweigen – verbrannt – die Asche für das Aschenkreuz gewonnen wird, mit dem die Gläubigen am Aschermittwoch, zum Beginn der österlichen Bußzeit bezeichnet werden, sei hier hingewiesen.

Während die Ostkirchen zu *Pfingsten*[2], dem Geburtsfest der Kirche und dem Fest der Dreifaltigkeit, Kirchen und Häuser mit grünen

---

1) „Altarl" oder „Herrgottswinkel". H. Koren sagt dazu in seinem Vortrag vor den Katecheten im September 1979: „Über dem Tisch im Winkel hängen das Kreuz und die Heiligenbilder, nicht im Herrgottswinkel, das Wort stammt aus der Literatur der Heimatromane, der Volksmund nannte und nennt es das 'Altarl', es ist der geistige Mittelpunkt der Hausgemeinde, der Hauskirche, wie die Dorfkapelle als der Hausaltar der größeren Gemeinde empfunden und die Pfarrkirche als Zusammenhang und Sinngebung der kleinen und größeren Hausaltäre, als die Probe ihrer Lebendigkeit erwiesen, bestätigt und erlebt wird." Vgl. H. Koren: Das religiöse Zeugnis in der Tradition des volkstümlichen Menschen. Vortrag bei der Herbsttagung der Katecheten der Diözese Graz-Seckau 1979.

2) „Zu Pfingsten wird auch der Erscheinung der Dreifaltigkeit bei Abraham in Mamre gedacht, deshalb erinnert die mit Grün geschmückte Kirche auch an jenen Hain." Vgl. A. Lorgus, M. Dudko: Orthodoxes Glaubensbuch, S. 160. Die Gewänder des Altares und der Geistlichen sind

(Birken-)Zweigen und Blumen schmücken, die Geistlichen mit Sträußen aus Birkenzweigen und Blumen (mit Weihwasser gesegnet) in der Hand zelebrieren, ist im christlichen Westen das Pfingstfest verhältnismäßig „sang- und klanglos".[1]

Offenbar hat sich aber davon im *Fronleichnamsfest* der Westkirche dieser Mangel ersatzweise gefüllt. Im Schmücken des Prozessionsweges der Fronleichnamsprozession (auch der Häuser) mit Blumen und Birkenzweigen, im Schmücken der Altäre mit Blumen[2] und Birkenzweigen wird der eucharistischen Segnung unseres Alltags Aufmerksamkeit geschenkt. Nach der Prozession werden Birkenzweige abgebrochen und mit nach Hause genommen, als Segenszweige, die das „Vorübergehen des Herrn" erfahren haben und deshalb den Segen seines „Ansehens" tragen.

Kräutersegnungen um das Geburtsfest des Hl. Johannes des Täufers (24. 6.) werden zur Zeit in der Kirche nicht wahrgenommen.[3]

In der russisch-orthodoxen Kirche kennt man am 6. 8., dem Fest der Verklärung Christi[4] die Weihe der ersten Weintraubenernte, an dem auch Äpfel, Birnen und Pflaumen gesegnet werden.

Verbreitet in Ost und West ist die Betonung von Blumen und Kräutern am Fest der *Entschlafung Mariens (Mariä Himmelfahrt)*

---

deshalb grün. Die blühenden Zweige verweisen auch auf die Wirkung der Gnaden Gottes, die das Seelenleben (Tugenden) der Gläubigen zum Blühen bringen.

1) Vgl. H. Boulad in seiner Predigt am Sonntag, 25. 5. 2003, in der Schlosskirche St. Martin: „Die Ostkirchen sind die Kirchen des Hl. Geistes, dynamisch, prophetisch, hellhörig, während der Westen den „logos", die Theo-Logie, das Dogma, die Definition repräsentiert.

2) In besonders aufwändiger Weise werden in der Weststeiermark (z. B. Deutschlandsberg) die Altäre und z. T. der Prozessionsweg mit Teppichen, die kunstvoll aus Blütenblättern gefertigt werden, geschmückt. Ähnliche mit Blütenblättern oder mit in verschiedenen Farben getränktem Sägemehl gezierte Prozessionswege sind uns aus Lateinamerika bekannt. Auch das Schmücken von Prozessionswegen oder Brautzügen durch Blumen streuende Kinder sei hier erwähnt.

3) Das Fehlen oder der Mangel wird teilweise durch Ersatzangebote aus dem Bereich der Esoterik aufgefüllt.

4) „Spas" = „Erlöser"-Fest bezeichnet.

am 15. 8.. Durch eine Neuentdeckung der Gaben der Schöpfung in der sog. „Grün"-Bewegung und eines ökologischen Bewusstseins wird seit etwa 20 Jahren eine neue Aufmerksamkeit auf Heilkräuter, biologischen Landbau und Schöpfungsverantwortung gelegt. Dadurch ist auch die *Kräutersegnung* am 15. 8.[1] in vielen (vor allem Landgemeinden) Orten neu belebt worden. „Eine Kräuterweihe war früher mit mehreren Festen des Kirchenjahres verbunden. Die Mindener Agende von 1522 kennt eine solche Weihe am Osterfest. Die Straßburger Agenden um 1500 und von 1508 wissen von einer Kräuterweihe am Fest des Hl. Petrus. Das Dreifaltigkeitsfest kannte eine Kräuterweihe und nicht zuletzt das Fest des Johannes des Täufers, bei dem das Farnkraut, der Beifuß und das Johanniskraut eine große Rolle spielten."[2] „Warum eine Krautbundweihe[3] mit dem Fest der Aufnahme Mariens verbunden wurde, wissen wir nicht. Die Legenda aurea berichtet, dass auf Weisung des Engels eine Palme vor dem Leichnam Mariens einhergetragen worden sei und dass beim Herabkommen des Herrn am dritten Tage (um seine Mutter in den Himmel zu führen) sich ein 'unaussprechlicher Duft' verbreitet habe."[4] Wohl nicht auf Grund der Legende, sondern auf Grund der Getreidereife und der Natur, die in voller Blüte steht, und auf Grund der Anwendung der Bezeichnung aus dem Hohenlied[5]

---

1) „Zur Kräutersegnung werden seit über tausend Jahren an diesem Tag Heilkräuter zum Gottesdienst gebracht. Die Heilkraft der Kräuter soll durch die Fürbitte der Kirche dem ganzen Menschen zum Heil dienen. Dieses Heil ist an Maria besonders deutlich geworden. Deshalb bezieht die Liturgie die Aussagen der Schrift über die göttliche Weisheit auf Maria und bringt Palmen, Rosen, Zimt, Myrrhe, Weihrauch, Wein und wohlriechende Kräuter (vgl. Sir 24) herbei, um Maria zu ehren. Mit den Blumen bringen wir die Schönheit der Schöpfung in den Gottesdienst, der so zu einem sommerlichen Fest der Freude wird." (Benediktionale, S. 63).
2) Vgl. H. Kirchhoff: Christliches Brauchtum, S. 166.
3) Manchmal wird auch die Bezeichnung „Würzwisch" für den Kräuterbund verwendet.
4) Vgl. H. Kirchhoff: aaO, S. 166.
5) Vgl. Hld 2,1.

„Blume des Feldes und Lilie in den Tälern" für Maria[1] darf ein Bezug zu diesem Datum und auf das Marienfest abgeleitet werden.
Aus christlicher Sicht kann gesagt werden, dass Gott auf Erden gegen alles „ein Kraut wachsen" hat lassen, ausgenommen gegen (die Dummheit und gegen) den Tod. Christus hat durch seinen Tod und seine Auferstehung den Tod überwunden. Maria hat uns (als besondere „Blume") den Erlöser und damit gleichsam das „Heilkraut" gegen den Tod geschenkt. Deshalb wird sie mit der Segnung der Heilkräuter in besonderer Weise in Verbindung gebracht.

Im Kräuterbund zur Kräutersegnung am 15. 8. werden insbesondere folgende Kräuter miteingebunden[2]: das „Gnadenkraut", Tausendgüldenkraut (Zentauer), Eisenkraut, Immergrün, Johanniskraut[3], Wegwarte, Baldrian, Königskerze, Frauenschuh, Maßliebchen (Gänseblümchen), Frauenmantel, Wermut, Beifuß, Rainfarn[4], Schafgarbe, Kamille, Thymian, Odermennig, Alant, Klee, Wiesenknopf, usw.

Verwendung fanden und finden die Kräuter verschiedentlich: Der daraus hergestellte Tee diente zur Bekämpfung von verschiedenen Krankheiten. Krankem Vieh wurden die Kräuter unter das Futter gemengt; Körner des geweihten Getreides wurden dem neuen Saatgut beigefügt. Beim Herannahen schwerer Gewitter warf man Teile des Krautbundes ins Herdfeuer. Gegen Blitz und Seuchengefahr wurde der Bund an die Haustür gehängt. Meist wurden die Kräuter, ähnlich den Palmzweigen, hinter das Kreuz im „Altarl" gesteckt oder in den Hausfirst. Selbst in den Sarg der Toten legte man (in apotropäischer Dämonenabwehr) ein Kreuz aus geweihten Kräutern.

---

1) Vgl. auch die Darstellung in der Kunst „Maria – Madonna im Ährenkleid" (Maria Strassengel), „Madonna im Rosenhag" (von Martin Schongauer in Colmar) und „Madonna in der Weinlaube" (von Lukas Cranach im Prälatursaal von Stift Melk).
2) Die Zahl der Kräuter schwankt zwischen 9 und 99.
3) Viele dieser Heilpflanzen kennt schon Plinius. Paracelsus baut darauf auf.
4) Der Rainfarn wurde vormals auch „Hexenrauch", später „Muttergottesstab" bezeichnet.

Da in jüngster Zeit die Bedeutung der Heilkräuter für die Gesundheit wiederentdeckt worden ist, sollte die Kirche durch ihre Segnung ihren „Heils"-Dienst und die Verantwortung für eine ökologische Bewirtschaftung der Ressourcen der Erde deutlich machen. „Wenn der Brauch ringsum nicht gepflegt wird oder eine Teilnahme an Weihe-Gottesdiensten nicht möglich ist, sollten *Eltern von ihrer Segensvollmacht* Gebrauch machen."[1]

Zu *Kränzen und Kronen* geflochtene Ähren und Zweige werden für *Erntedank* gesegnet und damit in die Dankbarkeit für die Ernte des Jahres im Gedeihen der Früchte der Erde, aber darüber hinaus auch für alle Werke unserer Hände und die Früchte des Geistes gehoben und bewusst gemacht. Dieses aus der Agrargesellschaft bis in die Städte unserer Zeit hineingetragene Segensbrauchtum wird in Kindergärten, Schulen, Jugendgemeinschaften (z. B. Landjugendverbände) gepflegt und in die Gemeindeliturgie eingebracht.

Blumen und Kränze zu *Allerheiligen* und zu *Begräbnisfeiern* drücken ebenso den Gedanken des Lebens-Ernte-Dankes aus.

Der sehr bekannte Adventbrauch des aus immergrünen Tannen- oder Fichtenzweigen gebundenen *Adventkranzes* ist zugleich einer der jüngsten. Aus dem evangelischen Norden Deutschlands stammend, wird der aus dem Heidnischen stammende grüne Kranz durch den Begründer der „Inneren Mission", Johann Heinrich Wichern aus Hamburg, seit 1838 konsequent in den römisch-katholischen Süden verbreitet, versehen mit dem Zählmaß der Kerzen und dem wachsenden Licht bis auf Weihnachten, wo der voll leuchtende Lichterbaum den Adventkranz ablöst.

Immergrüne Zweige[2] und der Baum sind seit Urzeiten Symbole des menschlichen Lebens und der Lebenshoffnung über die (scheinbar) tote Zeit des Winters hinweg. Die Segnung der Adventkränze[3] findet in den Kirchen oder vereinzelt in den Dorfkapellen am Vor-

---

1) Vgl. H. Kirchhoff: Christliches Brauchtum, S. 178f.
2) Die Weihnachtszweige wurden auch „Maien" genannt, sie werden allmählich durch den Weihnachtsbaum abgelöst. Vgl. H. Bausinger: Der Adventskranz. In. M. Scharfe (Hrsg.): Brauchforschung, Bd.627, S.228f.
3) In den römisch-katholischen Kirchen seit 1937.

abend zum 1. Adventsonntag oder am 1. Adventsonntag statt. Dabei werden der Adventkranz der Kirche und die Adventkränze der Gläubigen für ihre Hausgemeinschaft feierlich gesegnet. Der grüne Kranz ist umwunden mit einem violetten Band als Hinweis auf die Zeit der Buße und mit vier Kerzen[1] für die vier Adventsonntage. Der Segen des Adventkranzes wird sichtbar in der versammelten „Hauskirche" um den gemeinsamen Tisch zu Gebet, Schriftlesung und Gespräch.

In der *Ostkirche* werden zu Kränzen gewundene Myrtenzweige oder andere Blumen auch statt Metallkronen für die Ehekrönung verwendet.

In jüngster Zeit werden bei uns blühende Zweige (z. B. Forsythien) oder Blumen (z. B. Tulpen) am *Karfreitag zur Kreuzverehrung* mitgebracht und damit das Kreuz geschmückt.

In der Ostkirche wird am Karfreitag in der Mitte der Kirche eine auf Stoff gestickte Ikone des Erlösers, die seine Grablegung darstellt, aufgelegt und mit reichem Blumenschmuck versehen. Auch der Ritus der Kreuzverehrung am Fest Kreuzerhöhung (14. 9.) wird in der Mitte der Kirche vollzogen, indem das Kreuz erhoben wird und Diakone auf das Kreuz Rosenwasser gießen, das auf ein großes mit Blütenblättern bedecktes Tablett abfließt.

Der *Blumenschmuck in der Kirche* kann in weiterem Sinn als Segenszeichen verstanden werden, zur Ehre Gottes und zur Freude der Menschen gegeben.

Die in jüngster Zeit z. B. bei Trauungen oder Begräbnissen beobachtete (Un-)Sitte, in die Kirche gebrachte Blumen nach dem Ritual wieder fortzutragen, um sie anderweitig wiederzuverwenden oder sogar wiederzuverkaufen, ist Ausdruck einer völlig materialistischen und marktorientierten Zweckdenker-Gesellschaft: Wo kann noch mehr Nutzen-Maximierung erwirtschaftet werden?

---

1) Die Kerzen werden aus reinem Bienenwachs oder in roter Farbe, die dritte Kerze mitunter rosa (analog zur Messfarbe des dritten Adventsonntages „Gaudete"), oder in anderen Farben gehalten.

3.5.2 Zweig-Segen-Brauchtum außerhalb der Gemeindeliturgie, neue Alltagsrituale

Sehr verbreitet in der christlichen Hausliturgie sind (immergrüne) *Buchs-Zweige zum Aussprengen von Weihwasser* zu unterschiedlichen Anlässen: Haussegnung anlässlich des Beziehens einer neuen Wohnung, eines neuen (oder neu renovierten) Hauses, Segnung von Haus und Hof zur Weihnachtszeit und zum Jahreswechsel (Rauchnächte: Hl. Abend [24. 12.], Silvester [31. 12.] und Epiphanie [6. 1.]), bei großen Gefahren wie dem Aufziehen schwerer Gewitter[1] oder bei Krankheit und Seuchen in Haus und Stall, zum Segnen von Verstorbenen (bei Hausaufbahrungen), zu besonderen Anlässen (z. B. Verabschieden für eine lange Reise, Verabschieden des Rekruten vor dem Einrücken zu einem gefahrvollen Friedensdienst, vor schweren Entscheidungen und Prüfungen, beim Verlassen des Elternhauses der Braut am Hochzeitstag, usw.).

Buchszweige werden als *schmückende Segenszweige* den Palmbuschen, den Kräuterbüschlein, den Schmuckgirlanden an Kirchenportalen (bei großen Festen wie Kirchweihe, Bischofsbesuch, Primizfeiern usw.) und als Schmuck im Kircheninneren, bei Wegkreuzen und Bildstöcken zu Blumensträußen miteingebunden, sowie zum Schmücken von Prozessions-, Wallfahrts- und Pilgerkreuzen verwendet. Der Buchsbaum gehörte seit früher Zeit (durch die Benediktiner oder auch durch Karl den Großen gefördert) zum Fixbestandteil des Bauern- und Klostergartens, oft in Form von beetebegrenzenden Hecken.

Für den *Erntesegen* gibt es in der bäuerlichen Arbeitswelt und Glaubenskultur viele Beispiele: Vom Tagesbeginn „in Gottes Namen" an, über das Aufschauen zum Himmel („Wird's Wetter mittun?"), beim Ausstreuen der ersten Saat in Kreuzesform über den Acker und dem Bezeichnen der Gartenerde vor dem Bepflanzen durch drei Kreuze mit der Haue. Die *erste reife Kornähre* des Ackers wird abgebrochen und ans Kreuz im „Hausaltarl" der Stube gesteckt (zu den Palmzweigen und Blumen dazu). „Das letzte Heu

---
1) Aussprengen des Weihwassers und Kreuzzeichen in die Richtung, in der das Gewitter aufzieht.

der eingeernteten Wiese (letzte 'Recheten') wird in Kreuzesform übereinander gelegt und als Dank an Gott liegen gelassen; vor der letzten Korngarbe ('Betgarbe') kniet man nieder und betet die heiligen fünf Wunden. Diese Garbe wird den Armen geschenkt."[1] Den Armen gehört auch die Nacherne auf dem Acker und an den Bäumen. Viele dieser Dank- und Segensbräuche sind mit der Industrialisierung und Technisierung der Landwirtschaft abgekommen, weil die Maschine ein anderes Tempo vorgibt und kein Verweilen bei Erntegarben mehr gestattet.

Auf die Verwendung der Palmzweige und des am 15. 8. gesegneten Kräuterbüschels („Liebfrauenbüschel") für Mensch, Haustiere, als Segens- und Schutzzeichen in Haus und Hof, im „Hausaltarl", auf Wiesen und Fluren wurde bereits hingewiesen.

Zu den schon erwähnten Advent- und Erntekränzen sei auf den Brauch der *Türkränze* noch hingewiesen, der bis heute lebendig ist. Kränze aus grünen Zweigen und Blumen oder auch aus Stroh oder dürren Zweigen sind im Eingangsbereich von Häusern und Wohnungen Schutz- und Segenszeichen, Willkommensgruß und jahres- und festzeitlich variierender Schmuck. Um die Weihnachtszeit werden gerne *Mistelzweige*, um diese Zeit auf den kahlen Laubbäumen besonders hervorstechende immergrüne Büsche (einer Schmarotzer-Pflanze) in die Räume geholt oder auch über den Türen aufgehängt, oft mit Silber- und Goldfarben verschönt auch für weihnachtliche Gestecke. Der „Zauberrute" Mistel werden schon seit der Antike, aber auch in den germanischen Göttersagen geheimnisvolle Heilkräfte zugesprochen.

Die christliche Mythologie deutete sie um zum Kreuzesholz. Aus Mistelholz geschnittene Kreuzchen wurden wie Amulette gegen Zauber in die Kleider genäht. Heute weiß man, dass die Mistel für ein Gleichgewicht zwischen Blutdruck und körperlicher Belastung sorgt, dass sie gegen Arteriosklerose wirkt und auch Stoffwechselstörungen vorbeugt. Mistel-Injektionen aktivieren das Immunsystem, man versucht, sie für die Krebsbehandlung einzusetzen.

Der *grüne Kranz* und der *Strohkranz* spielten früher im Hochzeitsbrauchtum eine Rolle.

---

1) Vgl. J. K. Scheuber: Bauerngebetbuch, S. 354.

Während die jungfräuliche Braut einen grünen, mit (weißen, z. B. Myrten) Blumen geschmückten Kranz als Kopfschmuck trug, der ihr zum Abschluss des Hochzeitstages um Mitternacht (von der Brautmutter) abgenommen (und „abgetanzt") wurde, ging die nicht mehr jungfräuliche mit einem Strohkranz oder der Haube[1] der verheirateten Frau zur Kirche. Ob dahinter ein sog. Rügebrauch, eine Art gesellschaftliche Bestrafung durch das Volk zu verstehen war, setzt H. Moser vor allem für die Zeit ab dem 19. Jh. in Zweifel.[2] Im 17./18.Jh. gab es dahingehend vereinzelt strafrechtliche Bestimmungen.

Das Bekränzen der Rinder beim Almabtrieb ist in manchen Alpengegenden bis heute erhalten und gilt als Dank- und Segenszeichen für einen unfallfreien Sommer auf der Alm. Ein Zweigbrauchtum, das so gut wie ausgestorben ist, ist das des „Halter"- oder „Hirtensegens" mit der *Martinigerte* um den 11. November. „Der Martinitag galt von altersher als Zins- und Termintag, der das bäuerliche Jahr und somit auch das Weidejahr beschloss."[3] Eine Zeitlang begann danach das 40-tägige Weihnachtsfasten[4] – heute noch in den Ostkirchen erhalten.

Ab dem 11. 11. wurde das Vieh nicht mehr auf die Weide getrieben und verblieb bis in das Frühjahr in den Ställen seiner Besitzer. Der Weidehirt und Almhalter erhielt zum Abschluss seines Dienstjahres seinen gebührenden Lohn, für den er seinerseits eine Dankabstattung in Form eines Glückwunsches und Segensspruches überbrachte, indem er zugleich mit der „Martinigerte", meist eine einfache Birken- oder Weidenrute, die mitunter auch mit bunten Bändern geschmückt sein konnte, den Angesprochenen berührte bzw. mit Streichen bedachte. Die Rute wurde dann im Stall oder in der Stube aufbewahrt, um im Frühjahr, zu „Georgi" (am 23. 4.) damit das Vieh zum ersten Mal wieder auf die Weide zu treiben. Der Brauch war

---

1) Vgl. bis heute für Heiraten „unter die Haube kommen".
2) Vgl. H. Moser: Jungfernkranz und Strohkranz. In: M. Scharfe (Hrsg.): Brauchforschung, Bd. 627, S. 321-350.
3) Vgl. E. Grabner: Martinisegen und Martinigerte in Österreich, S. 6.
4) Wovon noch der Termin des Herbstfaschings 11. 11., 11.11 Uhr, zeugt und heute wieder „von Faschingsgilden zelebriert" wird.

im Alpenraum, Alpenvorland und bis nach Westungarn[1] nachweisbar. „In der 'Martinigerte' aber tritt uns neben der christlich abgewandelten *Lebensrute*, die in ihren Verwandlungen als Barbarazweig, als Rute beim 'Nikolo' und beim 'Aufkindln', als 'Berchtl-Buschen' oder 'Bachelposchen', als Gregorivirga als Virgatum bis zur Palmstange aufscheint, auch die Rute als das eigentliche Zeichen des Hüteramtes entgegen, das die Hirten [...] mit sich tragen."[2]

Der in der Ost- und Westkirche hochverehrte Hl. Nikolaus (6. 12.) hat im Westen zu einem ausgeprägten vorweihnachtlichen Beschenken geführt.[3] Für uns soll in diesem Zusammenhang nur auf die *Nikolaus-Rute* als Segenszweig eingegangen werden. Nikolaus wird immer als Bischof und guter Hirt, vor allem als Anwalt der Armen, der Kleinen (Kinder-Bischof) dargestellt. Das später durch die Jesuiten in der Barockzeit ausgebaute geistliche Spiel (Jesuitendrama, Schulspiel usw.) stellte ihn gerne als Anwalt der Kinder dar. Oft durfte ein Kind, verkleidet als Bischof, den Erwachsenen die Predigt halten („die Leviten lesen"), Kinder wandten dabei auch die Rute (im Rollentausch) gegenüber den Erwachsenen an. Lange Zeit brachte bei der Nikolaus-Bescherung – meist am Vorabend des 6. 12. – der Nikolaus (!) die Rute als Lebens- und Segensrute mit, stellte sich an die Seite der Kinder, ermahnte als ihr Anwalt die Eltern, dass sie ihren Kindern viel Liebe schenken sollten, denn diese sind ihr Segen für die Zukunft. Als Segenszeichen überreichte er den Eltern eine Rute (Segenszweige), die sie zur ständigen Erinnerung über den Hausaltar (Altarl) gaben. In ihrer Liebe und in ihrer Geduld in der Erziehung konnten sie hin und wieder auf die Segenszweige des Hl. Nikolaus im Altarl verweisen. Manchen ist wohl auch die „Geduld manchmal gerissen", und sie haben die Segenszweige „zweckentfremdet" angewendet, was zur Folge hatte, dass diese allmählich zur dunklen Kontrastgestalt des (ursprünglich an Ketten gefesselten) Krampus wanderte, der Segen zu Angst vor

---

1) Szombathely ist der Geburtsort des Hl. Martin.
2) Vgl. E. Grabner, aaO, S. 6.
3) Martin Luther schafft den Hl. Nikolaus (ca. 1535) ab und ersetzt ihn durch den „heiligen Christ", woraus zuletzt zwei Beschenktermine entstanden, der 6. 12. (Hl. Nikolaus) und der Hl. Abend (Christi Geburt).

Strafe umkippte und der Bischof Nikolaus schließlich zum verlängerten Arm der Kindererziehung (Verlesen eines „Sündenregisters" der Kinder) mutierte, die elterliche Erziehung damit aus der Lichtgestalt des Nikolaus zum bedrohlichen und Angst einflößenden Krampus übersiedelte.[1]

Jungschar- und Jugendaktionen vesuchen in jüngster Zeit wieder auf die ursprünglich hell- und mutmachende Funktion des Nikolausbrauchtums hinzuweisen.

Ähnlich dem Brauch mit der Martinsgerte haben sich am 28. 12., dem Gedenktag der *Unschuldigen Kinder*, die Kinder für das bis ins späte Mittelalter verbreitete Beschenktwerden durch die Erwachsenen mit einem Segensspruch und Berühren mit der *Segens- und Lebensrute* bedankt. Daraus ist der bis in unsere Zeit erhalten gebliebene „Heische-Brauch" entstanden, Kinder, die mit der „Frisch-und-Gsund-Rute"[2] am 28. 12. unterwegs sind, für diese Segensgeste mit Gaben (Geld und Naturalien) zu beschenken.

Das Aufblühen der „toten" *Barbarazweige* (Kirsch-, Forsythienzweige) in der vegetationslosen Winterzeit (und gerade zu Weihnachten) stammt aus sehr alter, vorchristlicher Zeit mit dem Zweigorakel für Leben oder Tod, Erfüllung in der Liebe (Hochzeit) oder Verlust des Geliebten, wird aber später christlich umgedeutet als

---

1) Tourismus- und Publicity-beflügelte Vereine und vor allem das mediale Interesse (Ziel: Erhöhung der Einschaltquoten) können gar nicht genug prickelnde Angst-Szenarien mit einem vom ursprünglichen Nikolaus-Brauchtum entkoppelten Krampus-Larven-Spektakel forcieren, um dem Vorschub zu leisten.

2) Vgl. S. Walter: Steirische Bräuche im Laufe des Jahres, S. 55: „Dass der Termin für diesen Zweigsegen in die Zeit nach Weihnachten fällt, kommt nicht unerwartet: Grundgedanke ist die versuchte Übertragung des in der Pflanze gespürten Lebens auf die mit ihr berührten Menschen. Diese Wirkkräfte empfindet man begreiflicher Weise am stärksten, wenn die Knospen bereits die geballte Kraft des kommenden Jahres enthalten. Vielleicht hängt die Wahl des Termines für den Zweigsegen mit den längst verschwundenen Bräuchen um den Gnadenbischof am Tage der Unschuldigen Kinder zusammen, an dem ja auch die verkehrte Weltordnung gegolten hat, dass die Kinder über die Erwachsenen geherrscht haben."

Hinweis auf die Geburt Christi, mit der uns das wahre Leben, die Menschwerdung der Liebe Gottes „aufblüht".

Das Aufstellen eines *Maibaumes* geht ebenfalls auf alte vorchristliche Zeit zurück, hat mit dem Sprießen der Vegetation im Frühjahr, der Fruchtbarkeit und eindeutiger Symbolik der Sexualität zu tun, indem der Bursch dem Mädchen „einen Baum aufstellt" (Phallus-Symbol). Dieser Brauch ist deshalb von der Leib und Sexualität zurückdrängenden Kirche des Westens nie „zur Ehre einer christlichen Umdeutung" gelangt.

Das Schmücken von Kirchen, Kapellen, Bildstöcken, Wegkreuzen, des Hausaltares und der Fenster der Häuser mit *Blumen* möchte ich bewusst als Segenszeichen, Botschaft der Freude (Eu-angelion) und Zeichen der Wertschätzung christlicher Zeichen und bezeugter Lebensfreude[1] erwähnen, zumal in neuen Alltagsritualen das Überreichen von Blumen (Rosen, Lilien, Blumensträuße und Blumenstöcke), das *Pflanzen eines Bäumchens* zur Geburt eines Kindes oder zu anderen besonderen, markanten Lebens-Ereignissen (vgl. z. B. auch Hochzeitsbaum, Gleichenbaum usw.) eine Rolle spielen. Es wäre begrüßenswert, wenn Beglückwünschungen zu Lebens-, Berufs- und Glaubensfesten als Zeichen der Aufmerksamkeit und Wertschätzung mit der Sprache von Blumen oder anderen Zweig-Arrangements (Kränzen, Girlanden, Gestecken usw.) wieder stärker den Segenscharakter, den sie „ex offo, aus der Natur" haben, zum Ausdruck und damit die Sinfonie des Gotteslobes „mit allen Kräften des Himmels und der Erde" zum Klingen brächten.

---

1) Hier sind auch Gewürz- und Brautsträuße zu nennen.

3.6. LEBENS- UND ERLEBENSRÄUME

An Hand von zehn Beispielen aus verschiedenen Alltagssituationen und unterschiedlichen Zugängen zum Glaubensleben wird abschließend mit kurzen Momentaufnahmen auf die Vielfalt von Kirchen- und Alltagsritualen hingeleuchtet, wobei das gewöhnliche Leben transparent wird auf die göttliche Dimension im Segnen.

3.6.1. Segnende Hände – Mutter für das Kind

Beim *Taufgespräch* erzählt eine junge Mutter: „Ich habe mich sehr *auf* mein (unser) *Kind gefreut.* Als ich es nach der Geburt in meine Hände nehmen durfte – gar nicht so rosig-putzig, wie man sich das so vorstellt, sondern noch ein wenig 'zerknittert und verbeult', aber mit der Gewissheit, 'dass alles da ist' und das Kind offenbar gesund ist, da habe ich ihm unvermittelt, ich weiß gar nicht warum, ein *Kreuzchen mit meinem Daumenballen auf seine Stirn gezeichnet.* Später habe ich darüber nachgedacht: Ich bin jahrelang in keiner Kirche gewesen, aber meine Mutter hat das für uns auch so gemacht ..."
– Wie nachhaltig – auch über „Verschüttungen" hinweg – doch der Segen der Mutter an den Kindern ist.

3.6.2. Segnende Hände – Brotsegen

Wenn *Brot* gebacken wurde, war das für uns Kinder ein Erlebnistag mit allen Sinnen. Schon am Vortag wurde der Sauerteig (Dampfl) durch Erwärmen aktiviert. Jetzt knetet die Mutter den Teig aus Roggenmehl im großen Backtrog, füllt die Strohkörbe damit. Der Backofen, der schon von der Frühe an mit langen Holzscheiten beheizt wurde, wird jetzt von der Restglut gereinigt, die Laibe „eingeschossen". Wenn das Brot aus dem Backofen kommt, verbreitet es einen wunderbaren Duft. Am Abend wird der erste Laib angeschnitten. Das ist ein feierlicher Akt, auf den wir Kinder um den Tisch schon heiß warten. Die Mutter nimmt den frisch gebackenen Brotlaib, zeichnet mit der Messerspitze *drei Kreuze* auf die Unterseite des Laibes und schneidet den Laib an, *teilt* die Brotschnitten an uns

Kinder *aus*. Es bedarf nicht vieler Zutaten – das Brot[1] allein (oder mit Butter darauf) ist köstlich genug. Ich erinnere mich an keinen ausdrucksvolleren „*Erstkommunion-Unterricht*" als in diesem *Brotsegen daheim*.

3.6.3. Segnende Hände – Vatersegen

Mitte Mai 1985 erhalte ich mitten in den Maturavorbereitungen im Bischöflichen Gymnasium von LAbg. HR. DI. Hermann Schaller einen Anruf, dass ich mit Anfang Juni in St. Martin die Arbeit als prov. Leiter in Vertretung des erkrankten HR. W. Kahlbacher übernehmen soll. Mein erster Weg: Ich fahre nach St.Martin und gehe in die Kirche, bitte den Hl. Martin um seinen Schutz und seine Fürbitte. Dann fahre ich nach Althofen, um HR. Kahlbacher am Krankenbett zu besuchen. „Ich bitte Dich jetzt um Deinen *Vatersegen!*", dann knie ich mich am Bett nieder. Er *legt mir die Hände auf das Haupt*. Mit seinem Segen werde ich in Gottes Namen die große und schwere Aufgabe beginnen. Am 1. 6. schließe ich den Maturajahrgang im Bischöflichen Gymnasium ab. Am Montag, 3. 6., fange ich in St. Martin an (H. Schaller führt mich durch die Büros und stellt mich vor). Am Freitag, 7. 6., gestalte ich bereits die Einweihung der neuen Schule im Schloss Halbenrain durch den Festgottesdienst mit.

3.6.4. Fließendes Wasser als Taufbrunnen

Ich betrete die moderne Kirche (1963-65 während des Konzils erbaut) von Buchs in der Ostschweiz (bei Sargans). Der Raum ist als Ellipse konzipiert. Im einen *Brennpunkt* ist der *Tauf-Brunnen mit fließendem Wasser* (ein ständiges leises Plätschern erfüllt den Raum) mit der Osterkerze, im zweiten, etwas erhöht, der Altartisch für die Eucharistie. Die Kirchenbänke sind diesen beiden Brennpunkten zugewandt. Gäbe es doch mehr von diesen so klar auf die beiden Zentren unseres christlichen Glaubens zugeordnete Kirchenräume! Es wäre auch ein Stück Verkündigung und Botschaft und Einladung, Quelle und Mitte unseres Glaubens zu begegnen. Es ist

---

1) Brot trägt das Maß in sich, das wir brauchen. An Brot kann man sich nicht überessen!

ein Segen, wenn Menschen das Geheimnis des Glaubens in besonders dafür geschaffenen Räumen erschlossen werden kann.

3.6.5. Wasserbad der „Voll-Taufe"

Eltern von Zwillingen haben die sog. „*Volltaufe*" erbeten. Im Taufbecken ist Wasser, auf Körpertemperatur erwärmt, vorbereitet. Den beiden Kindern bereitet das „Bad" des Drei-Mal-Untertauchens im Wasser offensichtlich Vergnügen. Sie protestieren weder durch körperliche noch durch verbale Abwehr (Weinen). Aus dem Wasser gehoben halte ich sie kurz in die Höhe und mache mit ihnen das Kreuzzeichen (wie in der Ostkirche) – sie sollen den Eltern und später vielen anderen Menschen ein *Segen sein*.

3.6.6. Wasser des Jordan, Lourdes-Wasser

Wir feiern *Taufe*. Die Patin hat eigens *Jordan-Wasser* von ihrer letzten Israel-Reise (schon im Blick auf das erwartete Kind!) mitgenommen. Heute soll es auserwählt sein, für die Taufe Verwendung zu finden. Jetzt wird darauf hingewiesen: „Gepriesen bist du, Gott, durch deinen Sohn Jesus Christus, der in die Fluten des Jordan gestiegen ist, sich von diesem Wasser benetzen und berühren ließ und es dadurch geheiligt hat"[1] in seiner Taufe durch Johannes, den Täufer. Durch ihn, Christus, unseren Herrn, der für uns alle zur Quelle ewigen Lebens[2] geworden ist, dürfen wir in der Taufe teilhaben an seinem ewigen Leben.

(Ähnlich kann mit mitgebrachtem Lourdes-Wasser auf die Absicht Gottes, allen Menschen sein Heil zu schenken, hingewiesen werden.)

3.6.7. Regen-Wasser

Ich bin im Urlaub unterwegs. Eine fremde Stadt. Es ist schwül. Schneller als erwartet geht ein *Gewitterregen* nieder. Vor mir eine Kirche. Ich flüchte mich hinein. Sie ist offen, Gott sei Dank! Auch

---

1) Deshalb genügt in diesem Fall ein einfacher Lobpreis (berakah) ohne „Herr, segne dieses Wasser".
2) Vgl. Joh 4,14.

in einem fremden Land bietet sie mir etwas Vertrautes, ein Stück Beheimatung, ein schützendes Dach vor dem Gewitter. Ich kann eintreten ohne Passkontrolle, ohne von einem Portier nach meinem Woher, Wohin gefragt zu werden. Jetzt wird mir die Stille des Raumes und seine Einladung zur Sammlung bewusst. Ich komme zur Ruhe. Es ist wohltuend. Ich danke Gott für die vielen Eindrücke des Urlaubs, für die offenen Grenzen und Möglichkeiten, die Schönheiten der Welt zu bereisen, kennen zu lernen. Gott segne meine Wege und die Wege aller, die unterwegs sind! Ich tauche meine Finger in die große Weihwasserschale, benetze meine Stirn mit Wasser, zeichne ein Kreuzzeichen. Draußen hat der Gewitterregen fast aufgehört. Letzte warme Tropfen fallen auf mein Gesicht. Über der Kirche und den Häuserdächern ein schöner Regenbogen. Hinter mir bricht die Sonne aus den Wolken hervor. Die Rasenfläche vor der Kirche dampft, saugt dankbar das Nass des Regens auf. Gott, du segnest das Land mit fruchtbarem Regen und spannst den Regenbogen des Friedens und der Versöhnung wie in den Tagen Noahs nach der Großen Flut zwischen Himmel und Erde. Bewahre die Erde vor Unwettern und Flutkatastrophen, halte fern von uns, was uns an Leib und Seele schaden kann! Gepriesen bist du, dass du alles grünen und aufleben lässt durch das kostbare Nass des Regens.[1]

3.6.8. Wasser aus dem Springbrunnen

Als *Urlauber* bin ich an einem heißen Sommertag unterwegs durch die Stadt. Ein *Spring-Brunnen* (o wie sehne ich mich nach den vielen schönen Brunnen in der Ewigen Stadt Rom!), endlich nach langem Gehen. Ein Schild dabei verweist darauf: „Kein Trinkwasser!" Schade! Wie sehr würde ich mir jetzt gerne einen kühlen Schluck gönnen. Ich halte meine Hände unter die Fontäne. Wie wohltuend, wie erfrischend! Gott, du Quelle des Lebens, sei gepriesen für den kühlenden Sprühregen aus diesem Springbrunnen! Gäbe es in unseren Städten doch mehr davon! Die Wüste von Asphalt und Beton lässt uns sonst zunehmend verdursten.

---

1) Wie oberflächlich erscheint mir jetzt die Stimme des Ansagers für den Wetterbericht am Morgen, der meinte, er könne für den Tag „nichts Gutes" verheißen!

3.6.9. Wasser im „Steinernen Meer"

Wir sind unterwegs, eine große Wandergemeinschaft, durch die Berge, durch das *Steinerne Meer*. Eigenartig: Steine, nichts als Steine, aufgefaltet wie eine Wellenbewegung, weshalb die Bezeichnung nicht unzutreffend ist. Jedoch kein Wasser! Ein Meer ohne Wasser?! Das Wandern ist eindrucksvoll, Fossilien sind erkennbar im Gestein, die Schutzhütten sammeln das kärglich aus den Mulden und Kars bis in den Sommer abtauende Schneewasser. Erst weit unten im Tal plötzlich ein starkes Rauschen, das Wasser bricht aus mehreren Quellen unbändig, da lange durch Gesteinstunnel gepresst, hervor. Ein Stück weiter glucksert der Bach durch eine fast ebene Wiesenfläche. Wir halten an. Wie beruhigend dieses sanfte Fließen auf Auge und Ohr wirkt: leichte Wellen in steter Wiederkehr, kurz das Sonnenlicht aufblitzen und wiederspiegeln lassend. Ein Murmeln und Plätschern. Eine unbeschreibliche Klarheit lässt den Blick auf den Bachgrund zu, ein paar Fische tummeln sich am Rand unter Gesteinsnischen. *Wasser!* Durch viele Poren im Felsgestein mit Mineralien angereichert, lebendig dahinströmend. Es kühlt die hineingetauchte Hand. Die zur Schale geformten Hände schöpfen es – köstliches Labsal gegen den Durst, das die Sinne, Körper und Geist neu belebt, ein Strom des Lebens. Auf seiner langen Reise wird es Pflanzen und Tiere beleben, bis es im Meer sein Ziel erreicht. Es wird uns zum Bild für unsere Lebensreise, bis wir heimkehren zum Ursprung in den Armen unseres Schöpfer-Gottes.

3.6.10 Wasser – Segen des Blumengießens

Draußen regnet es in Strömen. Noch ist es kalt. Aber die auftauenden Wiesen und Äcker saugen den befruchtenden Frühjahrsregen begierig auf.

Ich gieße die Zimmerpflanzen. In den zentralgeheizten Räumen ist die Luft trocken, der Bedarf an Wasser größer.

Auch der Weihbrunnkessel an der Tür ist schon wieder ohne Wasser. Ich fülle Weihwasser nach. Wie doch alles Leben am Wasser hängt, von ihm abhängig ist! Auch ich trinke ein Glas Wasser. Wie labt es gegen den Durst!

Bald ist Ostern. Für heuer wird die Taufe eines Erwachsenen in der Osternacht vorbereitet: zum Brunnen gehen. „Er lässt mich lagern auf grünen Auen und führt mich zum Ruheplatz am Wasser."[1]

Mit einem Mal wird das *Blumengießen*, das mich an den Weihwasserkessel und den Taufbrunnen erinnert hat, zum *Segen*. In der Zeitung lese ich vom deutschen Ökumenischen Kirchentag[2], wo zum Abschlusssegen die Menschen einander die Stirn mit Wasser benetzt haben, zum Motto „Ihr sollt ein Segen sein" – der Christ „wie ein Baum, der an Wasserbächen gepflanzt ist."[3] Frühling und Ostern auch in der Kirche und durch sie.

---

1) Vgl. Ps 23,2.
2) Berlin, 28. 5. - 1. 6. 2003, mit über 200.000 Teilnehmern.
3) Vgl. Ps 1,3.

4. SEGNEN ALS LEBENSBEGLEITENDES RITUAL

4.1. Gesegneter Ort – Gesegnete Wege

Die Geschichte der Menschen ist lange Zeit davon geprägt, dass diese als Nomaden mit ihren Herden von Weideplatz zu Weideplatz wanderten. Auch mit dem Sesshaftwerden blieb den Menschen eine innere Unruhe, die zum Aufbrechen in zu entdeckendes[1] Neuland trieb. Fernweh und Heimweh nach dem „Gelobten", dem verheißenen Land (dem „verlorenen Paradies") begleiten die Sehnsucht des Menschen und beflügeln ihn zu Abenteuern der „Grenzüberschreitung" über das jeweilige Da- und Sosein. Fremde Länder und Kontinente werden „ent-deckt", hohe Berggipfel (erstmals und immer wieder) erstürmt, Seefahrer (Argonauten, Odysseus, Columbus usw.) wagen sich auf das unendliche Meer, Kriege werden geführt, um „Land zu gewinnen", der Weltraum und der Mikrokosmos erforscht, um dem „Leben auf die Spur" zu kommen. Der Mensch möchte immer neue, gültige und endgültige „Wege des Lebens" finden und beheimaten. Diese Sehnsucht ist auch mitangetrieben vom Gebot der Eile, denn das Leben ist kurz, und viele Wege sind auch „Flucht-Versuche", sich der Radikalität der Frage nach dem Sinn des Lebens zu stellen und der Frage nach dem Tod: Tod und was dann?

---

1) Vgl. das griechische Wort für Wahrheit: alétheia (Unverhülltheit, Unvergessenheit).

Die Wege-Sehnsucht des Menschen will diese Welt und (Lebens-)Zeit überschreiten (transzendieren): der Mensch als „Wanderer zwischen zwei Welten".[1] „Dasein ist immer schon 'über sich hinaus'"[2] (ek-sistere), betonen die Existenzphilosophen.

„Homo viator" nennt Gabriel Marcel den „Entwurf"[3] Mensch in Fortsetzung von M. Heideggers „Sein und Zeit". Mit ständiger Neu-Gier[4] drängt die Unruhe[5] des Menschen zur Wanderschaft, das Ferne zu ent-fernen suchend. Angst und Sorge, Schuld und Scheitern kennzeichnen seinen Weg. Wege werden zu Lebens-Ab- und Sinn-Bildern, die es zu be-stehen und zu be-gehen gilt, über Wegkreuzungen der Entscheidungen, über verletzende und Wunden schlagende Stolpersteine, im Auf und Ab der Höhen und Tiefen, in labyrinthartigen Windungen, an Wegmarkierungen der Orientierung entlang, in Sackgassen oder in der Endlosigkeit des Horizonts verlaufend, in der Erwartung, das Ziel (das ersehnte, „verheißene" Land[6]) zu erreichen.

So steht auch im *AT* am Beginn der Glaubensgeschichte der drei monotheistischen (abrahamitischen) Religionen des Orients der Ruf Gottes an Abraham „*Zieh weg* aus deinem Land, von deiner Verwandtschaft und aus deinem Vaterhaus *in das Land, das ich dir zeigen werde. Ich werde dich segnen [...]. Ein Segen sollst du sein.*"[7] Der Exodus aus der Knechtschaft in Ägypten wird zum Vorbild für viele Wege in die Freiheit, im Licht des *NT* für den Lebensweg des Menschen aus der Knechtschaft der Sünde und des Todes in die Freiheit der Kinder Gottes mit dem Ziel des verheißenen „Landes",

---

1) Vgl. W. Flex: Der Wanderer zwischen beiden Welten, München (Beck), 21. Aufl. 1918.
2) Vgl. M. Heidegger: Sein und Zeit, S. 192.
3) Ebda, S. 221.
4) Ebda, S. 170.
5) Vgl. Augustinus: „Unruhig ist unser Herz, bis es Ruhe findet in dir, o Gott."
6) Vgl. H. Hesse: Die Morgenlandfahrt, S. 32: „Unser Morgenland war ja nicht nur ein Land und etwas Geographisches, sondern es war die Heimat und Jugend der Seele, es war das Überall und Nirgends, war das Einswerden aller Zeiten."
7) Vgl. Gen 12,1f.

dem ewigen Leben, dem himmlischen Jerusalem. Jesus selbst sagt von sich „*Ich bin der Weg.*"[1)]

Pilgerwege haben in allen Religionen und insbesondere im Christentum eine Bedeutung, indem sie auf den Lebensweg verweisen, diesen in „Zeitraffer-Form" darstellen und erleben lassen, vom Aufbrechen, über die Gefahren des Weges bis zum Ankommen am Ziel. Der Pilgerweg nach dem irdischen Jerusalem wurde zum Sinnbild des Pilgerweges[2)] zum himmlischen Jerusalem. Bald folgten auch andere herausragende Stätten des Glaubens, verbunden mit Gräbern großer Glaubenszeugen, wie die Apostelgräber des Petrus und Paulus in Rom, des Jakobus in Santiago de Compostela, später auch Marienwallfahrtsorte, Gnadenorte verschiedenster Glaubensakzente und -sinnbilder. Einzeln und in Gemeinschaft wurden und werden die Wege gegangen, betend, singend, fastend, als Buß-, Dank-, Gelöbnis-, Bittwallfahrten und Prozessionen, in kurzen Rundgängen klösterlicher Kreuzgänge, in dörflichen Flur- und Prozessionswegen bis zu jahrelangen entbehrungsreichen Pilgerreisen über ganze Kontinente. Die Pilgerwege säumten Herbergen und Hospize, Wegkreuze, Bildstöcke und Kapellen, allmählich auch Marterln und Grabstätten. Große Pilgerziele schmückten und schmücken bis heute prachtvolle große Kirchen.

Orte, die eine so lange Tradition des intensiven und konzentrierten Betens und so vieler Beter erleben, sind gewissermaßen zu „Kraftorten" gemeinsamer Gottsuche und Gottesbegegnung und daraus gesegneten Stätten geworden.

Die Pflege der *Gastfreundschaft* an den Pilgern bewahrte und entfachte immer wieder das soziale Gewissen und strahlte über die Pilgerwege auf das christliche Alltagsleben aus, wurde so vielfach und vielen zum Segen.[3)]

---

1) Vgl. Joh 14,6.
2) Vgl. H. Hesse: Die Morgenlandfahrt, S. 17: „Es strömte dieser Zug der Gläubigen und sich Hingebenden nach dem Osten, nach der Heimat des Lichts, unaufhörlich und ewig, er war immerdar durch alle Jahrhunderte unterwegs, dem Licht und dem Wunder entgegen [...] im ewigen Heimwärtsstreben der Geister nach Morgen, nach der Heimat."
3) Vgl. Hebr 13,2: „Vergesst die Gastfreundschaft nicht; denn durch sie haben einige, ohne es zu ahnen, Engel beherbergt".

In den 60er-Jahren des 20. Jahrhunderts ging als Protest gegen die erreichte Wohlstands-Sesshaftigkeit vor allem von Jugendlichen eine neue Aufbruchs-Sehnsucht aus, mitverursacht aus dem Überdruss über eine materielle Übersättigung und aus dem Hunger nach geistigen Werten. Goa u. a. Ziele des Mittleren und Fernen Ostens wurden zu modernen Pilgerzielen.

Inzwischen sind Wallfahrten nach Santiago de Compostela zu Fuß, auf dem Pferd, mit dem Rad, mit dem Auto in Schwung und große Mode gekommen. Fußwallfahrten nach Mariazell, der Vierbergelauf in Kärnten und Laufstaffetten mit dem Friedenslicht aus Jerusalem wetteifern in der Teilnehmerzahl mit rein profanen sportiven Städte-Marathon- und anderen Lauf- und Radwanderstrecken.

Entlang der großen Tourismusrouten sind Autobahnkirchen und Kapellen in großen Bahn- und Flughäfen errichtet worden, um gleichsam Ruheorte auf der Hast des Lebens zu schaffen. Ob sie Hektik oder Eile unserer Zeit „einbremsen" können, ist fraglich. Ein Signal, eine Einladung besteht jedenfalls. Neue Meditations-, Gesundheits- und Therapiewege wurden in jüngster Zeit angelegt, wie z. B. der Franziskusweg in Sand/Taufers oder der Europa-Besinnungsweg bei Brixen in Südtirol oder der „Spirituelle Weg" in Weiz/Oststeiermark von der Taborkirche zur Weizbergkirche.

Gesegnete Wege für Leib und Seele können solche Wegstrecken werden, die Anstrengungen, Entbehrungen, Schweiß, Ermüdung des Körpers aber auch Abschalten und Zur-Ruhe-Kommen, Zeit für sich selbst Finden, zum Nach-, Vor- und Überdenken des Lebens und schließlich die Weggemeinschaft erfahren lassen, die ermutigt, die stützt, die das Müdewerden überwinden hilft.

Gesegneter Ort beginnt beim Familientisch daheim, dem „Hausaltar" („Altarl"), von dem die Wege der Erwachsenen und der Kinder in die Welt hinausführen, zur Arbeitsstelle am Werktag und zur Kirche am Sonntag. Den *sonntäglichen Kirchgang* als gesegneten Weg zu erleben, könnte seine Bedeutung vertiefen helfen. Je bewusster wir alle unsere Schritte im Leben im Blick auf unsere göttliche Berufung und die Gegenwart Gottes tun, der unser Wegbegleiter[1] ist, je mehr wir daraus zu Wegen einer Solidargemeinschaft

---

1) Vgl. den Erzengel Raphael als Wegbegleiter und alle Weg- u. Wanderpatrone.

mit allen Menschen ermutigt werden, umso mehr können unsere Wege auch im Alltag gesegnete und segnende Wege werden.

4.2 Gesegnete Zeit: Jahrlauf und Lebenslauf

Zeit wird offenbar in unserer modernen Gesellschaft immer knapper. Wir haben weitgehend verlernt, mit ihr sinnvoll umzugehen. Wir überfrachten sie mit „wichtigen" Terminen, Erledigungen, Besorgungen und Beschaffungen, meinen allen Lockrufen wie „das musst du noch erreichen, tun; das brauchst du unbedingt und, wenn geht, sofort; da muss man doch dabei gewesen sein, das muss man haben (schneller als der Nachbar)" usw. nachkommen zu müssen. Als Getriebene von Außen- und Fremdbestimmungen (Markt, Mode, Medien) sind wir oft zutiefst unfrei, unfrei auch, unsere Zeit selbst zu wählen und zu gestalten.

Deshalb ist es ein Segen, Zeit zu „haben" für sich selbst, für andere, für Ziele, zu denen Gottes Schöpfungsauftrag uns ruft. Schon der Psalmist betet: „Unsere Tage zu zählen lehre uns. Dann gewinnen wir ein weises Herz."[1]

Zeit begegnet uns in wiederkehrenden *Rhythmen*, in Tag und Nacht, in den Jahreszeiten, im Werden und Vergehen. Christen haben (dem Beispiel des Judentums folgend) der Gestaltung des Tagewerkes und der *Tages-Heiligung* immer große Aufmerksamkeit geschenkt (z. B. in den Gebetszeiten der Klöster, aber auch) im gewöhnlichen christlichen Alltag: das Gebet am Morgen, am Mittag und am Abend, das Leben im Einklang mit dem Licht der Sonne; wenn die Sonne sinkt, lässt auch der Mensch sein Tagewerk zur Ruhe kommen. Der gesegnete Tag kennt das Aufstehen mit dem Aufgehen der Sonne, die steigende Kraft im schöpferischen Arbeiten, Aufbauen und Vollenden, das Innehalten um die Mittagszeit, das Loslassen der Dinge und das in Frieden und versöhnt In-die-Nacht-Gehen. Lobpreis, Dank und Segenswünsche begleiten den Rhythmus im *Blick auf das Licht*.[2]

---
1) Vgl. Ps 90,12.
2) Vgl. die Hymnen der Lesehore, Laudes und insbesondere der Vesper im Stundengebet der Kirche.

Auch der sehr alte 7-Tage-Rhythmus der *Woche* gewinnt seine Gestalt durch die Abwechslung zwischen Werktag und Sonn-/Feier-Tag.

Der Monat folgt dem 28-Tage-Rhythmus des Mondes von Vollmond zu Vollmond.

Das *Jahr* ist nicht nur durch die vier Jahreszeiten mit ihren Veränderungen in der Natur (Aufblühen – Wachsen und Reifen – Verwelken und Vegetationsruhe) geprägt, sondern vor allem durch die Farbenbuntheit in den christlichen Festen und Feiern. Jedes Kalenderblatt kann somit zu einem „Wertpapier" werden, dessen „Kurs" wir selbst bestimmen.

Es wäre sehr öde und dürr, 12-mal von eins bis dreißig (+/-) zu zählen, und das sei dann der Jahreslauf. Die christliche Gestaltung des Jahreskalenders mit verschiedenen Licht- und Farbpunkten (Ostern, Pfingsten, Weihnachten, die Feste der Heiligen mit ihrer je eigenen Farbgebung) bringen *„Farbe" in das Leben* des Alltags der Menschen. Manche Feste wie Weihnachten prägen sich emotional stärker im Leben der Menschen ein als andere. Heute ist ihr Sinn und ihr Feiergrund leider oft verdeckt und verschüttet von einer allgegenwärtigen Vermarktung durch eine schrankenlose Konsumwelt.

Vorbereitungszeiten auf die großen Feste wie Weihnachten (durch den Advent) und Ostern (durch die Fastenzeit) sind als sog. „geschlossene Zeiten" eine Einladung, sich auf das Wesentliche im Leben zu konzentrieren, Freiräume dafür zu schaffen, Mut zum Umdenken und Umkehren zu gewinnen.

Volksfrömmigkeit und *Brauchtum* haben konkrete Feste- und Feiergestaltungen in verschiedenen Kulturen entfaltet. Obwohl Bräuche manchmal auch vom Wesentlichen abgelenkt haben, sind sie nach wie vor *„brauch"-bare* und not-wendige *Brücken*, um den manchmal tiefen und hochtheologisch abstrakten Fest-Gedanken „Fleisch und Blut", Lebendigkeit und Leben einzuhauchen, ein Stück inkarnatorische Vergegenwärtigung. Die Feste des Jahrlaufes und insbesondere des Kirchenjahres beleben den Rhythmus von Erwartung und Vorfreude, Festfeier, der dankbaren memoria (zurückschauendes Gedächtnis), des Ausgleitens in den Alltag, aus dem sich erneut die *Erwartung und Vorfreude* auf das nächste Fest erhebt. Wer bewusst mit diesen Rhythmen lebt, wird nicht in die Gefahr des alltäglichen und grauen Einerlei, der Fadisierung und Verödung des Lebens verfallen. Das gestaltete Leben wird zu einem sinnerfüllten und gesegneten Leben.

Lebens-Weg und –Zeit des Menschen soll noch in drei besonders herausgehobenen Zeiten beleuchtet werden.

4.2.1. „Gesegneten Leibes"

Von den Völkern der Antike hat eigentlich nur ein einziges als Volk überlebt[1], das jüdische, dank und trotz der „Auserwählung"[2] zum besonderen Bundespartner Jahwes, auserwählt zugleich, durch die „Feueröfen"[3] der Geschichte geschickt zu werden. Das *Judentum* verdankt diese Tatsache auch einer tief verwurzelten *Familien- und Glaubenskultur*.

Bis heute verdient die Tatsache, dass aus diesem Volk die begabtesten Menschen in Wissenschaft, Kultur, Kunst und Geistesgeschichte kommen, Beachtung. Allein die Liste der Nobelpreisträger kann das unterstreichen. Man fragt sich warum. Es gibt verschiedene Versuche, darauf zu antworten. Eine Antwort kommt auch daher: Bis heute denkt eine jüdische Frau, die in Erwartung eines Kindes ist, daran, „ich könnte die Mutter des Messias sein." Der Messias ist angekündigt, dass er kommen wird, irgendwann, niemand weiß den Zeitpunkt. Der Gedanke: „Vielleicht darf ich die Mutter des Messias sein" erhöht selbstverständlich in einer werdenden Mutter die *Vorfreude auf das Kind*, es wird *mit Freude erwartet*. Gedanken, wie könnte ich mich der „Last" des Kindes oder gar der „Belästigung" durch das Kind entledigen[4], haben in einem solchen Kontext keinen Platz. Anstatt der das Wachsen des Embryos beeinträchti-

---

1) Babylonier, Griechen, Römer haben sich im Lauf der Geschichte mit anderen Völkern und Kulturen assimiliert.
2) Vgl. Jes 44,2: „[...] du, Jeschurun, den ich erwählte."
3) Vgl. die Bezeichnung „Holocaust" für die Tragödie des jüdischen Volkes durch die Nazi-Diktatur.
4) Das Kind im Mutterleib spürt unbewusst das Abgewiesensein.

genden Toxine (Gifte) wie Nikotin, Medikamente oder überaus beklemmende (beengende) Ängste[1], die die Nahrungszufuhr zum Embryo einschränken, wird dem heranwachsenden Kind im Mutterleib eine optimale Startbedingung geschenkt. Die pränatale Prägung, deren Bedeutung heute wieder zunehmend bestätigt wird, begründet und entfaltet das Urvertrauen, damit Menschen später Vertrauen und Mut in das Leben haben. Die liebende, zärtliche Begleitung der werdenden Mutter durch den Vater (durch Berührung und verbale Zuwendung) unterstützen das „Positiv-Signal": Wir freuen uns auf dich. So gesehen sind werdende Mütter tatsächlich *„guter Hoffnung"*.

Wenn ich Frauen begegne, denen man schon ansehen kann, dass sie ein Kind erwarten, spreche ich, wo immer, in der Straßenbahn, auf den Geschäftsstraßen usw. (unhörbar) ein Segensgebet für die werdende Mutter, ihr Kind, für den Vater, der hoffentlich verlässlich an ihrer Seite ist. Den Ausdruck „Gesegneten Leibes" haben wir aus unserem immer oberflächlicher werdenden Reden fast schon ganz verloren

Der Jubel der beiden schwangeren Frauen Maria und Elisabeth, der in das Magnifikat mündet, birgt so viel zeitlos menschliche Wärme und Wertschätzung, dass er immer wieder vergegenwärtigt werden sollte: „Gesegnet bist du mehr als alle anderen Frauen, und gesegnet ist die Frucht deines Leibes."[2]

In den Westkirchen kennen wir einen *„Muttersegen vor der Geburt"*[3], der auf die Begegnung Marias mit Elisabeth Bezug nimmt, in Ost- und Westkirchen auch einen Muttersegen *nach der Geburt*.[4]

---

1) Die Kirche als Vordenker und Fürsprecher für das Leben tut recht daran, sich für eine bestmögliche Aufnahme des Kindes (das „gebaute Nest") in der Geborgenheit einer verbindlichen und verlässlichen Familie (Vater des Kindes verlässlich an der Seite der Mutter) stark zu machen.
2) Vgl. Lk 1,42.
3) Vgl. Benediktionale, S.89-91.
4) Vgl. Mysterium der Anbetung III, S. 5-17 (Gebete für Mutter und Kind unmittelbar nach der Geburt, am 8. Tag nach seiner Geburt und nach 40 Tagen) und Benediktionale S. 91-95 (Muttersegen nach der Geburt).

Dass *Kinder ein Segen* aus der liebenden Schöpferhand Gottes sind, hat die *römisch-katholische Kirche* lange Zeit nicht uneingeschränkt verkündet, was ihre *Glaubwürdigkeit* im Eintreten für den uneingeschränkten Schutz des Lebens bis heute beeinträchtigt.

Seit dem sog. 2. Laterankonzil 1138[1], in dem die Priesterehe verboten wurde, um die Kinder der Priester erbunfähig[2] zu machen, wurden diese Kinder extrem diskriminiert.[3] Das ist bis heute nicht anders geworden. Auch die Kinder lediger Mütter wurden von der römisch-katholischen Kirche bis in das 20. Jahrhundert (und z. T. bis heute) als Kinder minderer Geburt[4] und minderer Rechte behandelt; ledige Mütter mussten vor der Kirche Abbitte leisten, bevor sie nach der Geburt des Kindes wieder die Kirche betreten durften.[5]

Gott sei Dank ist heute dieser „Gewissensterror" weitgehend, wenn auch nicht ganz[6] beseitigt.

Es ist heute fast nicht mehr vorstellbar, dass es bis in jüngste Zeit in der römisch-katholischen Kirche verpönt war, die Erwartung

---

1) Besser „Römische Synode im Lateran" (durch die Trennung von der Ostkirche 1054 nicht mehr als ökumenisches Konzil zu bezeichnen). Vgl. S. 168, Fußnote 4.
2) Die zu großem Reichtum gelangte Kirche sorgte sich um den Bestand der Güter, dass sie nicht durch Vererbung wieder „fortgetragen" würden.
3) Der Vater durfte z. B. bei der Taufe seines Kindes nicht anwesend sein usw.
4) Dabei hat die Kirche, gerne auf der Seite der Mächtigen und Begüterten, so gut wie nichts getan für die Menschen, die auf Grund dessen, dass sie keinen Besitz hatten, *nicht heiraten durften* (bis ca. 1850). Deshalb gab es vor allem auf dem Land viele ledige Kinder von Bauernmägden und Knechten, die nie selbständig eine eigene Existenz gründen konnten. Statt die Hilfe der Kirche zu erfahren, wurden sie und ihre (notgedrungen ledigen) Kinder zusätzlicher Diskriminierung ausgesetzt.
5) Heute muss man vor einer ledigen Mutter den Hut ziehen, dass sie ihr Kind ausgetragen hat, obwohl ihr von allen Seiten auch zur Abtreibung als „Lösung" geraten wird.
6) Einige Pfarren vermelden zu Neujahr noch immer gerne die Geburtenstatistik mit der Unterscheidung „ehelicher" und „unehelicher" Geburt.

eines Kindes vor der Hochzeit einzugestehen und öffentlich zu machen. Vielfach musste dann schnell geheiratet werden, man musste so gut wie möglich alles verstecken und vertuschen. Niemand sollte merken, dass die Braut schon schwanger war (trotz des biblischen Vorbildes Marias, die auch bereits schwanger war, als sie geheiratet hatte!). Man flüchtete in Tabuisierungen wie „in anderen Umständen sein", und bis heute gibt es sog. „Umstands"-Kleider.

Wie schön fand ich das heuer bei einer Trauung in St. Martin: die Braut rief mich an, dass sie den Hochzeitstermin vorverlegen wolle, da sie ein Kind erwartete. Der Termin wurde vom September auf den Juni vorverlegt. Beim Eheseminar wurde sehr offen darüber gesprochen (die Verlogenheit in der Kirche ist bis heute eines der Haupthindernisse für eine glaubwürdige Verkündigung). In der Trauungsfeier sprachen die Brautleute selbst eine sehr schön formulierte Fürbitte für ihr Kind, auf das sie sich sehr freuten. Ich spendete am Schluss den Segen über die Neuvermählten und ihr Kind, das sie mit Freude erwarteten.[1]

Wenn die Kirche – und hier geht es vor allem um die römischkatholische Kirche – wieder glaubwürdig und uneingeschränkt Anwalt, Vordenker und Fürsprecher für das Leben auf dieser Erde sein will – und das wäre ihr ureigenster Auftrag –, müsste sie selbst in diesem Bereich wieder umkehren zur vorbehaltlosen Dankbarkeit für jedes Kind, für alles Leben in der Welt. Darin könnte Segen erfahren werden. In der aktuellen Diskussion um Sexualität, Geburtenregelung, Abtreibung, Genmanipulation, Stammzellenforschung, Klonen usw., kurz in den ethischen Grundfragen um das Leben und die Lebensweitergabe könnte die Kirche wichtiger Anfrage-Partner sein, wenn sie sich ehrlich und glaubwürdig in diese Diskussion einbringt.

Alles, was mit dem *Beginn des Lebens* zusammenhängt, ist von den Menschen mit scheuer Ehrfurcht begleitet worden. In der Vegetation (Aussaat und Pflanzen), in der Nutztierhaltung und insbeson-

---

1) Ich bin überzeugt, dass solche (Segens-)Zeichen der Kirche die Inkarnation Christi fortsetzen und vergegenwärtigen und langfristig bewusstseinsbildend allen bis zum Fanatismus reichenden „Kreuzzügen" „pro life" absolut vorzuziehen sind.

dere im Leben des Menschen ist das Werden des neuen Lebens (Schwangerschaft und Geburt) mit Erwartung, Hoffen und Bangen verbunden. Die Bitte um Fruchtbarkeit, um gesunden Nachwuchs, um gedeihliche Wachstumsbedingungen ist immer wieder in Segenswünschen anzutreffen.

Die Kirche muss auch heute diesen Grundfragen des Lebens nahe stehen mit ihrer Botschaft und Zuwendung in leibhaftiger Berührung und die freudige Erwartung unterstützen als Erfüllung des Schöpfungsauftrages Gottes.[1]

Natürlich muss einem geborenen Kind (und seinen Eltern) alle Unterstützung zuteil werden, dass es in Liebe beheimatet und geborgen heranwachsen kann, ein ungefährdetes Zuhause erlebt, eine adäquate und bestmögliche Bildung erfährt und zu einem selbst- und eigenständigen, kritikfähigen, aber auch sozial kompetenten und auf die Gottsuche aufgeschlossenen Menschen heranreift.

4.2.2. Schwellenbereiche im Leben als bevorzugte Zeiten für Segensrituale

Die *Geburt* eines Kindes ist für manche Anlass, eine schriftliche Geburtsanzeige an Freunde und Angehörige zu schicken, oft mit einem Segenstext verbunden. Segensfeiern nach der Geburt wurden bereits erwähnt. Die Feier der *Taufe* ist bei uns bis heute noch für fast alle eine besondere Feier gleichsam eines zweiten Geburtstages, für den es keinen Sterbetag gibt (Geschenk des ewigen Lebens).

Die Eltern der Kinder sind eingeladen, den Kindern von klein auf die Möglichkeit zu geben, von ihrem (durch die Taufe erworbenen) *Hausrecht in der Kirche* Gebrauch zu machen und sie unter der Woche zum Schauen in die Kirche mitzunehmen und am Sonntag zur Mitfeier der Gemeindemesse, die familien- und kinderfreundlich gestaltet werden soll.

---

1) Vgl. M. Schmeisser: Gesegneter Weg, S. 68: „Das hebräische Wort für Segen, 'Berakah', hat in seiner Wurzel mit Segen zu tun, mit der Zeugungskraft des Mannes und dem Gebären der Frau. Ihre schöpferische Liebe zeigt sich im Segen ihrer Kinder. Die Fruchtbarkeit der Erde ist Segen".

Der *Feierabend zum Sonntag* (Samstag Abend) könnte wieder neu entdeckt werden, ähnlich dem Vorabend zum jüdischen Sabbat. „Die Juden beginnen den Sabbat am Freitag Abend mit dem Anzünden der Sabbat-Kerzen und dem Segen über die Lichter, mit der Begrüßung der 'Braut Sabbat' und der vom Segen über Wein und Brot eingeleiteten festlichen Abendmahlzeit."[1] Unsere Familien zu einer solchen „Haus-Vesper mit Luzernar" zu befähigen und zu ermutigen wäre ein wirklicher Hirtendienst in einer zunehmend amtspriesterlosen Zeit.

Das Hinaustreten der Kinder aus dem ersten „sozialen Heimatbereich" der Familie in eine *neue Sozietät* wie Kindergarten, Schule (verschiedener Schultypen), Lehrberuf, Universität, kann mit einem

---

1) Vgl. M. Schmeisser: Gesegneter Weg, S. 82. – Für eine Charta der Sabbatkultur nennt Wolfgang Dietrich 14 Thesen:
   1. Die Sabbatkultur weiß sich gesegnet.
   2. Die Sabbatkultur achtet auf den Atem des Geistes, der Seele, des Leibes.
   3. Die Sabbatkultur dient der Pflege der „essentiellen Kräfte – beten, studieren, essen, trinken, singen, lieben" (Erich Fromm).
   4. Die Sabbatkultur macht reich an Zeiten der Einkehr, des Eintauchens, des heiteren Verweilens, des aufsässigen Nichtstuns, der störenden Stille.
   5. Die Sabbatkultur beginnt als Kultur der Frau (Hausliturgie)
   6. Die Sabbatkultur hat von Beginn an auf Sklavenbefreiung hingewirkt.
   7. Die Sabbatkultur macht den Fremdling heimisch.
   8. Die Sabbatkultur feiert das Sein und nicht das Machen und nicht das Haben.
   9. Die Sabbatkultur bewahrt Erholungssubstanz.
   10. Die Sabbatkultur übt bewegliche Langsamkeit, Geduld füreinander, schonsamen Umgang.
   11. Die Sabbatkultur betreibt ein Projekt des produktiven Verzichts.
   12. Die Sabbatkultur nimmt der umbarmherzigen Zeit, dem Tempo, das Menschen zu Wracks macht, die Peitsche aus der Hand.
   13. Die Sabbatkultur hilft der Erde zu ruhen.
   14. Die Sabbatkultur malt, und wir staunen vor dem Farbenbogen mit den Sabbattönen.
   (Vgl. M. Schmeisser: Gesegneter Tag, S. 119-123).

Segensritual *daheim beim Fortgehen* wie auch in der neuen Gemeinschaft zum Ausdruck gebracht werden. Dazu stehen viele Gestaltungsmöglichkeiten offen, durch die die jeweilige (neue) Situation angesprochen und die Hineinführung der Kinder unterstützt werden kann. Auch die Einbeziehung von verschiedenen Festen im Kirchenjahr wie zu Martini (Laternenfest), Nikolaus, Advent, Weihnachten, Ostern, Erntedank usw. kann zu Segensfeiern mit Kindergruppen Anlass bieten. Kinderpartys (z. B. zum Geburtstag usw.) könnten ebenfalls Segenszeichen, Segensgesten miteinbeziehen.

Die Erstkommunion war ursprünglich mit der Taufe verbunden, wie es die Ostkirche bis heute tradiert. Wer getauft ist, hat Anteil und „Gastrecht" am *„Tisch der Gemeinschaft mit Jesus Christus"*. Die Kirche des Westens (römisch-katholisch) hat später die Firmung von der (Kinder-)Taufe losgelöst und an sie die (Erst-)Kommunion gebunden. Papst Pius X. gewährte die sog. „Frühkommunion" vor der Firmung, sodass heute die Erstkommunion eine Feier für die 8-jährigen Kinder geworden ist, zumeist im Klassenverband der Volksschule, obwohl zunehmend nicht römisch-katholische Schüler in den Klassen eine solche Klassengemeinschaftsfeier in Frage stellen. Manche Eltern fragen um einen privaten Frühkommuniontermin an.

Der Termin der *Firmung*[1] (und auch der Konfirmation der Reformkirchen, die damit nach wie vor die Zulassung zum Abend-

---

1) „Die Loslösung der Firmung von der Taufe ist eine spätere, spezifische Entwicklung der lateinischen Kirche, in der die Bischöfe zu Spendern der Firmung privilegiert wurden. Die *Firmtheologie* ist eine nachträgliche, spekulative Begründung eines liturgischen Brauchs, indem sich die Firmung als Sonderritus entwickelt hatte. *Thomas von Aquin* († 1274) liefert die klassische Begründung dieser Praxis, indem er das geistliche Leben in Analogie zum leiblichen setzt. Geburt und Wachstum des Menschen entsprechen zwei eigenständigen Sakramenten. Die *Reformation* zog die falsche Konsequenz aus dieser Trennung der beiden Initiationssakramente und ließ nur die Taufe als Sakrament gelten, da sie die Firmung als deren Entwertung ansah. Die *Konfirmation* ist der feierliche Abschluss eines nachgeholten Taufunterrichts, der auf den Erwerb des nötigen Wissens für eine verständige Teilnahme am Abendmahl abzielt." Vgl. A. Kallis: Das hätte ich gerne gewusst, S. 150.

mahl verbinden) wird in vielen Ländern mit dem 12. Lebensjahr festgelegt, bei uns zur Zeit mit dem 14. Lebensjahr, im Schwellenbereich des jungen Menschen von der Kindheit zum Erwachsenen (Pubertät).

Dass Schul-, Studien- und *Berufsabschlüsse* mit Segensfeiern verbunden werden können, darauf wurde schon hingewiesen (Lehrabschluss, Maturafeier, Promotion usw.). Der Ein- und Austritt in oder aus einem Berufszweig kann zum Anlass genommen werden, in der neuen (bzw. alten) Arbeitsgemeinschaft zum Segen der gedeihlichen gemeinsamen Arbeit eingeführt oder bedankt zu werden.

Besondere Segens- oder Weiheformen erfahren Menschen, die ihre *priesterliche Berufung* aus der Taufe in besonderer Weise in den Dienst der Verkündigung (Katechese), des pastoralen Dienstes (Pastoralassistent, Diakon) und des kirchlichen Leitungsdienstes (Priesteramt), aber auch der Kontemplation in einer klösterlichen Gemeinschaft (Orden) stellen.

In der Entscheidung für eine gottgewollte *Lebensgemeinschaft* (Ehe) stellen die Partner den Liebesbund Gottes zu seinem neuen Bundesvolk, der Kirche dar und bezeugen durch ihre Treue die Treue Gottes zu uns Menschen.

Auch im Schuldigwerden und Scheitern ist Gott den Menschen als der barmherzige Vater[1] nahe und lädt sie zur Um- und Heimkehr zu ihm ein, damit alle am Fest des Lebens mit ihm teilhaben.

Segensfeiern sind deshalb auch an Stationen des Lebens wie *Scheitern* im Beruf, in der Ehe, in persönlichen Entscheidungen und Zielen, bei *Neubeginn* (einer Partnerschaft, einer beruflichen oder persönlichen Lebenskonzeption) und *Jubiläumsfeiern* (persönlicher „Erntedank") angebracht. Auch das Bestehen von *Krisen, Krankheiten* wird von Segensgesten begleitet und gefeiert.

4.2.3. „Das Zeitliche segnen" (Segenskultur im Umfeld des Sterbens)

Sterben macht bewusst, dass wir nur Herbergnehmer auf dieser Erde sind, die Häuser, die wir bewohnen, uns nur als „Gast"-Häuser dienen. Manche lassen sich zwar noch auf den Grabstein schreiben:

---

1) Vgl. Lk 15,11-32.

„Realitätenbesitzer", doch was sie dort „besitzen", ist ein Erdteil von zwei Meter lang, zwei Meter tief und einen Meter breit.

Im Sterben wird uns noch einmal unser Leben im Zeitraffer (in Summe) bewusst. Ist unser Leben stark in der hellen und lichten Spur der Liebe gelaufen, oder haben wir dunkle Fäden der Gottvergessenheit, des Egoismus, des Hasses, Neides, der Habgier und der Lüge geknüpft und in Unduldsamkeit und Feindschaft gelebt?

Im Tod wird unser Leben transparent auf das Wesentliche, die Liebe. Haben wir liebend diese Erde mitgestaltet? Der Tod ist die Summe unseres Lebens und bündelt Sonn- und Schattenseiten, Hell und Dunkel, Liebes- und Hassgeschichte, Erlösung und Verzweiflung, (neues) Leben und (ewigen) Tod.

Wenn die Menschen für das Sterben den Begriff gefunden haben „das Zeitliche segnen", so liegt darüber ein goldener heller Streif, der sagen will, dass der, der jetzt stirbt, eine *gesegnete Zeit hinter sich* lässt, die er erlebt und anderen ermöglicht hat. Zeit endet für ihn, er tritt in die Ewigkeit; mit seinem Sterben hinterlässt er denen, die noch in der Zeit leben, ein Testament, ein geistiges Erbe: Schaut auf euer ewiges Ziel! Die Zeit in dieser Welt ist kurz; bemüht euch, in dieser Zeit das Wesentliche zu entdecken, es nicht zu vergessen oder zu versäumen.

Eine Zeitlang hat man bei uns das *Sterben*[1] verdrängt und abgeschoben. In jüngster Zeit hat man die Bedeutung des begleitenden Sterbens wiederentdeckt, auch in den Spitälern und Pflegeheimen. Die Hospizbewegung hat dazu entscheidende Impulse gesetzt. Die Palliativ-Medizin klinkt sich dazu unterstützend ein. Heute werden den Sterbenden (auch im Spital) wieder die vertraute Umgebung, das Berührtsein von den Händen der engsten Angehörigen gewährt, dazu Kerzenlicht, einen Rosenkranz um die Hände, (Sterbe-)Kreuz, die Eucharistie (als Viaticum) und verschiedene Symbole des tröstenden Beistehens.

---

1) Vgl. M. Specht-Tomann, D. Tropper: Bis zuletzt an deiner Seite, S. 17: „Sterben ist kein plötzlich eintretendes Ereignis, kein Schlusspunkt, kein fertiges Ergebnis. Sterben ist mit einer Reise vergleichbar, mit dem Beschreiten eines Weges, der verschiedene markante Wegbiegungen aufweist, der Hürden und Hindernisse eingebaut und doch ein klares Ziel hat: den Übergang, die Schwelle, den Tod."

Es ist ein Segen, wenn Sterbende im Kreis ihrer vertrauten Angehörigen aus dieser Welt gehen können (oft warten sie auf diese Abschiedsbegegnung, um sterben zu können); und wenn sie noch in der Lage sind, die Zurückbleibenden zu segnen.

Es ist für die Angehörigen immer ein Zeichen des Trostes, wenn der (vielleicht schon längere Zeit schwer) Leidende *in Frieden einschlafen, „heimgehen"* kann.

Wenn der Verstorbene daheim aufgebahrt werden kann, was für das ehrende Abschiednehmen ein Vorteil ist, kann im „Trauerhaus" mit den Nachbarn und Verwandten (die Totenwache) gebetet werden. Der Verstorbene bleibt noch für kurze Zeit in ihrer Mitte. „Die Trauer ist der natürliche Ausdruck der Liebe, die durch den Verlust des Geliebten empfindlich getroffen wird. Es wäre geradezu unmenschlich, mit rational-theologischen Argumenten einen Menschen daran zu hindern, seinen Schmerz zu äußern."[1]

In der Ostkirche, wo der Leichnam im Blick gegen Osten, dem Ort des Lichtes in der Wohnung aufgebahrt und festlich geschmückt wird, wird wie im Westen eine Totenwache gehalten, als Zeichen einer Solidargemeinschaft mit dem Verstorbenen und mit den trauernden Angehörigen. Im Blick auf die Ikone von der Kreuzabnahme Jesu, wo Maria den Leichnam küsst und ihr Haupt an seines schmiegt, wird am Ende der Totenliturgie die Trauergemeinschaft aufgefordert, dem Toten den *letzten Kuss*[2] zu geben.

Auch in den westlichen Kirchen ist Abschiednehmen, Totenwache, Begräbnisfeier von einer besonderen Ehrfurcht und Dankbarkeit im Umgang mit dem Verstorbenen geprägt.

---

1) Vgl. A. Kallis: Brennender, nicht verbrennender Dornbusch, S. 285.
2) Vgl. A. Kallis, ebda, S. 289.

Abschließende Gedanken

„In unserer pluralistischen Gesellschaft wird die Angst vor dem Vielen immer stärker. Die einen tendieren dann zum Fundamentalismus, um die Angst zu vertreiben. Oder sie lassen sich von Sekten anziehen, die ganz klare Regeln und Normen haben und deren Rituale darum zu Zwangsritualen verkommen."[1] Die *Segmentierung des Lebens* ohne zusammenhängende Lebens- und Erlebens-Abläufe lässt die Wert-schätzung über Herkunft und Werdegang (wie beim Herstellen eines Autos) verloren gehen. Kinder sehen ihre Eltern nicht mehr arbeiten und wissen deshalb nicht, woher das Geld kommt, das sie, dem Konsum- und Gesellschaftsdruck weichend, „locker" fordern und ausgeben. Eltern leben in einer Geiselhaft der immer mehr fordernden Kinder. Sie sind dem gesellschaftlichen und vor allem durch die Medien geprägten Druck ausgeliefert, ihren Sprösslingen alles zu bieten, alles zu kaufen, auch unter Einbeziehung von Kreditaufnahmen (eine neue Form von Unfreiheit und Sklaverei). Für den zunehmenden Kult sog. Stars werden aus öffentlichen Geldern (Geiselhaft der Politiker durch die Medien) finanzierte Vernaschungsaktionen (sog. Events) – „gratis" – „panem et circences" – in populistischer Manier gesponsert.

Gerade in einer solchen Zeit der *Selbsttötungstendenz eines Volkes* – vergleichbar der Agonie der Römerzeit[2] – wird eine Sehnsucht wach, dem Leben der Menschen eine Alternative in einem kultivierten Freiraum zu eröffnen. Überdrüssig vom Zwang, stets alles sofort und zugleich konsumieren zu müssen[3], suchen manche ihre Freiheit[4], die sie weitgehend anonymen „Herren" geopfert haben, wieder zu erringen.

---

1) Vgl. A. Grün: Geborgenheit finden – Rituale feiern, S. 26.
2) Heute werden lieber Hunde gehalten als Kinder großgezogen, ähnlich dem letzten römischen Kaiser Romulus, der auf einer Farm Hühner züchtete.
3) Die sog. „Spaßgesellschaft" sorgt für eine stresserzeugende Veranstaltungsflut, die immer mehr Druck erzeugt, ja nichts zu versäumen.
4) Vgl. O. Stumpfe: Die Symbolsprache der Märchen, S. 206: „Aus der Haltung des 'Ichlings' [...] zum einzigen Wertmaßstab verabsolutierten und vergötzten Hochkapitalismus [...] der [...] den Menschen methodisch propagandistisch auslaugt und fesselt, da er ihn freiheitsunfähig macht."

Diesem Entwicklungs- und Weltszenario entwächst auch eine neue Sehnsucht nach Religion, einer gemeinsamen, auf die befreiende Kraft des Evangeliums setzenden Weltverantwortung in dankbarem Verbundensein mit dem Schöpfer-Gott.

Die *Not unserer Zeit* ist eine, die *an Übersättigung stirbt*, Menschen sehnen sich aus dem Einerlei, in dem es keine Abwechslung von Höhen und Tiefen mehr gibt, wo es Erdbeeren und Schnitzel rund um das Jahr jeden Tag gibt, wieder nach Ritualen und Rhythmen.

In einer Zeit, in der so viel vom positiven Denken geredet wird, ist Segnen ein viel tieferes *In-Beziehung-Treten*, das Aufbauen einer positiven Beziehung, die Unterstützung durch die Einbeziehung der „Kraft von oben".

* *Segnen* soll deshalb wieder *berührende Mitteilung und Vermittlung aller* werden, die ihre Glaubenshoffnung auf Jesus Christus setzen. Von Christus her gibt es keine privilegierten Spender[1] („Amtsträger"). „Grundsätzlich ist *jeder Christ* dank seiner in Taufe und Firmung gründenden Teilhabe am gemeinsamen Priestertum und seines persönlichen Gesegnet-Seins dazu *berufen*, in seinem je eigenen Lebensbereich, der ja immer auch Teil der Kirche ist, zu segnen, d. h. Gott für das gewährte Heil zu lobpreisen und ihm dafür zu danken und zugleich seine weitere Fürsorge und seinen künftigen Schutz wirksam zu erbitten. Deshalb können auch Laien in ihrem Lebensbereich (z. B. Eltern in der Familie) Benediktionen vornehmen."[2]

---

1) Vgl. H. Boulad: Mystische Erfahrung und soziales Engagement, S. 22: „Die Menschwerdung Gottes hat stattgefunden, um die Welt zu heiligen, die menschliche Begegnung zu heiligen, die Liebe zu heiligen, die Menschheit zu heiligen und den einzelnen zu heiligen. Der Gott der Inkarnation ist der Gott von Brot und Wein, er ist aber auch der Gott des Alltags, der Gott der Begegnung. Und ein Sakrament ist nichts anderes als eine Fortsetzung der Menschwerdung Gottes. [...] wenn Sie Medikamente und Kleidung verteilen, spenden Sie ein Sakrament; wenn Sie einem Kranken die Hand auflegen, spürt er bewusst oder unbewusst die Gegenwart, die Zärtlichkeit Gottes auf seiner Stirn."

2) Vgl. Gottesdienst der Kirche, T. 8, S. 245. Vgl. auch die sog. „Diözesane Regelung für Liturgische Feiern angesichts des Priestermangels" in der Diözese Graz-Seckau, die unter Punkt 5 „Von Laienchristen geleite-

* Die *Förderung des Segnens in der Haus- und Familienliturgie* sollte durch diese Arbeit aufgezeigt werden. „Die Dinge sind nicht, wie sie sind, sondern sie sind, wie sie geliebt sind, geliebt werden", sagte Bischof Klaus Hemmerle einmal in einer Fernsehansprache. Liebe und Gottvertrauen, personaler Glaube sind die Wurzeln für die Wirksamkeit des Segens.

* Nach *orthodoxer Auffassung* erhält der Mensch zwar nicht Anteil an Gottes Wesen, wohl aber an Gottes Herrlichkeit (Theosis), wie auch der Priester nicht „in persona", sondern „in nomine" Christi handelt, er setzt keinen Rechtsakt, sondern bringt das Heilshandeln Christi in Erinnerung (memoria); der eigentlich Handelnde bleibt Jesus Christus, für den der Priester in der Kulthandlung eine „lebende Ikone" wird. Da die *Ostkirche* die *Treue zu den Wurzeln* in besonderer Weise hochgehalten hat, und da der Osten einem *gemeinsamen Europa* wieder näherrückt, wird in dieser Arbeit der Bezug zu ihr immer wieder hergestellt, zum Segnen wird insbesondere unter dem Gesichtspunkt der *Ökumene* ermutigt.

* Segen wird wirksam, wo ein personaler Glaube sich ihm öffnet. *Segen zielt auf gelingendes Leben und birgt in seinen Berührungsgesten ein kritisches Potenzial gegen Leibfeindlichkeit, Undankbarkeit, Machbarkeitswahn und Resignation.* Leben verdankt sich stets einem liebenden Schöpfergott. Beschenkte antworten deshalb mit „Vergelt's Gott!", worauf der Schenkende erwidert „Segn's Gott!" In Gruß[1] und Wertschätzung des Namens[2] geschieht immer auch Segen.

---

te Segensgottesdienste" aufzählt, und die mit 13. 2. 2002 auf drei Jahre in Kraft getreten ist.

1) Vgl. A. L. Balling: Segenswünsche sind wie Sterne (ohne Seitenangabe): „Bei den Massai-Nomaden in Ostafrika habe ich es wiederholt beobachtet, wie die Dorfältesten, wenn sie eine benachbarte Siedlung betraten, von den Kindern, Jugendlichen und anwesenden Erwachsenen respektvoll begrüßt wurden. Statt einander die Hand zu reichen, stellten sich die Dörfler vor den Greis hin, senkten den Kopf und ließen sich von ihm die Hand auflegen. Gruß- und Segensformel zugleich!"

2) Viele Namen beinhalten einen Segenswunsch, z. B. Immanuel (= Gott ist mit uns).

* Segnen durch Berühren drückt sehr stark die *weibliche und mütterliche Dimension* der Gottesbegegnung aus. „Papst Johannes Paul I. sagte 1978: 'Gott ist sogar mehr Mutter[1] als Vater'. Für mich ist die Mariengestalt das weibliche Gesicht Gottes, die *Offenbarung seiner Zärtlichkeit*, eine bestimmte Art, wie er uns zu *berühren* versteht, dort wo wir es am stärksten empfinden. Das ist weiblich."[2] Deshalb gehen heute sog. *neue Rituale* und auch eine Neubelebung des Segnens gerade von Frauen aus. Das kann sich positiv auf die *Hausliturgie* und auf Segensfeiern in den unterschiedlichsten Lebenssituationen auswirken.

Vielleicht wird davon auch die *Gemeindeliturgie* einmal „angesteckt", wo heute Kommunionausteilerinnen Kleinkindern beim Kommunionempfang bereits ein Segenskreuz auf die Stirn zeichnen, hin und wieder Religionslehrerinnen oder Pastoralassistentinnen in Kindergottesdiensten Segensworte und -gesten einbringen.

* Dem Klagen über eine zunehmende menschliche Kälte und Unnahbarkeit unserer Zeit entspringt eine neue Sehnsucht nach *Berührung*.[3] Wo Kirche es als Institution verabsäumt, den Menschen mit greifbaren, berührenden Zeichen nahe zu sein und ihnen *Gott nahezubringen*, erwachsen im unbestellten Feld gleichsam von neuem Urgesten des Vertrauens, der Hoffnung, der Liebe, leibhaftige Botschaften eines immer neu schaffenden und zu uns niedersteigenden Gottes, dass uns sein Segen berühre.

„Berühren und berührt werden, das ist die Michelangelo-Situation, die Situation, wie Michelangelo sie im 16.Jahrhundert so zauberhaft in der Sixtinischen Kapelle in Rom gemalt hat: Mit dem ausgestreckten Finger berührt Gott den ersten Menschen, Adam, und erweckt ihn mit seiner Berührung zum Leben. Es

---

1) Vgl. Clemens von Alexandrien: „Wie eine Mutter hat uns der Vater geliebt". Zit. nach H. Boulad: Die tausend Gesichter des Geistes, S. 105.
2) Vgl. H. Boulad, ebda, S. 105.
3) Vgl. das Lied von Alarich Wallner: „Über die Erden muaßt barfuß gehen", 1994.

ist eine Erfahrung, die tief in der Existenz jedes einzelnen Menschen verankert ist: Wenn ich berührt werde, lebe ich, und ich spüre, dass ich lebe."[1]

---

1) Vgl. W. Schmid in seinem Festvortrag zum Jubiläum 50 Jahre Bildungshaus Schloss Puchberg am 14. 6. 2003, zit. nach „Die Furche" Nr.24/12. Juni 2003, S. 13.

LITERATURVERZEICHNIS

Agende für Evangelisch-Lutherische Kirchen und Gemeinden, Bd. IV: Ordination und Einsegnung, Einführungshandlungen, Einweihungshandlungen, Hrsg. von der Kirchenleitung der Vereinigten Evangelisch-Lutherischen Kirche Deutschlands. Hannover 1987.

Al Gore: Wege zum Gleichgewicht. Ein Marshallplan für die Erde. Frankfurt (Fischer) 1992.

Angenendt, Arnold: Heilige und Reliquien. Die Geschichte ihres Kultes vom frühen Christentum bis zur Gegenwart. München (C.H.Beck Verlag) 1994.

Bächtold-Stäubli, Hannes/Eduard Hoffmann-Krayer (Hg.): Handwörterbuch des deutschen Aberglaubens, Bd. 1-10 (1930 bis 1940), Nachdruck mit einem Vorwort von Christoph Daxelmüller, Berlin-New York 1987.

Balling, Adalbert Ludwig: Segenswünsche sind wie Sterne. Von der Heil-Kraft guter Worte. Freiburg-Basel-Wien (Herder) 1991.

Balling, Adalbert Ludwig: Segnen bringt Segen. Gutes Wünschen macht Heil an Leib und Seele. Reimlingen (Missionsverlag Marianhill Würzburg) 5. Aufl. 1990.

Balthasar, Hans Urs von: Die Wahrheit ist symphonisch. Aspekte des christlichen Pluralismus. Einsiedeln (Johannes-Verlag) 1972.

Bauernfeind, Hans, Richard Geier (Hrsg.): Leben braucht Segen. Segensfeiern. Für alle, die segnen und gesegnet werden wollen. Freiburg-Basel-Wien (Herder) 2002.

Baumgartner, Jakob (Hrsg.): Gläubiger Umgang mit der Welt. Die Segnungen der Kirche. Einsiedeln-Zürich (Benziger), Freiburg-Wien (Herder) 1976.

Bausinger, Hermann: Der Adventskranz. In: Brauchforschung (Hrsg. von Martin Scharfe), Wissenschaftliche Buchgesellschaft „Wege der Forschung", Bd. 627, Darmstadt 1991.

Becker, Gerhold: Die Ursymbole in den Religionen. Graz-Wien-Köln (Styria) 1987.

Benediktionale. Studienausgabe für die kath. Bistümer des deutschen Sprachgebietes. Hrsg. von den Liturgischen Instituten Salzburg, Trier, Zürich. Freiburg-Basel-Wien (Herder) 1989.

Berger, Rupert: Kleines Liturgisches Wörterbuch. Freiburg-Basel-Wien (Herder) 1969.

Betz, Otto: In geheimnisvoller Ordnung. Urformen und Symbole des Lebens. München (Kösel) 1992.

Biedermann, Hans: Lexikon der Symbole. Augsburg (Knaur-Verlag) 2002.

Bieger, Eckhard: Das Kirchenjahr zum Nachschlagen. Entstehung – Bedeutung – Brauchtum. München (APG) 1985.

Boff, Leonardo: Kleine Sakramentenlehre. Düsseldorf (Patmos) 1976.

Boulad, Henri: Alles ist Gnade. Der Mensch und das Mysterium der Zeit. Wien (Herold) 2. Aufl. 1992.

Boulad, Henri: Der mystische Leib. Kosmischer Zugang zur Eucharistie. Biricz (Edition Tau) 4. Aufl. 1999.

Boulad, Henri: Die tausend Gesichter des Geistes. Salzburg-Wien (Otto Müller Verlag) 2001.

Boulad, Henri: Die Vernunft des Herzens. Wohin die Seele strebt. Wien-München (Herold) 3. Aufl. 1993.

Boulad, Henri: Dimensionen der Liebe. Persönliche Aufzeichnungen. Biricz (Edition Tau) 4. Aufl. 1999.

Boulad, Henri: Gottessöhne, Gottestöchter. Gelebte Existenzreligion. Biricz (Edition Tau) 4. Aufl. 1999.

Boulad, Henri: Im Licht der Hinwendung. Wien (Dom-Verlag) 2. Aufl. 1994.

Boulad, Henri: Mystische Erfahrung und soziales Engagement. Salzburg (Otto Müller Verlag) 1997.

Boulad, Henri: Ordne deine Tage in Freiheit. Selbstverwirklichung und Erlösung. Wien (Herold) 3. Aufl. 1997.

Boulad, Henri: Starkes Tun, Stärkeres Sein. Leid und Sendung der Frau. Salzburg (Otto Müller Verlag) 2. Aufl. 1999.

Bundschuh-Schramm, Christiane (Hrsg): Ich will mit dir sein und dich segnen. Segensfeiern und Segensgesten. Ostfildern (Schwabenverlag) 1999.

Caminada, Christian: Die verzauberten Täler. Die urgeschichtlichen Kulte und Bräuche im alten Rätien. Olten und Freiburg/Br. (Walter Verlag) 1961.

Cardenal, Ernesto: Das Buch von der Liebe. Gütersloher Taschenbücher Siebenstern. Wuppertal (Peter Hammer Verlag) 2. Aufl. 1990.

Casel, Odo: Die Liturgie als Mysterienfeier. 5. verb. Aufl., Freiburg (Herder) 1923.

Christlicher Osten. Rundbrief der Catholica Unio. Päpstliches Werk der Kongregation für die Ostkirchen, Sekretariat für Österreich. Salzburg.

Chang, David: Mit Händen heilen. Schmerzfrei, gesund und fit durch Berührung und Fingerdruck. München (Südwest Verlag) 2. Aufl. 2000.

Chardin, Pierre Teilhard de: Das göttliche Milieu (Le Milieu Divin). Ein Entwurf des Innern Lebens. Olten und Freiburg im Breisgau (Walter Verlag) 1961.

Chardin, Pierre Teilhard de: Lobgesang des Alls. Olten und Freiburg (Walter) 2. Aufl. 1966.

Charta Oecumenica. Leitlinien für die wachsende Zusammenarbeit von den Kirchen in Europa. Konferenz Europäischer Kirchen und Rat der Europäischen Bischofskonferenzen. Strasbourg 2001.

Codex Iuris Canonici (CIC), Codex des kanonischen Rechtes. Lateinisch-deutsche Ausgabe. Kevelaer (Verlag Butzon & Bercker) 4. Aufl. 1994.

Das heilige Euchologion der koptischen Kirche. Koptisch Orthodoxes Patriarchat, Kirche St. Johannes des Täufers, Graz, Österreich. [Arabisch und Deutsch]. Kairo 1996.

Das Sakramentarium Gregorianum. Hrsg. v. D. Hans Lietzmann. Münster (Aschendorffsche Verlagsbuchhandlung), 4. Aufl. 1967.

Demandt, Alexander: Die Spätantike. Röm. Geschichte von Diocletian bis Justinian 284-565 n. Chr. (Handbuch der Altertumswissenschaft, 3. Abt., Teil 6). München (Beck) 1989.

Denzinger, Heinrich: Enchiridion Symbolorum, Definitionum et Declarationum de rebus fidei et morum. Freiburg (Herder) 11. Aufl. 1911.

Der christliche Osten. Zeitschrift. Würzburg.

Deretz, J.-A. Nocent: Konkordanz der Konzilstexte. Graz-Wien-Köln (Styria) 1968.

Der steirische Bauer. Leistung und Schicksal von der Steinzeit bis zur Gegenwart. Eine Dokumentation. Katalog der steirischen Landesausstellung in der Industriehalle Graz, 11. 6. - 4. 9. 1966. Veröffentlichungen des Steiermärkischen Landesarchives, Bd. 4. Graz 1966.

Deter, Hans-Christian (Hrsg.): Psychosomatik am Beginn des 21. Jahrhunderts. Chancen einer biopsychosozialen Medizin. Bern (Hans Huber Verlag) 2001.

Didache. Zwölf-Apostel-Lehre. Übersetzt und eingeleitet v. Georg Schöllgen. Traditio Apostolica. Apostolische Überlieferung. Übersetzt und eingeleitet v. Wilhelm Geerlings. (Fontes Christiani, Bd.1.). Freiburg (Herder) 1991, S. 23-139 (Didache), S. 144-313 (Traditio Apostolica).

Die Feier der Krankensakramente. Die Krankensalbung und die Ordnung der Krankenpastoral in den katholischen Bistümern des deutschen Sprachgebietes. Hrsg. im Auftrag der Bischofskonferenzen Deutschlands, Österreichs und der Schweiz, sowie der (Erz-)Bischöfe von Bozen-Brixen, Lüttich, Luxemburg und Straßburg. Solothurn und Düsseldorf (Benziger ua), 2. Aufl. 1995.

Die Feier der Trauung. In den katholischen Bistümern des deutschen Sprachgebietes. Hrsg. im Auftrag der Bischofskonferenzen Deutschlands, Österreichs und der Schweiz, sowie der (Erz-)Bischöfe von Bozen-Brixen, Lüttich, Luxemburg und Straßburg. Zürich und Braunschweig (Benziger ua), 2. Aufl. 1992.

Die Göttliche Liturgie unseres heiligen Vaters Johannes Chrysostomus im byzantinisch-russischen Ritus. Kirchenslawisch-deutsch. Essen 1988.

Die heilige Liturgie der Koptischen Kirche. Würzburg (Augustinus-Verlag) 1973.

Dietrich, Hans-Christian (Hrsg.): Das Glaubensleben der Ostkirche. München (C.H.Beck-Verlag) 1989.

Die Feier der Kindertaufe. In den katholischen Bistümern des deutschen Sprachgebietes. Einsiedeln-Köln (Benziger), Freiburg-Basel-Wien (Herder) 1971.

Die Feier des Fronleichnamsfestes. Hrsg. im Auftrag der österreichischen Bischofskonferenz, Salzburg (Verlag St. Peter) 2. unveränderte Aufl. 1987.

Die Furche. Wochenzeitung für Gesellschaft, Politik, Kultur, Religion und Wirtschaft. Wien (Verlag Styria) Nr.24/2003.

Die Heilige und Göttliche Liturgie des Heiligen unter den Vätern Johannes Chrysostomus, des Erzbischofs von Konstantinopel. München (Kloster des Hl. Hiob von Počaev) 2. Aufl. 1995.

Die kirchliche Begräbnisfeier. In den katholischen Bistümern des deutschen Sprachgebietes. Einsiedeln und Köln (Benziger) 1972.

Douglas, Mary: Ritual, Tabu und Körpersymbolik. Sozialanthropologische Studien in Industriegesellschaft und Stammeskultur. Conditio humana. Frankfurt/M. 1974.

Durch das Jahr, durch das Leben: Hausbuch der christlichen Familie. Verfasst von Hermann Garritzmann u. a. Neuausgabe München (Kösel) 2000.

Eberhart, Helmut, Edith Hörandner, Burkhard Pöttler (Hrsg.): Volksfrömmigkeit. Referate der Österreichischen Volkskundetagung 1989 in Graz. Buchreihe der Österr. Zeitschrift für Volkskunde. Hrsg. von Klaus Beitl. Neue Serie Bd. 8. Wien (Selbstverlag des Vereins für Volkskunde) 1990.

Egeria. Itinerarium-Reisebericht, mit Auszügen aus Petrus Diaconus: De locis sanctis / Die Heiligen Stätten. Übersetzt und eingeleitet von Geborg Röwekamp, unter Mitarbeit von Dietmar Thömes. Freiburg (Herder) 1995 (Fontes Christiani, Bd. 20).

Eliade, Mircea: Die Religionen und das Heilige. Elemente der Religionsgeschichte. Salzburg 1954.

Eliade, Mircea: Geschichte der religiösen Ideen, 4 Bde. Freiburg (Herder) 1993.

Feyerabend, Thomas: Des Himmels und der Erde Zeichen. Feste und Brauchtum das Jahr hindurch. Freiburg (Christophorus Verlag) 1984.

Fillipetti, Herwé, Janine Troterau: Zauber, Riten und Symbole. Magisches Brauchtum im Volksglauben. Freiburg/Br. (Verlag Hermann Bauer) 1992.

Fischer-Wollpert, Rudolf: Der Herr sei mit uns. Segnungen innerhalb der Familie. Regensburg (Friedrich Pustet Verlag) 1983.

Flex, Walter: Der Wanderer zwischen beiden Welten. Ein Kriegserlebnis. München (Beck) 21. Aufl. 1918.

Forstner, Dorothea: Die Welt der christlichen Symbole. Innsbruck-Wien (Tyrolia) 5. Aufl. 1986.

Franz, Adolph: Die kirchliche Benediktion im Mittelalter, 2 Bde. Freiburg 1909.

Fröhlich, Roland: Grundkurs Kirchengeschichte. Freiburg (Herder) 1980.

Fromm, Erich: Die Kunst des Liebens. Stuttgart (Deutsche Verlagsanstalt) 1980.

Fuchs, Guido (Hrsg.): zeitgemäß. Dem Kirchenjahr Klang und Farbe geben. Regensburg (Friedrich Pustet) 2002.

Gaillot, Jacques: „Eine Kirche, die nicht dient, dient zu nichts". Erfahrungen eines Bischofs. Freiburg-Basel-Wien (Herder) 1990.

Gelasianum. Das fränkische Sacramentarium Gelasianum. Hrsg. v. Kunibert Mohlberg. Münster (Aschendorffsche Verlagsbuchhandlung, 3. verb. Aufl. 1971.

Geramb, Viktor: Sitte und Brauch in Österreich. 3. verb. Aufl. des Buches „Deutsches Brauchtum in Österreich", Graz (Styria) 1948.

Geramb, Viktor von: Um Österreichs Volkskultur. Salzburg (Otto Müller Verlag) 1946.

Geschichte der Familie. 4 Bde. Frankfurt-New York (Campus Verlag) 1996-1998.

Gottesdienst der Kirche. Handbuch der Liturgiewissenschaft. Hrsg. von Hans Bernhard Meyer u. a. Teil 3: Gestalt des Gottesdienstes. Regensburg (Friedrich Pustet) 2. Aufl. 1990.

Gottesdienst der Kirche. Handbuch der Liturgiewissenschaft. Hrsg. von Hans Bernhard Meyer u. a. Teil 8: Sakramentliche Feiern II. Regensburg (Friedrich Pustet) 2. Aufl. 1990.

Gotteslob. Katholisches Gebet- und Gesangbuch. Diözese Graz-Seckau. Hrsg. von den Bischöfen Deutschlands und Österreichs und den Bistümern Bozen-Brixen-Lüttich und Luxemburg. Graz (Styria) 1975, Ergänzte Neuauflage 1999.

Gottes Segen und die Segenshandlungen der Kirche. Ein Votum des theologischen Ausschusses der Arnoldshainer Konferenz. Neukirchen-Vluyn 1995.

Grabner, Elfriede: Krankheit und Heilen. Eine Kulturgeschichte der Volksmedizin in den Ostalpen. Österreichische Akademie der Wissenschaften. Philosophisch-Historische Klasse. Sitzungsberichte, 457. Bd. Mitteilung des Instituts für Gegenwartsvolkskunde Nr. 16. Wien (Verlag der Österreichischen Akademie der Wissenschaften) 2. Aufl. 1997.

Grabner, Elfriede: Martinisegen und Martinigerte in Österreich. Ein Beitrag zur Hirtenvolkskunde des Südostalpenraumes, in: Wissenschaftliche Arbeiten aus dem Burgenland (39), Eisenstadt 1968.

Grabner, Elfriede: Verborgene Volksfrömmigkeit. Frühe und volksbarocke Christusapokryphen in Wort- und Bildzeugnissen. Wien-Köln-Weimar (Böhlau Verlag) 1997.

Grabois, Aryeh: Enzyklopädie des Mittelalters. Edition Atlantis. Frankfurt (Athenäum Verlag) ohne Angabe des Erscheinungsjahres.

Gratzl, Karl (Hrsg.): Die heiligsten Berge der Welt. Graz (Verlag für Sammler) 1990.

Gregorianum. Die älteste erreichbare Gestalt des Liber Sacramentorum anni circuli der römischen Kirche. Hrsg. von Kunibert Mohlberg und Anton Baumstark. Münster (Aschendorffsche Verlagsbuchhandlung), 1927/1967.

Griesbeck, Josef: Ich zeige dir die Erde. Zeichen und Symbole werden lebendig. Ein Werkbuch. München (Don Bosco Verlag) 1984.

Griesbeck, Josef: Viel Glück und viel Segen. Glückwünsche und Segensgesten. München (Kösel Verlag) 1992.

Grimm, Brüder: Kinder- und Hausmärchen. Vollständige Ausgabe. 2 Bde. Zürich (Manesse Verlag) ohne Angabe des Erscheinungsjahres.

Gruen, Arno: Der Fremde in uns. Stuttgart (Klett-Cotter-Verlag) 6. Aufl. 2002.

Gruen, Arno: Der Kampf um die Demokratie. Der Extremismus, die Gewalt und der Terror. Stuttgart (Klett-Cotter-Verlag) 6. Aufl. 2002.

Grün, Anselm: Geborgenheit finden – Rituale feiern. Wege zu mehr Lebensfreude. Stuttgart (Kreuz Verlag) 1997.

Guardini, Romano: Von heiligen Zeichen. Mainz (Matthias Grünewald) 9. Aufl. 1966.

Haid, Gerlinde und Hans: Alpenbräuche – Riten und Traditionen in den Alpen. Bad Sauerbrunn (Edition Tau) 1994.

Harnoncourt, Philipp: Der Gebrauch von Zeichen und Symbolen in der Liturgie. Sonderdruck aus Theologisch-Praktische Quartalschrift 133 (Linz 1985), Heft 2.

Hauer, Nadine, Paul M. Zulehner: Aufbruch in den Untergang? Das zweite Vatikanische Konzil und seine Auswirkungen. Wien (Herder) 1991.

Heidegger, Martin: Sein und Zeit. Tübingen (Max Niemayer Verlag) 12. unveränd. Aufl. 1972.

Heinz, Andreas, Heinrich Rennings: Heute segnen. Werkbuch zum Benediktionale. Freiburg-Basel-Wien (Herder) 1987.

Heinz-Mohr, Gerd: Lexikon der Symbole. Bilder und Zeichen der christlichen Kunst. Düsseldorf-Köln (Eugen Diederichs Verlag) 1971.

Hesemann, Michael: Die stummen Zeugen von Golgatha. Die faszinierende Geschichte der Passionsreliquien Christi. Atlantis (Hrsg. von Hans Christian Meiser). Kreuzlingen und München (Verlag Hugendubel) 2000.

Hesse, Hermann: Die Morgenlandfahrt. Eine Erzählung. Frankfurt/M. (Suhrkamp Verlag) 1973.

Hollerweger, Hans: Das neue deutsche Benediktionale. Ein Arbeitsbericht. Liturgisches Jahrbuch 30. Münster 1980, S.69-89.

Hörandner, Edith: Segenszeichen auf dem Felde, in: Wildnis, Forst und Ackerland (Hrsg. von Christine Wessely), Wien 1974, S. 90-92.

Instructio der Studienkongregation vom 6. Jänner 1987 zur Intensivierung der Berücksichtigung der orthodoxen Theologie an den Katholisch-Theologischen Fakultäten. Rom, Prot. N. 340/86.

Irische Gebete aus der Benediktiner Abtei Glenstal. Graz-Wien-Köln (Styria) 2002.

Jakobus-Liturgie + Liturgie der Vorgeweihten Gaben. Zürich 1986.

Johnson, Maxwell E.: The prayers of Serapion of Thumis. Orientalia Christiani Analecta (OCA) 249. Rom 1995.

Jungmann, Josef Andreas: Missarum Sollemnia. Eine genetische Erklärung der römischen Messe. 2 Bde. Wien (Herder) 2. Aufl. 1949.

Kaczynski, Reiner: Die Benediktionen. In: Gottesdienst der Kirche, Teil 8. Regensburg (Friedrich Pustet Verlag) 1984, S. 233-274.

Kaindl, Heimo (Hrsg.): In froher Erwartung. Kunst, Liturgie und Brauchtum in der Advent- und Weihnachtszeit. Graz-Budapest (A. Schnider Verlag) 1991.

Kallis, Anastasios: Brennender, nicht verbrennender Dornbusch. Reflexionen orthodoxer Theologie. Münster (Theophano-Verlag) 1999.

Kallis, Anastasios: Das hätte ich gerne gewusst. 100 Fragen an einen orthodoxen Theologen. Münster (Theophano-Verlag) 2003.

Kallis, Anastasios (Hrsg.): Gottesdienste am heiligen und hohen Herrntag des Pas'cha (Ostersonntag): Griechisch-Deutsch. Münster (Theophano Verlag) 2001.

Kallis, Anastasios (Hrsg.): Gottesdienst der Krönung (Trauung). Griechisch-Deutsch. Münster (Theophano Verlag) 2000.

Kallis, Anastasios (Hrsg.): Gottesdienst des Akathistos-Hymnos in Verbindung mit dem kleinen Apodeipnon. Griechisch-Deutsch. Münster (Theophano Verlag) 1998.

Kallis, Anastasios (Hrsg.): Taufgottesdienst der Orthodoxen Kirchen. Griechisch-Deutsch. Münster (Theophano Verlag) 1999.

Kapellari, Egon: Heilige Zeichen in Liturgie und Alltag. Graz-Wien-Köln (Styria) 1997.

Katholische Presseagentur „KathPress" – Tagesdienst: www.kathpress.at.

Katschnig-Fasch, Elisabeth: Die „merkwürdigen" Palmbuschen im slowenischen Sanntal, in: Volkskunst, Zeitschrift für volkskundliche Sachkultur. München (1981/82) S.114-118.

Kaufmann, Paul: Brauchtum in Österreich. Feste, Sitten, Glaube. Wien-Hamburg (Zsolney Verlag) 1982.

Kierkegaard, Sören: Die Krankheit zum Tode. Reinbek bei Hamburg (Rowohlt) 1969.

Kirchhoff, Hermann: Christliches Brauchtum. Vom Advent bis Ostern. München (Kösel) 1984.

Kirchhoff, Hermann: Christliches Brauchtum. Feste und Bräuche im Jahreskreis. München (Kösel) 1995.

Kluge, Friedrich: Etymologisches Wörterbuch der deutschen Sprache. Berlin. (Walter de Gruyter & Co) 20. Aufl. 1967.

Koren, Hanns: Bauernhimmel. Heiligendarstellungen im bäuerlichen Brauchtum. Graz-Wien-Köln (Styria) 2. Aufl. 1981.

Koren, Hanns: Das religiöse Zeugnis in der Tradition des volkstümlichen Menschen oder: Wider die Verunglimpfung des Brauchtumschristen. Vortrag bei der Herbsttagung der Katecheten der Diözese Graz-Seckau, September 1979. Kopierte Mitschrift des Religionspädagogischen Instituts der Diözese Graz-Seckau.

Koren, Hanns: Volksbrauch im Kirchenjahr. Ein Handbuch. Innsbruck (Pinguin) 1986.

Kühner, Hans: Lexikon der Päpste. Von Petrus bis Paul VI. Zürich-Stuttgart (Werner Classen Verlag) 1965.

Küng, Hans: Projekt Weltethos. München-Zürich (Piper) 3. Aufl. 1991.

Küpper, Heinz: Illustriertes Lexikon der deutschen Umgangssprache, 8 Bde. Stuttgart (Klett) 1982-1984.

Kunst der Ostkirche. Ausstellungskatalog. Stift Herzogenburg 7. Mai bis 30. Oktober 1977. Wien, Katalog des Niederösterreichischen Landesmuseums, Neue Folge, Nr. 73, 1977.

Larentzakis, Grigorios: Die orthodoxe Kirche. Ihr Leben und ihr Glaube. Graz-Wien-Köln (Styria) 2. Aufl. 2001.

Larentzakis, Grigorios: Ehe, Ehescheidung und Wiederverheiratung in der orthodoxen Kirche. Sonderdruck aus: Theologisch-praktische Quartalschrift, 125. Jahr, 1977, 3. Heft.

Larentzakis, Grigorios: Ehe-Mysterium der Liebe. Einige Aspekte zur Eheauffassung und Familiengestaltung aus orthodoxer Sicht. In: Grazer Theologische Studien, Bd. 14, Graz (Eigenverlag) 1991.

Larentzakis, Grigorios: Ehe-Mysterium der Liebe. Orthodoxe Aspekte zur Ehe, Ehescheidung und Wiederverheiratung. Sonderdruck aus: Maximilian Liebmann (Hrsg.): War die Ehe immer unauflöslich? Limburg-Kevelaer (Lahn-Verlag) 2002.

Larentzakis, Grigorios: Im Mysterium leben. Entwicklungen in der Mysterientheologie des Westens aus der Sicht eines orthodoxen Theologen. Sonderdruck aus: Orthodoxes Forum. Zeitschrift des Institutes für Orthodoxe Theologie der Universität München. 2. Jg., 1. St. Ottilien (Eos Verlag) 1988.

Larentzakis, Grigorios: Konziliarität und Kirchengemeinschaft – Zukunftsüberlegungen. In: Ökumenisches Forum. Grazer Hefte für konkrete Ökumene Nr. 10. Hrsg. im Eigenverlag des Institutes für ökumenische Theologie und Patrologie der Theologischen Fakultät und „IAS", Graz 1987.

Larentzakis, Grigorios: 10 Jahre offizieller Dialog zwischen orthodoxer und katholischer Kirche – Eine Bilanz. 19. Ökumenische Akademie in Salzburg, 17. Mai 1990 / 10.Ökumenisches Symposion in Graz, 28. November 1990. In: Alfred Stirnemann, Gerhard Wilfinger, In Verbo autem tuo. Die Ökumene unter Kardinal Groer. Festschrift zum 75. Geburtstag. Wien-Innsbruck (Tyrolia) 1994, S. 46-77.

Ledergerber, Karl: Die Auferstehung des Eros. Die Bedeutung von Liebe und Sexualität für das künftige Christentum. München (Pfeiffer) 1971.

Le Fort, Gertrud von: Plus ultra. Erzählung. Wiesbaden (Insel Verlag) 1950.

Lexikon für Theologie und Kirche (LThK), Freiburg (Herder) 3. Aufl. 1997.

Liturgie. Die Göttliche Liturgie der orthodoxen Kirche. Deutsch-Griechisch-Kirchenslawisch. Hrsg. und erläutert von Anastasios Kallis. Mainz (Matthias Grünewald Verlag) 1989.

Liturgisches Hausbuch. Gebete der Familien. Hrsg. v. Heinz Janssen. Kevelaer (Verlag Butzon & Bercker) 1991.

Lorgus, Andrej, Michail Dudko: Orthodoxes Glaubensbuch. Eine Einführung in das Glaubens- und Gebetsleben der Russischen Orthodoxen Kirche. Würzburg (Verlag „Der christliche Osten") 2001.

Luther Deutsch. Die Werke Martin Luthers in neuer Auswahl für die Gegenwart. Hrsg. v. Kurt Aland. 10 Bde. und 1 Registerband. Göttingen (Vandenhoeck & Ruprecht) 1983.

Luther, Martin: Von der Freiheit eines Christenmenschen. Ein Sendbrief an den Papst Leo X., 1520. In: M. Luther. An den christlichen Adel deutscher Nation u. a. Schriften. Stuttgart (Reclam) 2. Aufl. 1966.

Maderner, P. Karl (Hrsg.): Du wirst ein Segen sein. Neue Lieder für Gottesdienst und Gemeinde. Heiligenkreuz a. W. (Verlag Haus der Stille) 1993.

Martinetz, Dieter, Karlheinz Lohs, Jörg Janzen: Weihrauch und Myrrhe. Kulturgeschichtliche und wirtschaftliche Bedeutung; Botanik, Chemie, Medizin. Stuttgart (Wissenschaftl. Verlagsges.) 1988.

Marx, Helma (Hrsg): Das Buch der Mythen aller Zeiten, aller Völker. Graz-Wien-Köln (Styria) und München (Eugen Diederichs) 1989.

Mauss, Marcel: Entwurf einer allgemeinen Theorie der Magie. In: ders., Soziologie und Anthropologie, Bd. 1. Frankfurt/M. 1999, S. 43-179.

Mayr, Markus: Geld, Macht und Reliquien. Wirtschaftsauswirkungen des Reliquienkultes im Mittelalter. Bd. 6 der Reihe Geschichte und Ökonomie. Innsbruck-Wien-München (Studienverlag) 2000.

Melzer, Ingrid: Bauernhimmel oder Die Heiligen Fürsprecher. TV-Film nach Hanns Korens Bauernhimmel, 1984.

Messbuch. Die Feier der Heiligen Messe. Für die Bistümer des deutschen Sprachgebietes. Authentische Ausgabe für den liturgischen Gebrauch. Kleinausgabe. Das Messbuch deutsch für alle Tage des Jahres. Einsiedeln-Köln (Benziger) 2.Aufl. 1988.

Messner, Reinhard: Sakramentalien. In: Theologische Realenzyklopädie Bd. XXIX, Berlin-New York (Walter de Gruyter) 1998, S. 648-663.

Moser, Bruno: Bilder, Zeichen und Gebärden. Die Welt der Symbole. München (Südwest Verlag) 1986.

Moser, Dietz-Rüdiger: Bräuche und Feste im christlichen Jahreslauf. Graz-Wien-Köln (Styria) 1993.

Moser, Hans: Jungfernkranz und Strohkranz. In: Brauchforschung (Hrsg. von Martin Scharfe), Wissenschaftliche Buchgesellschaft „Wege der Forschung", Bd. 627, Darmstadt 1991.

Moser, Oskar: Zum Palmbuschen in Kärnten. In: Die Kärntner Landsmannschaft 4, 1969, S. 2-4.

Müller, Gerhard (Hrsg.): Theologische Realenzyklopädie, Bd. 29 und 31. Berlin-New York (Walter de Gruyter) 1998 bzw. 2000.

Müller, Wunibald: Sich vom Heiligen berühren lassen. Mainz (Matthias Grünewald Verlag) 2002.

Münster, Katharina (Hrsg.): Hände geben Zeichen. Wuppertal/Gütersloh (Kiefel) 1993.

Munter, Leo: Der Besinnungsweg zum Sonnengesang. Lana (Tappeiner Verlag) 1998.

Munter, Leo: Der Europa-Besinnungsweg. Unterwegs zum Auferstandenen mit europäischen Heiligen von Brixen nach St. Cyrill. Lana (Tappeiner Verlag) 1998.

Muthspiel, Kurt: Licht wird sein. Brennt ein Licht drinn im Stall (Gedanken zum Advent). Es wird ein Tag, ein Licht wird sein (Österliches Oratorium). Wien-München (Doblinger) 2001.

Mysterium der Anbetung: Bd. 1, Göttliche Liturgie und Stundengebet der Orthodoxen Kirche. Hrsg. v. Erzpriester Sergius Heitz. Köln (Luthe Verlag) 1996.

Mysterium der Anbetung: Bd. 3, Die Mysterienhandlungen der Orthodoxen Kirche und das tägliche Gebet der Orthodoxen Gläubigen. Hrsg. v. Erzpriester Sergius Heitz. Köln (Luthe Verlag) 1988.

Neuner, Josef, Heinrich Roos: Der Glaube der Kirche in den Urkunden der Lehrverkündigung. Regensburg (Friedrich Pustet) 8. Aufl. 1971.

Nietzsche, Friedrich: Also sprach Zarathustra. Ein Buch für alle und keinen. München (Goldmann Taschenbuch Bd.403) 1970.

Ökumenische Segensfeiern. Eine Handreichung. Hrsg. von Hanns Kerner und Elmar Nübold. Paderborn (Bonifazius) 2.Aufl. 1998.

Orthodoxer Kirchenkalender 2003. München (Kloster des Hl. Hiob von Po?aev) 2002.

Orthodoxes Gebetbuch. Hrsg. von der Russisch Orthodoxen Diözese des Orthodoxen Bischofs von Berlin und Deutschland. Berlin-München 1989.

Parsch, Pius: Volksliturgie. Ihr Sinn und Umfang. Klosterneuburg (Volksliturgischer Verlag) 1940.

Pease, Allan & Barbara: Warum Männer nicht zuhören und Frauen schlecht einparken. München (List Verlag) 22. Aufl. 2002.

Pfliegler, Michael: Vor der Entscheidung. Überlegungen zur seelischen Bedrohtheit des heutigen Menschen. Salzburg-Leipzig (Anton Pustet Verlag) 6. Aufl. 1938.

Pichelmann, Marianne: Herr, höre unser Klagen. Totenwachen. Eberschwang (Moserbauer) 1995.

Pieringer, Walter, u. a.: Denkbilder des Körpers. Körper-Theorien in der Medizinischen Psychologie. Skriptum für einen Vortrag in Graz 2002.

Popper, Karl Raimund: Auf der Spur nach einer besseren Welt. Vorträge und Aufsätze aus dreißig Jahren. München (Piper) 6. Aufl. 1991.

Postman, Neil: Wir amüsieren uns zu Tode. Urteilsbildung im Zeitalter der Unterhaltungsindustrie. Frankfurt/M. (Fischer) 1985.

Prisching, Manfred: Die Mc Gesellschaft in der Gesellschaft der Individuen. Graz-Wien-Köln (Styria) 1998.

Prüller-Jagenteufel, Veronika: Segen und Fluch. diakonia. Internationale Zeitschrift für die Praxis der Kirche. Wien (Herder) 33.Jg. Heft 1, Januar 2002.

Rahner, Karl (Hrsg.): Herders Theologisches Taschenlexikon in 8 Bänden. Freiburg-Basel-Wien (Herder) 1972.

Rahner, Karl, Herbert Vorgrimmler: Kleines Konzilskompendium. Freiburg (Herder) 2. erg. Aufl. 1967.

Rauchenecker, Herbert: Alte Bräuche – Neues Denken. Impulse aus Naturschutz und Tourismus. München (Pfeiffer) 1992.

Renhart, Erich (Hrsg.): Arbeits- und Forschungsbericht aus dem Institut für Liturgiewissenschaft, christliche Kunst und Hymnologie an der Karl-Franzens-Universität Graz. Graz (Manumedia Verlag Schnider) 1999.

Richter, Klemens: Feste und Brauchtum im Kirchenjahr. Lebendiger Glaube in Zeichen und Symbolen. Freiburg (Herder) 2. Aufl. 1992.

Rituale Romanum Pauli V. Iussu editum et a Benedicto XIV. auctum et castigatum. Regensburg (Friedrich Pustet) 1878.

Scharfe, Martin: Zum Rügebrauch. In: Brauchforschung. Wissenschaftliche Buchgesellschaft „Wege der Forschung", Bd. 627. Darmstadt 1991.

Scheuber, Josef Konrad: Bauerngebetbuch. Einsiedeln (Verlag Wendelins-Werk) 1951.

Schleich, Johann: Heil- und Wunderquellen in der Steiermark. Graz-Wien-Köln (Styria) 1998.

Schmeisser, Martin, Friedemann Fichtl (Hrsg.): Segne uns mit deinem Licht. Segen empfangen und weitergeben. Eschbach (Verlag am Eschbach) 1991.

Schmeisser, Martin (Hrsg.): Gesegneter Tag. Ein spiritueller Begleiter. Eschbach (Verlag am Eschbach) 1996.

Schmeisser, Martin (Hrsg.): Gesegneter Weg. Segenstexte und Segensgesten. Eschbach (Verlag am Eschbach) 1997.

Schneider, Werner u. a.: Brauchtum und Feste in Österreich. Innsbruck (Pinguin Verlag) 1985.

Schnitzler, Theodor: Kirchenjahr und Brauchtum neu entdeckt. Freiburg-Basel-Wien (Herder) 1977.

Schnitzler, Theodor: Was die Sakramente bedeuten. Hilfen zu einer neuen Erfahrung. Freiburg-Basel-Wien (Herder) 1981.

Schölm, Hans: Zum Beitrag „Bestandteile des Palmbuschens". In: Mitteilungsblatt des Arbeitskreises der Betreuer volkskundlicher Sammlungen im Niederösterreichischen Bildungs- und Heimatwerk, Jg. 1974, Nr. 4.

Schölm, Hans: Der „Segensbaum" (Sadebaum). In: Mitteilungsblatt des Arbeitskreises der Betreuer volkskundlicher Sammlungen im Niederösterreichischen Bildungs- und Heimatwerk, Jg. 1974, Nr. 6.

Schöpf, Hans: Volksmagie. Vom Beschwören, Heilen und Liebe zaubern. Graz-Wien-Köln (Styria) 2001.

Seattle: Wir sind ein Teil der Erde. Die Rede des Häuptlings Seattle vor dem Präsidenten der Vereinigten Staaten von Amerika im Jahre 1855. Olten und Freiburg (Walter Verlag) 11. Aufl. 1984.

Segenswünsche aus Irland. Augsburg (Pattloch) 1999.

Selig, Karl: Ikonen – Zeichen des Heils. Heiligkreuztal (Verlag Aktuelle Texte) 1990.

Seuffert, Josef: Lebendige Zeichen. Kleine Fibel christlicher Symbole. Freiburg-Basel-Wien (Herder) 1983.

Soldan, W. G., Heinrich Heppe: Geschichte der Hexenprozesse. Neu bearbeitet und hrsg. von Max Bauer. 2 Bde., 1911. Nachdruck: Köln (Parkland Verlag) 1999.

Specht-Tomann, Monika, Doris Tropper: Hilfreiche Gespräche und heilsame Berührungen im Pflegealltag. Berlin-Heidelberg-New York (Springer Verlag) 2000.

Steffen, Uwe: Das Mysterium von Tod und Auferstehung. Göttingen (Vandenhoeck & Ruprecht) 1963.

Stundenbuch. Die Feier des Stundengebetes. Für die katholischen Bistümer des deutschen Sprachgebietes Bd.1 (Advent- und Weihnachtszeit), Bd. 2 (Fasten- und Osterzeit), Bd. 3 (Jahreskreis). Einsiedeln-Köln (Benziger), Freiburg-Basel (Herder) 1978.

Stumpfe, Ortrud: Die Symbolsprache der Märchen. Münster (Aschendorff Verlag) 1969.

Swoboda, Otto: Lebendiges Brauchtum. Salzburg (Residenz Verlag) 1970.

Symbole. Herder Lexikon. Freiburg (Herder) 1978.

Theologisches Wörterbuch zum Alten Testament. Hrsg. von Heinz-Josef Fabry. 10 Bde. Stuttgart (Kohlhammer Verlag) 1973 ff.

Traditio Apostolica. Apostolische Überlieferung. Übersetzt und eingeleitet von Wilhelm Geerlings. (Fontes Christiani, Bd. 1). Freiburg (Herder) 1991, S. 141-313.

Una Sancta. Zeitschrift für ökumenische Begegnung. Meitingen (Kyrios Verlag) 47.Jg. 1992; 58.Jg., Heft 3, 2003.

Ut unum sint. Enzyklika von Johannes Paul II. über den Einsatz für die Ökumene, 25. Mai 1995. In: Verlautbarungen des Apostolischen Stuhles 121. Hrsg. v. Sekretariat der Deutschen Bischofskonferenz, Bonn 1995, S. 5-80.

Vossen, Rüdiger: Weihnachtsbräuche in aller Welt. Weihnachtszeit – Wendezeit, Martini bis Lichtmeß. Wegweiser zur Völkerkunde Bd. 33. Hamburg (Christians) 2. Aufl. 1986.

Wagemann, Gertrud: Feste der Religionen – Begegnung der Kulturen. München (Kösel) 1996.

Walter, Sepp: Der steirische Mandlkalender. Seine Zeichen und Symbole. Graz (Leykam-Alpina) 1987.

Walter, Sepp: Steirische Bräuche im Laufe des Jahres. Schriftenreihe des Landschaftsmuseums Schloss Trautenfels am Steierm. Landesmuseum Joanneum, Bd. 6. Trautenfels (Eigenverlag) 1997.

Weinreb, Friedrich: Zahl – Zeichen – Wort. Das symbolische Universum der Bibelsprache. Weiher im Allgäu (Thamos Verlag) 4. Aufl. 1999.

Weiß, Dieter: Weidenruten als Segenszeichen. In: Stainzer Volksleben. Katalog Nr. 5, Sonderausstellung 1979. Stainz 1979, S. 44-46.

Weizsäcker, Carl Friedrich von: Der Garten des Menschlichen. Beiträge zur geschichtlichen Anthropologie. München-Wien (Carl Hauser Verlag) 6. Aufl. 1978.

Wester, Manfred: Leben weitergeben. Erfahrungen mit alten irischen Segenswünschen. Gelnhausen und Berlin (Burckhardthaus-Laetare Verlag) 1983.

Westermann, Klaus: Der Segen in der Bibel und im Handeln der Kirche. München 1968. Nachdruck Gütersloh 1981 (Siebenstern TB 1402).

Wolfram, Richard: Segenszweige (mit Ausnahme des Osterpalms und der Segenszweige um die Mittwinterzeit). In: Österreichischer Volkskundeatlas, Wien 1968, Bl. 51.

Wolfram, Richard: Segenszeichen beim Ackerbestellen und Brotbacken. In: Sitzungsberichte der Österreichischen Akademie der Wissenschaften, Bd. 428. Wien 1984, 50 S.

Wolf, Helga Maria: Das Brauchbuch. Alte Bräuche, Neue Bräuche, Antibräuche. Freiburg-Wien (Herder) 1992.

Wolf, Helga Maria: Das neue Brauchbuch. Alte und junge Rituale für Lebensfreude und Lebenshilfe. Wien (Österreichischer Kunst- und Kulturverlag) 2000.

Wollmann, Paul: Buch der Segnungen. Kirchenjahr, Öffentlichkeit, Familie. München-Luzern (Rex Verlag) 2. Aufl. 1975.

Wollmann, Paul: Lebendiger Glaube will gültige Zeichen. Orientierung zur heutigen Glaubenspraxis. München 1972.

Wünschen und Segnen. Hrsg. vom Familienreferat der Diözese Graz-Seckau. Graz (Eigenverlag) 2. Aufl. 2001.

Ziegert, Alexander: So reich ist unser Glaube. Graz-Wien-Köln (Styria) 1985.

Zulehner, Paul Michael: Das Gottesgerücht. Bausteine für eine Kirche der Zukunft. Düsseldorf (Patmos) 6. Aufl. 1989.

Zulehner, Paul Michael: Ein Obdach der Seele. Geistliche Übungen – nicht nur für fromme Zeitgenossen. Düsseldorf (Patmos) 4. Aufl. 1995.

Zulehner, Paul Michael: Kleine Lebenswelten. Zur Kultur der Beziehungen zwischen Mann und Frau. Paderborn (Bonifatius) 2. Aufl. 1990.

Zulehner, Paul Michael: Leibhaftig glauben. Lebenskultur nach dem Evangelium. Freiburg-Basel-Wien (Herder) 1983.

Zulehner, Paul Michael: „Leutereligion". Eine neue Gestalt des Christentums auf dem Weg durch die 80-er Jahre? Wien-Freiburg-Basel (Herder) 1982.

Zulehner, Paul Michael: Religion nach Wahl. Grundlegung einer Auswahlchristenpastoral. Wien-Freiburg-Basel (Herder) 1974.

Zulehner, Paul Michael u.a.: Vom Untertan zum Freiheitskünstler. Eine Kulturdiagnose anhand der Untersuchungen „Religion im Leben der Österreicher 1970-1990" – „Europäische Wertestudie – Österreichteil 1990". Freiburg-Basel-Wien (Herder) 1991.

Ausführliches Inhaltsverzeichnis

Altbischof Johann Weber: Zum Geleit — 7

Einleitung — 9

1. Theologische Grundlegung — 13

1.1. Begriffsklärung — *13*

1.2. Biblische Zeugnisse — *17*
1.2.1 Segnen im AT und im Judentum — 17
1.2.2 Struktur der jüdischen Segensfeier (Berakah) — 23
1.2.3. Segnen im NT: Jesus und die frühe Kirche — 24
1.2.3.1. Die Berührung bei Jesus in seinem segnenden und heilenden Umgang mit den Menschen — 28

1.3. Segnen als Heils-Handeln der Kirche — *32*
1.3.1. Entwicklungen im Lauf der Kirchengeschichte — 32
1.3.2. Neuorientierung durch das 2. Vatikanische Konzil: Die erneuerte Segensfeier — 38
1.3.3. Das neue römische Benediktionale — 41
1.3.3.1. Arbeit der Studiengruppen nach dem Konzil und das deutsche Benediktionale 1978 — 41
1.3.3.2. Das neue römische Rituale 1984 und das ökumenische Benediktionale 1997 — 44
1.3.4. Segen als Teil der Gemeindeliturgie — 45
1.3.5. Segen als Teil der Haus-Liturgie — 49

1.4. Inkarnatorischer Aspekt: Segnen im Berühren als erlebbare Fortsetzung der Menschwerdung und Zuwendung der Menschenliebe Gottes — 52

2. Anthropologischer Ansatz — 57

2.1. Effata – Tu dich auf! – Öffnen der Sinne für die Sinn-Erschließung — 57
2.1.1. Die Bedeutung des Wortes und der Kommunikation — 60
2.1.2. Die Haut und der Hautkontakt: Berührung als Mitteilung — 64
2.1.3. Das „Sakrament" der Hände für das Heils-Handeln in der Welt — 71
2.1.4. Die Erfahrung der Grundelemente der Schöpfung (Erde, Wasser, Feuer, Luft, ...) — 76
2.1.4.1. Erde — 76
2.1.4.2. Wasser — 85
2.1.4.3. Feuer und Licht — 89
2.1.4.4. Luft, Atem — 95

2.1.4.5.	Baum und Zweig	97
2.1.4.6.	Pflanzliche Duftsubstanzen (Duftöle, Harze, Weihrauch)	111
2.1.4.7.	Brot und Salz	116
2.1.5.	Der rechte Gebrauch der Dinge macht sie für uns zum Segen	123
2.2.	*Erfahrung der Begrenztheit dieser Welt*	*125*
2.2.1.	Haltmachen vor dem Unbegreiflichen und Unaussprechlichen (Numinosen) – Ehr-Furcht als fascinosum et tremendum	125
2.2.2.	Begrenzung und Enge führen zu Angst vor dem Unbekannten (z. B. Zukunft)	128
2.2.3.	Tabu Nicht berühren!	133
2.2.4.	Auserwählte Mittler allein dürfen sich dem Heiligen nähern. Trennung zwischen der Welt des Sakralen und des Profanen	135
2.2.5.	Die eigene Hilflosigkeit und Ohnmacht führt zu Praktiken magischer Abwehr des Bösen und Segens-Formeln, das Unheil zu bannen	139
2.3.	*Berührung als Brücke in einer als begrenzt akzeptierten Welt – Zuwendung weckt und stärkt Vertrauen und Hoffnung auf Zukunft*	*144*
3. Segensgesten durch Berühren. Praxisorientierter Teil		**147**
3.1.	*Segnende Hände*	*150*
3.1.1.	Segnen durch das Ausbreiten der Hände	151
3.1.2.	Handauflegung als Beauftragung/ Sendung und Heilungsgabe	153
3.1.3.	Segenskreuz mit der Hand	159
3.1.3.1.	Segenskreuz über sich selbst	159
3.1.3.2.	Segenskreuz über andere	162
3.1.3.3.	Segenskreuz über Dinge	166
3.1.4.	Salbung mit Ölen	172
3.1.5.	Hände (und Mund) berühren Glaubenszeichen zum Segen	180
3.1.6.	Liebkosende Hände (und Wangen und Mund)	189
3.2.	*Benetzen (Berühren) mit (Weih-)Wasser*	*196*
3.2.1.	Ursprung im Grundsakrament Taufe	196
3.2.2.	Sonntägliches Taufgedächtnis und Verwendung in der Gemeindeliturgie	198
3.2.3.	Taufgedächtnis in der Hausliturgie	201
3.2.4.	Wasser als Lebenselement – Segen über allen Lebensbereichen	205
3.3.	*Verwendung von Weihrauch in Zusammenhang mit Segnen*	*206*

Ausführliches Inhaltsverzeichnis

3.4.	*Berühren mit Segenszeichen*	*207*
3.4.1.	Das Kreuz als Segenszeichen	207
3.4.1.1.	Das Kreuz als Uralt-Zeichen	207
3.4.1.2.	Das historische Kreuz Jesu	208
3.4.1.3.	Die Vergegenwärtigung des Kreuzes im sichtbaren und berührbaren Abbild	210
3.4.2.	Begegnung mit dem Heiligen und den Heiligen	214
3.4.3.	Reliquien und die Verbreitung von Andachtsgegenständen „ex contactu"	221
3.4.3.1.	Die Berührung mit dem Heiligen macht heilig	221
3.4.3.2.	Die Übertragung der „virtus" von Primär- zu Sekundärreliquien	226
3.5.	*Berühren mit Segenszweigen*	*228*
3.5.1.	Zweigsegen in der Gemeindeliturgie	228
3.5.2.	Zweig-Segen-Brauchtum außerhalb der Gemeindeliturgie, neue Alltagsrituale	237
3.6.	*Lebens- und Erlebnisräume*	*243*
3.6.1.	Segnende Hände – Mutter für das Kind	243
3.6.2.	Segnende Hände – Brotsegen	243
3.6.3.	Segnende Hände – Vatersegen	244
3.6.4.	Fließendes Wasser als Taufbrunnen	244
3.6.5.	Wasserbad als „Voll-Taufe"	245
3.6.6.	Wasser des Jordan, Lourdes-Wasser	245
3.6.7.	Regen-Wasser	245
3.6.8.	Wasser aus dem Springbrunnen	246
3.6.9.	Wasser im „Steinernen Meer"	247
3.6.10.	Wasser – Segen des Blumengießens	247
4. Segnen als lebensbegleitendes Ritual		**249**
4.1.	*Gesegneter Ort – Gesegnete Wege*	*249*
4.2.	*Gesegnete Zeit. Jahrlauf und Lebenslauf*	*253*
4.2.1.	„Gesegneten Leibes"	255
4.2.2.	Schwellenbereiche im Leben als bevorzugte Zeiten für Segensrituale	259
4.2.3.	„Das Zeitliche segnen" (Segenskultur im Umfeld des Sterbens)	262
Abschließende Gedanken		**265**
Literaturverzeichnis		**271**

Weitere Bücher der „Edition Neue Wege"

Anton Grabner-Haider (Hrsg.):
„Mut zum vollen Leben"
Verheiratete Priester in Österreich
Gebunden, 171 Seiten

„Dieses Buch dokumentiert die Lebensgeschichten und das Lebenswerk von ehemaligen Priestern in Österreich, die von der Kirchenleitung gezielt in das Vergessen gedrängt werden. Es will ein Erinnerungszeichen setzen für die Lebensgeschichten und das Lebenswerk der betroffenen Personen. Denn das Vergessen und Verdrängen nützt niemandem, am wenigsten der Glaubensgemeinschaft der engagierten Christen. Das Buch enthält keinerlei Anklagen, es will aber mit Nachdruck auf die anstehende Lösung eines dringlichen Problems aufmerksam machen."

Anton Grabner-Haider

„Dieses Buch widmet sich der Erinnerung an eine ganze Generation verheirateter römisch-katholischer Priester ohne Amt. Sie sind der offiziellen Kirche verloren gegangen. Nehmen wir die Spurensuche nach ihnen auf."

Richard Picker

42 namentlich genannte „Priester ohne Amt" und 25 anonyme Biographien erzählen vom Weg idealistisch gesinnter Männer in das Priesteramt und – nach unterschiedlichen Erfahrungen – aus diesem Amt wieder heraus. Ein für die aktuelle kirchliche Diskussion rund um den Pflichtzölibat wichtiges Buch, weil es aus dem Leben direkt Betroffener erzählt.

„Edition Neue Wege"
A 3482 Gösing, Hauptstr. 47 Tel u. Fax: (+43) 02738/8760
e-mail: *edition.weinviertel@utanet.at*
www.edition-weinviertel.at

Martin Zellinger:

„Heilsame Schritte"
Markus beschreibt als Erster den Jesus-Weg
Band I u. II

Gebunden, 352 u. 344 Seiten

„Wir könnten in Israel und Palästina leicht zu Fuß und mit dem Rad alle Schauplätze erkunden, wo Jesus unterwegs war – so kleinräumig war sein Wirkungsfeld. Ich selbst habe mehrmals auf eigene Faust und als Reiseleiter Hügel und Täler erwandert und abgeradelt, um seine Fußspuren von Nazaret bis Jerusalem zu entdecken. Verblüfft bin ich immer wieder: Wie hat es dieser Mann fertig gebracht, durch einen nur zweieinhalbjährigen Marsch von Dorf zu Dorf eine so erfolgreiche Bewegung ins Leben zu rufen? Es gibt nichts Vergleichbares in der Menschheitsgeschichte. ...

Wer war dieser Mann wirklich? Seine „Geschichtszüge" sind im Laufe von Jahrhunderten übermalt und vergoldet worden, seine Ansprüche verharmlost und seine Worte milder übersetzt. Was aber steht wirklich in den griechischen Originaltexten über ihn? Wo sind noch Berichte aus erster Hand zu finden? Wo ist Jesus im „Originalton" zu hören? Je gründlicher ich mich mit dem ursprünglichen Jesus auseinander gesetzt habe, desto mehr hat bei mir die Faszination zugenommen.

‚Heilsame Schritte' habe ich das zweibändige Buch deshalb genannt, weil ich die Leser einladen will, den Jesusweg im Schritttempo nachzugehen. Das war schon die Idee des Evangelienschreibers Markus: Er hat die Ereignisse um Jesus in eine Weg-Geschichte gekleidet."

Martin Zellinger

„Edition Neue Wege"
A 3482 Gösing, Hauptstr. 47 Tel u. Fax: (+43) 02738/8760
e-mail: edition.weinviertel@utanet.at
www.edition-weinviertel.at

Richard Picker:
„Die kostbare Entdeckung"
45 Briefe zur Gestalttherapie
168 Seiten, Broschur

„Diese 45 Briefe betreffen den Bereich der Gestalttherapie. Sie sind daher – es kann ja auch nicht anders sein – sehr direkt, sehr persönlich geschrieben, möglicherweise auch unter Außerachtlassung des Geschmackes der Zeit, in der wir gerade jetzt leben. ... Die Briefe richten sich an viele unterschiedliche Menschen, die alle auf ihre Weise mit Therapie zu tun hatten: von Patientinnen oder Patienten bis zu Kolleginnen und Kollegen, Ärzten, Sozialpolitikern, Theologen und alle an diesem Thema Interessierten."

Helga Wolff-Itzinger:
„Reise ins Innere"
Anleitung zur Stärkung des Selbstwertgefühles
142 Seiten, Broschur

Auf eine sehr praxisbezogene Art und Weise zeigt die Autorin wesentliche Punkte auf, die für die Stärkung eines gesunden Selbstwertgefühles wichtig sind, wobei Solidarität, Rücksichtnahme, Liebe, Verwirklichung der eigenen Kreativität in Abhebung zum bloßen Besitzdenken besonders betont werden.

Stefan May:
„Raunende Langusten"
Ein kubanisches Reisetagebuch
Gebunden, 324 Seiten, viele Farbfotos

Der bekannte ORF-Reporter schildert seine Reiseerlebnisse und -erfahrungen in Kuba, einer faszinierenden, fremden Welt, aus der er ein Stück weit als „anderer Mensch" zurückkehrt.

„Edition Neue Wege"
A 3482 Gösing, Hauptstr. 47 Tel u. Fax: (+43) 02738/8760
e-mail: edition.weinviertel@utanet.at
www.edition-weinviertel.at